KB204322

전남 기독교 이야기 3

전남 동남부(순천) 편

전남 기독교 이야기 3

전남 동남부(순천) 편

초판 1쇄 인쇄 2020년 12월 25일
초판 1쇄 발행 2020년 12월 30일

지은이 김양호
펴낸이 김양호

펴낸곳 사람이 크는 책
등 록 제2019-000005호
주 소 전라남도 목포시 비파로 25-1, 5층
전 화 010-2222-7179
이메일 yangho62@naver.com

디자인 하우디자인

ISBN 979-11-968129-2-8 [03230]

* 이 책은 신저작권법에 의하여 국내에서 보호를 받는 저작물입니다.
  출판사의 협의 없는 무단 전재와 무단 복제를 엄격히 금합니다.
* 책 값은 뒷표지에 있습니다.
  잘못된 책은 교환하여 드립니다.

전남
기독교
이야기
3

전남 동남부(순천) 편

차례
CONTENTS

머리글

가도 가도 붉은 황톳길
숨막히는 더위 뿐이더라.
낯선 친구 만나면
우리들 문둥이끼리 반갑다.
천안 삼거리를 지나도
쑤세미 같은 해는 서산에 남는데
가도 가도 붉은 황톳길
숨막히는 더위 속으로 절름거리며
가는길……
신을 벗으면
버드나무 밑에서 지까다비를 벗으면
발가락이 또 한 개 없다.
앞으로 남은 두 개의 발가락이
잘릴 때까지
가도가도 천리, 먼 전라도 길.(한하운, "전라도 길")

전국의 한센인들이 전라도 고흥반도의 이름없던 섬, 소록도라는 곳
으로 소집되었다. 문둥병 환자 한하운 시인도 해방 이후 전혀 낯선
땅, 전라도 소록도를 찾았다. 가도 가도 붉은 전라도 황톳길, 거기
서도 남도 땅끝 소록도까지 찾아 들어가는 길은 한센인들의 눈물과
피로 붉게 물든 역사가 있다.

전라도를 가보았고 좀 아시는가? 왜 그리도 나쁜 선입관 지니고 배격 혐오하는가? 차별과 배제의 오랜 역사를 지닌 전라도, 하늘 은총입어 자연 기후의 따스함 속에 땅, 바다, 산천에서 나는 갖가지 풍요로운 산물로 함께 기뻐하며 행복하게 지내는 공동체. 일찌기 생각 깊은 선인들마다 그 풍세와 지리환경의 남 다르고 탁월한 면면을 여러모로 탄성지르며 찬사 늘어놓던 곳, 전라도.

이 아름다운 고을에 하나님 섭리와 은혜 내렸으니, 미국 교회를 통해 숱한 선교사 청년들의 땀과 수고의 정성이 쏟아졌다. 1892년 미남장로교가 조선 사역을 시작하였으며, 군산과 전주의 전라북도를 거쳐 1898년 5월 목포를 시작으로 전라남도 기독교 복음이 전해졌다. 유진벨과 오웬을 필두로 전남의 기독교가 개화되며, 광주와 순천으로 이어진 복음, 교육, 의료 섬김이 이어졌다.

수많은 인생들이 죽음의 저주에서 풀려 영원한 생명과 구원의 은혜를 얻었고, 절망과 슬픔이 소망과 기쁨으로 변하였다. 궁벽하고 무지렁이로 살아가는 전라도 민중들이 새 세상 열며 저 천국의 비밀을 갖게 되도록 미국 선교사들은 청춘을 이 고을에 바쳤고, 가족들의 생명도 내 주었다. 초기 한국인 조사들과 일군들의 수고에 더해져 지금의 광주와 전라남도 곳곳에는 100여년 넘는 교회가 또한 백여개쯤 되며, 구주 영생 복락 누리는 이는 무수히도 많다.

산업화 근대화 바람에 시골 교회마다 청년 어린이는 보이지 않고 늙은 노인 몇 사람만 옛 교회의 영화를 기억하며 마루장에 무릎 꿇고 있을 뿐이다. 교회의 영화가 어찌 세상의 그것과 비교하리요,마는 쇠하여지고 사라져가는 것과 함께 역사도 생명도 사라지는 듯하여 그것만은 기록으로 남기고 보존해야하지 않을까 싶었다. 슬픔과 고난의 땅이 아니라, 생명과 소망의 땅, 풍요와 천국의 은혜 넘치는 전라도 하늘 영광을 남기고 드러내며 긍지와 자랑삼고 싶었다. 어리석고 무지한 자에게 하나님 각별한 섭리와 은혜, 각성 주신 탓에 부담과 책임 부여잡고 남도 땅 곳곳의 시골교회 찾아 자료 수집하고 이야기 주워 담아 왔다. 서울 중앙도서관, 대전 한남대 인돈학술원, 광주 호남신학대 도서관은 물론 여러 개인과 교회, 단체 등을 수소문하고 찾아 다녔다. 선교사들이 남긴 옛 편지와 보고서, 교회 당회록과 노회록, 개인이 쓴 글이나 논문, 각종 사료 등을 뒤지며 얻으러 다닌 게 지난 10년의 일상이었다.

구술이 서 말이라도 잘 꿰어야 보배인데, 어렵사리 모은 자료들을 모아 글을 썼지만 미흡하기 그지없다. 영어와 한자 등 기본적인 외국어 독해력도 어릴때부터 잘 닦고 연마하지 못한 게 후회고, 글을 잘 풀어내고 엮는 재주도 미진하니 다 써놓고도 아쉬운 대목이 많다. 광주와 전남의 23개 시군마다에 어린 기독교 이야기를 내놓는다. 1권 목포와 전남서남부, 2권 광주와 전남북부(2020), 그리고 이번에 3권 순천과 전남동남부 편으로 대장정의 막을 일단락한다. 독자 제위의 칭찬과 격려, 비판과 그 다음의 진일보를 또한 기대하며, 이 모든 은혜 하나님께 영광 올린다.

Soli Deo Gloria!

2020년 12월

저자 김양호

—
추천사

'이산들이 언제 교회 종소리를 되돌려줄까'

'When will these mountains give back the echoes of the church bell'

의사이자 목사 선교사로 태평양을 건너 일본을 거쳐 목포에 부임한 오웬(Rev. & Dr. Clement Carrington Owen, 오기원: 1867.7.19~ 1909.4.3)은 1898년 11월 16일 유달산자락 양동 선교하우스에서 선배 선교동역자 유진 벨(Eugene Bell)과 성탄절 준비등 회의를 마치고 자기 방으로 돌아와 짐을 풀어 정리하며 떠나온 미국 버어지니아 고향 교회 종소리와 친지들을 생각하며 선교지 조선 Mokpo(목포) 에서 쓴 편지이다.

당시는 교회건물이 없어 임시처소에서 조선 사람들과 둘러앉아 예배를 드리지만, 이들에게 복음이 시작되어 유달산 아래 목포와 전라도 고을 마다 예배당 종소리가 울려 퍼지게 할 초임 선교사의 꿈과 각오의 표현이리라.

교회 종소리.

오웬, 그는 의사로 진료소를 시작하여 목포선교병원과 프렌취병원 (FRENCH HOSPITAL)의 토대를 마련하고 목사로서 실로 많은 남도 의 원근 땅길과 뱃길을 10여년 넘나들며 해안 포구마을과 산기슭마다 복음의 씨를 뿌려 교회 종소리가 가득하게 하고 하늘나라에서 지금은 그 소리를 듣고 계신다.

1909년 장흥에서 사역하다 짧고도 굵은 생애를 마치기 전까지 전라도 동남부 선교지역 책임자로 동역 조사들과 벌교, 고흥, 여수, 광양, 구례, 곡성, 순천 땅 구석구석 물길 산길이 닿는 곳마다 머물며 십자가의 도를 전하고 교회가 세워지고 종탑에서 종소리가 울려 퍼졌다. 곡성 산중 목사동, 순천 황전 오지 대치리, 광양 산골 신황리, 여수. 고흥 앞바다 금오도,거금도에 교회 종소리가 울리게 했다.

해남 문내면 고당리에 1903년 그의 아름다운 발길이 재촉되어 고당교회가 설립된다. 지역 선각자들이 고당교회를 중심으로 영명의숙을 세워 일제 강점기 전남 서남부 지역에 기독교 교육이 시작되어 복음의 씨를 뿌렸다. 평양 숭실학교 출신 재원 청년 정관진 교사도 고당교회에서 신앙생활을 하며 영명의숙에서 지역 인재를 기르다가 목포로 거처를 옮겨, 맹현리(Henry Douglas McCallie)선교사등과 조사로 목포. 신안. 진도의 섬과 무안. 함평등 영산강 지류가 닿는 곳에서 바나바처럼 지대한 협력사역을 하셨다. 1934년 양동교회에서 장로임직을 받았으며 큰 아들과 두 사위가 병원을 개원한 순천으로 이거하여 1940년 순천중앙교회에 장로 취임을 하게 된다. 아브라함처럼 가나안 순천에 이르게 된다.

순천 안력산병원에서 2대 병원장 라저스(James McLean Rogers)와 일한 큰 아들 의사 정인대 장로는 큰 매형 김원식 장로와 중앙병원을 함께 운영하였고, 사위 강창원 장로는 산부인과를 운영하다 상경하여 신학을 하여 목사로 생애 후반부를 마쳤으며, 해남 고당에서 1914년 태어난 막내 아들 정인권은 교사로 일하다 부친의 뜻에 따라 신학을 하여 정관진 장로가 소천하면서 9남매가 유지를 받든 故 정관진 장로 가족 기념예배당, '순천남부교회'를 1957년 11월

10일 설립하고 초대 담임목사로 정인권 목사가 부임하여 순천 장천동에 종소리를 울려 퍼지게 하였다. 그 종소리는 2015년 순천 동천을 넘어 신도심 금당지역에 아름답게 울려퍼져 '금당남부교회'를 분립하여 세워 순천의 원도심과 신도심에 칭송받는 종소리를 울리고 있다. 정관진장로는 생애 끝자락에 연어처럼 1954년 해남 고당교회 입구에 석조 종각과 종을 헌납하여 목포와 순천, 유달산과 지리산 자락에 오웬 선교사가 기도하며 세워 왔던 복음의 종소리를 남도의 고을마다 가득하게 더 넓게 울려 퍼지게 하였다.

전라남도 서쪽과 동쪽에 교회 종소리를 가꾸어 온 오웬 선교사와 정관진같은 제자들의 사역 행전을 2019년 목포 등 전남서남부, 2020년 봄 나주. 광주 등 전남북부에 이어 코로나19가 휩쓰는 상황에서도 순천, 광양 등 전남동남부 기독교 이야기의 발자취를 발로 찾아 엮어 2020년 겨울에 3권으로 완주하는 목포기독교역사연구소 김양호 목사님의 헌신의 경주를 바라봄은 "오웬의 종소리"처럼 축복이고 하나님의 은혜다.

서 종 옥
(순천금당남부교회 장로/순천시의사회 회장/안력산의료봉사단 단장
/위앤장서내과 대표원장)

추천사

2005년 3월 26일(토)은 잊을 수 없는 날이었습니다. 『광주제일교회 100년사』를 주관하였던 홍순균 장로님께서 미국 남장로교회의 선교역사가 오롯이 남아 있는 광주시 양림동 광주선교부 동산과 시내에 있는 광주북문안교회와 금정교회 예배터를 탐방시켜 주셨던 것입니다. 공교롭게도 1910년 3월 26일 오전 10시 여순감옥에서는 안중근 의사가 사형을 당한 날이기도 합니다. 기독교 역사는 성경에 있고 이스라엘과 로마를 중심으로 한 지중해 지역이 그 역사의 현장이라는 머나먼 나라의 역사로만 기억되고 있었는데, 하나님의 역사가 우리 곁에 있었음에도 불구하고 알지 못했다는 자괴감과 빨리 들어가 보고 싶은 호기심이 발동하였습니다.

미국 남장로교 선교부는 1892년 10월 18일 리니 데이비스의 첫 입국을 시작으로 7인의 선발대가 도착하여 11월 23일 남장로회 미선회를 조직하고 1894년과 1895년에 전북의 군산과 전주에 선교부를 설립하였습니다. 이어 전남지역에 거점 선교부를 설립하고자 1897년 3월 나주에 유진벨(배유지) 선교사를 파송하였으나, 조선 유림의 전통이 강했던 나주는 선교를 허락하지 않았습니다. 이에 선교부는 그해 10월 하순에 열린 남장로교선교연례회의에서 선교부 거점을 목포로 선회하였고, 이듬해 봄부터 유진벨은 목포선교부를 준비합니다.

1898년 5월 15일 목포교회(목포양동교회) 설립을 시작으로 본격적인 전라남도 선교가 시작됩니다. 그리고 1904년 12월 25일 광주군 양림동에 광주선교부를 설립하고 광주교회(광주제일교회)를 설립하였고, 1913년에는 순천선교부를 설립하여 순천을 중심으로 한 동남부지역 선교로 확장합니다.

과거의 역사를 읽는 다는 것은 아무래도 일반인들에게는 부담스러운 장르일 수 밖에 없는데, 그 행간을 채워주는 쉽게 풀어쓴 우리들의 이야기가 부족했다고 생각하며 홀로 자료를 수집하고 발로 뛰면서 천착(穿鑿)해오던 이가 있었습니다. 바로 목포기독교역사연구소 소장 김양호 목사입니다. 그동안 목포선교 시작의 시점을 교정한『목포 기독교 이야기』(2016), 목포선교부를 중심으로 전남서남권 다룬『전남 기독교 이야기 1』(2019), 광주선교부를 중심으로 전남북부권을 다룬『전남 기독교 이야기 2』(2020)를 출간했습니다. 그리고 이번에 순천선교부를 중심으로 전남동남권을 다룬『전남 기독교 이야기 3』을 출간하니, 광주를 포함한 전남지역 기독교역사 연구의 기념비적 완결판이라 할 것입니다. 저도 역사를 입체적으로 이해하려고 단순히 교회사만을 보지 않고 지리·교통·문화등을 폭넓게 보려고 애를 쓰고 있고 성과도 보았지만, 김양호의 목사님 역시 과거와 현재를 이어주는 다리와 같은 역할을 해오고 있다고 의심하지 않습니다.

옥과현 출신 이수정이 1882년 임오군란때 명성황후를 피신시킨 공으로 9월 수신사의 비수행원으로 동행하여 쓰다 박사를 만나서 복음을 받아들이기 전에 안종수가 1881년 신사유람단으로 가서 복음을 들었으나 받지 못하고 이를 이수정에게 소개한 이야기와 안종수가 나주부 참서관으로 와서 을미의병에게 죽게되는 이야기, 목포에서 집사가 된 후 광주에 와서 광주선교부와 순천선교부 설립에 실질적으로 기여하였고 광주교회 초대 장로가 된 김윤수 이야기, 광주 최초의 여의사인 현덕신 집사와 최원순의 이야기, 초대 전라남도 관찰사 윤웅렬과 아들 윤치호가 전남지역 초기 기독교에 기여한 이야기 등등이 목사님과 늘 토론의 주제들이었고, 선교사님들과 최흥종 목사님등 잘 알려진 이야기를 기본으로 하지만 숨겨진 현장의 이야기들을 발굴하는데 목사님은 헌신을 해오고 있다고 봅니다.

특별히 감사한 일은 『전남 기독교 이야기 3』〈곡성〉편에 들어가는 옥과교회에서 신앙생활을 시작하였고 설립자 김자윤의 사위가 되었으며, 탈마지(타마자)선교사의 조사로 담양·순창지역의 초대교회들을 순회하며 섬겼던 한종구 조사의 이야기를 발굴해서 깊이 살필 수 있었던 것은 큰 기쁨이었습니다. 한종구 조사의 아들 한덕선 장로는 목포정명여고와 광주수피아여고에서 교편을 지내며 우리 지역의 초기 교회사 연구에 큰 발자국을 남기시기도 했습니다.

미국 남장로교회의 선교역사를 들여다 본 지가 어언 15년의 세월이 흘러가고 있지만 너무나 역부족임을 매순간 느끼는 제가 이 귀한 결실에 추천사를 얹을 수 있는 위치가 되지 못하지만 몇 차례 그의 현장 답사에 동행하였고 페북을 통해 올려진 글들에 대한 토론에 함께 동참해 왔다는 지극히 사소한 이유로 부탁을 받게 되어 이렇게 적어보았습니다.

제 믿음의 뿌리를 찾다보니 유년시절 처음 출석한 교회가 나주군 반남면 대안리교회(대안교회)로 1916년에 설립되었고 조아라 선생과 아버지 조형률 장로가 1920년 광주금정교회로 오기전에 다녔던 교회였습니다. 이렇듯 역사는 과거와 미래를 연결해 주는 다리입니다.

많은 주의 성도들이 『전남 기독교 이야기』를 읽고 나누며, 나에게 온 복음이 어떻게 다가왔는지를 우리 주변의 가까운 역사를 통해 되돌아보고 어떻게 흘려 보내야 하는 가를 생각하는 계기가 되기를 소망합니다.

이필성 (광주제일교회 부설 광주교회사연구소 연구위원)

1장

———

순천

하늘 뜻을 따르는 자, 흥하리라

미 남장로교 조선선교회 순천선교부는 1913년에 설립되었다. 군산, 전주, 목포, 광주에 이은 다섯 번째. 1892년 태평양을 건너 아시아 한국의 서울에 정착한 지 21년 만이고, 선교사가 순천을 처음 정탐한 지 19년 만이다. 순천과 전남 동남부 지역에 기독교 복음을 들고 첫 방문한 선교사는 레이놀즈였다. 선교공의회에서 전라도를 선교지로 배정받은 미 남장로교 7인의 선발대는 2년 정도의 서울 적응 과정을 겪고 겨울을 지나 따뜻한 봄이 온 1894년 탐색 활동에 나섰다. 군산에서부터 남하하여 고창, 영광과 목포를 거쳐 남해안을 따라 해남, 완도를 지나 고흥 녹도에 4월 27일 도착하였다. 다음날인 28일 흥양읍(고흥읍). 29일 벌교를 거쳐 4월 30일 오후 늦게 순천에 닿았고, 하루 숙박한 후 5월 1일 여수를 찾아 전라도 정탐의 주요한 지역을 다 돌게 되었다.

일찍 일어나서 상쾌하게 샤워를 하고 맛있는 아침을 먹었다. 가격에 비해 참 좋은 식사였다. 그래서 나는 내야할 가격에 두 배를 줬다(2돈). 벌교를 향해 7시 35분에 출발했다. 북으로 20리를 가고 나서 동쪽으로 난 좁은 길로 해안을 따라 간 뒤, 다시 북동쪽으로 갔다.

출발지에서 50리 떨어진 창테에서 점심을 먹고 지긔에 있는 순천을 향해 10-15리 정도 얕은 강물을 건넜다. 5시쯤 순천에 도착했다. 지역 행정관을 만나 10,000냥을 공탁해서 허가를 받았고 동래의 행정관에게도 똑같은 액수를 공탁했다. 말하자면 "뇌물"이었다. 그러나 대답은 "통행제한"이었다. 군중 속에서 중국인을 만났는데 그는 순천에서 3년 정도 살았었다고 했다. 비슷한 일을 겪었다고 했는데 외국인에게 왜 이런 장벽을 두는 걸까? 실망스런 마음으로 좌수영 남동쪽을 난 외길을 따라 20리를 되돌아 오니 날이 저물었다. 주막에는 소금 장수들로 가득한 값에 비해 허름한 방에 들어가 거의 잠도 못 잤다.(레이놀즈, 1894년 4월 30일, 월요일)

복음의 불모지 순천을 처음 방문한 선교사로선 첫 인상이 그다지 좋지 못했다. 지역 관리에게 뇌물까지 써가며 순천 시내를 돌아보려 했지만 허가를 얻지 못해 발길을 곧장 여수로 돌려야 했다. 순천 일대에 대한 본격적인 복음 전파는 수 년이 지나 오웬 선교사부터 시작되었다. 1898년 목포에 부임한 오웬은 이듬해부터 남해안을 따라 해남 완도 장흥지역까지 전도 여행을 다녔으며, 1904년 유진벨과 함께 광주에 새 선교부를 개척한 이후로는 전남 동남부 지역을 배정받아 본격적으로 전도하였다. 그는 화순을 거쳐 보성, 고흥, 순천, 여수와 광양까지 며칠씩 전도 여행을 강행하였다.

그의 열정과 헌신 탓에 이 지역 일대에 신자들이 생기고 교회가 세워졌다. 1905년 보성 무만리교회, 1907년 광양 신황리교회와 여수 장천리교회 등이 시작되었고, 이들 교인들이 순천에 기독교를 전하니 믿는 자가 생겨났다. 선교사가 아닌 조선인 열성 신자들로 시작된 순천 교회뿐만 아니라 이 지역 일대 교회 성장이 이뤄지고 교세가 늘어나자 남장로교 선교회에서도 새로운 선교부 설치가 논의되었다. 1909년 봄 오웬 선교사의 안타까운 죽음은 이를 더 분발시키는 계기였다. 광주 선교부가 순천 지역까지 담당하는 것은 너무 무리라고 판단되었다.

선교부는 1910년 니스벳, 프레스톤, 해리슨, 윌슨의 4인 준비위원회가 만들어 졌고, 벌교와 순천을 두고 논의를 하였다. 당시만 해도 벌교가 순천보다 훨씬 큰 지역이었고 교회도 먼저 세워져 있었기에 벌교 역시 상당한 적합지로 거론되었던 것이다. 그러나 향후 발전 가능성과 동남부 지역 교통 요충지는 순천이라 판단하였다.

1911년 프레스톤은 안식년으로 미국엘 갔다. 교회를 순회하며 조선 전라도와 미 남장로교 선교활동을 알렸다. 그리고 다섯 번째 선교부 개척 프로젝트를 위해 젊은이들은 몸으로 헌신하고 성도들은 물질로 헌신하자고 호소하였다. 30여명이 넘는 선교사 자원자가 일어섰고 헌금 약정이 늘었는데, 특별히 조지 와츠의 용단은 놀라웠다. 사우스캐롤라이나 더램 제일장로교회 담임목사는 전주 선교부 전킨의 처남이었다. 이 교회 소속 장로 조지 와츠는 평소 조선 호남의 선교에 대해 이해력이 깊고 마음의 거룩한 부담이 있던 터에 현지 선교사 프레스톤을 만나자 확신과 결단을 내렸다. 선교부 13명의 급여를 몽땅 책임지는 매년 1만 3천달러의 후원을 약속한 것이다.

다음해인 1912년 프레스톤이 미국에서 인력 충원과 헌금을 가지고 광주에 돌아오자 선교부는 순천을 새 선교지로 확정하고 프레스톤과 코잇을 책임자로 정했다. 실무적 역할은 조선인 조사 김윤수였다. 일찍이 목포에서부터 신실한 일군이 되어 광주 선교부 개척시

에도 혁혁한 열정과 결과를 맺었던 김윤수는 곧바로 순천에 내려가
일을 벌였다.

1913년 순천 선교부 설립하다

김윤수는 순천교회 성도 김억평을 만났다. 그를 앞세워 매산등 일대
에 땅을 구입하였다. 1904년 광주에서 일을 벌일 때와 똑같은 방식이
었다. 당시 매산등은 가난한 이들의 풍장터였다. 광주의 양림동산과
마찬가지였다. 버려진 땅을 헐값에 매입하여 생명의 땅으로 바꾸기
위한 기초공사를 시작했다. 건축 선교사 스와인하트가 순천에 와 공
사를 벌이고 선교사 주택을 만들었다. 그리고 1913년 봄이 되자 본격
적으로 선교사들이 순천에 정착하며 하나님나라 운동을 전개하였다.
당시 건축된 시설을 포함하여 순천 콤파운드 내에 조성된 여러 건물
가운데 현재 국가 등록문화재로 지정된 것은 모두 5개이다.

순천 기독교 건축 문화재
1. 매산중학교 매산관(등록문화재 제123호)
매산길 23. 1910년대 교육을 위해 최초로 건립한 학교 건물.
2. 외국인 어린이학교(등록문화재 124호)
매산길 53. 1910년대 선교사 자녀 교육을 위해 건립.
3. 프레스톤 가옥(등록문화재 126호)
매산길 43. 1913년 건립한 선교시 사택으로 프레스톤 가족이 최초 사용.
4. 조지 와츠 기념관(순천기독진료소, 등록문화재 127호)
매산길 11. 1928년 후원자 조지 와츠를 기념하여 이름을 지었다. 일제
시기에는 고등성경학교로 이용하였고, 1950년대 이후엔 순천노회

사무실로 이용하다 인휴와 인애자 선교사에 의해 기독진료소로 이용되어 왔다.

5. 코잇 가옥(전라남도문화재 259호)
매산길 43. 1913년 건립한 선교사 사택으로 코잇 가족이 최초 사용. 국가등록문화재 125호에서 2005년 12월 말소되고 대신 전남문화재로 재지정.

그런데 며칠 후, 뭐가 잘못된 것일까? 오랜 시간을 거치고 여러 사람의 수고와 땀을 거쳐 본격적으로 순천 선교의 대망을 열었는데, 일주일 만에 어린 자녀 둘을 잃었다. 코잇 목사의 두 살배기 딸 로베타, 네 살배가 아들 우즈가 4월 26일과 27일 연이틀 사이에 이질에 걸려 사망하고 말았다. 소 젖을 끓이지 않고 먹었던 탓이었다. 코잇의 아내도 중태에 빠졌지만 다행히 회복이 되었으나 어린 아이들은 그렇질 못했다. 어린 두 아이들의 묘는 현재 광주 양림동산에 있다. 머나먼 나라 궁벽한 땅에 생명과 복음을 전하려 헌신하고 가족들을 동원하여 왔으면, 하나님의 은혜와 복이 차고 넘쳐서 모든 일이 형통해야 할 터이다. 그런데 오히려 이렇게 가슴아픈 상처와 고통을 겪어서야 어떻게 일을 시작하고 무슨 힘으로 사역을 펼칠 수 있으랴. 일이 성과가 있고 좋은 열매 있어 기쁨과 보람, 행복도 많지만, 선교사들이 감내해야 할 십자가의 짐 또한 무겁고 고난의 행군은 늘 되풀이 되는 게 하나님나라의 일인 지도 모른다.
후임 선교사들이 계속해서 순천에 자리를 잡아 각각 업무 분장을 하며 체계있고 조직적으로 일을 전개해 갔다. 교회를 중심으로 한 전도 사역 담당 목사는 프레스톤과 코잇, 학교를 세워 교육할 담당자는 크레인과 두피, 병원을 중심으로 펼칠 의료 선교는 티몬스 의사와 그리어 간호사, 그리고 여성사역에 비거, 주일학교는 프랫 선교사 등이 맡았다.

1. 교회와 복음 전도

선교부가 설치되기 전에 이미 조선인에 의해 시작되고 성장하고 있던 순천교회를 중심으로 프레스톤과 코잇 목사는 복음 전파에 힘썼다. 형식적으로는 당회장 역할을 프레스톤이 했지만, 실무적 담임 역할은 조선인 사역자들에게 맡기고 선교사들은 교회를 뒤에서 돕고 이웃 지역을 순회하며 전도하는 일에 전념하였다.

프레스톤(John Fairman Preston, 변요한, 1875~1975)은 미국 조지아에서 출생하여 테네시주의 킹 대학과 프린스턴신학교대학원을 졸업하고 1903년 내한, 목포에서부터 사역을 시작하였고, 광주를 거쳐 1913년 순천선교부를 개척하여 1940년까지 오래도록 활동하였다.

순천 가곡리교회, 평중리교회, 사룡리교회의 설립에 기여하였으며, 1921년부터 1923년까지 여수지역 우학리교회와 여수서교회, 봉전리교회, 서정교회에서 동사목사로도 시무하였다. 순천노회장을 비롯하여 여수와 순천지역 여러 교회의 설립과 당회를 조직하는 등 폭넓은 활동을 하며 많은 업적을 남겼다. 1940년 미국으로 귀국하여 조지아주에서 데카터 장로교회와 아틀란타 노회에서 활동하다가 1975년 4월 30일 별세하였다.

코잇(Robert Thornwell Coit, 고라복, 1878~1932)은 데이비슨대학과 루이빌신학교에서 공부하였고, 1908년 미시시피 주 출신의 세실 우즈와 결혼하여 이듬해 1909년 3월 내한하였다. 그는 순천 동부구역인 인구 15만 명의 구례와 광양 일대에 30여 개의 교회를 세우고 순회·관리하였다. 또 8개의 교회 초등학교와 3개의 유치원에서 모두 250명의 학생들이 공부할 수 있도록 측면 지원하였다. 그는 몇 차례 선교잡지 기고를 통해 교회 초등학교 운영의 중요성을 역설하였다. 1929년 2월 심한 독감에 걸려 시간이 지나도 병세가 나아질 기미를 보이지 않자 동료들의 권유에 의해 10월 미국으로 돌아가 투병 생활을 하다가 1932년 54살의 나이로 사망, 솔즈베리에 묻혔다.

순천을 거점으로 한 선교사들의 전도 구역은 북동부 구례, 곡성, 광양에 고라복, 보이열, 원가리 3사람이, 남동부 순천과 여수는 변요한 1사람이, 그리고 남서부 보성과 고흥은 구례인과 안채륜 2사람이었다.

2. 학교와 교육 선교

교육 사업은 남학교 크레인, 여학교 두피에게 맡겨졌다. 매산 학교는 사실 선교사들이 오기 전에 이미 시작되어 있었다. 1912년 서문 밖 초가집에서 은성학교란 이름으로 순천교회 자녀들을 중심으로 시작하였다. 1913년 선교부가 설립되고 선교사들이 맡으면서 보다 체계화되었다. 그러나 1915년 일제에 의해 강제 폐교되었고 1919년 3.1운동을 기점으로 재개되었다. 조지 왓츠 장로가 직접 1920년 순천을 방문하여 형편을 살펴보고 학교 재건에 큰 힘이 되어 주었다. 1921년 매산 남학교, 매산여학교란 이름으로 새로 시작하였는데, 후원자의 이름을 빌려 '왓츠 학교'라고도 불렸다.

코잇에 이어 남학교를 책임진 크레인(John Curtis Crane, 구례인,1888

~1964)은 미시시피주 야주시에서 태어났으며 미시시피대학과 버지니아 유니온신학교에서 공부하였다. 1913년 플로렌스(Florence)와 결혼한 뒤 부부가 내한하여 순천에서 사역하였다. 구례인 선교사는 매산학교 교장으로 시무하면서 순천과 고흥, 보성 등지를 광범위하게 순방하며 목회하였으며, 그 외 신약성경번역위원회의 개역위원으로, 평양신학교와 서울 장신대 교수로 활동하였다. 그의 누나 구자례(전주여학교와 예수병원), 동생 구보라(목포사역, 1919년 교통사고사) 등 3남매가 선교사로 와서 사역했으며, 구례인의 아들 구바울 역시 아버지에 이어 2대째 선교사로 전주예수병원에서 사역했다. 구례인은 1957년 은퇴, 미국으로 돌아가 미시시피의 작은 마을(Gulfport)에서 살다가 1964년 7월 17일 소천하였다.

여학교 책임자 두피(Lavalette Duppy, 두애란, 1883~1964) 선교사는 북캐롤라이나 데이비슨에서 출생하여 1912년 내한, 16년까지 순천 매산여학교 교장을 지냈고, 1916년부터는 군산으로 옮겨 멜볼딘 여학교 교장과 충청도 지역 전도 사역자로 충성하다 1948년 은퇴하였다.

3. 병원과 치료 활동

진료 사역은 의사 티몬스, 간호사 그리어에게 맡겨졌다. 조그마한 임시 오두막에서 시작한 순천 의료 사역은 이질에 감염된 코잇 가족의 치료부터 시작되었다. 좁은 공간에서 시작된 진료 사역은 늘어나는 환자뿐만 아니라 수술하기에 수월한 더 넓은 공간의 필요로 1916년 순천 읍성 언덕에 병원을 신축하였다.후원자 알렉산더의 이름을 따 안력산 병원으로 불리었으며 서울의 세브란스에 이은 큰 규모의 병원이었다.

순천의 첫 서양의사 티몬스(Henry Loyola Timmons, 김로라, 1878~
1975) 선교사는 남캐롤라이나 달링톤 출신으로 의과대학을 졸업한 후
1912년 내한하였다. 그는 독신 남성의사로서 순천 병원 사역을 1919
년까지 했고 이후엔 1926년까지 전주에서 사역 하였다.

간호사 그리어(Anna Lou Greer, 기안라, 1883~1973) 선교사는 텍사
스 주 출신으로 존스틸병원대학 간호학을 전공하고 1912년 선교사로
내한했다. 순천에서 1927년까지 그리고 이후 1931년까지는 군산에서
간호사역 및 지역 전도와 주일학교 사역에 힘썼다.

안력산 병원은 1916년부터 1941년까지 운영됐으며 이후 매산학교 건
물로 사용되다 1991년 화재로 소실돼 부속격리병동만 남아 있다가
2017년 연말에 의료문화센터로 복원 재개관되었다.

4. 여성 선교와 주일학교 교육

순천 일대의 여성 선교를 맡은 비거(Meta Louise Biggar, 백미다, 1882
~1959) 선교사는 미조리 주 출신으로 리서치병원에서 간호학을 전
공한 후 1910년 내한, 광주에서 시작하여 순천선교부 개설과 함께
이임하여 여성 전도와 주일학교 등을 담당하였다. 간호사였지만 주
로 전도와 교육사역에 매진하였으며 매산여학교장을 지냈고, 해방
이후에도 다시 찾아와 안력산 병원 원목을 지내기도 했다. 1952년
질병으로 치료를 위해 미국에 돌아가기까지 42년을 장기 사역하며
수고하였다.

주일학교를 주로 담당한 선교사 프랫(Charles Henry Pratt, 안채륜,

1881~1950)은 버지니아 주 출생하여 프린스턴 신학교에서 수학하고 1910년 내한 하였다. 순천의 확장주일학교 사역에 헌신하였고, 보성과 고흥 지역 전도를 하였다. 1916년 1차 안식년으로 귀국하였고, 이내 은퇴하였다.

네가 네 하나님 여호와의 말씀을 삼가 듣고 내가 오늘날 네게 명하는 그 모든 명령을 지켜 행하면 네 하나님 여호와께서 너를 세계 모든 민족 위에 뛰어나게 하실 것이라. 네가 네 하나님 여호와의 말씀을 순종하면 이 모든 복이 네게 임하며 네게 미치리니 성읍에서도 복을 받고 들에서도 복을 받을 것이며 네 몸의 소생과 네 토지의 소산과 네 짐승의 새끼와 우양의 새끼가 복을 받을 것이며 네 광주리와 떡반죽 그릇이 복을 받을 것이며 네가 들어와도 복을 받고 나가도 복을 받을 것이니라.(신 28:1~6)

순천자흥(順天者興) 역천자망(逆天者亡). 명심보감(明心寶鑑)에 나오는 말이다. 하늘의 뜻에 순응하는 사람이 사는 곳, 순천! 선교사들의 헌신과 열심은 오늘 전남 동남부 일대에 수 천여 교회와 수 십만의 성도들로 생명과 복의 역사를 잇고 있다. 순천선교부 콤파운드가 자리한 매곡동 일대에는 첫 교회 중앙교회를 비롯하여 매산학교와 옛 안력산 병원, 그리고 선교사 사택 등 기독교 유적지가 많이 남아 있다. 그 가운데서도 매산 언덕을 올라 둘러보며 매산여학교 뒤편에 이르면 순천기독교역사박물관을 볼 수 있다. 지난 1세기 넘게 수고하고 애쓴 이 땅의 복음의 역사와 순천의 기독교를 보고 느낄 수 있는 곳이다. 주의 말씀을 알고 순종하는 것만큼이나 미국

교회와 선교사들이 흘린 귀한 수고와 땀을 배우고 귀감하여, 흥하
고 복된 믿음의 역사를 이어나갈 수 있기를 실로 축복한다.

Panorama of Soonchun Station, Southern Presbyterian Miss   Soonchun,
Korea. Established 1913 by Mr. Geo. W. Watts, an elder in the First
Presby. Church of Durham, N.C.
Population of field, 525,000.   The Biederwolf Leper Colony, which is
Kwangju Colony moved and greatly enlarged, is just 14 miles from here,
with 800 lepers the largest in the world under Church control. Soonchun
Station has within its bounds 100 groups of Christians, 2000 baptized
Christians, with 1000 catechumens.
Buildings on Compound are left to right :—1. Bible School and Dormitory.
2. Alexander Hospital and Nurse's Home. 3. Boys school Dormitory.
4. Unger Home. 5. Rogers Home. 6. Foreign School. 7. Coit Home.
8. Preston Home. 9. Boy's School. 10. Gate House. 11. Single Ladies
Home. 12. Crane Home. 13. Girl's School. 14. Native Houses. (Wilson
Home and Main Boys School not yet built). 300 girls and boys in the two
station schools, 100 being in the industrial departments, earning their way.
Hospital Statistics :—1091 cases admitted to hospital, operations 889, Dis-
pensary cases 10,820.

미 남장로교 순천선교부 콤파운드

순천의 어머니 교회

2020년 6월 홍인식 목사의 사임 소식은 일견 아쉬움을 남긴다.
100년이 넘는 오랜 역사와 전통, 그러기에 시스템이나 운영 방식이
잘 돌아가는 듯하면서도 새로운 시대에 대한 탄력과 소통 등이 느
슨할 수 밖에 없는 상황 속에서 이를 획기적으로 극복하려는 열정
이 해방신학자라는 상당한 이력을 지닌 이를 담임으로 내 세웠다.
한국 교회의 역사가 한 세기를 넘어 새로운 100년을 내다보는 21세
기 들어서는 교회 갱신과 변화가 큰 화두이며 과제였던 터다. 묵은
100년을 돌아보고 새 100년을 내다 보며 그만큼 용단을 가지고 전
향적인 일군을 리더로 세웠을 때는 교회 구성원 모두에게도 그만한
새 바람을 기대했을 터다. 기대와 우려 속에 2016년 4월 홍인식 목
사는 순천중앙교회 제 17대 담임으로 부임하였다.
홍인식 목사는 고등학생 때 가족을 따라 남미로 이민을 갔다. 대학
생 때 책방에서 구티에레즈의 책을 접하고 그는 신학교에 들어가
해방신학을 전공했다. 그 자신도 어릴 때부터 개인주의적이고 성공
지향적이었지만, 자신을 포함한 남미의 가난을 해결하기 위해선 사회
구조적 문제 해결이 되어야 한다는 생각아래 그의 신학과 삶을 전환
시켰다. 서울 강남의 한 교회에서 목회도 하고 남미 신학교에서 교수

사역을 해 오다 4년 전 순천중앙교회의 청빙을 받아 들인 것이다. 우리나라의 민중신학과 함께 남미의 해방신학은 대다수 보수적 계열의 한국교회에서 이단시 취급받았고, 빨갱이 신학으로 매도되었다. 왜곡된 정보와 터부시 여기는 교인들을 홍 목사는 설명하며 가난한 자들을 사랑하는 하나님에 대한 본질과 다르지 않음을 가르치자, 시간이 지날수록 이해하는 이들이 늘어갔고 교회의 분위기도 차츰 개선되어지는 일들이 벌어졌다.

홍 목사는 부임하자마자 자신의 급여와 활동비 등을 줄이고 검소한 삶을 실천하며 모범을 보이는 한편, 교회 내적으로는 허례허식이나 잘못된 관습들을 고쳐 나가고 교회 외적으로는 대 사회 활동에 대한 섬김과 역할을 시도하였다. 직분자들의 임직 헌금을 폐지하고 세월호 추모예배를 드리거나 목회자 세습 반대 운동에 나서기도 하는 등 이전에 볼 수도 없고 상상도 할 수 없었던 일들을 고치고 바꿔가며 교회의 공교회성과 연합운동에 열심을 내었다. 쉽지 않은 일들이었지만 여러 제도와 방식들이 개선되었고 보다 착하고 좋은 모습들로 변화되었다.

홍인식 목사가 부임하고 교회가 크게 달라지기 시작했습니다. 담임목사는 자기 연봉을 깎고 부교역자들 급여를 올려 줄 것을 제안했으며, 고급 승용차를 사양하고 중형차로 바꾸었는데 일부 귀족화한 중형 교회 목사와 사뭇 달랐습니다. 보통 담임목사로 부임하면 먼저 장로들이나 유력한 교인들을 심방하는데, 홍 목사는 병들고 가난한 이들을 찾아다니며 위로했으며, 심방 시 1만원이 넘는 식사를 사양하겠다고 선언했습니다.

약하고 가난한 이들 관점에서 성경을 해석해 공감이 큰 설교를 하고, 청년들과 같이 공부했습니다. 사회선교사를 세워 광양의 다문화 가정과 이주 노동자들을 돌보게 했고, 작은 교회 목회자들을 위한 세미나를 열고, 양복에 세월호의 노란 리본 배지를 달고 명성교회 부자 세습 반대에도 앞장서고 있습니다. 그 결과, 교인들이 행복해하며 분란이 심했던 교회가 새롭게 생기를 찾아가고 있다고 합니다.(이근복, "뉴스앤조이")

지난 4년여 참 많은 일들이 벌어졌고 이전보다 분명 크게 변화된 열매들도 많지만, 연약한 인간들이 함께 씨름하고 마음 모으는 데는 어느 공동체나 한계가 있다. 처음에는 모든 것이 좋았고 선한 일들도 많이 진행되었지만, 시간이 지나면서 불편하고 도무지 받아들이기 어려운 일들도 하나 둘 늘어가게 되었다. 어떤 사안들은 진척되지 못하고 갈등의 씨앗이 되며 공동체의 운명을 훼손시킬 것처럼 느껴졌다. 사탄이 잘 되어가는 교회를 가만 놔둘 리 없고, 목회자건 교회 중직자나 성도건 다 연약하고 한계가 많은 사람들이다. 홍인식 목사는 결단을 하고 조용히 내려 놓았다. 교회 공동체의 화목을 위해 자신의 변명을 절미하며 성도들에게 사임을 표했다. 4년만의 멋진 실험이 그렇게 일단락되었다. 한국교회 변화와 갱신을 염원하는 이들에게 해방신학으로 목회하는 순천중앙교회와 홍인식 목사는 상당한 호응과 기대가 있었는데, 오래 가지 못한 제도교회의 한계가 못내 아쉽다.

목포 교인들이 일군 순천읍교회

순천의 어머니 교회인 순천읍(순천중앙)교회는 호남의 여타 선교부의 첫 교회들과 태동의 주역에 있어서 차이가 있다. 익히 아는 대로 전라남북도의 거점 군산, 전주, 목포, 광주, 순천은 미 남장로교선교회의 5대 선교부였다. 앞의 네 선교부 지역에선 선교사가 직접 거주하며 교회를 개척하여 시작한 반면, 마지막 다섯 번째 선교부인 순천은 조선인 교회 일군들에 의해 개척된 것이다. 물론 순천읍교회를 일군 사역자들이 이미 미국 선교사들로부터 영향을 받고 일을 맡아 수고하는 조사였다는 점에서 그 밑거름은 미 남장로교선교회라 할 수도 있지만, 직접적인 면에선 앞선 선교부 지역의 교회 지도력과 구성원의 출발은 상당히 의미있는 자생성을 지닌 것이었다. 순천읍교회는 목포의 신자들이 일궜다. 광주의 첫 교회와 마찬가지인 셈이다. 아무래도 전라남도 지역에서 목포가 맨 처음 교회가 시작되고 신자가 발생하며 그 가운데 일군들이 형성되었기에 자연스런 일이었으리라. 1904년 12월 광주 첫 교회가 공식적으로 출발하기 전에 이미 송정 지역이나 나주, 장성, 영광 등지에 신앙공동체가 있었고, 그 중심에는 지원근 조사나 변창연 조사가 있었다. 광주 선교부와 교회 개척을 준비하는 역할은 김윤수 집사의 역할이 컸다. 목포 일군들의 전도와 인근 공동체의 영향으로 자연스레 광주교회는 상당한 숫자의 사람들로 첫 예배를 드릴 수 있었던 것이다. 유사하게도 순천 선교부와 교회가 이뤄지기 전에 인근 보성, 광양 등지에 신앙공동체가 많이 있었고 그 중심에는 조상학 조사가 있어서 순천교회의 시작도 여러 명의 사람으로 시작할 수 있었다. 순천선교부를 준비하는 일 역시 김윤수(당시 장로)의 몫이었다.

변창연은 이미 서울에서 유진 벨의 조사로 함께 목포에 내려와 일을 하였지만, 지원근과 김윤수는 목포에서 오웬 등의 전도를 받고 신자가 되며 조사의 직분을 맡았으며, 조상학 역시 목포에서 신자가 되고 오웬의 조사 직분을 맡아 전남 동부 지역 일대 전도자로 충성하였다. 조상학은 순천 승주에서 나고 자란 이로 목포에 서양 의사가 와 있다는 얘길 듣고, 멀리 진료받으러 목포까지 가서 오웬을 만났으며 육신의 치료와 함께 영적 치료의 은혜도 받았다.

오웬은 도착 후 2개월 지난 1899년 1월 20일 여동생에게 보내는 편지에서 "…600리 밖에서 찾아 와서 진료 받고, 전도 소책자를 받아서 흥미롭게 읽었을 뿐만 아니라, 이틀쯤 지나서 다시 와서 다른 종류의 소책자를 달라고 한다" 라고 하였다. 본 연구자는 오웬에게서 진료를 받고 전도 책자를 이틀 거리로 받아간 사람이 조상학(?) 혹은 다른 어떤 사람(?)일지라도… 이것은 가능성으로 열어두기로 한다. 그렇지만 조상학(趙尙學)은 1901년(4월)에 설립된 송정리교회 조사로 파송받는다. 이 사실은 무엇을 말하는가? 당시 전라남도에 선교사를 만날 수 있는 장소는 목포에 불과하였으므로, 조상학은 목포까지 찾아가서 1898년 11월로부터 1900년에 이르는 2년 사이에 기독교 신앙인이 되었고, 선교사들로부터 인정받음으로써 송정리교회 교회 조사로 발탁되기도 하였다.
(차종순, "순천중앙교회의 태동과 발전")

확증적이진 않더라도 조상학의 신앙 출발 경위에 대한 가능성을 엿보게 한다. 이렇게 목포에서 기독교를 접한 조상학은 이후 오웬의 조사로서 오웬과 함께 전남 동남부 일대 전도자로 충성하였고 곳곳의 교회 개척자로 충성하였다.

오웬 선교사와 조상학 조사 등의 전도로 보성, 광양, 여수 등지에 교회가 세워졌고, 이들 신자들이 순천읍내에 또한 전도하여 순천읍교회는 1907년 4월 10여명의 신자들로 시작되었다.

1907년 4월 15일

율촌의 교인 조일환(조의환 목사 백부), 이기홍, 박경주, 벌교의 조상학(송광 출신)의 전도로 최정희 씨가 믿었고, 첫 교인으로 김억평(김덕은, 김창은의 조부), 최사중, 윤병열, 김창수 씨가 모여 금곡동 향교 뒤 샘부근 양사재를 빌려서 예배를 드림으로 순천지방의 첫 교회가 시작되다.(남자5명, 여자5명)(순천중앙교회 연혁)

조선예수교장로회 사기에는 순천읍교회 출발을 1909년으로 보고 있다. 처음에는 교역자가 없는 가운데 회집하다 나중에 평양신학교에 재학하던 유내춘이 담임 사역하게 된 때부터 교회 성립으로 간주하는 듯하다.

1909년 순천군 읍내교회가 성립하다. 먼저 이 마을 사람 최사집은 대곡리 조상학의 전도로 예수 믿고, 최경의는 여수 조의환의 전도로 믿은 후, 서문내 강시혁 집에서 집회하다가, 양생제를 임시 예배당으로 사용하였고, 그후에 서문외에 땅 400여평과 초가 10여평을 매수하여 모여 예배할 새, 선교회에서 순천을 선교 중심지로 정하고 가옥을 건축하며 남녀학교와 병원을 설립하니, 교히가 점차 발전되니라.

선교사와 합동하여 기와집 40평을 건축하니라.

(조선예수교장로회 사기)

사기에 의하면 순천에는 읍교회 이전에 이미 평촌교회, 용당교회, 신평리교회, 이미교회 등이 설립 존재하고 있었음을 말한다. 그러면 엄밀히 말해 순천의 최초 교회는 평촌교회 등인 셈인데, 이들 교회의 이후 발전과정과 흔적이 현재까지 어떻게 이어오고 있는 지가 숙제다.

교회 연혁과 조선예수교장로회 사기 사이에는 순천읍교회의 첫 출발 시기가 차이가 있지만, 최초 담임 교역자 유내춘 또한 목포의 신자라는 사실이 흥미롭다. 그는 1856년 황해도 해주 태생으로 1897년 목포 개항시 총순으로 부임, 목포교회 신자가 되었다. 1905년 직업을 바꿔 목포 기독학교 교사를 하며 1907년 목포교회 두 번째 장로 장립되었고, 후에 평양신학교에 입학한다.

그런데 순천읍(중앙)교회 연혁에는 유내춘이 1908년부터 교역자로 시무한 것을 말하는데, 이때는 신학생 신분도 아니었다. 다음해 1909년에 평양신학교 학생이 되는데, 당시 신학생은 3개월 수업, 9개월 현장 실습(목회)하였기에 1909년부터의 순천읍교회 목회 직분은 타당성이 있지만, 한 해 전 1908년의 사역을 교회 연혁에서 밝히는 것은 또다른 과제다. 신학생은 아니었지만, 이미 교회 장로이고 신학에 뜻을 둔 입장에서 그가 교회 전담 일군처럼 지낸 것일 테다. 조상학은 당시 여러 지역을 순회하며 전도하는 입장이었기에 아마 목포에서 알고 지내던 유내춘을 불러들여 순천읍교회 전임 사역을 맡겼으리라. 유내춘은 1914년 평양신학교 졸업하고 1917년 전남노회

1회때 목사안수를 받았다.

순천 기독교의 젖줄로 나아가며

순천읍교회 담임은 이후 정태진, 이기풍으로 이어지다 4대 곽우영 목사가 부임한다. 곽우영 목사 역시 목포 교회 신자로서 유내춘에 이어 1915년 목포교회 세 번째 장로 장립되었고, 1922년 평양신학교를 졸업하고 1924년 순천읍교회에 부임, 7년여 사역하였다.

순천읍교회는 1916년 김영진 장로를 최초로 장로 장립하였다. 그 역시 타지에서 목포로 와 지내던 중 기독교인이 되었고, 프레스톤 선교사를 따라 순천에 정착하며 순천의 기독교회를 섬겼다. 그러고보면 순천의 교회 출발은 오웬과 프레스톤 선교사 외에도 유내춘, 곽우영, 김영진, 지원근, 김윤수, 그리고 조상학 등 목포 교회 출신 신자들의 헌신이 컸다는 사실이다.

곽우영 목사보다 앞서 시무했던 3대 이기풍 목사는 한국 장로교 최초 목사가운데 한 사람으로 제주 선교사역에 이어 광주교회를 거쳐 순천읍교회에 부임하였다. 1920년 이 교회에 부임하자마자 조선예수교장로교총회 부총회장에 선출되었고 이듬해 1921년 조선예수교장로회 제 10대 총회장에 피선되었다. 총회장을 배출하는 공동체로 자란 순천읍교회는 전도와 교육에 힘써 부흥하였고, 예배당 증축과 신축도 거듭하며 순천의 어머니교회로 성장하였다. 1936년에는 순천시 저전동에 승주교회(순천제일교회)를 분리 개척하며 복음의 능력이 한층 넓게 펼쳐졌지만, 1940년 들어 일제의 신사참배 강요와 종교 핍박정책으로 원탁회 사건에 엮이어 많은 교회 지도자들이 옥고와 순교를 당하기도 했다.

100년을 넘나드는 교회의 옛 역사를 찾고 조사하는 일은 늘 어려움과 벽에 부딪히게 마련이다. 기록의 불투명성도 그렇고 구전의 불명확함도 그렇다. 순천읍교회가 언제 순천중앙교회로 이름을 바꿨는 지 전혀 기록을 찾아볼 수 없다는 것도 이 글을 쓰면서 드는 아쉬운 하나다. 순천과 전남동부 지역의 어머니교회로 세워져 가면서 인근에 복음의 능력과 사랑을 나눈 공동체, 일제말기와 6.25 난리에 고난과 순교라는 십자가의 피를 먹어가면서도 오랜 시간을 하나님 나라 선교에 충성한 순천중앙교회. 21세기들어 새로운 100년을 꿈꾸며 매우 전향적인 자세로 해방신학자를 리더로 세우며 해방신학으로 목회하고 지역을 섬기는 일에 열심을 내기도 했는데, 너무도 짧게 일단락된 것도 아쉬움이 드는 2020년 가을이다. 하나님의 일하심과 주권을 신뢰하며 그는 또 새로운 일군과 방식으로 교회를 새롭게 하시리라 믿는다. 순천의 생명과 평화 공동체로 순천중앙교회를 빚어가고 이끌어 가실 하나님의 손길을 기대해 본다.

순천읍교회 지도자 일동

기독교 순교일까?

순천제일교회의 시작은 순천중앙교회 기도소로부터였다. 1927년 안력산병원 간호장 기안나 선교사의 보조로 현재 장천동 133-1번지 (중앙로 68-1) 대지 30평과 건물을 사들여 소아회(교회학교 아동부)를 시작하여 남문밖기도소로 순천제일교회는 시작되었다. 수 년간 이곳에서 기도실을 운영하다가 기도실의 위치가 사람이 모이기에는 좋지 않으므로 이곳을 폐지하고 중앙교회의 주선으로 동외동 대흥정미소 서편으로 기도실을 옮겼다. 대지 98평과 건물 와가 2동을 850원에 사서 기도실을 이전 확장하고 유년주일학교를 강화했다. 순천읍이 남쪽으로 발전함에 따라 1934년 가을에는 기도소를 400원에 매각하고 선교사 변요한 씨의 보조금 500원과 중앙교회의 헌금 100여원 및 김영진 장로의 헌금 20원 등을 합하여 저전동 현재 순천여자고등학교의 동편에 200평의 대지를 사고 함석지붕조 예배당 23평을 신축하기에 이르렀다. 이 일을 위하여 당회장 이수현 목사와 김영진 장로의 수고가 많았다. 이로부터 김영진 장로는 약 8개월간 기도소의 책임자로 일하였고, 그후에는 중앙교회 당회원들이 순번제로 일하였다.(순천제일교회 75년사)

순천읍(중앙)교회가 시작된 지 20여년이 흐르자 성도들이 많이 늘며 성장하였고, 교회를 분립할 계획으로 조금 떨어진 곳에 기도처를 만들었다. 1927년 남문밖기도소로 시작할 때 핵심 일군은 김영진 장로였다. 김영진은 1865년 개성 출신으로 목포에 내려와 미곡 사업을 하던 중 기독교 복음을 접했다. 1905년 머리에 종양이 생겨 목포 병원의 놀란 선교사로부터 치료를 받았고 목포 교회를 출석하기 시작했다. 서울에서 언더우드 집회 참석하여 신자가 되기로 결단하였고, 이후 선교사를 도와 전남과 제주 일대 교회를 일으키는 데 헌신하게 된다. 1912년 제주로 건너가 제주 선교와 교회 건축에 기여하며 모슬포교회 영수로 지내다가 1915년 순천으로 옮겨 순천 선교와 교회를 섬겼다. 프레스톤 선교사를 조력하며 순천병원의 전도자로 일하던 중 1916년 순천읍교회 장로가 되었으며, 기도소 분립할 때 이곳을 맡아 인도하였다.

남문밖기도소를 김영진을 비롯한 순천읍교회 장로들이 돌아가며 이끌던 중 1936년 1월 나덕환 전도사가 담임으로 부임하였다. 그해 7월 6일 정식으로 분립예배를 드리고 교회 이름을 승주교회라 불렀다. 창립 멤버는 담임 나덕환 전도사, 장로 김영진, 집사 김찬근, 김종화, 장순경, 입교인 20여명 등이었다.

승주교회 첫 담임 나덕환은 1904년 4월 17일 영광군 불갑면에서 출생하였다. 영광의 3.1만세운동에 참가하여 4개월간 옥고를 치뤘으며, 선교사 머피의 후원으로 서울 피어선성경학교를 거쳐 일본 미션학교에 유학을 다녀왔고, 평양장로회 신학교에서 수학하던 중 승주교회의 청빙으로 전도사로 부임하게 된다. 1936년 당시 그의 나이 33세였다. 1938년 일제 말기 신사참배 강요로 조선예수교장로회 총회가 이를 결의하고 평양신학교 가 폐쇄되자 동창생들과 마찬가지 로 통신 과정을 통해 남은 학기를 마치고 1939년 가을 순천노회에서 목사 안수를 받았고 승주교회 담 임목사가 되었다.

전도사에서 목사가 되어 승주교회 를 활기차게 이끌던 1940년, 일제 는 신사참배와 동방요배를 강요하 며 순천과 전남 동부 지역 일대 기 독교 지도자들에 대한 핍박을 가 했다. 전형적인 민족 탄압과 교회

순천 기독교 초석을 놓은 김영진 장로

말살 정책이었다. 여타 교회 기독교인들과 함께 승주교회 일군들도 일경에 검거되며 옥고를 치뤘으니, 나덕환 목사는 3년 10개월을 복 역해야 했고, 김영진 장로, 한태선 장로, 김종하 장로, 임영호 장로 등도 검거되어 20일 구류 처분 등을 당했다.

일제에 의한 핍박, 좌우 갈등에 의한 희생

일제의 가혹한 핍박은 교회의 큰 고난이요 역경이었다. 청년의 시 기를 지나며 왕성하게 복음의 능력과 생명력을 펼쳐야 할 승주교회 가 지도자들이 겪는 투옥과 고초로 많이 어려움에 처했고 성도들도 걱정이 컸다. 담임목사가 투옥되어 있는 동안 지한영 전도사, 김주 목사, 김상두 목사 등이 대신하여 성도들을 위로하며 교회를 지도

했다. 나덕환 목사는 1943년 11월 출옥하여 교회로 돌아왔지만, 교인들은 낙망과 어려움에 많이 빠져 나가 있었다. 남아있는 30여명의 교인과 함께 나 목사는 다시 힘을 내었고 교회가 재차 힘을 얻었다.

일본이 패망하며 한반도는 해방의 기쁨과 감격에 처했고, 더욱 힘을 얻은 승주교회는 성도가 늘고 예배당 증축의 필요성이 대두한 가운데, 교회를 분립하는 경사가 이어졌다. 역전(승산)교회, 해촌(순동)교회, 덕월교회, 그리고 옥룡기도소 설치로 이어지며 교회는 부흥하고 자라갔다.

그러나 다른 한편으로 일제가 물러가니 이번엔 좌,우 이념 대립이 극심해졌다. 서양에서 건너온 이데올로기에 겨레가 또다시 갈등하고 교회에도 새로운 고난이 이어졌다. 1948년 제주 4.3에 이어 10월에 벌어진 여수-순천 사건 등으로 엄청난 살육과 대립이 발생했고, 그 중심에서 기독교회와 신자들도 휘말려 서로 죽고 죽이는 폭력과 희생이 일어났다.

여수와 순천 일대 수많은 양민들이 죽어나가는 난리에 승주교회도 비보가 전해졌다. 교회 학생이었던 손동인, 동신 형제와 고재춘 3명이 살해된 것이었다. 손양원 목사의 아들인 동인은 순천사범에 재학중인 25세 청년이었고, 동생 동신은 순천고등학교에 재학중인 소년이었다. 이들 형제는 일제말기 신사참배 반대하며 퇴학 당하면서도 신앙을 지켜내었고, 해방이후에도 순천기독학생회를 조직하며 이끌 정도로 신실하였다. 기독교 신앙과 좌익 사회주의 사상이 첨예하게 대립하던 당시, 신앙과 함께 우익 성향이 강했던 이들 형제에 대해 평소 반목하며 지내던 좌익 성향의 학생에 의해 살해 당했다.

고재춘 학생은 고흥 출신으로 순천사범학생이었는데, 순천기독학생 연합회 전도부장을 맡고 있었고 그도 동인 동신 형제의 살해 현장 근처에서 안타까운 죽음을 당했다

기독교 순교에 대한 올바른 재조명

필자는 지난 5-6년 전인 2015년 무렵, 서울에서 한 장로님을 뵙고 인터뷰를 하였다. 과거의 역사를 회고하는 그의 여러 증언들은 상당히 기이하고 아름다운 내용들이 많았는데, 특별히 놀라운 것은 손동인 형제의 죽음에 대한 것이었다.

손동인, 동신 형제의 죽음은 엄밀하게 순교라고 말하기 어렵습니다. 그들은 신앙 못지않게 강한 우익계열에 속했는데, 좌,우로 갈라져 대립하고 있던 좌익계열 친구로부터 순간적으로 우발적으로 살해까지 이어지고 죽임당한 사건입니다. 기독교 신앙때문이 아니라 좌, 우 문제로 말씨름하다 벌어진 일입니다. 당시 그 현장에는 나 밖에 없었습니다. 내가 유일한 목격자요 증인입니다. 나는 그때 초등학생이었는데, 그들을 같은 교회에서 형으로 알고 지내던 사이이기에 내가 잘 알고 지금도 또렷이 기억합니다.(윤순웅 장로)

한국교회는 손양원 목사와 함께 그 아들들의 죽음도 순교로 이해하며 추앙하고 있던 터였기에 윤 장로의 이야기를 듣는 나로서는 귀를 의심해야 했다. 당신이 그 현장의 유일한 목격자라는 말과 그 분의 진지한 표정에서 나는 놀라움과 함께 순교에 대한 제대로 된 성찰과 조명의 필요성을 느꼈다. 윤순웅 장로는 13살이던 당시 승주교회

주일학생이었다. 그의 아버지 윤원중은 승주교회 집사였고, 윤순웅의 외증조 할아버지가 교회 설립자인 김영진 장로였다.

일제 강점기와 한국 전쟁 등을 지내면서 한국교회 안에 수많은 희생자와 순교자가 나왔다. 어느 하나 소홀히 할 수 없는 죽음들이고 정당한 평가 받아야 할 숭고한 일임에 틀림없다. 역사의 굴곡과 소용돌이 속에 전국에 걸쳐 발생한 수없는 죽음들에 정당한 평가와 추모는 후손들이 감당할 마땅한 책무일 것이다. 그런데 혹 과하고 낯부끄러운 치장도 적지 않음이 사실이다. 해방 정국 이후 6.25를 겪으면서 좌익에 의한 교회와 교인에 대한 희생이 많았던 지역은 전라남도다. 영광, 함평, 무안과 신안을 거쳐 영암에서 여수 순천 지역까지 무슨 순교벨트라도 되는 양 전남은 너무도 많은 아픔을 겪었다.

일견 대다수는 좌익에 의한 기독교인들의 살해요 순교로 보이고 대부분 지역과 교회에서 이를 밝혀내며 여러 기념사업들을 벌이고 있다. 그런데 그 속살을 좀 자세히 들여다보고 진지하게 바라보면 어떤 죽음에 대해서는 꼭 기독교 신앙만이 직접적이지 않다는 걸 발견할 수 있다. 좌익들이 유독 기독교 종교인에 대한 반감이 심한 것도 있지만, 기독교 교인들 가운데 상대적 우익에 치우쳐 이념적 갈등과 대립이 애시당초 크게 내재되어 있었던 것도 큰 이유이다. 지역의 어떤 교회나 노회, 총회 차원에서 정확한 실체 연구는 미뤄둔 채 순교 미화와 과장에 열을 올리는 일들은 심사숙고해야 한다. 교세 확장과 종교적 우월감을 드러내는 수단으로 오용하는 사례들은 분명 잘못된 일이지 않겠는가.

손동인, 동신 형제의 죽음은 어떻게 이해해야 할까? 지금까지 알려진 대로 순교로 보아야 하는 지, 일부 증언과 역사가들의 조심스런 제안처럼 이념에 의한 대립의 결과로 보아야 하는지 재조명 과제다.

두 형제가 죽임을 당했던 이유는 이들이 단지 종교인이기 때문이 아니었다. 손동인이 재학했던 순천사범학교에서는 모스크바 삼상교류안을 둘러싸고 찬·반탁 논쟁이 심했는데, 두 형제는 우익의 반탁운동에 몸담고 있었다. 또 그들은 이철승이 대표로 있는 전국학생총연맹(학련)에서 활동하기도 하였다. 이 두 형제는 기독교 신자이기도 했지만 강한 반공주의 의식을 가진 우익 청년단원들이었다. 이들이 순천 지역의 학련 학생들, 대동청년단원들과 함께 봉기군에 맞서 싸우자, 봉기 세력은 그들을 체포한 다음 총살해 버렸다. 동인·동신 형제의 죽음은 종교적 이유뿐만 아니라 좌우익의 정치적 투쟁이라는 성격도 띠고 있었다. 하지만 손양원 목사가 아들을 죽인 사람을 양아들로 삼게 되면서, 두 형제의 죽음에서 정치적 의미는 탈색되는 한편 기독교적 '순교'로 채색되었다.
(김득중, "여순사건 56주년 추모 여순사건 공동 수업 자료집")

고난을 먹고 자라며 선교에 힘쓰는

승주교회는 1952년 5월 순천제일교회로 이름을 바꿨다. 핍박과 고난 가운데서도 성도들이 늘고 성장하니 예배당도 늘리고 새로 지었다. 임직자를 새롭게 세우는 일도 생겼다. 전쟁의 상흔이 아물어가던 1950년대 중후반 이후 순천제일교회는 제법 조직이 탄탄해 지고 각 부서별 운영도 활기를 띠었다. 1960년대를 넘어가면서 경사가 생겼다. 담임 나덕환 목사가 총회장에 선출된 것이다. 대한예수교장로회는 기장과 예장으로 분리되더니 예장도 합동과 통합으로 재차 갈라서던 1961년 제 46대 총회를 이끌 책임자가 되었다.

당연히 그가 속한 순천제일교회는 지역 뿐만 아니라 전국 교회를 섬기며 일하는 부담과 책임을 다해야 했다. 교회의 규모와 조직이 가일층 확대되고 성장하였음은 물론이다. 교회와 총회의 일로 충성하는 결과와 열매의 기쁨도 많았지만 상대적 과로는 결국 그를 쇠하게 만들었다. 1971년 2월 21일 나덕환 목사는 하늘의 부름을 받았다.

순천제일교회는 교회 개척과 해외 선교에 열심을 내는 공동체다. 부교역자 출신 등을 내세워 곳곳에 교회를 분리 개척하고 여러 미자립교회를 돕는 일에 헌신한다. 의사 신자들이 중심이 된 의료선교회는 국내 뿐만 아니라 캄보디아, 몽골, 인도 등 해외의료 봉사활동과 함께 병원도 세우고, 볼리비아, 러시아 등에 선교사를 파송하며 해외 개척교회 세우는 일에도 충성한다. 예배당은 1980년대 저전동 시대를 지나 2002년 해룡면에 새로 크게 짓고 이전하여 현재에 이르고 있다. 이제 90년을 훌쩍 넘어 100년의 역사를 앞두고 있는 순천제일교회, 고난과 역경을 먹고 자란 선배들의 신앙과 유산을 따라 시대적 소명과 선교적 십자가 기꺼이 짊어지는 순천의 멋진 하늘공동체로 더욱 나아가리라.

순천 4

그들의 고난을 거짓 미화하지 말라

순천노회 교역자들에 대한 일제의 탄압과 무고한 투옥으로 이어지는 수난을 신사참배 거부해 온 일이라 칭송하며 여러 기념사업을 벌여 온 일들은 재고되어야 한다. 알려진 것과 다르게 당시 순천노회에 속한 여러 목사들은 신사참배를 적극적으로 거부하거나 저항하지도 않았고, 이는 우상을 섬기는 일이라고 성도들에게 가르친 적도 없어 보인다. 그럼에도 일부 연구자들이 지나치게 주관적으로 추론하고 짜깁기하여 그들의 고난과 투옥된 일을 신사참배 저항하다 당한 숭고한 믿음의 일로 치부하고 있다. 관련한 교단과 주변 교회에서 이를 높이 평가하며 매우 모범적인 신앙의 표본으로 추앙하는 것은 옳지 않다. 정확한 조사와 연구가 다시 이뤄져야 할 일이다. 그들이 겪은 일들을 폄하하거나 낮추자는 얘기가 아니다. 어려운 시대를 겪었던 선배들의 역사를 보다 정확하게 알고 구별하여 기념하는 것이야말로, 진정 그들의 아픔과 순교적 죽음을 제대로 평가하고 오늘 우리 교회와 성도들이 바르게 배울 수 있기 때문이다.

일본제국주의는 1930년 중반을 넘어서며 대동아전쟁을 벌이고 아시아 여러 식민지에 대한 대대적인 황국화 작업을 가속화하였다. 각 나라에 대한 민족문화 말살과 함께 기독교를 비롯한 종교 단체에 대해서도 신사참배와 동방요배 등을 강요하며 종교적 혼합주의와 탄압을 가했다. 일제로부터 어느정도 자유로운 미국 선교사들의 영향하에 있던 기독교 학교 등은 폐쇄를 감수하며 신앙의 정절을 드러냈지만, 조선인들이 지도하고 운영하는 교단이나 노회, 교회들은 상대적으로 그렇지 못했다.

급기야 1938년 봄 들어 각 지역별 노회마다 신사참배를 결의하는 일들이 벌어졌다. 일제는 경찰력을 동원하여 노회원들에게 압력을 가했고, 대부분 이렇다할 저항도 못한 채 전국의 대다수 노회가 부끄러운 결정을 하고 말았다. 2월 평북노회에 이어 4월 순천노회가 두 번째로 일을 저질렀다. 25일 구례읍교회에서 열린 제 22회 순천정기노회는 구례경찰서장이 직접 참석하며 경찰관들이 들이찬 가운데 오석주 목사, 김상두 목사, 김순배 목사 3인이 발의한 신사참배 안건을 채택하였다. 하루 뒤에 개회한 제주노회에서도 같은 일이 벌어졌다. 그해 전국 23개 노회중 17개 노회가 결의했고, 오직 경남노회 만이 유일하게 신사참배 반대를 가결하였다. 6월 부산 해운대교회에서 열린 제 41회 노회(노회장: 최상림 목사)에서 한상동 목사 등 노회원들이 결정한 일이었다. 그해 가을 조선예수교장로회 제 27회 총회에서도 신사참배를 가결하고 말았다.

순천노회 소속 선교사 회원이었던 미국인 변요한, 구례인, 원가리 3인은 즉각 반발하며 아예 노회를 탈퇴하였고 전국의 많은 미국 선교사들이 항의하며 조선장로교를 탈퇴하였지만, 조선인 장로와 목사들은 이렇다할 저항도 거부도 하지 못한 채 동조하였고 신사참배와 황거요배는 물론 일제의 침략전쟁에 동조하는 일들이 이후 벌어졌다. 그럼에도 일제는 민족과 기독교에 대한 탄압을 늦추지 않았다. 식민

체제를 공고히 하고 독립 저항 세력을 근본부터 없애기 위해 갖가지 공작으로 꾸미고 엮어 독립 성향이 강하고 반일 감정이 엿보이는 자들을 예비 단속하고 무자비로 검거하였다. 안창호, 신흥우, 이상재 등 기독교계 독립결사 조직이었던 수양동우회, 청구구락부, 흥업구락부 등이 치안유지법을 구실로 대거 검거, 기소된 게 서울과 평양에서의 일이었다면, 순천에서도 일제 경찰에 의해 기독교 지도자들을 대거 구속하고 재판에 회부하였다.

그들의 죄목은 천년왕국과 예수 재림 설교

일제는 1925년 치안유지법을 만들었다. 천황제를 무시하고 사유재산을 부정하는 모든 단체를 법적으로 처벌하기 위한 목적이었다. .1928년 개정된 이 법의 제1조는 "국체를 변혁할 것을 목적으로 하여 결사를 조직한 자 또는 결사의 임원 기타 지도자의 임무에 종사하는 자는 사형 또는 무기 또는 7년 이상의 징역에 처하고 사정을 알고 결사에 가입한 자 또는 결사의 목적 수행을 위한 행위를 한 자는 3년 이상의 유기징역에 처한다"고 되어 있다.
순천노회 소속 목회자 15인에 대해 '국체변혁'을 목적으로 교인들을 선동하였다는 혐의로 일경은 1940년 9월 20일 검거하였다. 잠시후 풀려났으나 11월 15일 재차 모두 구속하여 재판에 회부하였다. .박용희 1인 징역 3년, 선재련, 김상두, 오석주, 선춘근, 박창규, 김형재, 양용근 이상 7인 징역 1년 6개월, 김형모, 나덕환, 김정복, 김순배, 임원석, 강병담, 안덕윤 이상 7인 징역 1년. 이 가운데 양용근 목사는 1943년 12월 5일 광주형무소에서 옥사하였고, 나머지는

1944년 출옥하였다.

순천노회 수난사건 피의자 15인

박용희 목사(순천중앙교회), 선재련 목사(광양교회), 김형모 목사(벌교읍교회), 김상두 목사(고흥 나로도교회), 나덕환 목사(승주교회), 오석주 목사(고흥 관리중앙교회), 김정복(고흥읍교회), 박창규 전도사(보성 조성리교회), 김순배 목사(여수읍교회), 임원석 전도사(고흥 명천교회), 양용근 목사(구례읍교회), 김형재 목사(순천 월곡리교회), 강병담 목사(순천 상삼리교회), 안덕윤 목사(광양 광동중앙교회), 선춘근 전도사(고흥 축두리교회),

이들 15인에 대한 일제 사법부의 죄목은 치안유지법 위반이며 구체적인 내용은 그들이 설교를 통해 예수 천년왕국을 말하고 주의 심판과 주의 재림을 주장했다는 게 대부분이다. 성도들에게 행한 말씀의 주요 내용인 내세와 천년왕국설은 천황을 위시로 한 일본의 국체를 무시하고 이를 변혁하기 위함이며 이는 반국가적 행위라는 것이었다.

피고인 등은 모두 그 성서 관에서 유래한 유심론적 말세론에 기초하는 세계관에 따라 우리나라를 포함한 세계 각 국가의 멸망과 천년왕국 건설의 필연성과를 확신하는 자로, 위 불경 신관과 합치하여 이 말세사상에 따라 우리나라 국민의 국체관념을 교란시키고 천년왕국의 실현을 바라는 관념을 육성시킴과 동시에 그리스도의 재림에 의한 현존세계의 붕괴에 따라 우리나라를 비롯하여 세계 각 국가의 통치조직을 변혁하여 천년왕국의 건설을 실현시킬 것을 바라고 구한 자인데.

("산본용의외 14인 광주지방법원판결문(1942. 9. 30)", 국가기록원)

순천노회 목회자 15인에 대한 수난 사건의 일제 재판소 판결문은 그들이 신사참배를 거부하거나 저항했다는 죄목이 없다. 일황 체제의 나라를 부정하고 새로운 나라인 천년왕국으로의 변화를 꾀하는 국가체제의 반란 정치범일 뿐이라 한다. 신사참배 가결에 함께한 이후로 그들에게서 어떠한 뉘우침이나 일제에 신앙적으로 저항한 사례를 찾기 힘들다.

목포 박연세 목사와는 비교가 된다. 그도 전남노회가 신사참배를 결의할 때 노회장으로서 회의를 이끌었으니 얼마나 부끄러웠겠는가. 일제의 강압에 의해 저지른 일이었지만, 그는 이후 배교를 이끈 것에 대한 양심의 가책과 고통으로 괴로운 시절을 보냈다. 그는 정신을 차리고 바른 신앙과 투철한 민족주의 사고를 회복하며 일제의 황민화 정책과 천황 숭배 강요를 거부하였다. 목포교회 담임목사로서 설교를 통해 천황을 찬양하라는 압력을 거절하고 오히려 일제를 비난하는 메시지를 전하였다. 목포 시내 여러 교회를 통폐합하라는 지시에 반대하며 저항하였다. 이 일로 그는 불경죄와 보안법 위반 등의 죄목으로 재판을 받아 대구 형무소에서 복역중 추운 겨울에 동사하고 말았다.

제주노회 이도종 목사는 당시 노회장으로서 이를 집행한 일에 대해 참회하는 뜻으로 장로 총대였던 두모교회 김계공 장로와 함께 아예 평양 총회에 가지 않았다. 경남노회와 함께 제주노회 두 노회 총대

만이 평양 총회의 예견된 신사참배 결의를 피해 참석조차 하지 않은 것이다.

민족 해방이 되고 각 노회와 총회는 다시 복구되었다. 그럼에도 가장 먼저 행했던 큰 범죄인 "신사참배 결의"를 취소하고 참회를 공식적으로 했어야 하는데 거의 대다수가 그렇지 못했다. 순천노회도 복구되었지만, 과거사에 대해 제대로 된 반성과 돌이킴을 무시하고 그냥저냥 아무 일도 없었던 듯 무시하고 모른체 해왔다. 1992년 들어 비로소 지난 일에 대한 고백과 참회가 조금씩 싹 텄다. 한경직 목사의 고백이 비로소 시작이었다. 2007년 기독교성결교단과 한국기독교장로회가 사과하였고, 2008년 예수교장로교단들이 함께 제주에서 모여 참회기도회를 열었지만, 공식적으로 옛 결의를 취소하는 결의까지 각 교단 총회와 노회는 해야 할 것이다.

노회 차원에서는 2015년 소래 노회, 2016년 평양노회에서 분립된 노회 등 몇몇 노회만 취소 결의하였을 뿐이다. 순천노회를 잇고 있는 여수노회에서도 지난 2015년 정기회를 통해 공식으로 회개선언을 하였다. 그런데 80년도 더 지난 과거의 일에 대해 순천노회 차원의 공식적 취소나 참회가 있었는 지는 의문이다. 15인 목회자에 대한 추앙과 기념보다 앞서 행했어야 할 마땅한 책임과 도리이며, 역사에 대한 바른 이해와 평가가 우선일 것이다.

재차 언급하지만 1938년 순천노회 목회자들 역시 그들이 한순간 압박과 공포에 눌려 신사참배를 결정하고 연관된 일들을 실행했더라도 하나님 앞에서 회개하고 돌이켰어야 함에도 이렇다할 만한 내용들이 없다. 일제에 저항하며 신사참배를 거절하고 바른 신앙과 도리를 성도들에게 가르치고 그런 일로 기꺼이 고난을 감수해야 했는데, 엄밀하게는 다른 이유로 일제에 의해 수난을 당했던 사건이다. 그런데 어떻게 해서 순천노회 15인 사건은 신사참배 거부라는 신앙적 운동과 순교로 미화되고 치장되었을까?

이기풍, 손양원 목사를 끌여들여 덧칠하다니

지금까지 알려지고 퍼진 순천노회의 신사참배 거부와 순교 역사이야기는 엉뚱하게도 순천노회와 전혀 무관한 손양원 목사와 15인과는 전혀 별개인 이기풍 목사를 끌어 들여 억지로 꿰맞추고 뒤튼 엉터리 역사다. 이들 두 목사의 경우 신사참배 거부하고 저항하다 순교당했던 것은 정확한 역사적 사실이다. 그런데 손양원 목사는 당시 순천노회 소속이 아니라 경남노회 소속이었다. 이기풍 목사는 노회 소속으로 여수 금오도교회를 시무하였지만, 15인과 별개의 이유로 여수경찰서에 의해 구금되고 순교하였다. 신사참배 강하게 거부하며 저항하던 올곧은 두 목사를 엉뚱하게도 15인의 목회자들과 동류로 묶어 순천노회 사건이 마치 신사참배 거부 때문에 당한 박해라 주장해 온 것이 지금까지 주류의 논지였는 바, 이는 이제 정확한 팩트 체크와 함께 다시 재정립되어야 한다.

손양원 목사는 신사참배를 거부한 탓에 이를 지지하고 결의했던 주변 목사들로부터 배척을 받아오던 중, 여수 애양원의 청빙을 받아 1939년 8월 부임하였다. 계속되는 그의 그의 신사참배 거부로 1940년 9월 25일 일경에 체포, 여수 경찰서에서 10개월 구금된 후에 광주형무소에서 1년 6개월 형기를 마치고 1943년 5월 17일에 출옥하였고,

이후 재차 구속, 종신형을 받고 1943년 10월 경성 구치소와 청주 형무소에서 복역하다가 해방되어 1945년 8월 17일에 석방되었다.

이기풍 목사는 1940년 11월 15일 여수경찰서에 수감되었고, 노구에 일경의 고문으로 몸이 극도로 쇠하여져 이듬해 봄 병보석으로 풀려났지만, 1년쯤 지난 1942년 6월 20일 소천하였다.

이기풍 목사는 일관되게 신사참배를 반대하였다. '이사례'에 따르면 하필이면 이기풍 목사가 시무하던 여수 남면 금오도 우학리교회 뒷동산에 신사가 있었고, 따라서 신사참배 하는 날이면 이기풍 목사는 신사참배 거부자로 항상 경찰서에 불려갔다고 한다.
(김용철, "한국최초의 목사 이기풍과 전남지역 교회")

순천노회 15인 사건에 대한 신사참배 거부의 칭호가 그동안 부당하게 붙여졌고 잘못되었음을 지적하였다. 엄밀한 의미에서 다르다. 그렇다고 그들의 삶과 신앙을 다 부정하자는 것도 아니다. 적극적이거나 왕성하진 못했어도 손양원 목사나 이기풍 목사 등으로부터 적지 않게 영향을 받아 내심 갈등과 의협심이 있었으리라.

노회의 신사참배 가결과 총회의 결의 이후 많은 교회와 목회자들이 신사참배에 겉으로는 참가하고 순응하며 배도의 길을 가는 것 같았어도 모두를 다 비난하고 무시할 수는 없다. 박연세 목사와 같이 완전히 달라진 태도와 적극성을 보이진 못했더라도 천년왕국과 주의 재림을 소망하고 가르치는 것으로 작금의 일제가 벌이는 식민 통치와 교회에 내린 배도의 길이 곧 무너지고 망할 것임을 간접적으로 역설하고자 했으리라.

주기철, 손양원, 한상동 목사와 같은 분명하고도 정확하게 자신의 길을 걸어가는 이도 있었고, 적지 않은 이들은 소극적이고 타협적이나마 그들 나름의 교회를 지키고 성도들을 보살피는 책임을 다하려 악전고투하였을 것이다.

이들의 이러한 태도는 반(反)일적이면서도 반(反)교회적인 것은 아니었다고 생각된다. 오히려 기성교회가 그들에 대하여 무관심하였다. 1940년 이후 전 노회원이 구속되어 순천노회는 총회에 한 사람의 총대도 파견할 수 없었으나 총회는 이에 대하여 침묵하고 있었던 것이다. 일제의 강요와 위협에 못이겨 적극적으로 부일협력을 하던 당시의 기성교회에 이들을 위한 어떤 저항이나 조치를 기대한다는 것 자체가 무리였을 것이다. 그럼에도 불구하고 이 사건의 피의자들은 절망의 시기에 그들이 확신하고 있는 대로 그리스도 안에서의 새로운 시대의 도래를 대망하면서 설교를 통하여 성도들에게 희망을 심어주어 고난을 이겨내도록 지도하였으며, 일제의 가공한 이데올로기를 '무효화' 시켜 나갔고, 이를 위하여 과감히 말씀을 선포하면서 자신들의 몸에 남은 고난을 채우고자 하였던 것이다. 이 사건이 가진 교회사적 의의는 바로 이점에 있다 할 것이다. 물론 이들의 대응에도 기성교회의 변질에 대한 경고가 부족했던 점, 조직적인 저항이라고 보기 어려운 점 등 한계가 없는 것은 아니지만, 이들의 이러한 대응 태도는 한국교회사에서 일제의 종교 탄압에 대한 하나의 뚜렷한 저항 유형을 보여주는 것이라고 생각된다.
(김승태, "식민권력과 종교")

순천노회 15인 사건을 대하는 좋은 지혜의 결론일 듯 싶다. 후손된 우리가 다 헤아리지 못하는 그들의 고난과 역경, 어려움과 고통을 우리 맘대로 부추기고 미화 과장하며 엉터리 역사를 세워나가는 것도 조심해야 하고, 그들의 우유부단해 보이지만 나름 교회를 지키고 성도들 곁에 함께 하고자 하는 목회자로서의 신심을 존중하는 것으로 잘 갈무리할 수 있으면 좋겠다. 일제 강점기 숱한 지식인들의 변절과 교회 지도자들의 배도 역사를 갖게 된 우리 근현대사와 한국교회. 보다 치밀하고 정확한 사실 관계 확인과 객관적이고 다양한 토론과 이야기가 절실하다. 너무도 주관적이고 맹목적인 갖다 붙이기식 은혜는 기독교가 말하는 선한 은혜라 하기 어렵다. 그들의 고충과 어려움을 필요 이상으로 과장하며 치장하는 것은 외려 그들을 더 욕되게 한다. 순천노회 15인의 일군들에 대한 정당한 역사평가는 진실로 그들을 존중히 여기는 일이며, 바른 배움과 도전으로, 그리고 후세대를 잇는 현재의 노회와 교회는 지난 일들을 반성하고 회개하며 제대로 된 역사 세우기로 나아가야 할 것이다.

검정 고무신 신고 전라도 황토땅을

전남 동남부 지역 농어촌 곳곳을 다니며 가난과 질병에 허덕이던 민중들에게 생명의 복음 전하고 삶의 희망 일깨워주던 미국 사람. 항상 검정 고무신을 신고 다니며 하늘 나라 생명 복음과 사랑을 전하기에 힘쓰던 이. 순천의 휴 린튼.

휴 린튼(인휴)은 6.25때 인천상륙작전에 참전한 해군 장교 출신으로 전쟁 후엔 선교사로 순천에 와서 사역하였다. 그는 순천 보성 광양 등지의 시골 농어촌을 항상 검정 고무신을 신고 돌아다니며 전도했다. 가난한 농어민들을 생각하며 그들과 함께 지내고 자신도 보다 검소하게 겸손하게 주의 일에 충성했다. 고무신이 닳아 구멍이 생기면 타이어 수리점에서 땜질하여 계속 쓰곤 하였다. 그에게 주어진 선교비와 아버지로부터 남겨진 유산은 고스란히 전남 동부지역 수 백개 교회 개척과 지원에 쓰여졌다.

인휴는 아버지 린튼과 어머니 샬롯벨 사이에서 난 4형제 중 3남이었다. 아버지 윌리엄 린튼(William Alderman Linton, 인돈, 1891~1960)은 1912년 21세때 조선의 선교사로 왔다. 당시 미 남장로교가 파송한 선교사 가운데 최연소였다. 미국 조지아주 출생으로 아틀란타 조지아 공대를 수석으로 졸업한 수재였는데, 1차 안식년차 미국에 와 있던 프레스톤(변요한) 선교사의 강연에 도전을 받아 선교사가 되었다. 인돈은 48년간 전주와 군산, 대전 등지에서 주로 교육사역에 매진하였다. 군산 영명학교, 전주 신흥학교와 기전여학교, 그리고 대전에 한남대학교를 설립하여 미 남장로교 산하 조선인 청년들의 고등교육에 헌신하였다. 그는 1922년 샬롯 벨과 결혼하여 4형제를 두었다.

인돈의 아내이며 인휴의 어머니인 샬롯 벨(Charlotte Witherspoon Bell Linton, 인사례, 1899~1974)은 전남 기독교의 선구자 유진 벨의 딸로서 어머니를 갓난 아기때 여의는 바람에, 어린시절과 청소년 시절을 미국 할아버지 집에서 지내며 학교를 다녔다. 아그네스 스콧 대학을 졸업하자마자 부모를 따라 선교사로 자원, 1922년 내한하였고 인돈과 가정을 이뤘다. 남편을 내조하며 함께 교육 사역에 진력하였고, 1960년 남편 인돈이 먼저 사망하자 홀로 남게 된 인사례는 자신이 태어나고 어머니를 잃은 땅 목포에 와서 목포 성경학교 교장을 지내며 이 지역 교회 일군 양성에 노년을 헌신하였다.

아버지에 이은 2대째, 어머니로는 외할아버지에 이은 3대째 선교사 휴 린튼(Linton, Hugh MacIntyre, 인휴, 1926~1984)은 1926년 12월 7일 전라북도 군산에서 태어났다. 어린 시절을 호남에서 지내며 자랐으며, 부모의 안식년을 따라 미국과 한국을 오가며 지내다, 그는 청년시기 미국으로 건너가 에르스킨 대학과 콜롬비아 신학교에서 수학하였다. 한국전쟁이 발발하자 그는 미 해군 장교로 참전하였고, 종전후 프린스턴 신학교에서 석사 과정을 이수하여 1953년 졸업하였다. 그는 지체없이 한국 선교사로 자원하였고, 처음 2년 정도는 대전에서 사역하였으며, 1954년부터는 줄곧 순천에서 30여년 충성하였다. 대전에는 한남대학교를 설립하고 사역중인 그의 부모 인돈 −인사례가 있었기 때문에 부자지간에 같은 선교부에 있을 수 없다는 남장로교 선교부 규칙아래 인휴 부부는 순천으로 발령이 된 것이다.

복음 사역에 전념하다

휴 린턴 선교사는 순천 선교부를 중심으로 이웃한 전남의 동남부 지역 농어촌 곳곳을 찾았다. 때론 높다란 계곡을 오르 내리기도 하고, 때론 질퍽한 개펄을 뒤뚱거려가며 사람이 있고 마을이 있는 곳은 어디든 향했다. 그의 가슴에 늘 뜨겁게 숨쉬는 하나님나라 생명의 복음을 조선의 민초들에게 전해주고 나누기 위해 신실한 열정을 늘 불태웠다. 검정 고무신을 신고 전라도 황토땅을 걸어 다니며 그는 만나는 이마다 성경 말씀을 꺼내고 사람이 모이면 곧장 교회를 세웠다. 그렇게 그가 개척한 교회가 최소 200여개라 하지만, 아마도 숫자를 헤아리기 어려울 만큼 훨씬 많으리라.

농어촌 무교회 지역 전도를 보다 조직적으로 효율성있게 진행하기 위해 휴 린튼은 안기창 목사 등과 함께 1970년 등대선교회를 창립하였다. 옛 지명 여천 출신인 안기창 목사 역시 평생을 농어촌 전도와 교회 개척에 헌신하였는데, 순천 선교 100주년 기념 시집을 통해 당대의 여러 선교사나 순천 노회와 교회의 모습을 그려냈다.

귀가 큰 미국사람이여
인휴 선교사는 섬을 좋아하지만

농촌 오지에도 방문하여 전도하면서

큰 부락 넓은 지역은 우리가 안해도

다 할 수 있다고 하며

거창지방 산골 오지를 찾아가서 전도하면

미국 사람 구경 삼아 사람들이 모여 들고

전라도 사투리로 복음 전하는데

할아버지들 나와서 미국 사람은

원숭이 같고 흥미있게 구경하고

전라도 사투리로 재미있게 말하면서

웃기기도 하며 사귐이 이어지고

나도 키가 큰 편이라 노인들이

너도 미국 사람이냐 물으니

인 선교사 나는 코가 큰 미국사람이고

안 목사는 귀가 큰 미국 사람이라고

웃기면서 부락 사람들과 어울려지고

복음 전하며 대접하면 무엇이든지

잘 먹으며 적응하는 소박함이여.(안기창, "선교이야기")

농어촌 사람들과 허물없이 지내며 하늘 나라 생명과 사랑을 전하기에 힘썼던 휴 린튼. 그는 순천 집을 나서 먼 곳에 복음 출장을 다닐 때면 짧게는 2~3일부터 많게는 한 두달씩 걸렸다. 멀리 전라북도 산간 지역이나 경상남도 해안가 지역까지 장소나 상황 불문하고 복음이 미치지 못한 곳이라면 어디든 갔다. 그러니 집에 돌아올 때면 옷은 물론이고 온 몸이 온통 흙투성이 일뿐 아니라 벼룩이나 빈대

등 온갖 벌레들을 몸 구석 구석 훈장처럼 달고 들어왔을 것이다. 오랜만에 본 아빠를 환영하는 자녀들의 환호도 잠시, 먼저 샤워부터 하고 몸을 깨끗이 한 후에라야 아이들과 포옹하며 해후하는 것이 가정의 건강을 지키는 일이었을 것이다.

인휴 선교사는 검정고무신을 신고 전남의 황토땅 시골길을 걸으며 농어촌 마을 곳곳에 전도하고 교회를 세웠다.

휴 린튼 선교사는 참으로 검소하였다. 담양의 타마자 선교사처럼 그도 늘 검정 고무신을 신었다. 배를 타고 섬을 다닐 때는 풀빵이나 고구마를 사서 선상 바닥에 앉아 요기를 채우기도 했다. 신발이 닳아서 구멍이 나면 자전거 타이어 수리하는 곳에서 땜질해 가며 오래 쓸려 했으니 자연히 그에게 '순천의 검정 고무신'이라는 별명이 붙었다. 그러면서도 가난하고 어려운 조선의 백성들에게 복음과 함께 삶이 나아지기를 소원하였다. 그는 1960~70년대 광양 일대에 큰 간척 사업을 하며 20여만평의 땅을 일구고 주위 사람들에게 다 나눠 주었다.

순천 결핵 병원

그의 아내는 로이스 린튼(Lois Elizabeth Flowers Linton, 인애자, 1927
~)은 플로리다 주 출신으로 1947년 휴 린튼과 결혼하여 조선 선교
사로 1954년 내한했다. 초기엔 남편을 도와 전남 도서 지역 전도사
역에 힘쓰다 1957년 세 아이가 결핵에 걸린 일을 계기로 결핵 환자
치료 사역에 전념하게 된다. 1960년부터 결핵 환자들의 집을 방문
하며 치료하다 1963년 순천에 결핵 진료소를 세웠다. 1965년엔 무
의탁 환자 진료를 위한 요양원, 1969년엔 결핵 환자 수용시설인 보
양원을 연이어 세우며 본격적인 결핵 환우 치료에 힘썼다. 광주의
카딩턴 선교사, 목포의 여성숙 선생과 함께 광주 전남의 고통받는
결핵 환우들의 치료에 헌신하였으며, 한결같은 검소한 삶과 높은 인격
적 삶으로 사람들의 칭송과 존경을 받았다. 인애자 선교사는 1992년
은퇴하여 미국으로 돌아갔고, 2020년 가을 현재 미 남장로교 선교
사들의 은퇴 마을인 노스캐롤라이나의 블랙 마운틴에서 노년을 보
내고 있다. 그녀는 1979년 국민훈장 목련장, 1993년 대한결핵협회로
부터 봉사부문 대상을 수상했다.

대한결핵협회는 올해의 복십자 대상 수상자 봉사상에 인애자(66 순
천기독결핵재활원 원장)씨를 뽑았다. 복십자 대상은 세계 결핵의 날
(3월 24일)을 기념하여 결핵 퇴치사업에 공로가 큰 사람에게 주는
것으로 이번이 11회째이다. 인애자 원장은 54년부터 미국인 선교사
남편(휴 린튼)과 함께 결핵 요양소, 재단법인 순천 기독결핵재활원
과 결핵진료소 등은 세워 무료로 결핵 환자들을 치료하는 등 평생

동안 봉사활동을 해왔다.(한겨레신문, 1993년 3월 24일)

인휴와 인애자 부부는 7남 2녀 9명의 자녀를 낳았는데, 큰 아들과 막내 딸은 어릴 때 일찍 사망하여 7명의 자녀들이 장성하였다. 부부는 자녀들에 대해 매우 엄격한 신앙과 교육을 전수하였다. 어릴 때부터 소요리 107문답을 무조건 암송하게 하였다. 웨스트민스터 신앙고백과, 대,소요리문답은 장로교의 대표적인 신앙 교리와 표준 문서로서 소요리 문답은 107개의 문답으로 이뤄졌다. 아이들은 이 내용을 모두 달달달 외워야 했고, 조금이라도 틀리면 가차없이 매를 당해야 했다. 자녀에게 바른 신앙과 삶의 가치를 부여하기 위해 부모는 매우 단호하게 지도하였던 것이다.

린튼 3대, 유진벨 4대로 이어지며

3남인 스티브 린튼(Stephen Winn Linton, 인세반, 1950~)은 대북 지원단체인 유진벨 재단을 설립하여 이끌고 있다. 외증조 할아버지 유진 벨 선교사의 내한 100주년을 기념하던 1995년, 기근으로 어려움에 처한 북한에 식량 지원을 하는 것을 시작으로, 1997년부터는 결핵 환자 진료 사업에 의약품 공급 등에 힘써 오고 있다.

막내 존 린튼(John Linton, 인요한, 1959~)은 2020년 현재 연세대학교 의과대학 교수이며 국제진료센터 소장으로 있다. 어릴 때 순천에서 자라며 초중등학교를 다녔고 연세대 의과대학을 졸업한 후 미국에서 수련의 과정을 거치고 귀국, 1992년부터 세브란스 병원 외국인 진료소를 맡아 운영하고 있다.

1984년 4월 10일 휴 린튼은 자동차 사고를 당했다. 교회 건축 자재를 싣고 이동하던 중이었는데, 만취한 기사가 운전하던 버스에 치여 큰 부상을 당했다. 급히 차로 광주 병원으로 이송하였으나 그만 과다 출혈로 사망하고 말았다. 만 30년을 꼬박 순천과 전남 동남부 지역 전도자로 충성했던 휴 린튼은 58세의 나이에 안타깝게도 사고사로 이승을 달리해야 했다.

소식을 들은 막내 존 린튼은 너무도 슬펐다. 당시엔 응급 치료 가능한 구급차가 전혀 없던 시절, 인요한은 한국에도 구급차가 절실함을 느꼈다. 그는 미국의 남장로교로부터 받은 추모자금을 이용하여 15인승 승합차를 구입, 이를 개조하여 구급차를 제작하였다.

미국에서 앰블런스를 아예 수입하는 방법도 알아봤다. 하지만 비용이 엄청났다. 앰블런스 1대 수입하는데 8,000만원이나 들었다. 어림도 없는 돈이었다. 나느 직접 앰블런스를 만들기로 결심하고 1992년 여름 휴가때 순천으로 내려갔다.

적당한 크기의 차를 알아보니 15인승 승합차량이 있었다. 12인승보다 67센티미터가 길었고 4센티미터 가량 높았다. 광주에서 흰색 차량을 주문해 순천으로 옮겼다. 순천 기독결핵재활원 앞에 차를 세워놓고 목수와 용접공, 자동차 정비공을 불러 개조에 들어갔다. 환자를 눕힐 공간을 만들고 환자 머리 맡에 의사가 앉을 수 있는 자리를 만들었다. 침대 밑과 천장에 응급 장비를 설치할 수 있도록 했다. 일이 착착 진행되어 1주일 만에 개조된 앰블런스를 완성했다.
(인요한, "내 고향은 전라도 내 영혼은 한국인")

남편을 잃었던 인애자와 아들 인요한은 제작된 구급차에 대단히 만족했다. 시청 직원으로부터 승인 필증을 얻었고 한국형 앰블런스가 탄생되었다. 차 옆면에 십자 마크를 그리고 야광 경광등까지 설치하니 제대로 된 앰블런스였다. 휴 린튼의 예기치 않은 갑작스런 죽음, 그의 사망의 새로운 씨앗이 되어 한국 땅에 긴급한 생명을 구조할 시스템이 새롭게 탄생된 것이다. 국내 1호 구급차는 순천 진료소에서 사용되었고, 이후 전국에 걸쳐 지속적으로 보급 확대하게 되었다. 유진벨 재단을 통해서는 북한에도 결핵 치료 도움과 함께 구급차 보급을 잇고 있다.

휴 린튼의 동생 드와이트 린튼(Thomas Dwight Linton, 인도아, 1927~2010)은 전북 전주 태생으로 평양 외국인학교를 거쳐 미국 콜롬비아 신학대학원을 졸업하고 형을 뒤따라 그도 부모가 있는 조선에 선교사로 다시 왔다. 의료 봉사활동과 함께 목회자로서 지내며 1973~1978년 광주 호남신학대학교 학장에 이어 북한 인도적 구호사업을 벌이기도 했다. 2010년 한 교회의 장례식에 참석한 뒤 귀가하던 중 교통사고로 사망했다. 형제가 함께 교통 사고로 유명을 달리했으니 참으로 안타까운 일이었다.

내가 그와 함께 하면서 바라본 인도아 선교사님의 성품은 고요하고 잔잔하다. 항상 변함이 없다. 언제 만나도 부담이 없다. 아들 같은 나이의 젊은이에게도 허리 굽혀 인사하신다. 만났다가 헤어지면 다시 만나고 싶은 분이시다. 무슨 부탁을 해도 거절하는 경우가 거의 없다. 주장하는 자세가 아니다. 들어 주시고 이해하시고 함께 느껴 주신다. 내 마음이 심히 괴로울 때 찾아가서 마음을 털어 놓고 이야기 할 수 있고 믿을 수 있었던 분이시다. 그분은 예수님의 마음을 많이 닮은 분이셨다. 인자하셨고 바른 길로만 걸어가신 분이시다. 인도아 선교사님의 사역은, 예수님의 누룩비유에 나오는 누룩의 역할같은 사역이었다. 소리 없이, 고요하고 잔잔하게, 충돌없이, 순조롭게, 그러나 아릅답고 끈기있게 이어나가는 사역이었다. 그는 무엇보다도 사람을 중요하게 여기셨다(김대기 목사).

한국 기독교 선교 135여년 역사에 언더우드 가문이 4대를 이으며 서울 등지에서 활동했다면, 전라남도를 중심으로 한 유진벨의 4대, 린튼의 3대 선교사 가문이 있다. 1대 배유지(유진벨), 2대 그의 딸 인사례(샬롯)와 인돈, 3대 인휴와 인도아, 그리고 4대 인세반과 인요한,… 전라남북도와 충청도 대전 등지에서 이 집안은 대를 이어 교회를 일으키고 교육을 하며 환자를 돌보는 일에 크게 헌신하였다. 한 세기를 넘어 지금도 그 자녀들로 유업이 이어지고 있으니 참으로 존경스런 일이다. 하나님 은혜로 복이 넘치는 한국교회, 생명과 함께 물질의 축복도 넘치는데, 대를 이어 더욱 낮은 자세로 헌신하고 충성하는 길 보다는 물질의 노예가 된 오늘의 모습이 부끄럽다. 교회 세습과 함께 추락하는 도덕적 타락 등 세속적이고 낯부끄러운 모습에서 떠나 믿음의 선조들을 배우고 귀감하여 하나님 앞에 새로이 서야 할 일이로다,

호남 선교에는 '구' 씨 가문도 있당게

한국의 기독교 선교를 이룬 멋진 일군들이 참 많다. 독신을 홀로 와서 평생을 수고한 이도 많고, 형제 자매 가족이 함께 온 경우도, 그리고 부모를 뒤이어 2대, 3대를 세습(?)하며 선교 유업을 잇는 충성스런 사역자들. 한국 첫 목사 선교사였던 아펜젤러나 언더우드 가문이 있고, 호남에는 유진벨과 린튼 가문이 있다.

호남에는 미스터 크레인 가문도 있다. 미국 미시시피 주 출신의 3남매로부터 시작하여 자녀들에 이르기까지 아름답고 선한 사역들을 펼쳤다. 호남의 교회와 교육, 의료 방면에 걸쳐 섬기고 사랑을 펼쳤던 크레인 가문의 이야기에 대해 인터넷 등 야사에서 들쭉날쭉 서로 틀리고 다른 정보가 넘치니 이에 작심하고 제대로 정리해 본다.

0. 미스터 크레인(Mr. Crane)

미국 미시시피 주 야즈 시에 있는 장로교회의 장로다. 철물점을 운영하는 사업가로 3남1녀의 자녀를 두었다. 막내를 빼고 위로 장녀부터 장남, 차남 셋이 모두 멀리 조선에 가 선교사로 활동했다. 생면부지의 땅 조선에 사랑하는 자녀들을 셋이나 보내고 한편으로 감사와 한편으론 불안과 염려가 하루도 빠질 날이 없었으리라. 그의 자녀와 며느리, 손주까지 2대에 걸쳐 9명의 선교사가 조선 호남에 서 57년간 충성하였다.

1. 첫째이며 외동딸 쟈넷(Janet Cranen, 구자례, 1885~1979)

크레인 선교 가문의 가장 맏이이다. 1919년에 와서 순천 매산여학교 와 전주 기전여학교에서 음악교사를 하였고, 순천 달 성경학교 교사 및 교회 성가 지도 등을 했다. 1954년까지 35년간을 평생을 독신으로 지내며 사역하고 은퇴 귀국했다.

1948년
순천매산여고
음악을 지도했던
구자례 선교사

2. 둘째이며, 장남 존 커티스(John Curtis Crane, 구례인, 1888~1964)

유니언신학교 출신의 목사로 순천을 중심으로 이웃한 보성, 고흥 일대 순회전도 사역을 했다. 이 지역의 100년 이상된 교회들은 대부분 구례인이 전도하여 설립하였다. 그는 안식년을 통해 프린스턴 신학교에서 박사학위를 취득한 후 성경번역 개정위원과 함께 평양 신학교에서 조직신학을 교수하고, 해방후엔 서울장로회신학교에서 1956년까지 사역, 귀국하였다.

구례인 아내 플로렌스(Florence Hedleston Crane, 1888~1966) 선교사는 캔터키 주 출신으로 미시시피대학교에서 식물학과 미술을 전공하였다. 그녀의 아버지는 옥스퍼드제일장로교회 목사이자 대학교수였다. 촉망받는 미술학도였던 플로렌스는 프랑스 유학을 꿈꾸던 중 구례인을 만나 함께 선교사로 조선에 왔다. 순천에서 지내며 기독학교에서 미술을 가르쳤다. 자신의 재능을 살려 "한국의 꽃과 민속 전승"이라는 책을 출판, 대단한 반향을 일으켰다. 한국의 첫 야생화 도감이었고 동아일보 등 신문에도 크게 실렸다.

1933년 10월 19일부터 3일간 콜럼비아대학 조선도서관후원회 주관으로 크레인 부인의 그림 전시회가 서울 동아일보 본사에서 열렸다. 그림의 소재는 주로 한국의 꽃과 민담 등 조선을 상징하는 것들이었다. 동아일보는 이 행사를 1933년 10월 17일부터 21일까지 매일 보도와 광고를 통해 홍보했다. 특히 21일자 조간에는 크레인 부인이 직접 그림을 그리고 글로 해설한 책에 대한 기사가 실렸다.

1931년에 일본 산세이도 출판사가 출간 후, 미국 맥밀런 출판사가 배포한 Flowers and Folk-lore from Far Korea라는 영문 제목의 이 책을 기자는 "조선꽃과 민담"이라는 한글 제목 하에 다음과 같이 소개했다.

"이 책은 크레인 부인이 조선에 건너와서 있는 동안에 조선에서 나고 피는 갖가지의 꽃 148종을 손수 그리고 그의 학명과 조선의 고유명까지 일일이 조사하여 그 꽃피는 순서로 편집한 것이다. 책을 열면 원색판 그림이 눈부시게 아름답기도 하거니와 더욱 재미나는 것은 조선에서 나는 꽃에 대한 노래, 즉 꽃에 대한 조선민요와 또 민담을 일일이 적어 엮은 것이다. 이제 그 한 예를 들면, 부견화에는 부여국의 전설을 끌어다 그 맺히고 맺힌 한을 밤새도록 울고 나중에는 피를 토하여 그 붉은 빛이 진달래꽃에 물들었다는 것이며, 그 다음 연꽃에 대하여는 세상에서도 잘 아는 심청의 전설 같은 것을 써 놓은 것이다. 실로 이 크레인 부인이 지은 『꽃과 민담』이라는 책은 서양에는 물론 조선에서도 꽃에 대하여 그 꽃이 어떻게 생기고 어떠한 학명을 갖고 어떠한 전설, 곧 민담을 가졌나 하는 것을 알아보기 위해 반드시 갖춰야 할 귀중한 저서이다. 조선의 장서가 또는 조선의 자연과학자, 조선의 예술가에게 이 크레인 부인의 『꽃과 민담』을 한 번 읽기를 권하여 마지않는 바이다."

(이재근)

구례인과 플로렌스 사이에 난 자녀는 리리안, 엘리자베스, 폴 쉴즈, 존커티스 주니어 4명이 있다.

2-1. 구례인의 첫 딸 리리안(Lilian Headleston Crane Southall, 1915~?)은 순천에서 태어났다. 톰슨 브라운(서도열) 선교사와 1936년 테네시 네쉬빌에서 결혼, 1938년 순천에서 사역 시작했다. 평양신학교 교수로 전근한 아버지를 대신해 순천의 복음과 교육사역을 감당했다. 이들의 첫딸 리리안 엘리자베스 서돌은 1938년 11월 4일 출생과 함께 바로 사망하였다.

2-2. 구례인의 둘째 딸 엘리자베스(Elizabeth Letitia Crane, 1917~1918)는 풍토병으로 출생 4개월 만에 사망하였다.

2-3. 구례인의 첫 아들 폴 쉴즈(Paul. Shields Crane, 구바울, 1919~ 2005)는 존스홉킨스의과대를 졸업한 의사로 역시 같은 대학에서 간호학을 전공한 소피 얼 몽고메리(Sophie Earle Montgomery, 1918~?)와 1942년 결혼하였다. 두 사람은 청소년기 평양외국인학교때부터 동문수학하던 학우였다. 몽고메리는 중국선교사의 2세로 남경에서 출생하였다. 둘은 1948년 전주에 도착하여 일제때 폐쇄된 예수병원을 재개원하였다. 1958년 7살 여자아이의 배에서 회충이 1천여마리나 나온 사건을 여론화시켜 기생충 박멸운동을 대대적으로 전개했다. 당시만 해도 98%에 이르던 기생충 발병율을 25년 만에 3%로 떨어뜨리는 획기적인 성과를 거두었다.

자녀 윌리엄 랜캐스퍼(William Lancasfer Crane)는 1963년 1월 27일 생, 1966년 7월 19일 사망하였다. 구바울 부부는 22년간 사역하고 은퇴, 1969년 미국에 돌아간 뒤에도 "내 고향은 순천"이라며 어릴 적 자란 순천과 한국을 그리워했다. 미국 테네시에서 노년을 나란히 저술 활동에 전념하여 구바울은 'Korean Patterens'를 펴냈고, 부인 소피 크레인은 남장로교 선교사들의 의료선교역사 〈기억해야 할 유산(The Legacy remembered)〉 등을 썼다.

2-4. 구례인의 막내 아들 존 커티스 주니어는 1921년 3월 25일 생, 한국 풍토병에 그해 가을 10월 4일 사망하였다.

3. 미스터 크레인의 셋째이며 차남 폴 재킷(Paul Sacket Crane, 구보라, 1889~1919)

구보라 선교사는 1913년 유니온 신학교 재학중 치료차 미국에 돌아와 있던 포사이드의 설교에 감화되어 한국선교를 결심하였다. 신학을 마치고 결혼도 하여 아내와 함께 1916년 내한 순천에서 6개월여, 다음해 2월 목포로 옮겨 2년여 선교부 사무일을 책임지며 순회 전도 사역에 힘썼다.

1919년 3월 26일 경기도 병점 부근에서 사고로 사망했다. 유진벨과 그의 아내 마가렛, 낙스 선교사와 함께 4명이 자동차를 타고 귀향하던 중 열차와 추돌하는 바람에 마가렛과 함께 구보라는 즉사하였다. 낙스는 실명하였고, 벨은 찰과상을 입었다. 벨이 기증받은 미제 승용차 뷰익(Buick)을 함께 시승하기 위해 올라갔던 일행은 인천에서 차를 인수받아 서울에서 열렸던 집회에 참석하고 돌아가던 중이었다(제암리 사건을 조사하고 돌아가다 사고당했다는 기사는 거짓이다. 제암리 사건은 사고일보다 20여일 뒤인 4월 15일에 일어난 일이다). 구보라와 마가렛 벨은 광주 양림동산에 묻혔다. 호남신학대학교 동산에 오른쪽으로 맨 첫 번째와 두 번째 자리에 있다. 구보라의 유품에서 발견된 시 한 수는 채 못다 핀 20대 청년의 슬픈 꿈을 회한케 한다.

죽음
죽음아, 내가 왜 너를 걱정하겠냐?
내 온 인생이 비참함뿐이거늘
지친 내 영혼 져야 할 짐 무엇이었나?
이 믿을 수 없는 세상 언제가 끝일런가?
(중략)
상실한 영혼들, 감당치 못할 이 버거운 고통

이들 향해 성스런 책 이르셨다:

그러나 구원을 얻은 너희들, 죽음은 복스러운 보증

지친 영혼을 위한 평화스런 안식

사실이 이럴진대 삶에 웬 집착을 그토록 가져

양손을 기꺼이 펼쳐 내리며

"위대한 저 너머"를 향해 성큼 들어서지 않겠는가?

한숨도 찡그림도 결코 보지 않을 곳으로

이제 난 죽음을 꺼릴 이유가 없어져버렸다

저 안락의자 같은 완벽한 안식과 평화

이미 승리한 자들 위해 준비되었고

복 받은 그네들 영혼 이제 높이 들림 받는다.

너 슬프고 아프며 부서진 영혼아 이제 쉼을 얻으라.

너의 지친 육신으로 누움을 얻게 하라

모든 사랑하는 이들 친구들도 떠나야 하리니

이제 너의 날개를 펴서 저 하늘너머로 비상 하거라.

너의 상한 구원자, 살아나신 성자

흠 없이 십자가 죽음 당한 이

이 승리의 여정이 다할 때까지

우린 당신의 거룩한 이름 찬양하며

축복합니다.(구보라, 유작시)

구보라 선교사의 아내는 캐더린(Katherine Whitehead Rowland Crane, 1896~1997)이다. 조지아주 출신으로 1915년 구보라와 결혼하여 이듬해 1916년 스무살에 선교사로 내한, 목포에서 사역하였다.

2년 반 남짓 이제 겨우 조선말을 익히고 선교에 열심낼까 하였더니, 그만 불의의 사고로 남편을 잃고 말았다. 십대때 만나 이룬 불같은 사랑, 사랑을 더해 다른 나라 다른 사람들을 더 사랑하기로 하여 이역만리 태평양을 건너 청춘의 불꽃을 태우려 했는데 채 피우지 못한 23살에 그만 사랑을 잃어 버렸다. 목포의 눈물이 달리 있지 않더란 말인가.

남편을 광주 양림동에 묻어 둔 채 어린 자식들과 함께 미국으로 돌아가야 했다. 그들의 자녀는 딸 에피 햄튼과 아들 폴 에드거, 채 5살이 안된 어린 유아들이었다. 캐더린은 미국 시댁으로 가 시동생 윌리엄 얼과 1922년 재혼하였고 딸 캐더린 쟈넷을 낳으며 시댁의 유업을 이었다. 그런데 나중에 그의 아들 폴 에드거 역시 교통사고로 사망하였으니, 남편도 아들도 이 무슨 목포의 눈물이란 말인가! 그녀는 1997년 11월 101살에 소천하였다. 죽을 때까지 첫 남편과 결혼할 때 착용했던 목걸이를 풀지 않았다고 한다.

4. 미스터 크레인의 막내이며 셋째 아들 크레인 윌리엄 얼 위로 누나와 두 형이 조선에 선교사로 가자 자신도 뒤따라 가고 싶었으나, 유일하게 남은 막내만큼은 보내지 않으려했던 아버지의 뜻에 따라 아버지를 도우며 가계를 지켰다. 바로 윗 형 구보라 사망으로 형수 캐더린이 귀국하자 결혼하여 아버지의 유업인 철물업을 이어받아 사업하는 것으로 가업을 이었다.

미스터 크래인은 지난 1백여년 동안 세 자녀와 며느리, 손자들까지 목포 전주 순천에 보내 교회와 병원 학교 사역으로 호남인을 섬겼으며, 그의 아들, 손자, 증손자까지 5명의 시신은 광주(아들 구보라, 손자 베스와 주니어, 증손녀 리리안)와 전주(증손자 윌리엄) 선교묘 역에 안장되어 있다.

순천 7

복음을 위한 기름진 땅, 안력산 병원

2017년 12월 30일 안력산의료문화센터 개관식이 열렸다. 순천시 매
산동 옛 남장로교 선교부가 있던 곳, 매산고등학교 뒤편에 위치하
며 100여년 오랜 세월로 폐허화 되다시피한 것을 개보수하고 단장
하여 역사문화 센터로 새롭게 복원하였다. 서종옥 전문의(금당남부
교회 장로)를 비롯한 순천 의사협회와 기독교 지도자들이 합심하여
순천의 도시재생사업의 하나로 추진, 1년여 공사 끝에 44평 규모의
단층 문화센터로 거듭났다.

순천의 기독교 의료는 1913년 티몬스 의사와 그리어 간호사가 3평
남짓한 초라한 오두막에서부터 시작하였다. 환자가 찾아들고 장소
는 너무 작았다. 6개월여 지난 이듬해 14평 정도의 한옥 진료소를
새로 만들었지만 비좁기는 별 차이 없었다. 티몬스 의사는 좁은 틈
에서 수술을 해야 했다. 첫 7개월 동안 67명의 환자를 집도했고,
4천여명 가까이 치료를 받았다.

티몬스(Henry Loyola Timmons, 김로라, 1878~1975) 선교사는 노스
캐롤라이나 의과대학을 졸업하고 갓 결혼한 아내와 함께 1912년 내
한, 이듬해 순천선교부가 개설될 때 합류하여 진료소를 열고 서양

식 의료 사업을 처음으로 펼쳤다.

그의 아내 로라(Laura Louise McKnight Timmons, 1883~1975) 역시 마취과 의사로서 함께 진료하며 조선인 의학생들을 가르쳤다. 당시 6명의 조선인 의료 조수가 있었고, 세브란스 학생으로 의학도였던 박승봉, 그리고 남자 전도인 1명과 전도부인 1명이 병원사역을 도왔다. 1920년 안식년으로 미국을 다녀온 후 재차 입국하여서는 전주에 발령을 받아 예수병원에서 사역하였고 1925년 영구 귀국하였다. 그의 아들 존 그리어 역시 아버지를 이어 선교사로 다시 와서 전주예수병원에서 사역하였다.

조선에서 두 번째 큰 병원을 짓다

1916년 3월 1일 순천읍성 언덕에 새 병원이 신축되었다. 입원실 30 (35?)개를 갖춘 3층짜리 당시로선 대형병원이었다. 의사 티몬스는 사실 의사 이전에 건축가였다. 아버지가 건축업자였고 티몬스는 의과대학을 다니기 전에 건축학을 통신과정으로 이수하였던 터였다. 자신의 경험을 살려 그는 병원 건물을 잘 지었다. 병원 개원식을 마치고 그 소감을 선교회보 "미셔너리 서베이(1916년 8월호)"에 실었다.

3일동안 사람들의 방문은 놀람과 경탄 가운데 이어졌다. 모든 이들에게 놀라웠던 것은 이 병원 건물이 미국인이나 일본인을 위해 지어진 게 아니고, 단지 가난하고 무지하며 무시당했던 조선의 민중, 자신들을 위해 지어졌다는 사실이다.

(티몬스, "순천 안력산병원 개원")

세브란스 병원에 이어 국내 두 번째로 큰 시설이었다. 후원자의 이름을 따 알렉산더 병원, 우리말 이름으로 안력산 병원이라 하였다. 같은 해 목포에도 후원자 이름을 빌린 2층 큰 규모의 프렌치 병원이 세워졌으니 한반도 남부의 작은 도시에 서양식 병원이 크게 들어선 것이다.

병원 신축의 후원자였던 알렉산더는 미국 캔터키 주에서 대형 종마장을 운영하는 대부호 집안 출신이었다. 그의 할아버지가 일군 농장의 크기가 서울 여의도 면적의 다섯 배에 이를 정도였다. 재벌 집안에 프린스턴과 뉴욕 컬럼비아 의과대학을 나온 수재였으니 상당한 스펙을 갖춘 청년이었으리라. 그런 그가 자신의 신앙과 거룩한 꿈을 좇아 조선에 선교사로 자원하였다. 1902년 11월 군산에서 사역을 시작하며 조선에 온 지 불과 2달 밖에 되지 않았는데, 그만 고국에서 들려오는 아버지의 부음을 듣고 급거 귀국하였다.

이역만리 타향에 와 있던 선교사들에게 있어 부모의 죽음은 평생을 짊어지고 갈 사모곡(思母曲)이다. 그에게 50년 연상의 아버지는 누구보다 귀한 분이었다. 미국 최고의 명문 대학 프린스턴을 졸업한 그에게 부모들의 자존심이었을 알렉산더. 더욱이 아버지 연세 오십에 얻었던 첫 아들, 첫 사랑이기에 알렉산더는 아버지의 모든 것이었다. 그런 아들을 이역만리 조선 땅에 보내놓고 눈을 감는 아버지의 마음이 어떠했을까?

알렉산더가 조선에 들어 올 때 품었던 하나님에 대한 헌신과 고통받는 이웃에 대한 봉사는 그야말로 두 달 만에 끝이 났다. 알렉산더는 아버지의 죽음과 가업을 이어야 한다는 책임감 앞에 레이놀즈와 선배 동료들로부터 수많은 조언과 격려를 받았을 것이다. 이러한 증거는 그가 떠나간 이후 수많은 선교사들의 보고서와 편지 행간에서 발견된다. 그리고 알렉산더와 한국에서 사역하는 선교사들과의 지속적인 교제를 통해 그가 자신이 이루지 못한 조선에서의 꿈을 위해 끊임없이 노력하는 모습을 바라보게 된다. 자신이 할 수 있는 모든 것을 바쳐서라도 하나님과 이웃에 대한 자신의 약속을 실천할 것을 다짐한다.

(양국주, "조선에서 못 이룬 꿈이 애처로워")

조선에서 제대로 시작도 못하고 돌아가야 했던 알렉산더, 그는 고국의 가족으로 돌아가 아버지의 유업을 잇는 일에 종사하였지만, 조선에서 이루지 못한 아쉬움과 거룩한 부담으로 미 남장로교 조선선교회를 누구보다 후원하며 최선으로 함께 하였다.

우선 그는 귀국할 때 군산에서 잠깐이나마 함께 지니며 자신을 도왔던 오긍선을 데리고 갔다. 오긍선은 알렉산더의 전적인 후원 아래 센트럴대학과 루이빌의과대학원을 마치고 의사가 되었다. 오긍선은 1907년 미 남장로회 선교사로 고국에 돌아와 군산과 목포, 광주 병원을 거쳐 세브란스 병원에서 일하였다. 그의 정직함과 신실함을 인정한 에비슨은 자신의 후임으로 자기 아들을 심지 않고 오긍선을 세브란스 병원장으로 세웠다. 서양인이 세운 한국의 첫째가는 병원에 조선인으로서 최초 원장을 맡게 된 것이다. 가난하고 어려워하는 환자들을 거절하지 않으며 다른 의사들보다 몇 배나 더 많은 진료에 땀과 정력을 쏟으면서도 개인의 사사로운 이해나 명성을 탐하지 아니하였다. 해방이후 이승만 정권이 복지부 장관직을 제의할때도 거절하였고, 자신의 아들이 의사가 되어 개인병원을 낼 생각을 할 때면, 의사가 사람을 치료해야지 돈을 벌려해선 안된다고 만류했다. 오긍선 자신이 애시당초 난 사람이었지만, 사람을 알아보고 사람을 키우는 일에 헌신했던 알렉산더 덕에 미국까지 가서 공부할 수 있는 기회를 얻었고, 자신이 취한 세상의 영예와 명분을 또한 받은 그대로 가난한 환자 돌보고 사람 키우는 일에 헌신하였으니 사람을 알아보는 자가 사람을 알아보며 하나님의 일군이 되어가는 것이다.

알렉산더는 호남의 선교부 일대에 필요한 건축과 운영 비용 등에도 상당한 후원을 아끼지 않았다. 순천의 기독병원은 그렇게 지어졌다. 일찍이 조지 와츠 장로가 프레스톤을 통해 선교부의 인력 전원의 봉급을 책임지며 헌신하였던 것과 마찬가지로 알렉산더의 기부마져 더하였으니, 순천의 초기 기독교는 그야말로 복에 복이 더하여졌다.

안력산 병원의 일꾼들

안력산 병원에서 티몬스와 함께 수고한 간호사는 그리어였다. 그리어(Anna Lou Greer, 1883~1973, 기안라) 선교사는 텍사스 길버튼 출신으로 존스틸병원에서 간호학을 전공하였고, 역시 1912년 내한, 의료사역에 합류했다. 순천에서 6년을 군산에서 6년을 사역한 후 1935년 이한하였다. 부임 초기 순천 안력산에서 수고하며 전심으로 환자를 섬겼던 그녀에 대한 글이 1927년 이 병원을 방문한 이에 의해 미 장로교회보에 실렸다.

제일 먼저 눈에 띄는 것은 먼지 하나 없는 깨끗한 바닥과 벽이었다. 이 건물이 어떻게 그렇게 깨끗하게 유지될 수 있는 지 의문을 가질 수 밖에 없었다. 우리는 수간호사 그리어 양이 한국의 간호사들과 소년들이 병원을 깨끗하게 유지하는 일에 자부심을 느낄 때까지 훈련시키느라 지친 일과와 잠 못자는 밤을 보낸다는 이야기를 들었다. 치료 중인 환자들의 면모는 이랬다. 5세 아이의 방광 결석, 무릎 관절 결핵, 척추 결핵, 폐농양으로 1쿼터 반의 고름 제거, 한약 오용으로 인한 다리 절단, 얼굴 암, 조산으로 인한 합병증…. 환자들 가운데 62%는 무료로 치료받는 절대적 자선 환자였다. 우리는 이 일을 즐기며 사랑으로 섬기는 의료진에게 이 병원의 성공 이유가 있음을 알게 되었다.

1916년, 의사 티몬스가 장흡수부전증에 감염되어 미국으로 돌아가는 바람에 후임자가 절실했던 바 광주기독병원의 윌슨이 광주와 순천을 오가며 공백을 잠시 메꿔야 했고, 다음해 로저스 선교사가 순천의 두 번째 의사로 부임하였다. 로저스(James McLean Rogers, 1892~?, 로제세/노재수)는 알라바마 주 출신으로 데이비슨대학과 버지니아 의과대학을 나왔다. 1917년 내한하여 순천 안력산 병원에서 사역하였고, 일제에 의해 1939년 추방당할 때까지 일했다.

로저스는 일벌레이며 특히 외과수술을 많이 했다. 한편 그의 묘한 매력은 외국인과 일본인들을 포함한 사람들을 그에게 이끌었다. 그는 청년시절, 사냥 중에 일어난 사고로 인해 왼팔의 상완골이 파괴되었으나 다행히 신경과 혈관을 건드리지 않아 팔뚝과 손은 온전히 사용할 수 있었다. 그는 자신의 흐물흐물한 팔로 그의 목을 감거나 다른 기이한 곡예를 보여 주면서 한국인들과 선교사 자녀들을 즐겁게 해 주었다. 수술대에서는 한 명의 간호사가 늘 로저스의 팔을 지지하고, 그는 손을 사용하여 외과수술을 할 수 있었다. 그는 휴식을 위해 두 개의 돛을 단 24피트 크기의 고깃배를 구입하여 나환자 요양원 근처의 만을 항해하기도 했다.

(소피 크레인, "기억해야할 유산)

1930년대 안력산 병원은 무산자의 의료기관으로 명성이 높았다. 유료환자보다는 무료 환자가 더 많았다. 당시 연 5만명의 환자가 방문하였고, 그중 60% 이상이 무료환자였다. 한 해 2천여원의 결손이 있었지만 희생적 병원을 감수했다. 1934년엔 유료환자가 9,021명, 무료환자는 11,103명이었다. 안력산 병원은 '공적 위대한 의료기관' '무산자의 의료기관' 으로 그리고 로저스 의사와 당시 한국인 의사 정민기, 윤병서 등은 '무산인민의 은인' 으로 칭송되었다. 로저스 의사는 칭송과 별개로 참으로 헌신적인 의사였다. 환자들의 아픔을 진정 공감하며 최선으로 진료와 치료에 나섰다. 그의 수고와 땀은 곧 환자의 육신 치료뿐만 아니라 영혼을 치료하는 일에 닿아 있음을 잊지 않았다. 안력산 병원의 존재 이유와 자신들의 충성이 다름아닌 영혼 구원과 무관하지 않음을 강조하였다.

이곳은 미션병원이다. 따라서 우리의 주된 목적은 말과 행위로 우리 주요 구주이신 예수그리스도의 복음을 선포하는 것이다. 우리는 예수님의 지상명령에 교육과 설교뿐만 아니라 치유도 포함된다고 믿고 있다. 예수님도 자신을 구주로 그를 믿지 않은 많은 사람을 치유하셨다고 믿는다. (중략) 환자들은 이미 개인적인 그리고 전문적인 관심에 감명을 받고 있으며, 병이 좋아짐에 따라 계속적인 가르침을 듣고 마음에 받아 들이는 시간을 갖고 잇다. 한마디로, 이는 복음의 메시지를 위한 기름진 땅이다.

(조지 브라운, "한국선교 이야기 "

로저스 선교사와 한국인 의사 정민기, 윤병서, 서무과장 황두연(순천읍교회 장로) 등의 헌신으로 인해 병원은 더욱 명성을 얻었고 환자들이 늘어난 탓에 공간도 더 늘려야 했다. 지역 인근 뿐만 아니라 전국의 멀리서도 중환자들이 찾아와 입원실이 더 필요해졌다. 1934년 옆에 85 병상의 새로운 건물이 지어졌다. 공사비용 3만원은 이미 고인이 된 알렉산더와 조지와츠의 부인들이 남편을 대신하여 헌금하였다. 병원의 수익사업이 많이 개선되었고, 연간 약 1,800달러의 선교부 보조만으로도 병원 운영이 나아졌다.

병원에도 미국인 선교사와 한국 의사 등 수 십명의 직원이 있고 상당한 사업과 돈이 오가는 일이다 보니 늘 좋은 일만 벌어지고 은혜만 가득한 것은 아니었다. 1924년엔 한국인 직원과 간호사들이 임금인상을 요구하며 동맹파업을 일으킨 사건도 있었다.

전라남도 순천군 미국사람이 경영하는 안력산병원에서는 사무원과 간호부가 단결하여 지난 9일에 동맹파업을 하였다는데 그 원인을 들은즉 그 병원에서느느 사무원과 간호부를 사용하되 월급은 8원으로부터 최고가 23원이므로 그러한 적은 월급을 받고는 1개월 동안에 생활을 할 수도 없을 뿐만 아니라 출근시간에 조금만 늦게오면 무조건하고 퇴직을 시키는 일도 종종 있었으며 기구를 사용하다 파손이 되면 그 물품값을 배상을 시키되 월급 중에서 제감하는 일과 그 외에 여러 가지로 학대와 압제 받은 일이 많은 중에 미국인 간호부가 더욱 심하게 한다 하며 작년 연말에 상여금이라고 매명하에 1원씩을 주었음으로 받기는 받았으나 인격을 너무나 무시하므로 일동은 분히 여겼던바 지난 9일에 사무원과 간호부가 서로 회의하되 우리는 죽도록 고생만 하고 매월에 13-14원 월급으로는 생활할 수가 없은즉 병원장 로제세에게 진정이나 하여보자고 병원장을 찾아가서 월급을 승급하여 달라고 한즉 원장과 미국인 간호부가 말하길 당신들에게 월급을 더 줄 수 없은즉 월급을 더 받을라고 생각하면 다른 데로 가서 근무하는 것이 좋다고 하였으므로 일동은 동맹하고 해 병원을 하직하게 되었다더라.(동아일보, 1924년 1월 13일)

선교현장과 아무런 선하고 좋은 일이 벌어져도 사람이 하는 일이고 여러 사람의 이해관계도 있으니 어디나 있는 법이다. 한국인 의사 정민기가 조기 수습하며 중재하여 4일 만에 해결하고 직원들은 다시 출근하는 것으로 종결되었다.

신사참배 강요가 심해지던 일제 말기 기독교학교의 폐쇄와 함께 안력산 병원의 폐원도 1939년 들어 논의되었다. 안력산 병원은 이듬해 폐원되었다. 1913년부터 시작한 선교사에 의한 순천의 서양 진료, 그리고 안력산 병원 시설을 갖추게 된 1916년부터 이어져 1941년까지

운영되었다. 일제에 의해 선교사들이 강제 추방이 이어졌고, 순천노
회 목회자들에 의해 매산학교 건물로 사용되었다.

안력산 병원 건물은 1991년 갑작스런 화재로 인해 전체가 소실되고
말았다. 그동안 부속 격리병동만 남아 방치상태에 있었는데, 100여
년이 지난 2017년 연말 의료문화센터로 복원 재개관되었다. 순천의
의료역사는 물론 미 남장로교의 호남과 한국의 의료 역사에 대해서
도 살펴 볼 수 있는 전시관과 함께 의료봉사실과 문화 공간으로 꾸
며져 있다. 건물 바깥에는 응급 진료와 이동용으로 쓰이던 옛 한국
형 구급차 2대가 함께 전시되어 있다.

매산동 언덕에 있었던 안력산 병원

순천 8

성경을 가르치지 못하면 학교도 없다

순천의 100여년 넘는 역사를 지닌 기독교 학교는 매산중학교(남녀
공학), 매산남자고등학교, 매산여자고등학교가 있다. 1910년 변요한
선교사 사택에서 시작하여 3년후 순천 선교부가 공식 설립되면서
학교도 공식적으로 개교하였다. 1913년 9월 은성학교라는 이름으로
코잇 목사가 초대교장을 맡아 시작되었다. 일제하에 허가된 학교였
는데, 성경 교육을 금하는 일제 교육령을 따를 수 없어 1916년 일시
폐쇄하였고, 1921년 4월 매산 남,녀학교라는 이름으로 다시 학교 문
을 열었다. 일제말기 신사참배 강요로 1937년 두 번째로 자진 폐교
하였고, 해방후 1946년 9월 매산중학교를 다시 열었다. 1950년이후
매산중학교와 은성고등학교, 1956년부터 매산중학교와 매산고등학
교, 그리고 1984년 이후 남녀공학인 매산중학교, 매산남자고등학교,
매산여자고등학교 3개 중등과정의 학교가 2020년 현재까지 이어오
고 있다.

맨 처음 학교가 시작될 때는 미남장로교 순천선교부기 운영을 주도
했고, 교사와 학생은 순천읍교회 성도들의 몫이었다. 학교 설립이
있기 5-6년 전부터 순천을 비롯한 인근 지역에 기독교 복음이 전파
되고 교회가 곳곳에 세워졌다. 보성, 고흥, 광양 여수는 물론 순천

읍내까지 수십여 교회가 이미 발전과정에 있었고, 성도들은 선교사들의 영향을 받아 자기 자녀들에게도 서양식 근대교육 기회를 주고자 하는 열의가 높았다.

1909년 광주선교부의 프레스톤(변요한) 선교사는 점차 순천 일대를 방문하며 선교부 설립에 대한 초석을 다져 나갔다. 이미 오웬 선교사를 비롯하여 그의 조사였던 지원근과 조상학 등이 텃밭을 많이 일궈놓은 지역이었기에, 교회와 성도들이 자생하며 한창 성장을 거듭해 나가는 중이었다. 순천읍교회는 담임교역자가 없었음에도 50여명의 성도들이 출석하고 있었고, 이듬해인 1910년 니스벳(유서백) 목사는 순천읍교회에서 첫 세례식을 집례하였다. 그리고 선교사들은 서문밖에 있었던 교회당을 매산동 선교부 부지가 조성된 곳으로 장소를 옮기도록 하였다. 장차 순천 선교부가 세워질 공간 구내에 교회가 자리하여 가장 구심점이 되어야하기 때문이었으리라.

1909년 순천군 읍내교회가 성립하다. 서문외에 땅 400여평과 초가 10여평을 매수하여 모여 예배할 새, 선교회에서 순천을 선교중심지로 정하고 가옥을 건축하며 남녀학교와 병원을 설립하니, 교회가 점차 발전되니라. 선교사와 합동하여 기와집 40평을 건축하니라
.
1910년 미국 남장로교 선교회에서 순천군 매산리에 땅을 매수하여 남녀학교와 기숙사와 병원을 설립하고 선교사 변요한, 고라복, 안채륜, 구례인과 의사 티몬스와 전도부인 백미다가 내도하여 각기 구역을 나누고 선교에 노력함으로 교회가 날로 발전하니라.

(조선예수교장로회 사기)

조선예수교장로회 사기는 100여년 전 한국 교회의 설립과 과정을 들여다 보는 상당히 중요한 사료이긴 하나 정확치 않은 기록들도 많다. 훨씬 뒤인 1928년에 만들어진 자료이다 보니 앞의 사건과 내용을 일일이 구분하지 않고, 뒤에 이뤄난 일도 한꺼번에 드러내는 바람에 혼선을 주기도 한다. 학교와 병원 건물을 지은 것은 몇 년 뒤의 일이니 잘 분별하여 읽어내야 한다.

어쨌건 중요한 건 1909년 40평이나 되는 건물을 지니고 있던 순천 읍교회가 굳이 또 매산 마을로 옮겼다는 사실이다. 이어지는 내용처럼 이곳이 순천 선교부 조성지가 되었고, 학교, 병원, 선교사 사택과 함께 교회당이 들어서야 했기 때문이었다.

선교부가 들어선 순천 매곡동(梅谷洞)은 순천의 북쪽경계인 난봉산(蘭鳳山, 423m)의 진입부인 매산(梅山)의 구릉지이다. 매곡동은 겨울골짜기라는 '동곡(冬谷)'의 지역어로 '저우실'이라 불려온 곳이며, 역사속에서 순천부 읍성으로부터 시신들을 버리는 장소이기도 했다. 또한 매곡동은 봄 소식의 전달자인 홍매화가 한반도에서 가장 먼저 피는 곳으로 홍매화의 마을로 알려지고 있다. 매곡이라는 이름은 조선조의 유학자이며 순천의 고서인 '매곡집(梅谷集)'을 저술한 배숙(1516-1589)의 호인 매곡(梅谷)을 따라서 지어졌다. 매화는 겨울에도 꽃이 피는 설중매(雪中梅, Winter Plum)라 불리며, 소나무와 대나무와 함께 '선비의 3대 친구'로 비유되어 왔다.

기독학교의 발전과 종교 교육의 탄압

미 남장로회 순천선교부가 1913년 공식으로 매곡동에 설립되자 조선인에 의해 운영되고 있는 순천읍교회 외에, 선교부는 티몬스를 내세운 병원 사역과 함께 학교 사역도 벌이기 시작했다. 그해 9월 은성학교 이름을 걸고 개교를 하였다. 여학교가 먼저 시작되었고, 남학교가 뒤이었다. 교과목은 성경을 비롯하여, 한글, 일본어, 산수, 기하, 한문, 역사가 있었고, 방과후 실습으로 목공 제작, 놋쇠제작, 토끼 사육 등이 있었다. 학교 건물도 필요했으니 후원자의 손길이 이어졌다.

알렉산더의 후원으로 병원이 멋지게 지어졌고, 일찍이 순천선교부가 시작할 때부터 전적인 후원을 하였던 조지 와츠 장로가 기부를 더하여 학교 건물도 지었다. 기부자의 이름을 빌려 조지 와츠 기념학교라 불리운 건 당연했다. 목포의 남학교인 영흥학교도 당시 기부자 이름을 따 존 왓킨스 학교로 불리웠고, 광주의 여학교는 그때로부터 현재까지도 수피아학교로 불리우고 있다.

그런데 학교가 제대로 시작한 지 2,3년이 채 되지 않아 일제의 간섭이 심해졌다. 아무래도 일제하에 허가된 학교이다 보니 일제 교육령을 따를 수 밖에 없었는데, 성경 과목을 가르칠 수 없다는 게 걸림돌이었다. 크레인 교장은 여러번 진정하였지만 받아들여지지 않았다. 예전 법을 따라 훨씬 전에 세워진 목포나 광주의 미션학교들은 그래도 괜찮았지만, 이제 갓 허가된 순천의 미션학교는 1915년 3월 총독부령 "사립학교 규칙 개정"의 현행법에 저촉이 되었다. 전국에 걸쳐 미국 선교사들에 의해 세워지고 있는 기독교 사학에 대한 일제의 강력한 종교 규제 일환이었다. 일본어를 할 줄 모르면 교사가 될 수 없고, 한국사나 한국지리 과목을 만들 수 없으며 종

교교육도 하지 못하도록 규정하였다. 그렇다고 성경을 가르치지 못
하고 찬송가를 부르지 못하면 미션학교로서 무슨 존재의 의의가 있
으련가? 결국 1916년 선교부는 학교를 폐쇄할 수 밖에 없었다.

1921년 매산학교 재개교

은성학교가 폐교된 지 4년 10개월 만인 1921년 4월 15일 "매산학교"
라는 이름을 걸고 다시 문을 열었다. 구례인 선교사가 교장을 맡았
다. 그는 교인들과 자녀들의 근현대식 교육 필요성을 절감하였다.
중등교육에 대한 수요를 이해하고, 일제의 정책에 맞는 교육기관의
필요와 실업교육의 활성화를 내세웠다. 이러한 필요는 학교의 고등
과정 개설 문제와 연관되었다. 지금까지의 초등과정 정도 이상으로
고급 인력 양성도 중요해졌다. 순천과 전남 동남부 일대에 걸친 고
등인력 양성으로 그들이 졸업후 자기의 고향 마을과 교회에서 지도
자로 성장하는 비전을 꿈꾸었다. 지역 주민들도 고등과정의 필요를
요구하였다. 직접 경비의 일부를 부담하겠다고 하였다. 순천읍교회
담임 이기풍 목사를 비롯한 오영식 장로, 김양수(청년면려회장) 등
이 당시 선교사회의가 열렸던 광주까지 찾아가 청원하며 자신들(순
천읍교회 등)이 매년 천 원씩 부담하겠다고 할 정도였다. 그런 의지
가 모여져 새로 개교한 학교의 학제가 보통과 4년에 더해 고등과
4년이 신설되었다. 이듬해인 1922년 학생 수는 보통과 207명, 고등
과 33명이었다. 1930년에는 보통과 6년, 고등과 2년으로 변경되었
지만, 전체 8년간의 과정은 똑같았다.
학생들이 점차 늘어나자 보다 큰 교사가 필요했다. 조지 와츠의 헌

신이 또 씨앗이 되었다. 일찍이 순천선교부 시작할 때 선교사들의 급여와 활동비를 책임졌던 그는 1920년 여름 순천을 직접 방문하게 되었다. 성장하고 발전하는 순천 선교부의 교회와 병원 학교 등을 살펴보며 학교 건물 신축을 위해 그는 또 헌금을 기꺼이 내어 놓았다.

1928년 지어진 교사는 애시당초 매산남학생들을 위한 건물로 지었는데, 용도를 바꿔 기독 지도자 양성을 위한 성경학교로 사용하였다. 해방이후 성경학교는 근처 다른 곳으로 이전하였고, 인애자 선교사에 의해 기독진료소로 운영되어 오늘에 이르고 있다. 매산동 선교구내 맨 처음에 있는 이 건물은 등록문화재로 지정되어 있고, '순천기독진료소' 라는 간판 외에 '조지와츠기념관' 으로도 불리우고 있다.

매산학교는 벽돌로 지어졌던 옛 건물을 철거하고 1930년 10월 3층 규모의 화강석으로 된 새 교사를 지었다. 현재 중학교 내에 있는 매산관으로 불리우는 건물이다. 신축 건물은 역 'T' 형 평면에 전면 중앙부를 돌출시켜 하늘에서 보면 지붕 평면이 십자가 형상으로 보이게 하였다. 순천선교부 초기 시설이 중국인과 일본인 기술력으로 된 것에 비해, 매산관은 한국인 기술자의 참여로 이뤄졌다. 역시 후원자의 이름을 따 와츠 학교로 불리었다.

전남 순천매산학교는 예수교남장로파 선교사의 경영으로 보통과 6년 고등과 2년제까지 있었으며 설비도 완전하나 한가지 교사(校舍)가 적어서 약간의 곤란을 받은중, 현교장 원가리 씨의 활동으로 미국인 "와쓰" 씨로부터 교사 건축자금을 얻어 지난 5월에 이만삼천원으로 새교사 건축을 기공하여 석재 3층 양옥 총건평 270평의 웅대한 건물을 건축하고 지난 10월 30일 준공되어 금월 3일 오전 10시에 본교 대강당에서 순천 일반 관민 유지 다수 참석하에 교장 원가리 씨의 사회로 성대한 낙성식이 있었고, 이어서 교사 신축기념 육상경기대회가 시작되어 3,4 양일간 재미있게 진행하였다.

(동아일보, 1930년 11월 9일)

당시 교장 원가리 선교사는 지역사회와 조선의 미래가 실업에 있다고 판단하며 학생들에게 과학 교육을 중히 가르치고 동시에 실업부를 두어 운영하였다. 조선의 명물인 유기공장을 설치하여 일과 수업이 끝난 오후에 학생들로 하여금 유기를 만들도록 하였고 미국으로 수출하였다. 또한 토끼를 기르게 하여 그 털로 가죽장갑을 만들어 미국에 5원에서 16원까지 판매하였는데 졸업후 개인적으로 토끼를 활용한 피물을 학교에 가져오면 미국으로 수출하여 학생들의 생활비와 장학기금으로 활용토록 하였다. 여학교에서는 구자례(Janet Crane) 교장이 직접 음악을 지도하고 가르치며 실업, 공예부의 일을 성공적으로 이끌었다. 미국에 수출하여 학생들의 호주머니를 채워주도록 주선한 이는 미국 전도부인회장 반스 여사였다.

순천의 학교들은 고도로 개발된 실업, 공예부를 가지고 있었다. 웅어(James Kelly Unger, 원가리, 1893~1986) 목사는 제재소와 놋그릇 제조를 시작하고 한국 음식의 가치있는 보조식품으로 증명이 된 친칠라 토끼를 기르는 일을 처음으로 시작했다. 크레인 양이 이끈 여학교에서 음악과 실업, 공예부의 일도 매우 성공적이었다.

버지니아 주 웨인스보로의 반스(R. G. Vance) 부인은 미국에 산업예술 작품을 파는 대리인이 됨으로써 이 미션학교에 훌륭한 봉사를 했다. 1927년 한 해만 해도 순천의 학교에서 반스 부인을 통해 판매한 한국의 종이 인형은 56,000점이었다.

(조지 브라운, "한국선교 이야기)

당시 여학교는 비거 선교사가 맡고 있었다. 비거(Meta Louise Biggar, 백미다, 1882~1959) 선교사는 미조리 주 출신으로 리서치병원에서 간호학을 전공했다. 1910년 내한하여 1953년까지 오랜 시간을 순천에서 사역했는데, 전공과 달리 순회 전도사역과 함께 교육 사역에 진력했다. 비거 교장은 1922년 5월 5일자 선교보고에서 지난 봄인 1921년에 하나님께서 우리의 기도를 들어주셔서 지난 6년동안 문을 닫았던 학교를 다시 열었다고 했으며, 이제는 마음대로 성경을 가르쳐도 된다는 일제 당국의 허락을 받았다고 했다. 6년 과정의 학교를 운영하게 되었고, 다음해 1923년에 여학생들이 처음으로 졸업하길 희망한다고 하였다. 그러나 아쉽게도 비거는 병이 들어 요양을 해야 해서 미국으로 돌아갔고, 대신 닷슨이 직무를 이어 받았으며 비거의 소망대로 매산의 첫 여학생 졸업은 이뤄졌다.

3월 20일에 우리는 매산여학교 첫 번째 졸업생을 냈다. 다섯 명 한 학급이었다. 어떤 학교에도 뒤지지 않을 실력있는 학생들이다. 조선에서 이보다 더 멋있고 사랑스러운 여학생들을 찾아보기 힘들 것이다. 우리 졸업식은 남자성경학교의 졸업식과 같은 날이었다. 그래서 시골의 사친회 회원들도 꽤 참석했다. 우리 학교가 그들의 딸들을 위해 어떤 일을 하고 있는 지 보여줄 수 있어서 기뻤다. 모든 여학생들은 하얀 교복과 길게 땋은 빛나는 검은 머리를 하고 있었으며, 매우 사랑스러운 모습이었다. 그들이 거둔 모든 결과들은 모두에게 만족스러운 것이다. 3년 동안 최고의 점수를 기록한 여학생이 대표연설을 하였다. 그 연설은 마치 여러 해동안 작성했던 것 같았다.
(메리 닷슨, 1923년 6월 30일)

1921년부터 1937년 또 폐교되기까지 남자학교는 크레인(구례인), 레이놀즈 주니어(이보린), 웅거(원가리)가, 여자학교는 비거(백미다), 닷슨(도마리아), 이보린 부인, 쟈넷 크레인(구자례) 등이 책임을 맡아 교사하였다. 조선인 교사들은 수십명 있었는데 특히 김세라가 있었다. 순천 기독교 초기 지도자이며 이 지역 최초 장로인 김영진의 큰 딸로서 1921년 숭의학교를 졸업하고 매산여학교 교사를 하였다.

1930년 학생수는 남학교 7개 학급이 있었으며, 이중 초등과는 108명과 고등과 24명이고, 여학교는 7개 학급에 초등과 113명, 고등과 12명이었다. 학생은 4살에서 26살까지 상당한 연령차가 있었고, 기혼자들도 상당수 있었다. 여학교의 경우 1921년에 기혼여성을 위한 기숙사 건립예산 1,200엔이 선교회에서 승인될 정도였으니 결혼한 지 얼마되지 않은 10대 후반이나 20대 주부 학생들도 있었다는 얘기다.

순천선교부의 사회적 활동이 도시의 특색으로 소개될 정도로 정착

될 무렵 일본의 침략 야욕이 노골화되면서 순천매산학교는 그 정점을 찍고 폐교하게 된다. 1931년 일본의 만주 침략 이후 이듬해 평양에서 거행된 전몰자 위령제의 기독교계 학교 불참과 1935년 평양신사의 기독교계 학교의 불참은 참배 거부로 이어졌다. 그리고 1936년 11월 남장로회 소속인 호남의 여러 기독학교와 함께 매산 남녀학교도 폐교되었다.

폐교를 딛고 다시 일어나 오늘에 이르도록

해방이 되고 일제가 물러났으며 옥중 성도들은 풀려났다. 교회는 재건되었고, 노회와 총회도 속속 복구되었다. 폐교된 기독교학교들도 복교 되었다. 매산학교도 1946년 9월 3일 학교 문을 다시 열었다. 매산중학교가 다시 일어선 것이다. 1학년 3학급 189명으로 다시 시작하였다. 남자반은 고려위, 김형모 선생이 이어서 교장을, 여자반은 일제때도 충성했던 비거 양이 다시 내한하여 학교교장을 맡아 과거 일제 때부터 설립하고 운영했던 선교사 학교로서의 전통을 이었다.

1950년 들어 6년제 중학교가 중,고등학교로 분리되면서 4년제 매산중학교와 2년제 고등학교로 나뉘었는데, 고등학교 이름은 은성이라 하였다. 1년후인 1951년엔 중등 3년, 고등 3년제로 바뀌었다. 1956년 9월 은성고등학교를 매산고등학교로 개명하였고 남녀공학으로 운영하다, 1984년 3월 여학생을 따로 분리하여 매산여자고등학교가 시작되어 현재에 이르고 있다. 2020년 매곡동 일대의 기독교사립학교는 매산중학교(남녀공용), 매산남자고등학교, 매산여자고등학교 등 3학교가 현존, 지역의 기독교 인재양성에 매진하고 있다.

1913년 순천 매산학교 보통과 어린이들과 듀피 선교사

순천 9

교회의 주인은 누구입니까

순천노회가 가장 먼저 앞섰다. 명성교회 김삼환-김하나 목사 부자 지간 이뤄진 세습 문제를 다룬 총회 재판국의 결정에 반발하며 총 회가 이를 바로 잡아줄 것을 선언하였다. 2018년 8월 7일 대한예수 교장로회통합 재판국은 명성교회 목회 세습을 정당화하는 판결을 내렸다. 여러 우려와 주변의 만류를 팽개치고 아주 몹쓸 결정을 한 데 대해, 8월 19일 같은 교단 순천노회 목사와 장로들이 연대 서명 하며 강력한 문제 제기를 하였다.

[총회를 염려하는 순천노회 목사, 장로의 입장문]
대한예수교장로회(통합) 총회 재판국은 8월 7일 '명성교회의 김하나 목사 위임목사 청빙 무효 소송'에서 김하나 목사 청빙결의가 유효하 다고 판결함으로써 명성교회의 세습을 정당화했다.

이러한 상황에서 총회를 염려하며 뜻을 같이하는 대한예수교 장로 회 순천노회에 소속된 목사, 장로 256명(목사 132명, 장로 124명)은 연대 서명하여 우리의 입장을 밝히고 다음과 같은 사항을 총회에 촉구한다.

[우리의 입장]

1. 김하나 목사 청빙결의는 무효인 선거를 통해 선임된 노회장 등 노회 임원들이 사실상 파행된 노회절차를 무리하게 진행하여 처리하였으므로 절차적으로 무효이다.

2. 총회헌법상의 세습금지조항을 정면으로 위반하는 결의이므로 내용적으로도 무효이다.

3. 우리는 명성교회의 담임목사직 세습은 하나님의 뜻과 교회의 역사가 가르쳐 준 소중한 교훈을 저버리는 일일 뿐만 아니라 교단의 헌법을 무시하고 조롱하는 일이기에 원천적으로 무효이다.

[촉구한다!!!]

1. 대한 예수교 장로회 총회는 이번 9월에 열리는 제 103회 총회에서 재심을 비롯한 교단헌법에 정해진 절차에 따라 빠른 시일 안에 그릇된 판결과 잘못을 바로잡아 줄 것을 촉구한다

2. 제 103회 총회에서 현행 세습금지 조항에 대한 해석논란을 종식하기 위해 더욱 강력하게 헌법을 개정해 줄 것을 촉구한다.

3. 본 교단 제103회 총회장과 임원 그리고 1,500명의 총대들은 세습을 승계 등으로 해석하여 정당하다고 판결하고 이에 동조한 재판국원들을 전원 해임 혹은 교체하고 3년 동안(권징 제3조제1-7항에 의거) 상회 총대파송 정지를 결의하여 줄 것을 촉구한다.

2018년 8월 19일

대한예수교 장로회(통합) 순천노회에 소속한 목사, 장로 일동

[목사]

강도성 강명구 강상희 고은희 공영자 곽동연 구성찬 권영민 권의택 김 철 김경미 김경수 김길순 김대성 김대원 김동문 김동훈 김명석 김복곤 김상희 김석원 김선동 김선우 김야곱 김영근 김영섭 김영위 김옥희 김용국 김웅태 김자영 김재검 김재식 김중호 김진영 김태균 김태성 김헌호 김형덕 나영권 남희진 노인술 류상휴 문기주 문성열 박동주 박병준 박봉규 박상영 박선철 박인덕 박정환 박종렬 박해윤 배규현 배주식 배창환 백광용 백종관 서기원 서남석 서명길 서순자 서종수 선기운 소우엽 송외천 신 정 신영숙 신우정 심용현 안금남 안재우 양기식 양동복 양옥희 양현성 양형구 오대규 오병철 윤성근 윤영국 윤창화 윤춘식 윤태현 이강원 이동구 이병철 이순배 이승숙 이양재 이영훈 이정훈 이종필 이창렬 이택민 이한성 장세인 장순종 장용선 장종원 전성만 정병래 정병산 정병운 정봉영 정수진 정순이 정영석 정은채 정종석 정종필 정지호 조계봉 조남출 차무성 채영희 최귀헌 최동균 최상범 최성수 최수남 최영복 최천수 최화식 한민희 한해용 허기연 허만준 홍인식 홍정래 황규연 [이상 132명]

[장로]

강대현 강도수 강석봉 강점례 강현수 고복현 곽종기 김광수 김광열 김광진 김기섭 김동섭 김민환 김석기 김선애 김선철 김성달 김양금 김영균 김영수 김영일 김용술 김용호 김우곤 김인중 김재경 김재덕 김정옥 김정운 김정윤 김정호 김종구 김종진 김진수 김진척 김찬규 김형근 김혜지 김회일 류호남 문길선 문성윤 박근평 박기삼 박덕찬 박동찬 박두규 박병민 박병철 박종식 박해청 박형종 박홍주 배동천

배동호 백종열 서순원 서원철 성우경 송양섭 신경화 신범석 신선휴 안평군 양정석 양준용 양찬우 양헌섭 여병진 오성식 오창식 원강연 유윤준 윤명철 윤성남 윤재명 윤제선 이강섭 이경석 이규춘 이돈수 이동혁 이민주 이삼식 이상칠 이성준 이재민 이재찬 이종환 이찬규 이찬규 이창용 이철재 임병기 임병동 임선규 임용덕 장금복 장문규 장운광 전상봉 정경수 정명수 정용남 정윤식 정은균 정인철 정일선 정재영 정철호 조기병 조병기 조충심 차상일 최경섭 최규재 최영우 최용배 최진휘 한상수 허재기 허형만 홍성근 홍성면 [이상 124명]

한국교회 망가뜨리는 목회 세습

한국교회는 여러 가지로 망가지고 있다. 130년 넘는 기독교 역사가 운데 하나님 은혜가 부어지며 수많은 이들의 피 땀과 헌신아래 성장하며 부흥의 열매가 많은 데, 번영신학과 세속주의가 교회를 파고들며 살과 피를 다 빨아 먹히고 있다. 1970,80년대를 정점으로 20세기말을 지나 21세기를 들어 서면서 그 파멸과 훼손의 속도는 가속화하고 있다. 비만과 동맥경화에 걸려 교회의 제 기능을 많이 잃어버리고 사회 속에서 제대로 선지자 노릇, 제사장 역할 다하지 못하고 있다. 교회가 세상을 염려하는 게 아니라 세상이 교회를 염려하는 세태다.

금권과 명예욕 추구하고 도덕성 상실해 가는 작금의 교회에서 가장 정점을 이룬 사건은 명성교회의 목회 세습이다. 서울시 강동구 명일동에 있는 명성교회는 1980년 김삼환 목사가 개척하여 40년 역사를 지녔다. 특별새벽집회 등을 통해 성장에 성장을 거듭하여 등록교인

10만명을 헤아리는 서울 동쪽의 초대형 교회다. 발단은 2015년 김삼환 목사가 은퇴하는 시점부터 비롯되었다. 세습을 하지 않겠다고 약속까지 했지만, 결국 자신의 아들을 청빙케 하여 2017년 김하나 목사 위임식까지 치뤘다. 3년전 새노래명성교회라는 지교회를 세워 담임으로 일하게 하고 재차 명성교회 담임으로 앉히면서 이른바 변칙에 의한 목회 세습이 이뤄진 것이다.

명성교회 2대 목사로 김하나 목사가 취임했다.

예장 통합 동남노회는 지난 12일 저녁 7시 명성교회 찬양예배에서 '김삼환 목사 원로목사 추대 및 김하나 목사 위임 예식'을 주관했다. 지난 2015년 은퇴한 김삼환 목사는 2년 동안 후임을 세우지 못하다가 장남 김하나 목사에게 목회승계를 결정했다.

세간의 세습 논란에도 불구하고 아들에게 승계를 결정한 이유로 명성교회는 신앙공동체의 안정과 결속을 꼽았다. 지난 3월 공동의회에서 74%의 지지를 얻어 후임으로 결정된 김하나 목사는 지속적으로 거절 의사를 밝혔지만, 최근 "본 교회의 어려움을 더 이상 모른 척할 수 없다"며 청빙을 수락했다.

김하나 목사는 "저에게 막중한 책임이 그리고 큰 사랑의 은혜가 주어졌지만, 하나님께서 도와주실 줄 믿는다"며 "사랑하는 목사님과 장로님, 권사님들이 눈물로 세운 교회를 아름답게 이어가겠다"고 수락의 뜻을 밝혔다.(아이굿뉴스, 2017년 11월 12일)

아주 나쁜 선례가 되었다. 막혔던 물꼬가 트이는 악순환이 연쇄적으로 벌어지기 시작했다. 이미 몇 몇 교회에 걸쳐 상당한 세습이 진행되던 판에 명성교회마저 아무렇지도 않게 결행되었으니 유사한 악행들이 불일 듯 번졌다. 눈치만 보고 있던 여타 교회나 기독교 단체들에서 이 부끄러운 행태가 버젓이 행해지고 이어지길 전국교회에 걸쳐 지속되고 있으니 참으로 목불인견이다.

주변의 우려가 커지고 이를 반대하며 교회의 거룩과 정체성을 회복하자는 운동도 일어섰다. 그동안 꾸준히 교회의 자정과 건강성을 위해 노력해왔던 교회개혁실천연대와 기독교윤리실천운동, 그리고 성서한국과 예수살기 등의 회원단체들이 모여 교회세습반대운동연대를 결성하였다. 교회를 찾아가 항의하며 성명서를 내었다. 취소와 회복을 요구했고, 여타 지역교회들에 경각심을 주었다. 노회와 총회를 찾아다니며 교회를 바로 세우자고 호소하였다.

명성교회가 세습을 강행하며 초법적 악행을 자행하자 한국교회 전반의 비판과 항의가 잇달았고, 해 교단에서도 여러 자성의 목소리가 나왔다. 소속 노회에서도 갑론을박 갈등이 심했고, 세습금지를 담은 총회의 헌법에 정면도전한 사안에 대해 총회 재판국까지 수차례 열게 되었다. 그렇지만 2018년 8월 처음 나온 판결은 몹시 실망스러웠다. 김하나 목사 청빙 무효 소송에 대해 청빙은 유효하다며 오히려 정당화 시켜 주었다.

누가 교회를 갱신하며 자정하려나

순천노회가 즉각 신속하게도 반발하였다. 다가오는 103회 총회에서 이를 시정하고 세습금지에 대한 헌법 조문을 보다 명확히 하며 이번에 엉터리 판정을 내린 총회 재판국원 전원 해임 및 교체하라고 요구했다. 노회소속 목사 132명, 장로 124명, 256명의 순천노회소속 교회 지도자들이 연대 항의하였다. 교단 내 다른 노회나 단체들에서 항의가 이어졌다. 재판국은 재심에서 이를 수용했고 한 달 후 열린 103회 총회에서도 이를 불법이라고 정확히 결의했다. 그러나 이후 이에 대한 후속조치는 제대로 이행되고 있지 않다. 지난 3년 간 이어진 재판국이나 노회, 총회는 이 문제에 대해 여전히 우유부단한 태도를 내놓으며 갈팡질팡하고 있다. 제대로 된 해법을 내놓고 결단하며 교회의 갱신과 분명한 정체성을 드러내지 못하고 오히려 더 혼란스럽고 퇴행적인 여러 상처들만 남긴 채 지지부진하며 시간을 낭비하고 있다.

부자지간을 비롯한 여러 형태의 목회 세습은 주님의 교회를 사유화하는 것이며 사리사욕을 채우기 위한 악행이다. 절차적 민주성을 파괴하고 공교회성을 훼파하는 나쁜 범죄다. 세습반대운동연대에서 조사한 2017년 말까지 통계에 의하면 전국에 걸쳐 143개 교회가 세습을 강행했다. 순천에도 광명교회 등 일부 교회가 부끄럽게 명함을 올리고 있다. 감리교, 예장합동과 통합은 물론 여러 군소교단에서도 예외없이 벌어지고 있다. 통합교단은 물론 어느 교단 하나 제대로 세습 금지법아래 엄격하게 구별하여 치리하는 교단은 없어 보인다. 참으로 안타까운 일이요 어두운 한국교회의 부끄러운 자화상이 되고 있다.

이번 2020년 9월의 105회 총회에서도 이렇다할 제대로 된 결정과 치리는 없었다. 지난 해 104회 총회때 결의한 수습안은 사실상 세습을 용인하는 방책에 불과했다. 이번에는 이를 시정하고 제대로 권징, 치리하라고 재촉하는 목소리가 높았음에도 결국 코로나 19 핑계를 대며 온라인 집회하며, 사안을 다른 곳으로 떠넘긴 채 유야 무야하고 말았다. 정상적인 회집과 시일이 보장되었더라도 잘 처리될 수 있었으려나. 여러 해 보여온 교단과 교회의 폐쇄적이고 제한적인 사고 구조와 추악한 사적, 이기적 욕망과 탐욕은 고쳐지지 않고 있다. 세습반대운동연대의 목소리를 겸허히 들었으면 좋겠다. 순천노회를 비롯한 해 교단 다른 노회나 목회자들의 각성과 선한 운동이 더욱 이어지고 분발되었으면 하는 바램이다.

불법세습을 감행함으로써 대한예수교장로회 통합(예장통합·신정호 총회장)교단의 법질서를 어지럽히고, 한국교회 역사에 오점을 남겼으며, 심지어 시민사회에서도 탄식과 실망의 대상인 명성교회가 조용히 폭주하고 있다.

지난 제103회 총회에서 명성교회 세습은 불법이라고 결정했음에도 그 정당한 치리를 지연시키더니 제104회 총회에서는 법도 무시한 수습안을 내놓았고 제105회 총회에서는 온라인 회의라는 취약점을 이용해 논의를 거부하고 본 회의를 마쳤다. 총회임원회는 정치부 뒤로 숨었고, 정치부는 정치부실행위원 뒤로 숨었다. 도대체 언제까지 절차와 적법이라는 허울에 숨어 세습을 옹호하겠다는 것인가?

불법세습한 명성교회가 오늘까지 버티고, 2021년 1월 김하나 목사가 위임목사로 돌아오려는 시도까지 총회임원회를 비롯한 유력한 총대들의 폭넓은 지지와 옹호가 있지 않고서는 가능하지 않다. 지난 수년간의 모습에서 공평과 정의를 이루겠다는 강한 의지의 언행은 찾을 수 없으며, 명성교회를 두둔한다는 확신이 들고, 돈과 권력의 하수인이라는 의심을 지울 수 없다.

명성교회는 조직적이고 치밀하게 세습을 준비했다. 세습금지법을 무력화하고, 노회를 마비시키는 만행을 저질렀다. 이를 통해 어마어마한 재정 비리, 목사의 우상화, 교회의 사유화, 돈과 권력에 대한 욕망을 은폐했다. 명성교회의 불법세습을 막는 것은 그들이 감춘 부패의 연결고리를 끊는 것이다. 하지만 정의를 갈망하는 자들이 압박과 고립을 견뎌야 하고, 불의한 자들이 활보하는 현실에 강한 환멸을 느낀다.

명성교회를 그 자리에 놔두는 것은 한국교회에 엄청난 위험요소다. 돈과 권력을 가진 자의 횡포와 그를 비호하는 세력이 존재한다는 진실을 외면하는 것은 맘몬이라는 우상에 절하는 자들로 인해 침몰해 가는 한국교회를 방치하는 것이다.

명성교회 불법세습 사태에 대하여 총회임원회와 정치부원 그리고 옹호자들에게 강력히 경고한다.

"더는 책임을 회피하지 말라!"

정의의 실현이 더 늦어져서는 안 된다. 명성교회 불법세습 사태에 대한 정의로운 판단과 치리의 실행이 없다면 교단헌법은 휴짓조각에 불과할 것이며, 기울어진 교단의 신뢰를 바로 세울 수 없고, 시민사회로부터 외면당하는 참담한 결과를 맞이하게 될 것이다.

2020년 9월 25일

교회세습반대운동연대 공동대표

김동호 백종국 오세택 실행위원장 방인성

순천 10

성 소수자, 하나님의 신비로 받아야

동성애 문제와 차별금지법은 일견 같은 듯하나 성격과 내용이 다르다. 그럼에도 한국교회 많은 지도자들과 성도들은 구분짓지 못하고 뭉뚱그려 다 죄악시 하며 온갖 혐오와 배제를 늘어놓고 있다. 가짜 뉴스가 생성되고 오해를 불러 일으키는 여러 악의적 선전 선동들이 난무한다. 소위 전문가라고 하는 이들이 나쁜 컨텐츠와 수단들을 개발 동원하고, 불의하고 타락한 종교 지도자들이 이를 적극 활용하며 자신들의 기득권을 영위 유지하려는 도구로 적극 활용하는 탓에 교회는 물론 사회 일반의 정의와 인권이 흔들리고 오히려 더 망가지고 있다.

지난 2020년 7월 20일 기독교와 천주교 단체와 여러 개인들이 포괄적 차별금지법·평등법 제정을 촉구하며 '차별과 혐오없는 평등 세상을 바라는 그리스도인 성명'을 발표했다. 한국기독교교회협의회 인권센터를 비롯하여 기독교사회선교연대회의, 천주교인권회의 등 개신교와 천주교 80개 단체와 1,300여명이 넘는 개인이 함께했다.

이들은 21대 국회가 법 제정을 위한 절차를 시작하고 반드시 제정해 줄 것을 촉구했다. 그리스도인들을 향해서는 일부 근본주의 개신교 집단의 원색적인 소수자 차별과 혐오에 대한 침묵은 오히려 동조가 될 수 있으며, 이 법에 대한 그리스도인의 지지와 연대를 호소했다.

이들은 성명서에서 "응답자의 88.5%가 법제화에 찬성함에도 일부 근본주의 그리스도인들이 '성적 지향'과 '성별 정체성'이라는 차별 사유 조항을 두고 발발하고 있다"며 '동성애가 죄라고 설교하면 잡아간다'와 같은 가짜뉴스에 근거해 차별과 혐오를 선동하는 그들은 그리스도교를 대표하지도 대변하지도 못한다"고 밝혔다.

이들은 또 "성경에는 고대 이스라엘 사회의 관습이 반영된 금지조항들이 있지만 관습은 시대에 따라 변하는 것인데, 성경의 관습적 조항 대부분을 지키지 않는 사람들이 유독 특정 조항만 문자적으로 취해 절대화하며 소수자를 차별하는 것은 성경을 오독하고 오해하는 것"이라며 "소돔이 멸망한 것은 동성애 때문이 아니라 타자에 대한 적대와 폭력 때문으로, 낯선 나그네를 환대하지 않은 부족사회의 배타성과 폭력성이 파멸의 이유였다"고 적시했다.

(인터넷 한겨레신문, 2020년 7월 20일)

차별금지법 제정은 2007년부터 시작된 일이지만, 이에 대한 기독교계 일부의 반발과 저항이 극심해 여태 미뤄져 왔다. 적극적 반대 움직임을 보이는 진영과달리 이를 지지하며 찬성하는 일각에서는 2008년 '차별없는세상을위한기독인연대'를 조직하여 성명서, 토론회 등을 통해 가짜 뉴스에 대한 사실 관계 확인과 이해를 넓히는 데 주력해 왔고, 2010년엔 법무부에서 차별금지법특별분과위를 출범하며 법 제정을 시도했으나 역시 무산되고 말았다. 그뒤로도 국회 회기를 달리하며 여러차례 의원들의 발의가 이어졌지만, 그때마다 기독교계의 반발과 거센 저항 앞에 이렇다 할 발걸음을 딛지 못하고 현재에 이르렀다.

2007년 처음 법무부가 입법예고하였던 내용의 핵심은 온갖 이유로 차별해서는 안된다는 것이었다. 성별, 장애, 병력, 나이, 출신국가, 출신민족, 인종, 피부색, 언어, 출신지역, 용모 등 신체조건, 혼인여부, 임신 또는 출산, 가족 형태 및 가족 상황, 종교, 사상 또는 정치적 의견, 범죄 전력 및 보호 처분, 성적 지향, 학력, 사회적 신분. 이 가운데 어느 하나의 이유만으로도 기본적 인권이나 취업과 대우 등등에 차별되게 하자 말자는 취지였다. 그런데 이 가운데 기독교계 일부에서는 '성적 지향'에 대해서 이의제기를 하고 있다.

이를 두고 한국 기독교계연합의 대표적 양 단체인 한국기독교총연합회와 한국기독교교회협의회는 심한 갈등을 나타냈다. 전자는 동성애가 죄라며 차별금지법안에 반대하였고, 후자는 법 자체가 동성애를 허용하는 것은 아니며 단지 그 이유로 차별만은 하지 말자는 것이라며 찬성하였다. 지금껏 13년여 흘렀지만, 이 기조가 크게 바뀌진 않은 채 법도 제정되지 못하고 각 지자체의 조례 역시 일부만 통과되었지만, 그 갈등과 대립, 상처와 후유증은 곳곳에 만연해 있다. 한기총 교단과 궤를 같이하는 소위 보수적 교단과 교회의 대다수는 이를 동성애와 연관짓고 이를 조금이라도 옹호하거나 변호하는 자에 대해선 상당한 경고와 징계가 잇다르고 있다. 이단과 연결짓고 신학생이나 교수들의 양심에 대한 십자가밟기식 철퇴를 가하고 있는 형국이다. '동성애'에 대한 성경적 신학적 입장과 이해는 분명 넓혀야 하며 보다 세밀하고 지난한 연구와 토론, 합의가 필요해 보인다. 유사하나 성격과 차원이 다른 차별금지법은 분별하여 대응하는 지혜와 겸손이 또한 절실하다.

유대인이나 헬라인이나

하나님의 세상 구원은 차별이 없다. 복음의 능력은 제한적이거나 구분하지 않고 누구이든 모든 인류에게 보편적이다. "유대인이나 헬라인이나 차별이 없음이라, 한 분이신 주께서 모든 사람의 주가 되사 그를 부르는 모든 사람에게 부요하시도다. 누구든지 주의 이름을 부르는 자는 구원을 얻으리로다.(롬 10:12~13) 예수 그리스도 십자가의 은혜와 복음에 의한 구원은 누구에게나 예외없이 적용된다. 악인들에 행할 심판과 징계도 차별이 없고 선에 대해 이뤄질 보상 역시 가리지 않는다. 모두가 죄인이라는 면에서 유대인도 헬라인도 다 똑같다. 그러니 믿음에 의한 구원도 믿는 자가 누릴 영광도 구분되어 있지 않다.

하나님의 구원과 은혜에 차별이 없듯이 하나님이 지은 이 세상에서 누리는 인류의 기본적 권리와 자유 역시 차별이 없다. 하나님의 정의와 사랑은 선택적이지 않고 보편적이다. 한국 기독교계 다수를 점하고 있는 지도자들이나 성도들의 저항과 혐오는 보편적 정의와 성경의 가르침과는 너무도 상이하다. 그럼에도 이토록 반발의 기류가 심하고 정도를 넘어선 것은 비단 어제 오늘의 일 만은 아니다. 한국 기독교의 혐오와 배제는 그 역사가 깊고 오래 되었다.

100여년 전 한국교회 초기때만 해도 교회는 소수자였다. 성리학에 기초한 봉건 유교주의 사회에서 서양에서 건너온 이방(?) 종교를 취한다는 건 가정이나 사회에서 무시되고 배제되는 일이었다. 일제 강점기때까지만 해도 가정에서나 사회에서 소수자일 수 밖에 없었는데, 교육이나 의료활동 뿐만 아니라 3.1운동의 참여를 비롯한 사회적 공공적 윤리와 정의 개선 등 교회와 성도들은 책임있는 삶과 행동으로 나라가 없던 시대의 민족을 이끌고 희생해 왔다.

한국 교회가 역사적으로 다수자가 되고 혐오의 씨앗을 키우기 시작한 건 해방후 군정기와 이승만 정권 시기, 그리고 결정적으로 6.25 전쟁을 겪으면서부터였다. 분단과 전쟁 과정에서 공산주의 세력과의 충돌, 공산당으로부터 폐해를 겪으면서 생래적으로 좌익에 대한 거부감이 크게 일었다. 월남한 이북계 교회나 그리스도인들, 그리고 이승만 정권에 협력하며 얻게된 기득권이 쌓이면서 교회는 전투적 반공집단이 되었다. 군사정권까지 독재가 수십년 이어지면서 부역을 일삼고 획득한 숱한 이해관계가 70,80년대 교회의 성장과 대형화의 원동력이기도 했으니, 정권과 사회가 추구했던 반공주의에 기생하여 '빨갱이 혐오'를 어느새 지니게 되었다.

반공 정권과 궤를 같이하여 자랐던 교회가 김대중 정권이 남북정상회담을 열며 변화를 꾀하면서 길거리로 나서게 되었다. 태극기와 성조기를 꺼내 들고 광화문과 서울시청앞에 모여 들며 보수 우파를 자처하고 나섰다. 그리고 노무현 정권때 사립학교법 개정 반대하고 차별금지법 제정 반대하는 거리 시위 행동으로 교회는 훨씬 더 정치적이 되고 진영 논리에 매몰되었다.

21세기 들면서 한국교회 다수의 극우적 행태는 교회 성장의 둔화와 쇠퇴, 정치적 사회적 영향력 약화, 민주주의 성숙에 따른 평신도들의 의식 개혁과 비판등 내적 위기에서 비롯되었다. 교권 세력가들이 효과있게 내적 위기를 극복하는 쉬운 방법이 외적 타자에 대한 적을 지목하고 공격하는 방식이다. 이론의 여지없는 획일적 일방적 선전 선동에 내부의 모든 다른 의견과 비판을 뭉개버리는 식이다. 교회 세습, 목회자의 부정과 윤리 실추 등으로 땅에 떨어진 교권을 일반으로부터 가리우고 비판할 여지를 남기지 않으려고 혐오와 배제를 키우고 확산시켰다. 종래의 빨갱이 용공주의에 이어, 이슬람, 페미니즘, 그리고 동성애 등에 대한 공격과 사냥이 대표적이다. 종래의 반공 바이러스가 약화되자 화살을 동성애와 성 소수자에 집중하는 것이 요즈음의 일이다. 교회 내적 위기와 목회자들의 윤리 상실이 드러날수록 이에 대응하는 혐오와 배제의 칼날도 더 드세지고 있는 상황이다.

내부 문제 잠재우고 외부 적대 집착하는

교단 총회에서 논의되고 결정되는 사안들이 실례다. 동성애반대특별위원회의 목소리가 총회에서 유달리 크고 이를 받아 이단대책위원회의 성토가 이어지는 게 주요 보수 교단의 모습이다. 사전에 진지한 토론과 논의를 해볼 수 있는 공청회도 포럼도 한 번 없이 일부의 저주섞인 큰 목소리에 대다수 총대들은 별 이의없이 맹목적으로 따르고 기생한다. 다른 목소리를 내지 못하고 신중한 처리와 결정도 없다. 반대로 교회세습이나 목회자들의 부적절한 행동에 대한 치리나 징계는 거의 모르쇠로 대충 넘어가버리곤 한다.

코로나 19로 전 세계 많은 사람들이 죽어 나가고 있고 세상의 많은 시스템이 멈춰 서 있다. 사람의 생명과 건강 위기가 극심하고 생존과 삶의 여러 내용들이 고장나 있다. 기후 환경과 생태계 전반에 대한 고민과 대책이 절실하다. 하나님의 창조 질서 보존에 대한 책임이 있는 교회나 총회에서는 마땅히 이에 대한 논의가 절실하며 당연함에도 찾아보기 어렵다. 중요하고 본질적인 것들은 어디에 있고 총회나 교회는 무슨 일에 그리도 힘을 발휘하는 현실인가?

총회는 일주일 동안 회의하면서 사회 문제에는 전혀 관심을 갖지 않는다. (물론 이번에는 환경 문제를 잠시 다루기는 했다. 그러나 정치적인 이유 때문인지 서울시와 함께 일을 하는 것을 반대하는 목소리가 있었다.) 총회 때마다 단골로 등장하는 것은 은급재단 납골당 문제, 찬송가공회와 총신대 문제, 어떤 기관의 문제 등등이다. 여기에 핏대를 세우기도 하지만 교회 밖의 문제는 나 몰라라 한다. 교회는 세상에서 소금과 빛의 역할을 해야 하고 정의를 외쳐야 한다. 지난해 4월 16일에는 세월호 참사가 있었고 아직까지 9명의 미수습자가 바다 속에 있다. 아직 해결된 것은 아무것도 없음에도 교회는 벌써 잊어버렸다. 제주 강정 문제도 여전히 남아 있고, 사회의 각계각층의 갈등은 심해지고 있고 빈부의 격차는 더 늘어나고 있다. 수많은 노동자가 억울하게 실직하는 일이 빈번하게 일어나고 있지만 남일에 불과하다. 똑같은 일이(송전탑) 벌어져도 자기네들과 관련이 있을 때는 "세우면 안 된다"고 외치지만 자기들과 직접적으로 연관이 없으면(밀양, 새만금 등) 아랑곳하지도 않는다. 이런 모습을 보면 이기적이라는 생각 밖에 들지 않는다. 이웃을 사랑하라는 예수님의 말씀을 어디에 팔아먹은 것일까.

(뉴스앤조이, 2020년 9월 20일)

교회는 고통받는 이웃의 아픔을 보듬고 함께 울어야 할 제사장적 사명도 있고, 사회의 여러 갈등과 요인에 대한 하나님의 전인적 사랑과 보편적 정의를 말하고 지적해야 할 선지자적 사명도 있는 것이다. 본질적 사명에 대한 정도의 문제와 지혜로움은 늘 조심스럽고 겸허해야 하지만, 우리 사회 한쪽에서 힘들어하고 고통스러워하는 소수자는 사실 말과 달리 적지 않다. 한 두명이라도 교회가 무관심하고 팽개칠 수 없거늘 사랑과 돌봄은 둘째치고 아예 적대시하며 공격일삼는 짓은 참으로 나쁘고 잘못되었다. 간음한 여인을 끌고와서 돌맹이 쳐들고 있는 바리새인들과 다르지 않다. 예수 그리스도의 돌봄과 은혜는 오늘 우리 교회가 배워야 할 행동하는 그리스도인의 좌표다.

순천 어느 한 목사는

성 소수자에 대한 반감과 돌맹이만을 든 교계 현실에서 다른 목소리를 내고 그들에 대한 이해와 보편적 사랑을 말하는 이들도 있다. 대다수가 침묵하고 이렇다할 역할을 하지 않는 상황에서 한 두 사람의 양심과 신앙에 따른 이의제기와 목소리는 참으로 귀하다. 순천 중앙교회에서 4년여 목회한 해방신학자 홍인식 목사. 지난 2020년 6월 말 아쉽게도 기대와 달리 일찍 사임을 하고 말았다. 내부 사정이고 여러 이유가 있겠지만, 성 소수자에 대한 소신과 신앙 양심이 교회내 장로들과 성도들에겐 걸림돌이었던 것 같다.

교회가 약자인 동성애자 등 성 소수자도 하나님의 신비로 받아 들여야 한다. 차별금지법이 통과되면 동성애자들의 교회 결혼식을 거부하면 잡혀가느냐고 묻는 목사들이 있을 만큼 차별금지법에 대한 터무니없는 오해가 많다. 아르헨티나에서도 1995년까지 카톨릭이 국교여서 좋은 대학도 못가고 고위공직도 맡을 수 없는 차별을 당했던 개신교인들이 그 법이 바뀌면서 동등한 대우를 받게 된 사례가 있다. 차별금지법은 약자들에겐 반드시 필요한 법이다.

(홍인식 목사)

카톨릭 국교인 아르헨티나에서 행했겨던 개신교에 대한 차별이 개선되었는데, 만약 이슬람 국가들에서 개신교인에 대해 일어나는 차별에 대해 한국교회는 뭐라고 대답을 해야할 것인가. 그것과 성 소수자 문제는 전혀 다르다고 강변할지 모르지만, 이것이야말로 선택적 정의 아니겠는가.

오늘날 교계 다수에서 벌어지는 온갖 차별과 배제, 혐오는 이제 극복해야 할 일이다. 유대인과 이방인이 차별없듯이 성경의 정의는 보편적이다. 소수자에 가해지는 행태는 지극히 야만적이며 반 성경적이다. 하나님의 인류애에 반하며 기독교 본질에서 벗어난 악행이다. 온갖 악의적인 가짜 뉴스 생산하며 종교적 기득권 유지와 옹호에 집착하는 이 시대의 예루살렘 종교권력자들은 분명 망해야 한다. 그 불의하고 탐욕스런 정치꾼 목사들에 휘둘려 신앙과 양심을 져버

린 이들이 회복하고 돌아와 제대로 된 선지자 역할 제사장으로서의
책임 다할 수 있기를!

성경에 나타난 예수의 실천적 행위에 대하여 보다 더 깊은 관심을
가질 것을 제안합니다. 사회적 편견, 전통 그리고 교회 내에서 형성
된 폐쇄적 문화에만 경도되어 그것만을 의지하지 말고 진자 성경으
로 돌아올 것을 제안합니다. 열린 마음으로 성경이 근본적으로 말
하고자 하는 것이 무엇인가를 하나님의 사랑의 측면에서 진지하게
생각해 보고 기도하며 묵사해 볼 것을 강력히 제안합니다. 사회과
학을 비롯한 과학적 전문가들의 말에 귀를 기울여 보라고 제안합니
다. 과학적 전문 지식은 분명히 하나님이 인간에게 허락하신 신적
능력인 이성에 의하여 이룩한 성과입니다. 그것은 하나님이 우리에
게 주신 선물입니다. 그러므로 과학 전문 지식을 존중할 것을 제의
합니다. 몇몇 극단적인 전문가들의 의견만 듣지 말고 일반적으로
인정받고 있는 과학의 소리에 적극적으로 귀를 기울일 수 있다면
성 소수자의 인권 문제에 있어서도 전향적인 변화가 이뤄어질 것이
라고 생각합니다.(홍인식 목사)

2장

여수

남도의 선한 사마리아인들

한센인의 치료와 생활 공동체인 고흥 소록도와 여수 애양원은 1909년 봄, 포사이드 선교사의 기상천외(?)한 선행에서 비롯되었다. 전남 기독교 초기 전도자 오웬이 광주에서 사경을 헤매고 있다는 연락을 받고 신속하게 목포에서 광주로 가는 중이었다. 말을 재촉하여 빠르게 나주를 지나가는 데, 길가에 쓰러져 신음하는 한 사람이 그의 눈에 띄었고, 그의 마음을 움직였다. 곧 죽어갈지 모르는 오웬 만 생각하며 자신이 지체없이 가야할 판이었는데, 내버려두면 곧 죽을 지도 모르는 또다른 생명이 의사인 그의 정체성을 흔들었다. 조선 남성들이 그토록 배제하는 여자였고, 혐오하는 문둥이였다.

포사이드에겐 그게 전혀 문제되지 않았다. 그 여인도 천부인권을 지닌 사람이었고, 그가 앓고 평생을 고통받았을 문둥병은 치료의 대상이며 의사인 자신의 책임이었다. 포사이드는 말에서 내려 그 여인을 안아 일으키며 말에 태웠다. 그리고 자신은 말을 끄는 인부가 되어 오웬과 동료들이 있는 광주 양림동까지 20여킬로미터를 걸어갔다.

오웬은 이미 사망하고 말았다. 광주는 그의 죽음이 슬프기도 했지만, 키도 훤칠하고 미남인 서양인이 초라하기 그지없는 한센병 여인을 데려 온 일에 너무도 놀라고 충격을 받았다. 천형(天刑)이라 저주하며 하늘이 내린 벌을 받고 있으니 누구 하나 감히(?) 알려고 도 하지 않았고 가까이 하지도 않았다. 조선 사회가 갖고 있는 혐오의 대표적인 문둥이에 대해 누가 이토록 사람 대우하며 돌봐주려 했던가. 포사이드, 그는 환생한 예수인가!

살신성인 정신 아니고는 도저히 할 수 없는 일을 포사이드는 행동에 옮겼습니다. 물론 반대도 심했습니다. 광주로 환자를 데리고 왔을 때 병원으로 바로 들어갈 수가 없어 마당 구석에 있는 가마터로 옮긴 것만 보아도 알 수 있습니다. 포사이드는 말쑥한 신사복 차림으로 고름투성이 환자의 팔을 잡고 부축했으며, 그 광경에 사람들은 놀랐습니다. 포사이드는 자신이 아는 한국말을 최대한 동원해무엇 때문에 그녀를 도와주는 지 설명해 주고 그녀의 생각도 이끌어 냈습니다. 벽돌 가마에 모인 사람들은 한센병 여인이 포사이드 의사의 따뜻한 손을 잡고 나오는 것을 보고 '마치 예수님을 보는 것과 같다'고 했습니다. 그들이 우리 쪽으로 올 때의 광경은 말로 형용할 수가 없었습니다.(오웬 부인, 미셔너리, 1909년 8월)

포사이드는 다시 목포로 내려갔지만, 윌슨 선교사는 그때부터 본격적으로 나환자를 위한 의사가 되었고, 광주 선교부는 병원 치료에 있어서 중요한 사역의 하나로 충성하였다. 나환자들을 수용하는 공간을 마련하고 해외 나환자 센터로부터 대대적인 협력과 도움을 요청하였다. 1909년 4월 광주 나병원은 그렇게 시작되었고, 오늘날 여수 애양원의 출발이 되었다. 뒤이은 서서평 선교사와 함께 포사이

드로부터 감명을 받고 인생을 바꿨던 최흥종 목사의 열정과 헌신이 큰 거름이 되었다. 1912년 광주 봉선리에 한센인들을 위한 병원도 새로 지었다. 점차 환자들이 늘어났고, 지역 사회에 불만도 커지자 결국 여수 율촌면 현 위치에 이전하여 현재에 이르고 있는 게 애양원이다.

광주 봉선동에 한센환자 시설이 들어선 1909년 이래 그 수효가 늘어나자 새로운 골치 덩이가 생겨났다. 한국에서 나병은 점차 더 번져나가고 있고 특히 한반도 전라남도와 경상남도의 남부지방이 극심하다. 따뜻한 기후가 질병에 노출되기 쉬운 탓이었다. 그런 이유로 기독교 선교기관들이 나라가 못할 한센병자 돌보는 일까지 도맡아 하게 되었다.

한국에는 기독교 선교회가 운영하는 한센환자 촌이 세 곳에 나뉘어 있었다. 호주 장로교가 부산 감만동에 상애원(相愛園)이라는 이름으로 500명을 수용했고, 대구에는 미국 북 장로교 선교회에서 450명을, 미국 남 장로교 선교부가 광주 봉선동에 운영했던 애양원(愛養園)이 1926년에 순천으로 장소이전을 마쳤는데 여기에 또 800명이 수용되었다. 일제 총독부가 운영하는 소록도 나환자촌에는 250명이 입소해 있었다. 남 장로교는 순천에 215에어커(약 31만평)을 사들여 재활촌으로 개발되기 시작했다 광주에서 순천으로 이사 올 때 일본 총독부가 이주비용 가운데 12,500불을 부담해 주었다.

(양국주, "나라도 구제하지 못한 한센병, 기독교가 보듬어")

신풍반도에 천국을 이루다

광주 선교부에서 준비하여 600여명의 나환자들이 집단 이주, 여수시 율촌면 신풍반도에 터를 닦아온 나환자들의 천국, '사랑으로 양을 키우는 동산' 이란 뜻을 지닌 애양원(愛養園). 1926~1928년에 걸쳐 진행되고 나환자들이 점차 옮겨오면서 정착하기 시작할 때는 '비더울프 나환자요양원' 이라 불리웠다. 윌슨과 선교부의 노력에 의해 해외 구라선교회 등에서 도움과 협력이 이어진 가운데, 인디애나 주의 위노나레이크 신학대학 학장을 역임한 비더울프(William Edward Biederwolf, 1868~1936)를 기념하여 부른 것이다. 그는 장로교 목사로서 세계복음주의자연합의장 자격으로 1923년부터 1924년까지 극동지역 순방 중 광주를 방문하여 나병원을 돌아보고 적극 후원자가 된 것이다. 윌슨이 1920년 안식년으로 미국 순방중 그를 만나 도움을 요청, 이에 직접 조선에 찾아오며 큰 협력을 이었다. 광주와 남도의 나환자 치료에 전념했던 윌슨은 다른 한편으로 세계 곳곳에 협력과 지원 요청을 하였다. 의료기기 제조 사업하던 에리릴리의 북경지사장도 1924년 광주를 방문, 환자들 가운데 어린 소녀의 처량한 모습에 그는 감동을 받고 후원자가 되기로 하며 그 감흥을 글로 남겼다.

한 소녀가 문 밖에 서 있었습니다.
그 아이의 눈에는 눈물이 가득 차 있었습니다.
너무나 어린 나이였는데,
그 작은 문둥 소녀는 홀로 내버려져 있었습니다.

나는 병원 수위를 찾아 그다지 많지 않은 돈을 치러 주었습니다.
액수는 너무 적었지만 그 아이에겐 천국을 선물한 돈이었습니다.
나에게는 더더욱 그러했습니다.
문을 지나 들어가면서 그 소녀는 내게 웃음을 지어 보였습니다.
그 조그마한 소녀가 나에게 천국이 무엇인지 가르쳐 주었습니다.
(버림받은 자, 아더 한센)

선교사들이 학교 건물 등을 지을 때 기부자 이름을 따 이름하였지만, 병원 건물이 개인이름으로 하는 게 부적절하다고 판단한 윌슨 원장은 1935년 공모 끝에 애양원으로 고쳐 불렀다. 그동안 병원과 부대시설이 잇따랐고 법인 등록도 하여 2020년 현재 사회복지법원 애양원은 여수애양병원, 여수애양평안요양소, 애양재활직업보도소가 있다.

애양원 뜰에 나란히 서있는 네 개의 비석. 포사이드, 윌슨과 함께 보이어, 토플 원장을 기념하는 비도 있다. 초기부터 오래도록 진료 책임을 맡아오던 윌슨이 일제 말기 선교사 추방으로 애양원 원장은 공석이 되고 말았는데, 해방이 되어 보이열 목사가 내한하면서 그가 뒤이어 수고하였고, 이어서 토플 의사가 환자들 돌보며 1978년 초까지 애양원 원장직을 수행하였다.

보이어(Elmer Timothy Boyer, 1893~1976, 보이열) 목사는 일리노이 주 출신으로 루이빌신학대학을 마치고 1921년 내한, 일제시기에는 전주를 중심으로 전북지방에서 전도사역에 힘썼으며, 해방이후에는 순천에서 애양원을 맡아 충성하였다. 목회와 의료선교를 겸하며 열정을 불살랐던 그는 '한국 오지에 내 삶을 불태우며'라는 책을 통해 1950년 한반도를 다음과 같이 묘사했다. "지금까지 내가 살아오면서 이런 광경은 본적이 없다. 너무나 마음이 아프다. 나는 언제든 이 땅을 떠나 나의 나라로 떠날 수 있지만 한국 사람들은 갈 곳이 없구나. 이런 상황에서 내가 어디로 간단 말인가? 나의 평생의 임무 수행을 위해 기도해 주시오"라고 했다. 동족상잔의 비극으로 길목마다 넘쳐나는 시신과 살기위해 아우성치는 이 땅의 사람들을 바라보며 그는 끝없이 비통해했다. 그는 책에서 여순사건 때 순천 매곡동 일대에서 양민학살이 있었음을 증언하고 있다. 이념 대립과 전쟁으로 죽고 죽이는 비극의 땅을 그는 결코 떠날 수 없었다. 죽음의 현장에 그는 생명의 십자가를 지고 전도하며 영원한 저 세상을 전하였다. 그가 간 곳은 그대로 복음의 문이 되어 사람들을 바꾸는 힘이 되었다.

토플(Stanley Craig Topple, 1932~ , 도성내) 원장은 캐나다 토론토 출생으로 에모리대학교에서 의학을 공부하고 1959년 내한, 애양원 의사로 부임하였으며, 1961년부터 원장직을 수행하였다. 수십년 역사가 흘렀지만, 토플이 부임한 애양원의 시설이나 행정, 치료 과정은 너무도 열악했다. 환자들 기록도 없었고, 치료 역시 수준이하였다. 그는 애양원을 개선하고 수준을 높혀 훌륭한 병원, 뛰어난 의료 기관으로 만들려 애썼다. 진료기록 제도를 만들고 약물의 오남용 실태를 개선하며 환자들의 변형된 신체를 교정하기 위한 도구 등 여러 시설과 장비의 보강에 힘썼다. 난방과 수도, 전기시설을 갖춘

신식 병원을 짓기 위해 해외 구라선교회와 미국의 교회 협력을 얻어 냈다. 조지아 주 디케토 장로교회는 12만 달러를 보내왔으며, 미남장로교 선교부도 24만 달러를 송금하였다. 1968년 보다 현대화되고 깨끗한 병원이 그렇게 마련되었다.

그 외에도 소아마비 치료 등 나환자 치료는 물론 일반 외과 진료에도 소문이 났다. 이후에도 더 좋은 시설과 장비가 투입되고, 보다 훈련된 한국인 의료진과 간호사들이 충원되며 나환자 뿐만 아니라 일반 환자들이 여러 전문의들에 의해 치료받는 종합 병원으로 성장하였다. 애양원의 혁신과 성장 발전은 토플의 역할과 책임이 컸다.

두 살 연상인 그의 부인 안 마리(Ane Marie Amundsen, 1930~ , 안미량)는 노르웨이 선교회 파송으로 한국에 와서 사역하던 중 애양원을 방문하여 토플과 인연을 맺고 부부가 되었다. 일손이 부족했던 애양원에 아내 안미량의 합류는 큰 힘이 되었다. 전공은 소아과였지만, 피부과, 안과를 가리지않고 나환자들을 치료하였다. 특별히 나환자들의 눈에 발생하는 합병증에 마음을 담고 1963년에는 인도의 한센병 연구소와 홍콩까지 다니며 연수과정을 밟았다.

토플 부부는 1981년 한국에서의 사역을 마치고 미국으로 돌아갔지만, 이내 아프리카 케냐로 날아가서 거기서도 병원을 차리고 후반전 선교 사역에 충성하였다. 마치 결핵의사 카딩턴이 한국 광주에서의 전반전 사역에 이어 방글라데시 다카에서 후반적 사역을 하였듯이 한센의사 토플도 선배를 따라 모범을 이었다. 토플 부부는 선교사 은퇴후 노스캐롤라이나 블랙마운틴에 거주하는데, 2020년 현재 요양원에 있다 하니 건강이 더 악화된 듯하다.

애양병원은 이들 선교사 원장 이후 한국인 의사들이 이어서 수고하고 있다. 원장 외 직원들도 그동안 숱한 이들이 수고하며 충성하여 왔다. 토플 원장때 행정업무를 맡았던 더함(Clarence Gunn Durham, 1832~,노우암) 목사 부부를 비롯하여 윌슨 원장을 도왔던 김태옥, 병원 행정가 차종석과 전도자 양재평, 그리고 70년대 의사로서 환자들의 친구가 되어주었던 일본인 오바라 아키코 등 숱한 이들이 애양병원의 오늘을 이뤘다.

애양원 전도대장 양재평 장로, 오랜 투병생활로 시력을 잃어
자신도 거동이 불편하였지만, 매일 아침 병원 앞 소나무 벤치에서
환자들에게 그리스도의 사랑을 증거하며 복음을 전했다.

애양원 언덕을 넘어 조금 내려가면 한 마을이 나온다. '도성마을' 질병을 치료한 나환자들이 집단 거주하며 자활공동체를 이루고 있다. 토플 원장이 앞장서 마련된 정착촌인데 1976년 완공하여 입주자들이 생기면서 토플 선교사의 한글 이름 '도성래'를 따 '도성마을'로 불리운다. 그들은 농업과 축산업으로 생계를 삼으며 도성조합을 통해 애양원과 별개로 자립하고 있다

그 마을을 지나 조금 더 가면 순교자기념관과 손양원 3부자 묘가 있다. 애양원 경내에는 또 부대시설로 애양원 교회와 함께 방문자들의 숙소인 '토플 하우스'와 '애양원 역사관'이 있다. 애양원 역사관은 1999년 교회 맞은 편에 작은 건물을 짓고 애양원의 역사를 엮어왔다. 오래도록 그 책임은 배병심 장로가 맡아 수고하였다. 배병심 장로는 1960년대 우리나라 초기의 방사선사로서 광주에 이어 목포 결핵병원에서 여성숙 선생과 함께 환자 치료에 헌신하였고, 1970년대 이후 애양원에 부임하여 원무국 일을 맡아 병원 행정의 기틀과 초석을 놓았다. 역사관이 만들어지면서 그동안 사진 자료와 함께 여러 문서 등 자료를 수집하고 만들어 왔으며, 새로 단장한 역사관의 내용물은 사실상 그의 수고와 땀의 결과물이다. 역사관은 2015년 여수시와 교계의 노력으로 보다 멋지고 현대화된 시설을 갖추었는데, 찾는 이들로 한센인의 애환과 애양원의 지난 일을 엿보게 하며 아름다운 감동을 선사하고 있다.

여수 2

사랑의 원자탄, 그를 기억하라

순교자 손양원 목사님이 섬겼던 여수 애양원교회의 원조는 1909년 시작된 광주 봉선리교회다. 포사이드 선교사가 시작한 나주 나환자 여인에 대한 기적으로부터 광주 선교부 윌슨 의사와 선교사들, 그리고 최흥종 등이 조선의 나환자 인권을 존중하며 치료의 길에 나섰다. 양림동 기독진료소(제중병원) 인근의 봉선리에 나환자들을 위한 전용 치료 공간과 함께 그곳에서 그들 만을 위한 기독교 예배를 드리기 시작했다. 탈 메이지(타마자) 목사를 첫 담임목사로 하고 광주교회 목회자들이 동사목사로 협력하여 봉선리교회가 세워졌다.

봉선리교회는 여수로 옮김에 따라 새 정착지에 건물을 짓고 이름을 '신풍교회' 라 하였는데, 미국에 거주하는 석은혜의 기부로 '석은혜예배당' 이라고도 불렀다. 병원 명칭이 1935년 애양원으로 바뀌면서 교회 이름도 '애양원교회' 로 고쳐 현재에 이르고 있다.

여수로 이주하면서 교회 사역은 웅거 선교사가 맡아 헌신적으로 수고하였다. 그가 1928년 안식년으로 미국에 돌아가자 교회는 김응규 목사를 청빙하였다. 김응규 목사는 전북 삼례 출신으로서 1917년 목사가 되어 김제를 거쳐 1922년 목포교회에서 사역하였다. 그때 목포 방문한 웅거 선교사로부터 나환자에 대한 얘기를 듣고 관심과 사랑을 키우기 시작하였으며 목포권 나환자들에 대한 구제와 돌봄에 힘썼다. 그리고 그는 광주금정교회를 거쳐 1929년 여수 나환자들의 교회에 담임으로 부임하였다. 나병 성도를 대하는 그의 헌신은 참으로 귀해 보였다. 웅거 선교사는 그를 보며 나환자들에게 '사막의 오아시스' 라고 칭할 정도였고, 윌슨 선교사도 한국목사가운데 최고라고 칭찬하였다.

그러나 개인적이고 영적으로는 한없이 선하고 성도들에게 착한 목자였을지는 몰라도 신사참배 강요라는 일제의 탄압, 거기에 순응하면 갖가지 부요와 혜택이 주어지는 현실에서 그는 제대로 처신하지 못했다. 1938년 순천노회에서 신사참배 가결할 때 노회 소속 목사인 김응규도 찬성하며 지지하였다. 성도들은 분노했고 결국 그를 교회에서 내쫓고 말았다.

비록 이 땅에서는 저주 받아 몸뚱이가 이런 지경일지 몰라도 하늘에 소망을 두고 살아가는 나환자들의 신앙 절개는 너무도 분명하고 또렸했다. 당시 일제 총독부는 나환자 사역에 대해 나름 가치를 인정하며 도와주기도 했다. 특별금을 주기도 하고 연간 보조금을 지원하여 주었다. 일본 황실은 애쓴다며 나환자 사역하는 조선의 선교사들에게 훈장도 주었는데, 윌슨도 이를 받았고 이를 애양원 교회에 걸게 한 적도 있었다. 일제에 대해 적개심이 강했던 나환자들이 일본 황실 훈장이 걸린 교회에 분노하여 아예 자신들의 예배당에 불을 질러 버릴 정도였다. 환자 치료하고 영적으로 참 잘 돌보는 선교사나 목사였지만, 정작 하나님에 대한 정조 유일신 신앙에 대한 투지만큼은 그들의 환자나 성도들만 못했던 것이다.

양을 위한 선한 목자, 손양원

김응규 목사는 제주도로 전임하였고 공석이 된 애양원교회는 이듬해 여름 손양원 전도사가 맡게 되었다. 평양신학교 동기인 벌교읍교회 김형모 목사가 손 전도사에게 사정을 알렸고, 애양원교회 책임자였던 웅거 선교사의 초청에 1939년 7월 부임하였다.

손양원은 1902년 6월 3일 경상남도 함안에서 출생하였다. 태어나면서 자랄 때는 손연준이라는 이름을 갖고 있었다. 그가 이름을 양원으로 개명한 것은 애양원교회를 시무하면서부터였다. 부모가 일찍이 신앙생활을 하였기에 양원도 어릴 때부터 동네 교회에 다니며 기독교를 접했다. 양원은 21세에 일본에 건너가 중학과정을 마쳤고, 그는 이때 일본 성결교회에 출석하며 그 교회 목사로부터 성령을 체험하고 나병환자를 위한 전도와 봉사활동에 감명을 받고 좋은 경험을 쌓았다. 1923년 귀국하여 진주 성경학원에서 신학공부를 하기 시작했으며 여기서 그는 주길철 목사를 만나게 된다. 당시 조선에 들어와있던 해외 선교부 중 부산과 경남은 호주 장로교 담당이었기에 호주선교부가 운영하는 학교를 다니며 노블 맥켄지 선교사의 밑에서 여러 교회를 개척하며 섬기는 기회를 갖게 되었다.

33세된 1935년 4월 평양신학교에 입학하였고 1938년 3월 33회로 졸업하였다. 그해는 신사참배 가결이 노회와 총회에서 이뤄지며 신학교가 폐쇄되는 지경이었다. 강신명, 계일승, 김양선 등 그의 동기생 42명은 마지막 학기를 우편 통신교육을 받았고, 졸업장도 우편으로 받았다. 부산 나환자 시설에서 목회 실습을 하였던 그는 애양원교회로 목회지를 옮겼는데, 이미 나환자에 대한 접촉과 목양을 해왔던 그였기에 애양원 성도들은 그를 무척 반겼다. 더군다나 전임 김응규 목사가 신사참배에 기울어진 행태로 불신이 컸던 차에, 신사참배에 대해 분명한 태도를 보이며 좋은 소문이 있던 양원은 환영을 받기에 충분했다.

손양원은 1946년 3월 경남노회에서 목사 안수를 받았기에 일제시기 애양원교회를 담임하는 동안은 전도사 신분이었지만, 노회와 별개로 선교사가 운영하는 당시 애양원 교회에서는 손 전도사에게 목사 칭호를 부여했으며, 당회장권 역시 그에게 부여되었다.

양원은 1939년 8월부터 1940년 9월 투옥 시까지 애양원교회의 당회장권을 행사했다. 당회록을 보면 그가 얼마나 절도있게 매사를 법대로 처리했는 지 알 수 있다. 애양원교회는 훌륭한 영적 공동체이긴 했으나 규모가 크다 보니 성화되지 못한 교우들이 상당 수 있었다. 그는 "교회의 질서유지와 성화"를 위해 엄격하게 권징을 행사했다. 취임 직후인 9월 중순경 P 교우가 애양원의 공용품을 사취한 사건이 발생했다. 그는 사건의 심사 후 당사자를 1년간 책벌 하에 두기로 결정했다. 같은 시기 K 교우가 남편을 배반하는 죄를 범했다. 양원은 그녀를 8개월간 책벌 하에 두기로 하고 이 기간동안 회개하지 않을 경우엔 제명출교하기로 가결했다. 책벌 중인 자가 끝내 회개치 않고 완강히 버틸 경우엔 단호히 출교시켰다. 하지만 책벌 중인 자가 회개의 증거를 뚜렷이 보일 때는 해벌해 주었고 교회의 직분도 복직시켜 주었다.(한인수, 호남교회 형성인물 3)

손양원 전도사는 나환자들과 성도들을 사랑하며 자신의 몸같이 대하였지만, 교인들에겐 분명한 성결과 엄격한 행실을 요구했다. 잘못이 있을 경우엔 규정에 의거 단호히 징계하였다. 전도사였지만, 그에게 목사급 당회장권이 부여되었기에 책벌과 해벌을 독자적으로 시행하였다. 순교자로서의 그의 삶이 잘 알려져 있고 우리가 존경할 수 있는 큰 요소이면서도, 또한 그는 교회 지도자로서의 사랑과 목회 치리에 충실하였던 것을 보게 된다.

일제의 식민지 통치가 더욱 강화되고 민족말살과 종교 탄압정책이 가속화하면서 신사참배 강요에 이어 민족과 교회 지도자에 대한 구금과 고문이 극심하였다. 1940년들어서 치안유지법을 내세우며 더한 체포와 재판, 투옥을 강행하였다. 순천과 여수 일대의 교회 지도자들도 이를 피해갈 수 없었다. 순천 지역 목회자들이 모두 체포 구속당하였듯이 여수의 이기풍, 손양원 등도 여수경찰서에 붙잡혀 들어가고 말았다. 1940년 9월 25일 수요 저녁예배를 마쳤는데, 일경이 무작정 체포하여 구금하였다.

여수 경찰서를 거쳐 광주 형무소 복역중이던 1943년 아내 정양순 사모가 면회를 왔다. 정 사모 역시 손양원 전도사 이상으로 기독교 신앙과 신사참배 반대에 올곧았다. 남편이 복역하며 고초를 겪는 동안, 사모로서 그녀가 교회 성도들을 돌봐야 했고 가정으로는 시모와 어린 자녀들을 돌봐야 했으니 그녀가 겪는 어려움과 인내가 또한 얼마나 컸으랴. 주기철 목사에게 오정모 사모가 있었고, 손양원에겐 정양순 사모가 있었으니, 이들이야말로 부부 일심동체 부창부수 참으로 훌륭한 지도자들이었다. 교도소를 찾아온 아내에게 손양원은 시 한수를 주었는데, 한국교회가 한편으로 사용하는 '새찬송가'에 수록돼 있다.

꽃이 피는 봄날에만 주의 사랑 있음인가
열매 맺는 가을에만 주의 은혜 있음인가
땀을 쏟는 염천에도 주의 사랑 여전하며
추운 겨울 주릴 때도 주의 위로 더한 것을
솔로몬의 부귀보다 욥의 고난 더 귀하고
솔로몬의 지혜보다 욥의 인내 아름답다
이 세상의 부귀영화 유혹의 손길 되나
고생 중의 인내함은 최후승리 이룩하네
세상권력 등에 업고 믿는 자를 핍박하는
어리석은 사람들아 회개하고 돌아오라
우상의 힘 몇 일가며 인간의 힘 몇 일가나
하나님의 심판 날에 견디지 못하리라
저 천성을 바라보니 이 세상은 나그네길
죽음을 피하라고 나의 갈길 막지 마라
내게 맡긴 양을 위해 나의 겨레 평화 위해
우리 주님 가신 길을 충성으로 따르리라.
(손양원, 꽃이 피는 봄날에만)

2년 넘게 형기를 마치고 출옥하였고, 성도들 틈으로 다시 돌아와 교회를 지도하는데 그의 사랑과 목회는 변함이 없었다. 신사참배 반대에 대한 투지와 목소리 역시 변함이 없었다. 일제는 다시 손양원을 재차 구속하였고, 이번엔 종신형을 선고, 경성 구치소와 청주 형무소에서 일제가 물러날 때까지 복역해야 했다. 해방이 되어 1945년 8월 17일에야 손양원은 출옥할 수 있었다.

손양원은 1946년 3월 경남노회에서 목사 안수를 받았다. 1948년 여순 항쟁때 좌익에 의해 두 아들 손동인, 손동신이 살해당하는 아픔을 겪어야 했고, 1950년 9월 28일 전쟁 와중에 후퇴하던 공산세력에 의해 49세의 손양원 목사도 순교당하였다.

진심과 신실함으로 추모하고 배워야

사랑의 원자탄, 참 순교자. 주기철 목사와 함께 손양원 목사는 참으로 한국교회의 귀한 자산이다. 그를 제대로 조명하고 조사하며 잘 배워야 한다. 역사를 새기며 기억하는 민족이어야 하고 선조들의 신앙과 투지를 알아야 오늘의 교회를 새롭게 할 수 있다. 병들어가고 죽어가는 한국교회가 생명을 회복하고 세상에 소망이 되는 기독교로 거듭나는 일은 하나님의 말씀과 함께 지난 100여년의 한국교회사다.

역사를 밝히며 기념하는 여러 책자들과 영상이 소개되고 기념관, 박물관 등도 많이 나오는 것은 좋은 일이다. 그런데 적지않게 정도를 이탈하며 심하게는 반칙을 저지르는 일 등은 눈살을 찌푸리게 한다. 선배의 귀한 생명과 순교를 오늘 후배들이 잘못된 욕심과 공명심으로 뒤틀고 덧칠하며 과한 포장을 일삼는 것은 아주 못된 짓이다. 정확한 팩트와 사실을 밝히며 추모하는 것으로도 우린 충분히 존경과 배움을 얻을 수 있는데, 값싼 눈물 샘 자극하며 심정적 동정심에 왜곡과 과장을 벌이는 행태는 오히려 고인을 욕되게 할 뿐이다.

손양원 목사의 묘지에는 여수시가 관광을 촉진하기 위해 수십억원을 들여 과도한 치장을 해서 눈살을 찌푸리게 만든다. 손 목사 일가족이 다시는 부활하지못하게 봉분을 왕릉에 준하리만큼 성대한 치장을 한 것이 오히려 독이 되었다. 지극히 평민의 모습으로 살다 간 손 목사를 굳이 성역화 할 필요가 있을까 싶은 마음에 반감마저 든다. 손 목사를 귀히 여기는 것과 성역화 하는 일은 별개의 문제이기 때문이다. 손 목사에 대한 성역화가 도를 지나쳐 기독교가 본질적으로 금기시하는 우상숭배에까지 이르고 있는 대목은 애양병원 현관 앞에 손 목사의 동상에서 극명하게 나타난다. 그리고 그를 미화하는 일은 기념관 내에도 벌어진다. 문둥병자의 고름을 입으로 빨고 있는 손 목사를 벽화로 그려 전시하고 있다는 점이다. 문둥병자의 진균을 입으로 빨아준다고 치료되는 것도 아니고 있지도 않은 사실을 있는 것처럼 미화하는 일은 오히려 고인을 욕되게 하는 꼴이다. 이런 모습이 손 목사께서 원하실만한 일인 지 진지하게 고민하고 되새겨봐야 한다. 신학적 훈련이 제대로 된 사람이라면 이런 발상이 나오지 않았을 것이다.(양국주, "전라도 하나님")

손양원 목사를 기념하는 것들은 한국 도처에 있다. 그의 고향 마을에도 있고 여수 애양원이 있는 신풍리에도 반도 끝자락에 있다. 1993년 열었던 순교 기념관과 함께 손양원 3부자의 묘가 있는데, 아마도 여수 시와 교계의 상당한 노력과 예산을 들여 만들었으리라. 돈이 들어가고 마음도 내어 조성하였지만, 그 안의 내용도 튼실하고 정확해야 하는데, 사사로운 감정이 개입되고 주관적인 감정이 앞서면 보는 이들에게 주는 효과는 오히려 반감이 될 수 있다.

1948년 애양원(신풍)교회 손양원 목사와 장로 일동

2018년 한때 기념관이 폐쇄된 적이 있었다. 손양원 유족 측과 기념관 운영하는 교회간에 갈등이 심했다. 운영권과 함께 손 목사의 유품에 대한 소유, 관리 등에 대한 의견차이가 컸다. 자녀들을 비롯한 유족에게 아버지에 대한 남다른 감정과 인격이 크게 내재해있음을 충분히 이해할 수 있다. 공산당에 폐해를 당하고 내려왔던 서북청년단에게 객관적 균형을 주문하기 어려운 것처럼, 누구나 직접적 당사자에겐 사람의 죽음과 그에 따르는 물리적 영향에서 자유롭지 못한 법이다. 그럼에도 당사자들은 겸손과 빈 마음의 자세를 가지고 공공의 자산과 유익으로 내 놓을 줄 알아야 한다. 손양원 목사의 섬김과 용서, 오직 하나님에 대한 단 마음의 신앙과 정신을 누구든 제대로 배우고 오늘 우리의 삶에 아름답게 적용해야 하지 않을까. 그것이 순교 정신이며 세상 십자가 지고가는 기독교 교회의 참 모습일 것이다.

비렁길 신앙과 목회, 푸른 바다에 넘실거려

산행을 좋아하는 사람들에겐 사시사철 불문가지다. 계절이 따로 없고 지형 지물이 험할수록 좋은 풍경과 함께 자연을 즐길 수 있으니 더욱 금상첨화다. 설악산과 함께 내륙의 높고 광대한 지리산은 3,4일씩 텐트 숙박을 감행하며 트레킹하기에 좋은 곳이듯이 바다에 둘러싸인 섬에 있는 산길을 타는 것도 상당히 쏠쏠한 재미일 것이다. 여수 금오도 비렁길도 산타기에 좋은 곳으로 소문이 자자하다.

배를 타고 금오도 여천 선착장에 도착하면 바로 환대하는 등산 안내 간판을 따라 산행에 나설 수 있다. 툭 트인 너른 바다를 보며 험한 둘레길을 벗들과 함께 도는 것은 참으로 기이한 여행이다. 바위 틈으로 난 흙길을 밟으며 이름 그대로 절벽, 가파른 벼랑길인 '비렁길'을 때론 조심스레 걷다 보면 세상의 모든 근심과 스트레스는 어느새 바다 속으로 들어가 버린 듯하다. 해발 382미터의 매봉산 아래 산줄기는 5구간에 걸쳐 21.7킬로미터에 이르는 약 5시간 소요되는 천혜의 코스다.

돌산도 다음으로 여수에서는 두 번째로 큰 섬인 금오도(金鰲島)는 자라 모양의 형태를 띠고 있으며 해안선 길이가 64.5킬로미터다.

구한말에는 돌산군 금오면으로 불리었으며, 1914년 여천군에, 그리고 1998년엔 여수시에 통합되었다. 이 섬에 기독교 복음이 처음 어떻게 들어왔을까?

우학리교회는 선교사들에 의해 세워진 것이 아니라 보성 벌교에서 오가는 곡물상인이 복음을 전해서 믿는 자가 생겼다고도 하고, 의병지도자였던 서병도가 무만동에서 기독교를 접하고 전해줬다고도 한다. 외지인에 의해 기독교를 소개받은 금오도 청년들이 벌교 무만교회를 다니면서 기독교 신앙을 접했고, 맹현리 선교사를 만나게 되어 자신들의 섬으로 초청, 마을 사람들이 대거 교인이 되었다. 그들이 집에서 예배 드리다 마을에 있던 제당을 철거하고 예배당을 신축하니 우학리교회의 출발이 되었다.

집집이 찬송 소리(여수 금오도, 인도인 황재연 씨 통신)

전라남도 돌산군 금오도는 조그마한 절막한 섬이라. 이 섬 중에 우실리란 동네는 세계형편이 캄캄한 곳이요 무수한 죄악만 쌓인 곳이라. 그런고로 여망이 없이 하나님의 버리신 바로 여겼더니 하나님이 특별히 권고하사 3년 전에 목포에 계신 맹목사가 들어오셔서 예수께서 만민의 구주되심을 증거하고 가신 후로 하나님께서 은혜 비를 내리사 여러 사람의 마음을 깨치시매 즉시 교회를 설립하고 빈집 6간을 빌어서 수삭동안을 예배하는데, 남녀 교우가 150명에 달하여 재미가 많은 중에 1년을 지내고 목포 맹목사가 다시 오셔서 예배당 짓기를 권면하고 간 후에 강문수, 안규봉, 명효순 3명이 각각 10원씩 연보하고 남은 여러 교우가 또한 연보하여 그 집을 아주 샀더니 그 집은 본시 면(面)집인 고로 핍박이 조심하여 도로 달라

하기로 물려주고 학교에서 얼마간 예배하다가 간절한 기도를 드리는 자 많음으로 주께서 권고하시사 작년 9월에 다시 연보하여 예배당을 건축할새 명효순 씨가 6간 재목을 연보로 드리고 여러 형제는 힘써서 불일성지하고 지금은 교우가 200명에 달하고 그 중에 학습인이 42인이요, 집집이 찬송하는 소리가 행인의 귀에 쟁연하여 마음을 감동케 한다더라.(예수교회보 1911년 6월 13일)

금오도교회는 1908년 경 시작된 듯하다. 초기 신자가운데 청년 한 명은 황보익이었다. 그가 14세 무렵이었다. 그는 이후 이웃한 섬 거금도로 이주하여 벌교를 오가며 건어물 무역을 하다 목포영흥학교를 거쳐 평양신학교를 수학 목사로서, 고흥과 보성 지역에서 목회하였다.

일흔 고령에도 불구하고 부임한 이기풍

금오도교회는 1938년 이기풍 목사를 청빙하였다. 그의 나이 이미 만 70이었다. 한국교회 장로교 최초 목사, 제주도 최초 선교사로서 수십년을 제주와 전남 일대에서 목회하였으며 은퇴할 나이였음에도 목회자가 없는 낙도의 성도들 곁을 지키기 위해 기꺼이 바다를 건넜다.

이기풍은 1868년 11월 21일 평양에서 출생했다. 1896년 29세 무렵 원산에서 스왈렌 선교사로부터 복음을 듣고 세례를 받았으며 그의 조사가 되어 함경도와 황해도에서 순회 전도 활동을 하였다.

1907년 평양신학교 1회 졸업하며 우리나라 장로교 최초 목사가 되었다. 방기창과 서경조는 58세로 가장 나이가 많았고, 뒤를 이어 한석진 41세, 길선주, 송인서, 이기풍은 40세, 그리고 양전백이 39세였다. 조선예수교장로교 독노회가 9월 17일 창립하며 졸업식과 함께 목사 안수가 이뤄졌고, 이기풍은 곧바로 제주도 선교지로 임명을 받았다.

이기풍은 36세이던 1903년 첫 아내 유씨 부인이 아들 이사은을 낳고 사망하였고, 윤함애 양과 재혼하였다. 이기풍은 첫 부인에게서 낳은 사은, 그리고 재혼한 아내와 함께 제주도까지 가서 선교 개척을 시작하였다.

평양에서 출발하여 기차를 타고 경성, 다시 제물포에서 풍랑을 만나 어려움을 겪어가며 목포를 거쳐 먼 바다 건너 제주에 도착하였다. 제주에는 이미 서울 세브란스에서 치료 받으며 기독교 신자가 되었던 김재원이 홀로 고군분투하며 전도하고 있었다. 1901년에 있었던 제주 신축교난으로 인해 서양 종교에 대한 제주 사람들의 저항과 배척도 심했다. 김재원에게 이기풍 목사의 합류는 큰 힘이 되었다. 독노회에서 이후 김흥련 여전도사를 파송하여 또한 제주 사역을 돕게 하였다.

성내교회를 세우며 제주 일대에 복음 전파에 열심이었던 이기풍은 사역 8년째이던 1915년 뜻하지 않게 성대 고장이라는 병을 앓게 되어 휴양이 필요하였다. 실음(失音)병으로 인해 사역을 중단하였고, 이후 몸이 회복되자 이번엔 광주 북문안교회에 부임하여 1918년까지 시무하였으며, 이후 광주 제중원에서 2년 사역하고, 1920년 순천읍교회, 1924년 고흥읍교회 그리고 1927년 제주에서 2차 목회를 계속하게 되었다.

순천읍교회 담임으로 일하던 이기풍 목사는 1921년 제 10회 조선장로교총회에서 총회장에 피선되어 한국교회를 이끄는 책임을 감당했으며, 1931년부터는 벌교 지역의 교회에서 목회하였다. 벌교, 낙성, 평촌, 척영교회 등 네 곳의 미자립교회와 무만교회를 순회하며 돌봐야 했다. 10리에서 30리에 이르는 교회를 자전거를 타고 다녀야 했는데, 이때 그의 나이가 60대의 노인이었으니 상당한 체력 소모로 어려움이 많았을 듯하다. 그럼에도 이기풍 목사는 이 교회들이 자립할 수 있도록 열정과 정성을 다했다.

노년기의 이기풍 목사는 목양에 있어서 환갑이 넘는 고령에도 불구하고 시골교회만 찾아 다녔다. 그는 목회자의 모범이 되어 존경받을 정도로 초인적인 능력을 발휘했다. 1936년의 보고서를 보면 상기 네 교회 외에 무만교회를 더하여 다섯 교회를 돌보고 있었고, 전도에도 힘써 양직, 신기 두 동네에서 수십명의 결신자를 냈다고 기록되어 있다. 특히 이기풍 목사는 부임 초부터 벌교 지방의 중심 교회인 벌교교회의 자립화에 온 정성을 쏟았다. 두사람의 장로를 세워 당회를 강화할 계획을 수립했고 교우들의 자기 교회에 대한 책임의식의 제고를 위해 힘썼다. 수년간에 걸친 그의 노력은 점차 결실을 거두고 있었다. 1936년 벌교교회는 목회자 한 사람을 청빙할 수 있는 조건을 갖춘 교회로 발돋음할 수 있었던 것이다. 여타 교회들도 성장하여 1937년 평촌교회에서 개령리교회를 분립시켰다.(이준호, "이기풍 목사 생애와 사상)

벌교 지방의 교회에 대한 목회는 후배 김형모 목사에게 넘기고 더 어렵기만 한 낙도 우학리에 부임한 것이 그의 나이 만 70이었다. 낙도라는 사정 때문에 목회자 초빙에 늘 곤란을 겪는 교회였다. 1936년 조상학 목사가 사임하고 오랜 시간이 지나도록 후임자가 없었는데, 이기풍 목사가 나섰다. 1938년 3월 13일 취임하여 김문옥 장로의 도움 아래 교인들에게 세례를 베풀고 임직자를 세우며 신중하고도 권위있게 교회를 이끌어 나갔다.

일제의 강압에 흔들리지 않고

1940년 전국을 강타한 일제의 강압과 종교 말살정책은 순천과 여수 지역도 비껴가지 못했다. 순천과 전남 동부 지역 일대 목회자들이 대거 순천경찰서에 붙잡히고 옥고를 치뤘으며, 여수에서도 손양원 목사와 함께 이기풍 목사가 곤욕을 치뤘다. 신사참배 반대하고 미제 스파이라는 혐의를 씌워 구속하였다. 73세의 고령에 당하는 일경의 고문은 참으로 고통스러웠다. 그렇잖아도 늘 건강이 안좋았던 이기풍 목사인데, 노인이 겪어야 하는 구타와 모진 고문에 몸은 망신창이나 다름 없었을 것이다.

그럼에도 결코 구부리지 않았다. 신사에 머리를 숙이지 않고 끝내 거부하였다. 이미 순천노회 다른 목회자들을 비롯한 전국의 대다수 교회와 목회자들이 적극적이든 소극적이든 신사에 굴복하며 참배에 찬성하고 나선 터였지만, 그는 한국교회 최초 목사였고 최초 선교사였다. 하나님 앞에서의 신앙과 그에게 부여된 거룩한 영적 권위는 그의 절개를 꺾지 못했다. 참으로 존경스러운 일이다. 배금주의와 물신에 신앙도 지조도 팽개치는 오늘의 현실이 부끄러울 뿐이다 몸이 극도로 쇠하여진 바람에 1941년 초 병보석으로 일시 풀려났다. 그는 불편한 몸에도 다시 우학리교회를 돌보며 성도들에게 변함없는 하나님의 진리와 사랑을 가르쳤다. 마지막까지 최선으로 섬김과 충성을 보여온 목사 이기풍, 그는 1942년 6월 20일 하나님 품으로 돌아갔다. 향년 75세. 그의 유해는 우학리에 안장되었으나 이후 화순에 있는 광주제일교회 공원 묘지에 이장되었다.

기풍의 일생은 한마디로 '산 순교자'의 생애였다. 그는 복음을 위해 철저히 자기를 부인하고 오직 그리스도와 그의 몸된 교회를 위해 죽도록 충성한 주의 종이었기 때문이다. 기풍이 보여준 '십자가의 영성'은 그가 평생을 바쳐 헌신한 호남의 교회뿐만 아니라 전 한국교회에 상속한 값진 신앙적 유산임에 틀림없다. 그런의미에서 이사례 권사가 선친인 이기풍 목사의 생애를 그린 책의 제목을 '순교보'라 명명한 것은 대단히 적절하다고 사료된다.

(한인수, "호남춘추")

그를 기리는 기념관이 도처에 있다. 그가 목회하였던 제주와 광주에, 그리고 마지막 열정과 숨을 다했던 금오도 우학리교회에도 그가 남긴 친필 당회록을 비롯한 귀한 역사 자료를 볼 수 있는 기념관이 만들어져 있다. 가파른 비탈길로 산행객들이 많이 찾는 이곳에 또한 그의 삶과 귀한 목회를 배우러 찾아가는 걸음도 뜻 깊지 않을까 싶다. 금오도 지형을 빌어 그의 인생에 '비렁길'이라는 수식어를 달 수 있을까나! 평탄하고 순탄한 적이 거의 없는 듯하다.

70넘은 노년의 평생은 금오도 가파른 절벽과 그 아래 넓게 펼친 푸른 바다같다. 굴곡많고 험난하기 그지없는 여정이며 만만찮은 목회의 씨름, 그 사랑과 올곧음이 오늘 우리에게 여전히 푸른 빛으로 전해져 온다.

우리나라 최초 장로교 목사중 1인이며 제주 선교사 이기풍 목사는 광주와 순천, 벌교를 거쳐 노년에 마지막으로 여수우학리교회 시무하였다.

토실 토실 생명 열매 주렁 주렁 이어라

1월 11일, 가랑비

오전을 지내 늦게야 나가 공무를 보았다. 이봉수가 선생원의 돌 뜨는 곳에 가 보고 돌아와 벌써 큰 돌 열 일곱 구덩이에 구멍을 뚫었더라고 보고했다. 서문 밖의 해자가 네 발쯤 무너졌다. 심사립과 이야기를 나누었다.(이순신, "난중일기")

선조 25년 1592년 임진왜란이 있었다. 전라좌수사 이순신은 48세로서 수군 진영을 정비하며 혹시 모를 외부의 침략에 대비하였다. 그해 첫 날부터 일기를 쓰기 시작했고, 그가 전사하기까지 남겨진 기록은 "난중일기"로 전해오고 있다. 일기 서두에 '선생원'이란 지명이 눈에 띈다. 이곳의 서문 바깥에 있던 '해자'가 네 '발'쯤 무너졌다는데, '해자'는 방위를 위해 구덩이를 판 후 물을 채워 넣은 것을 말하고, '발'은 양 손을 옆으로 펼쳤을 때 한쪽 손 끝에서 다른 손 끝까지의 길이니 대략 4미터쯤 무너졌다는 얘기다. 여기서 중요한 것은 그 장소가 '선생원'이라는 점이다. 지금의 여수 율촌면을 이르는 당시의 지명이다. 이순신의 수군이 율촌에 있었다는 얘기다. 진남관이 있는 여수 앞바다 뿐만 아니라 주변 도처에 있었음을 짐작케 한다.

여수시 율촌(栗村), 밤나무가 많은 고을이라 하여 붙인 이름이다. 가을이면 토실토실 잘 익은 밤이 주렁주렁 달린 나무들이 있어야 하는데, 이젠 옛말이 되고 말았다. 산업화와 도시화가 이뤄지면서 농촌 마을이 퇴락하였듯이 이곳 주민도 많이 감소하고 밤농사를 하는 이도 없다. 대신 가까운 곳에 산업단지가 생겨 공장이 제법 들어서 있을 뿐이다.

그 옛날 기차소리 요란하게 울려 퍼지던 율촌역도 폐쇄된 지 오래다. 익산에서 여수를 오가던 전라선의 한 정거장으로서 1930년부터 운영하였지만, 2006년 이후로 영업을 중지한 상태다. 인근에 새 역사를 신축하여 재개하였지만 이 역시 2012년 이후 영업을 하지 않고 있다. 예전 역사는 문화재로 지정되어 있을 뿐, 100년 가까이 쇳소리 울리며 지나다녔을 기찻길의 레일은 하나 둘 뜯겨진 채 거의 폐쇄 상태나 마찬가지다. 레일이 없는 기차역의 풍경은 현대인들에게 어떤 감흥과 지난 역사에 대해 도전할 수 있으려나?

신, 구 예배당이 고스란히 살아 숨쉬는

옛 역사를 뒤지고 조사하는 일을 벌이면서 늘 안타까운 것은 잊혀진 이야기이고 잃어버린 유산들이다. 100년을 헤아리는 예전 예배당, 학교, 병원, 선교사 사택 등이 불에 타 없어지고 소실되기도 하며, 새로운 필요에 의해 인위적으로 철거되고 사라져 버린 것들이 너무도 많다. 그 역사적 문화적 가치는 산술적으로 헤아릴 수 없는 일인데, 소문에만 있고 기록으로만 남아 있을 뿐, 전혀 실체나 흔적을 찾기 어려운 일들이 비일비재하다. 세상이 급속도로 변하고 좋아지면서 보다 더 좋고 넓은 예배당 짓느라 낡고 좁은 구 예배당을 얼마나 많이 부수고 없애 버렸을까! 기독교와 관련한 여러 건축물과 유물을 부수기도 하고 폐기시킨 게 얼마나 많으랴!

그런 면에서 장천교회의 세 예배당이 여전한 모습으로 살아 있다는 것은 정말 놀라운 일이다. 지금까지 여러 교회의 역사 현장에서 느꼈던 아쉬움과 속상함을 이곳에 오면 다 아물어지고 용서(?)가 될 듯 싶다. 장천교회 역대 지도자들과 성도들의 남다른 인식과 태도가 참으로 존경스럽다.

장천교회는 여러모로 모범적인 교회에 속한다. 교인들의 역사의식도 높고 교회 내적인 훈련도 잘된 교회다. 행정 구역은 여수에 속했지만 노회나 생활권이 순천과 맞닿아 있어 순천지역으로 분류된다. 장천교회에는 아주 특별한 것이 많다. 우선 역사적으로 조감할 수 있는 구 성전과 새로운 예배당이 아름다운 조화를 이루고 있다는 것이다. 우리가 낡고 퇴색한 과거를 어느정도 선에서 함께 유지해야 하는 것도 현실적인 문제이다. 때로는 믿음의 선배들이 편한 의자가 아닌, 삐꺽거리는 마루에 무릎꿇고 엎드려 기도하는 예배당만 쳐다보아도 경외감을 느끼게 하는 곳이 많다.

(양국주, "전라도 하나님")

3개의 예배당이 일자로 놓여 있다. 자세히 그것도 관심있게 안 보면 그냥 한 교회일 것처럼 보이기도 한다. 앞 마당에는 비단같은 잔디가 융단처럼 깔려있다. 신, 구 예배당 사이에 우뚝 서있는 전나무는 100년의 역사를 헤아리게 한다. 최신식으로 보이는 오른 편의 큰 예배당으로부터 왼쪽으로 하나 둘 서있는 예배당 외양이 지어진 순서를 짐작케 한다. 1924년, 1973년, 2003년에 각각 지어진 3개의 건물이 고스란히 보존되고 남아, 여전히 각기 효과있게 사용중이니 귀한 일이다.

맨 왼쪽에 가장 오래된 건물이 문화재 115호로 지정되어 있다. 현재 어린이 집으로 쓰고 있다. 작고 아담하지만 긴 역사에서 풍기는 정취와 연륜을 느끼게 한다. 무엇보다 두 출입문이 참으로 반갑다. 남녀칠세부동석이라는 유교적 전통은 한국 사회의 오랜 문화요 윤리였다. 서양의 기독교가 조선에 유입되면서 선교사들은 조선의 문화를 나름 존중하며 그에 맞게 배려되었다. 그중의 하나가 남녀 성도들의 일정한 거리두기인데, 대표적으로 알려진 게 'ㄱ자 교회'다. 전북 금산교회 건물이 고스란히 보존되어 독특한 건축양식을 보여준다. 그런데 상대적으로 덜 알려져 있지만, 남녀 거리두기의 전형적 양식을 보여주는 또하나의 형태는 '두 출입문 교회'다. 출입문이 두 개가 있어 남자와 여자가 각기 따로 들고 나고 하였다. 전남 일대의 오랜 교회들에서 그 흔적을 어렵지 않게 찾을 수 있다. 전남의 최초 교회 목포양동예배당을 비롯해서 강진 학장교회, 강진 병영교회 등 농어촌 시골의 오래된 교회당에는 분명하게 남아 있다. 없어졌지만 사진을 통해서 엿볼 수 있는 예배당도 많다. '장천어린이집' 팻말을 단 가장 오래된 건물도 생생하게 출입문이 두 개로 존재하니 얼마나 고마운가. 두 출입문 아래에 20여개의 계단 역시 나란히 두 열을 지어 정렬해 있으니, 옛 남녀 청춘들이 곁눈질 해가며 오르고 내렸을 그림을 상상해 본다. 가운데 있는 1973년에 지어진 두 번째 예배당 역시 좌우에 출입문이 각각 고스란히 남아 보존되고 있으니 한국교회 건축문화의 귀한 자산이다.

1907년 여수군 장천리교회가 성립하다. 먼저 정태인, 지원근, 방응삼의 전도로 조의환, 이기홍, 지재한 등이 믿고 전도함으로 신자가 증가하여 수천원을 합심 연보하여 예배당과 학교를 짓고 그후에 조상학이 조사로 시무하니라.

1919년 여수군 장천리교회에서 조의환, 이기홍을 장로로 장립하여 당회를 조직하였고, 그후 목사에 곽우영, 조의환, 장로에 박경주가 봉직 시무하였다.

1923년 여수군 장천교회에서는 종래 경영하던 소학교의 교실이 비좁더니, 이기홍, 조의환의 활동으로 23평의 교실을 서양식으로 새로 지어 생도 50여명을 수용하니라(조선예수교장로회 사기)

조선예수교장로회 사기엔 1907년을 시점으로 보나, 일반적으로 그보다 2년 앞선 1905년에 시작한 것으로 본다. 마을 청년 조일환 등은 서울 세브란스 병원에서 복음을 받아 들이고 고향에 돌아왔고, 목포에 있던 프레스톤 선교사를 통해 예배를 드리기 시작했다. 사기의 기록처럼 정태인과 지원근 등의 훈련된 조사들이 이곳에 전도하고 열심을 내었으며, 조상학 조사가 시무하면서 교회가 뿌리를 내리며 자라기 시작했다. 초기 신자로는 형제지간인 조일환과 조의환, 그리고 박경주, 이기홍 등이 있었다.

장천교회는 1912년 부설 교육기관 '여흥학교' 를 세워 자라는 세대에 대한 근대교육을 벌이기도 했다. 신자, 불신자를 막론하고 자녀들을 대상으로 언어와 산술, 지리와 노래 등 신학문을 가르쳤다. 여수 일대에선 가장 개화가 빠른 지역이며 교육이었다. 사기의 기록처럼 1923년엔 이기홍, 조의환 등의 활약에 교실을 넓히고 생도들을 늘려 보다 교육에 힘썼으나, 1935년 일제가 조선어를 폐지하게 하고 신사참배를 강요하기 시작하자 자진 폐교하였다.

기름지고 풍성한 황금알 공동체

조의환은 형과 함께 율촌교회의 초기 열성 신자였다. 형인 조일환은 중국 봉천에 가서 사업가로 지낸 반면, 동생 조의환은 목사가 되었고 그의 자녀들도 교회의 청지기로서 대를 이어 하나님나라 충성을 벌이고 있다. 조의환은 1909년 영수, 1912년 장로를 거쳐, 1921년 가을에 제 15회로 평양신학교를 졸업하고 목사가 되었다. 광양, 여수, 제주교회에서 시무했으며, 모슬포교회에서 6년 사역 기간 동안 두 번이나 투옥되어 고초를 겪기도 했다. 7남매의 자녀들도 아버지를 따라 목사가 되기도 하고 장로가 되기도 하며 전국에 흩어져 교회를 섬겼고, 그들에게서 난 자손들도 한결같이 다자녀를 이루었다. 조의환의 손자가 34명, 증손자가 45명, 참으로 믿음의 가정이요 복된 가문이다.

장천교회를 시무했던 목회자로는 곽우영 목사와 차남진 목사 등이 있다. 곽우영 목사는 목포에서 신자가 되고 장로가 되었으며, 이후 신학을 하고 목회자가 되어 순천노회 산하 교회에서 시무한 적이 있는 바, 이때 장천교회도 순회하며 사역을 했을 것으로 보인다. 장로였던 조의환이 신학을 하고 목사가 되어 후임으로 모교에서 목회하였다.

차남진 목사는 해방 이후에 장천교회에 부임하였다. 광주 방림동에서 태어난 차남진은 순천 매산학교를 거쳐 전주 신흥학교 3학년에 재학중이던 때 신사참배 문제로 자퇴하였다. 1938년 광주경찰서에 체포되어 수원유치장에 수감되었는데, 반일주의자이고 양림교회 교계 지도자의 연락책이라는 이유였다. 서울 서대문 형무소에 이감되었다가 1939년 2월 출옥하였다. 1942년 일본에 유학하여 공부하였고, 해방이 되자 귀국하여 조선신학교에 입학하였다. 자유주의 신학을 내세운 김재준, 송창근 등에 반발하여 51명의 신학생들과 함께 진정서를 총회에 내었으며, 조선신학교를 떠나 남산의 장로회신학교를 1948년 졸업하였다. 순천노회에서 목사 안수를 받은 후 여러 교회를 돌봤는데, 그 중의 하나가 장천교회였다. 그는 미국 유학을 거쳐 총회신학교 교수를 지냈으며, 부흥사, 목회자로 충성하였다. 특이한 것은 1969년 총회에서 그를 미국의 선교사로 파송한 일이다. 기독교 복음을 역수출한 것이려나.

본인이 마음만 먹었다면 눈앞으로 다가왔을 법한 총신 교장(오늘날의 총신대학교 총장)이라는 엄청난 기회를 마다한 채, 총회의 부름대로 미국 선교사라는 미지의 영역에 뛰어든 것도 같은 이유에서였다. 차량 하나에 먹을거리며 옷가지 등 살림 도구들을 죄다 실은 채, 혼자 운전하며 거대한 대륙 이곳 저곳을 누비는 생활은 방랑자의 나날과 다를 것이 없었다. 지도 하나에 의존하여 인디언 보호구역을 복음 들고 찾아다니는가 하면, 연락이 닿는 교회나 공동체가 생기면 동서남북 어디든 쫓아다니는 일이 일상이었다. 행여나 작은 후원금이라도 생겼다 하면 고스란히 고국의 빈한한 농어촌 교회들을 섬기는 사업에 죄다 바쳤다. 1974년 결성한 한국성서선교회를 통해서 차 목사가 도운 국내 농촌, 어촌, 산촌 등지의 교회들 숫자가 부지기수이다. 서울 내곡동에 집단 거주하던 한센병 환자의 미감염 자녀들을 위해 후원금을 보내고, 고아들의 해외 입양을 주선하는 사업에도 앞장섰다. 영어로도 해박한 지식과 어휘를 동원하여 가르치는 설교와 강의들에 미국 현지 교회들에서도 몇 차례 청빙 요청이 왔으나, 자신에게 사명으로 주어진 선교사의 자리만을 끝까지 고집했다는 이야기도 있다.

(www.kidok.com, 2020년 8월 10일)

차남진 목사가 율촌에서 목회할 때 그에게 세 번째 아들이 태어났다. 마을의 밤나무가 그의 마음을 풍성하게 하였을까나? 아들의 이름을 차종율이라고 지었다. 그도 아버지를 이어 목사가 되었으며, 서울 방배동의 새순교회에서 26년을 시무하고 2020년 은퇴, 원로목사로 추대되었다.

장천교회를 섬겼던 장로 가운데는 주영옥 장로가 있다. 100세 넘게 평생토록 장천교회의 일군으로 섬겼던 그에게는 5남 2녀의 자녀들이 있었는데, 모두 목사이거나 장로로, 권사로 역시 한국교회에 충성하고 있다. 장남 주명수 목사는 순천은성교회 섬기다 은퇴하였고, 차남 주명준 장로는 전주대 대학원장을 지냈으며, 3남 주명용 장로가 율촌교회를 지키고 있다. 그 아래 4남, 5남 형제도 목회자로 섬기고 있으며 두 딸 역시 교회 권사다.

장천교회 역시 순교자가 두 사람이나 나왔다. 율촌에서 나고 자란 지한영은 여수 덕충교회와 승주교회 전도사를 거쳐 장천교회에서 강도사로 시무하던 1950년 공산군에 체포되어 순교했다. 손양원 목사가 순교하던 날과 같은 9월 28일에 44살의 나이로, 중학생이던 아들 지준철과 함께 부자가 동시에 당한 일이었다.

산업화 도시화하면서 율촌 마을의 밤나무는 자취를 잃었다. 땅만 바라고 이기적 욕망 추구 뿐인 이 세상에 어디 영원한 것이 있으랴? 눈을 돌리고 영혼을 기경하여 저 세상 하늘에서 소망과 생명을 찾아야 할 것이다. 율촌의 장천교회! 믿음으로 뭉친 하늘 공동체가 100년 넘는 긴 세월을 넘어 신자들로 이뤄진 생명의 역사를 잇고 이으니, 황금알 낳는 거위마냥 장촌교회의 기적은 주의 오실 날까지 기름지고 푸릇하리라.

1924, 1973, 2003년에 지어진 장천교회 3 예배당 건물이 나란히 잘 보존되며 사용되고 있다.

여수 교회, 가지 치고 생명 열고

'코로나 19 펜데믹'으로 지구촌 모든 나라와 인류가 극심한 질병과 고통에 쌓여있는 2020년. 감염자 수가 좀처럼 줄어들거나 바이러스가 물러가는 기미는 보이지 않은 채, 정부의 사회적 거리두기 단계 조정도 오르락 내리락하며 국민들의 삶과 일상이 많이 축소되고 있다. 하루 확진자가 3자리 수를 연이어 기록하며 잔뜩 움크린 채 지내야 했던 여름을 지나 10월이 되면서 다시 2자리 수로 조정되었다. 전남기독교이야기 3권째, 순천과 전남 동부편을 바짝 신경써서 집필하던 중인 10월 중순, 여수 방문 답사를 결행했다. 오래도록 예약하며 자료 조사와 협력을 부탁했던 김홍련 목사가 반갑게 마중을 나오며 종일 안내를 해줬다.

김 목사는 고향인 여수에 내려와 교회와 가정사역에 힘쓰고 있으며, 필자와는 같은 교단의 같은 노회에 소속한 동료이기도 하다. 그가 힘들여 수집하며 나에게 건네 준 여수 기독교회 역사 자료가운데, 참으로 귀한 글이 있다. 김영완 장로가 쓴 '여수기독교회사'. 여수 성시화운동본부에서 발행하는 회보에 30여회 가까이 연재된 기록물은 여수의 100년 넘는 기독교회의 역사를 잘 정리해 놓은 글이다. 지역마다 다니며 그곳 교회의 역사에 관한 글과 사진을 수집하며 연구하는 나로서는 참으로 보물과 같이 여겨진다. 여수의 첫 교회로서 어머니 역할을 하는 여수제일교회 장로 출신이며 평생을 초등학교 교육자로 지낸 김영완 장로의 글과 '여수제일교회110년사'를 참고하여 여수 기독교회의 대략을 소개한다.

여수 제 1교회, 제 2교회, 제 3교회,...

김영완 장로의 글과 여수제일교회 연혁에는 1906년 12월 부산 동래에 살던 김바우(김암우) 여성이 여수에 와서 전도를 하였고, 조의환 씨가 1910년 2월 5일 여수 시내에 있는 이곳에 와서 예배 인도하며 여수의 첫 교회가 시작되었다고 한다. 조의환 성도는 율촌 장천교회의 신자로서 당시 코잇(고라복) 선교사의 전도인이 되어 순천과 여수를 비롯한 전남동부 지역 일대를 순회 사역하였다. 조선예수교장로회 사기에는 1911년 서정교회가 성립하였다고 하는데, 이 교회가 바로 여수교회의 다른 이름이다.

1911년 여수군 서정교회가 성립하다. 먼저 여사 박바우의 전도로 마을 사람 곽채근 어머니와 이아형 두 사람이 믿었고 서울에 여행하였던 곽봉승이 예수 믿고 집에 돌아와 전도함으로 신자가 증가함에 예배처소를 설치하니 장로교회 제직이 내왕 인도하니라.

1923년 여수군 서정교회에서 홍봉승을 장로 장립하여 당회를 조직하였는데, 자초로 선교사 변요한과 조사 유내춘, 조의환, 한태원, 조상학, 김영진이 이어서 시무하니라.(조선예수교장로회 사기)

교회 이름이 '여수(읍)' 교회라면 좋았을텐데, '서정' 교회라니 숙제가 아닐 수 없다. 여수교회의 첫 동네는 군자동인데 당시 서정 지역(서교동)과는 조금 떨어진 곳이다. 전도자의 이름도 조금 차이가 있다. 여수교회는 김바우, 그러나 서정교회는 박바우로 기록되어 있다. 그럼에도 조선 사기에 나오는 전국의 거의 대다수 초기 교회 전도자 명단에 드물게 여성이라는 점을 기록한 것과 성씨는 차이가 있으나 이름이 '바우'로 같다는 점에서 착오가 있을 뿐, 결국 이 두 교회는 동일하다고 본다. 여수 일원에 서정교회란 이름으로 오늘까지 전해오는 다른 교회가 없기 때문에 중간에 연결고리가 불분명할 뿐, 조선 사기의 서정교회는 여수교회, 지금의 여수제일교회이다. '여수제일교회110년사'는 이를 잘 해명하고 있다.

"사기"에 나오는 박바우는 제일교회에서 말하는 김암우와 동일 인물이다. 김암우, 박바우, 박암우, 김바우, 김바위가 모두 동일 인물의 다른 이름이다. 박바우는 한문으로 박암우(朴岩又)이고 김암우(金岩又) 역시 우리나라 발음으로 김바우 또는 김바위이다. 김암우(바우) 본명은 박바우이다. 조선장로교 사기에는 박바우라고 되어 있다. (부산)동래에 살면서 첫 번 결혼에 실패한 박바우는 여수사람 김운서와 재혼하여 남편의 성을 따라 박씨를 김씨로 고치고 김암우라 하였다.

이는 당시 호주선교사들의 습관을 따른 것이다. 전해오기로 김바우 여사는 부산 동래에서 호주선교사 아래에서 예수를 믿고 김운서와 재혼하여 여수로 와서 전도하였다고 한다. 당시 동래에서 기독교를 전한 선교사는 호주선교부의 엥겔(왕길지)이다. 박바우는 재혼한 남편의 성을 따라 서양 선교사들의 방식대로 김바우로 고쳤다.

(여수제일교회110년사)

여수교회는 김바우(박바우) 여사가 1906년 연말에 자기 집에서 예배
한 것을 시작으로 볼 수 있고, 공식 설립은 사기에는 1911년으로 되
어 있으나, 여수제일교회 연혁은 1910년으로 기록하고 있다.

사기의 기록에서 김바우와 함께 교회 설립자 중 한 사람인 '곽봉
승'의 이름이 차이가 있다. 1923년 장로 장립에는 '김봉승'으로 기
록되어 있다. 성씨에 오류가 있는데, '곽봉승'이 맞는 이름이다. 곽
봉승은 서울에서 신앙을 갖게 되고 여수에 들어와 함께 교회 공동
체의 일원으로 섬겨왔으며 여수교회의 영수를 거쳐 최초 장로가 되
었다. 당시 교회의 담임목사는 목포에서 건너온 곽우영이었는데, 목
사와 장로가 같은 종씨인데다 그것도 희귀한 성씨였으니 독특하기
그지없다. 여수 초대 장로 곽봉승은 이후 광주로 이주하여 광주제
일교회 출석하였고, 당회 서기를 지냈으며, 다시 구강정(서현)교회
로 이명하였다.

흥미로운 것은 여수 교회의 최초 남녀 신자는 한결같이 외지에서
신앙을 지니고 여수에 들어와 한 공동체를 이뤘다는 사실이다. 여
자교인 김바우가 부산에서 호주장로교 선교사로부터 신앙을 배우고
여수에 들어왔다면, 남자교인 곽봉승은 서울에서 미국 북장로교 선
교사로부터 신앙을 익히고 여수에 들어온 것이다. 그리고 시간이
좀 지나 이 두사람으로부터 시작한 공동체를 지도하고 이끌었던 조
의환 조사는 미 남장로교 선교부의 은혜아래 있었고, 가까운 율촌
에서 와서 교회를 설립하였으니, 참 기묘한 조화로다.

율촌 장천교회에서 신자가 되고 교회 지도자 역할을 감당했던 조의환은 1921년 평양신학교를 졸업하고 목사가 되었으며, 광양 등지에서 목회한 후, 1930년 여수교회 부임하여 시무하였다. 그때만 해도 여수에 있는 두 교회, 여수교회와 장천교회 두 곳을 목사 한 사람이 겸임으로 시무했는데, 1921년 곽우영 목사, 1922년 김영진 장로, 1925년 이영희 목사, 그리고 조의환 목사가 이어서 섬겼다. 율촌에서 이곳까지는 30여킬로미터에 이르는 먼 거리이며 당시에는 인적이 드물고 산짐승들이 도처에 있어 위험하였지만, 목회자는 주일에는 아침예배와 저녁예배를 율촌과 여수 시내를 오가며 번갈아 예배 인도하였을 것이다.

여수교회가 처음으로 교회 분리 개척한 것은 1937년 9월 봉산 마을에 세운 봉산리교회이며 두 번째는 1949년 5월 여수중앙교회다. 여수중앙교회는 여수교회의 양진환 장로와 임춘자 전도사를 비롯한 성도 다수가 분립하여 중앙동에 옛 일본 사찰을 임차하여 창립하였고, 초대 목사로 조의환 목사가 부임하였다. 1955년 제 37회 순천노회에서는 여수의 여러 교회들에 대해 제일교회, 제이교회 등의 순서를 따라 이름을 고쳐 결정했다. 첫 교회였던 여수교회는 여수 제일교회로, 중앙교회는 제이교회로, 1953년 분리 설립한 서부교회(성광교회)를 제삼교회로 불렀다. 그리고 1955년 설립한 동부교회(동광교회)를 제사교회로, 남부교회(옛 봉산리교회, 현 영락교회)를 제오교회로 하였다. 이중 1956년 제삼교회와 제오교회는 합병을 했으며, 이후 제칠교회인 미평교회가 1965년 설립되었다.

여수중앙교회 역시 성장하고 발전하면서 숱하게 교회를 분립하고 개척을 하였다. 특히 1984년에는 손양원 목사가 순교당했던 근처에 순교기념교회를 세우고 손 목사의 아호를 따 '산돌' 교회라 하여 지금에 이르고 있다.

여수 시내의 읍교회와 같은 시기에 여천 돌산읍에도 믿는 이들의 모임이 시작되었다. 봉양 마을 정수봉 씨가 인근 남면 우학리교회에서 신자가 되고 자기 마을에 목조 건물 예배당을 짓고 시작한 게 1909년 봉양교회다. 이 마을은 '피내' 라는 다른 이름이 있었다. 임진왜란때 가까운 골짜기에서 전투가 심했는데 죽고 부상당한 사람들의 피가 내(川)가 되어 골짜기 아래로 흘러 내렸다 하여 붙여진 이름이었다. 피로 물든 참혹한 이 마을에 예수 믿고 생명과 소망을 얻는 '피내교회' 가 생겼으니, 참으로 큰 은혜요 복이 아니런가.

여수(읍)교회를 처음으로 하여 하나 둘 분가해 나간 교회들이 여럿이고, 또 이 각 공동체들도 분화하고 발전하며 여수 전역 곳곳에 뻗어 나갔다. 튼실한 나무 하나가 여러 가지를 뻗치고 풍성한 열매를 맺는 것처럼, 2020년 현재 여수의 기독교회는 장로교, 감리교, 성결교 등 여러 교단에 600여 교회로 성장 발전하였다.

남도의 유관순, 윤혈녀 전도사

여수 둔덕동 새중앙교회 바로 옆에는 6.25때 희생당한 기독교인들을 추모하는 작은 공원이 있다. 유엔의 인천상륙과 서울 수복에 때 맞춰 공산 세력이 일제히 북으로 후퇴하면서 우익계 인사를 비롯한 양민들을 무참히 학살하는 사건이 전국 곳곳에서 벌어졌다. 2년전 여순 사건때도 화마가 깊었던 지역인데 1950년 9월 28일 또 다른 비극이 이 현장에서 벌어졌다. 그 희생자와 유족들의 한과 아픔을 기억하며 조성된 이 공원 현장이 한날 한시에 총살당한 곳이다. 그 가운데는 익히 잘아는 순교자 손양원 목사가 있고, 윤형숙 전도사도 있다.

1900년 여수 화양면에서 태어난 그녀는 순천 은성학교(매산학교)에 다니던 중 일제에 의해 학교가 폐쇄되자 광주 수피아여학교로 옮겼다. 전학한 지 1년 지난 1919년 전국에 걸쳐 3.1만세운동이 벌어지고 광주에서도 운동의 파도가 일었다. 3월 10일 수피아 교정에서 시작한 광주 만세운동에 윤형숙은 맨 앞에 서서 태극기를 흔들었다. 그 바람에 일본 경찰이 휘두른 칼날에 왼팔이 잘리고 말았다. 제대로 치료도 받지 못한 부상자의 몸으로 체포되고 혹독한 고문이 이어지며 그만 오른쪽 눈까지 실명하고 말았다. 어둡고 칙칙한 감방에서 옥고를 치르고 출옥후 그녀는 원산에 있는 마르다윌슨신학교에서 공부한 후 전주 기전학교와 고창읍교회 교사로 봉사한 후 여수로 돌아와 여수읍교회에서 전도사로 봉직하였다. 여수읍교회는 초대 담임 곽우영 목사가 목포의 독립운동을 주도했던 민족인사였고, 당시 담임 김순배 목사도 일제말기 오래도록 투옥당한 전력이 있을 정도니. 윤형숙도 그랬고 교인들의 반일감정과 민족애는 상당히 남달랐으리라.

윤형숙은 교회가 설립한 봉산학원 교사로 일하던 중 순천성경학교에서 전도사 과정을 이수하였고, 여수제일교회, 중앙교회와 봉산교회, 그리고 고향인 화양면에서 확장주일학교 등을 열며 복음사역에 헌신하던 중 여순 사건이 일어나고 6.25 전쟁이 벌어졌다.

1950년 9월 28일 퇴각하려던 공산세력은 여수경찰서에 수감되어 있던 기독교인들과 우익인사들을 '민드래미' 라 불리던 둔덕동 야산으로 끌고 갔고. 총구를 그들에게 겨누었다. '외팔이 선생', '제2의 유관순' 이라는 유명세와 함께, 독실한 기독교인이자 반공인사로 인식되어 온 그녀를 좌익과 인민군들이 그냥 놔두지 않았다. 그렇게 윤형숙은 손양원 목사를 비롯한 우익 기독교 인사들과 함께 생명을 잃었다.

3.1 운동의 혈녀라 불리우는 윤형숙 전도사의 묘는
고향인 여수시 화양면 창무리 마을에 있다.

여수 감리교회와 성결교회

1950년대 6.25 민족전쟁을 겪으면서 온 나라 백성들은 큰 고통과 비탄에 잠겨야 했다. 부모 형제들이 서로 총부리를 겨누고 살해와 폭력이 오가는 통에 수많은 인명 피해와 재산 손실이 상상을 초월했다. 일제 36년의 고통을 끝낸 지 불과 5년 만에 도진 이념간 남북간 전쟁으로 나라와 민족이 분열과 갈등, 참혹한 댓가를 치뤘다. 1.4 후퇴와 3.8선을 뺏고 뺏기며 넘나드는 와중에서 많은 북의 피난민들이 남으로 내려왔다. 남쪽에 있던 사람들과 여러 단체들이 이들 피난민과 민족의 고통을 껴안으며 공동체 정신과 나눔의 삶을 실천하였고, 교회도 나름 최선을 다했다.

여수의 교회도 그랬다. 특별히 교단의 정체성이 각각 다르고 분명했음에도 민족 공동의 아픔과 운명 앞에 서로 사랑과 협력의 손길을 모았다. 여수와 전라도 일대는 오랫동안 장로교회가 곳곳에 자리하며 거의 독자적으로 성장하여 왔는데, 해방과 6.25를 지나면서 감리교회나 성결교회 등도 포교가 이뤄지고 개척이 진행되었다. 당시는 이들 세 교단 교회가 서로 연합하며 함께 은혜를 나누고 사랑으로 섬기곤 하였다.

1952~4년 경의 여수 교계는 장로교인 여수 제일교회와, 여수 감리교회와 여수 성결교회 등이 서로 형제간처럼 은혜스럽게 지냈고, 세 교회 중에서 부흥회라도 열릴라치면 서로 참석해서 은혜를 나눴다. 특히 1956년 12월 2일에 열린 제일교회 설립 50주년 희년 기념 행사 때에는 세 교단 교회가 하나가 되어 행사를 은혜스럽게 마친 일이 기억난다.(김영완, "여수기독교회사", 여수성시화회보)

6.25 전쟁 중 1.4 후퇴때 이북에서 많은 사람들이 남하하였다. 그 가운데 6천여명의 피난민들이 여수 시내와 돌산도에까지 와서 정착하

였다. 주로 황해도에서 온 사람들이었고, 장로교인들은 여수제일교회와 서부(성광)교회에 주로 출석하였으며, 감리교인 70여명은 돌산 둔전리에 제단을 마련하고 둔전감리교회(돌산중앙교회)를 시작하였다. 감리교회는 박성태 목사와 김기련 권사, 이재호 속장, 유호영 속장 등이 주요 교인이었고, 서울 감리교단에서 보내온 지원금으로 동산동 427번지 옛 일본 적산가옥을 인수, 개조하여 1952년 5월 24일 첫 예배를 드렸다. 현재 여수 감리교회는 돌산중앙교회를 비롯하여 1975년 분립한 실로암교회(남산동), 진남교회(쌍봉), 1983년 분립한 은혜감리교회(교동), 1985년 분립한 미평감리교회 등 10여 교회가 있다.

성결교회는 1949년 11월 12일 시작하였다. 김희택 목사는 박명오, 박명기, 이태홍 집사 들과 함께 군자동 261번지에 여수 중부성결교회를 창립하였다. 이듬해 전쟁으로 인해 피난민들과 많은 사람이 어려움을 겪었고, 교회는 서울 동양선교회의 지원을 받아 무료 급식소를 운영하며 선교와 구제에 힘썼다. 신도들이 증가하여 성장하였고, 1951년 고소동 622번지로 옮겨 교회를 신축하고 여수 성결교회로 이름을 바꿨으며, 1997년 문수동에 새 예배당을 짓고 현재에 이르고 있다.

3장

―

광양

첩첩산중 교회 성도가 수 백명이라고?

백운산, 섬진강 550리 물길을 마무리하는 구례에서 광양에 걸쳐있는 높은산이다. 태백산 아래 백두대간을 타고 북에서 남으로 내려온 한반도의 큰 산맥이 서쪽 방향으로 소백산맥으로 이어지고 다시 남으로 전라도의 호남정맥을 이루며 화순 장흥으로 뻗는 산들과 함께 지리산 천왕봉을 머리로 동남방향 섬진강따라 한반도의 큰 동맥을 마무리 짓는 해발 1,222미터의 산이다. 겨울 이겨낸 따뜻한 봄이면, 구례엔 산수유가 천지고, 광양엔 매화 향기 가득히 품어낸다. 백운산 작은 지봉의 하나인 쫓비산 자락에 매화나무 꽃봉오리 장관이 펼쳐지는 3월이면 전국에서 몰려든 관광객들로 또한 인산인해를 이룬다.

다압면과 진상면에 걸쳐 장관을 이룬 매화 천지에 잠시 취했다가 다시 계속해서 구불 구불 이어지는 산길을 조심스레 운전하며 오르고 또 올라가야, 광양 최초 교회를 만날 수 있다. 황죽리 마을에 위치한 신황리교회. 도무지 상상키 어려운 산골짜기에 어떻게 복음이 들어오고 광양의 최초 교회가 될 수 있었을까? 사람들 입으로 전해져 오는 이야기가 심상찮다.

1895년 발생한 을미사변, 조선에 주재하던 일본 공사 미우라 고로의 지휘아래 일본군인들이 명성황후를 시해한 사건이다. 이를 두고 울분을 참을 수 없었던 한태원이 자객들을 인천까지 뒤쫓아가 살해하였다. 한태원에 대한 수배령이 내려지고 그는 남으로 도피하여 이곳 백운산 골짜기까지 숨어 들었다. 낯선 사람이 있다는 제보가 퍼졌고, 광주에서 관리가 정탐하러 신황리 마을까지 들어오게 되었다. 수배자에 대한 정보는 얻지 못하였는데, 마을에서 노름하며 지내는 청년들을 보고 그들에게 광주에 '야소교' 가 들어왔는데, 거기 가서 그 도를 접하고 노름대신 새 삶을 찾으라고 권하였고 조상학을 소개하였다.

마을 청년들은 광주에 가서 조상학을 만나고 선교사를 대했고, 기독교 도리를 알게 되었다. 박희원, 서병준, 장기용 등의 청년들을 중심으로 도피하며 지냈던 한태원의 집에서 예배를 시작한 것이다. 조상학이 내려와 이들의 모임과 신앙을 지도하였다.

1907년 광양군 신황리교회가 성립하다. 먼저 한태원이 이 마을 신자 조상학의 전도를 듣고 광주 양림에 다니며 선교사 오기원에게서 도리를 배우고 두 사람이 이 마을에 돌아와 옛 황리 서재에서 전도할 새 박복원, 서병준, 허준규 등 9명이 예수를 믿은 후, 합심 전도한 결과 신자가 날로 늘어 6,7백에 달하는 지라. 합심 연보하여 예배당 8간을 지으니라.

1907년 광양군 신황리교회에서 소학교를 설립하여 신자의 자녀를 교육하니라. (조선예수교장로회 사기)

구전과 기록물은 좀 차이가 있지만, 마을 청년들은 관리의 말을 듣고 광주에서 조상학을 만났으며, 그를 통해 선교사 오웬을 통해 복음 전도를 받아 들였다. 그리고 그들은 후에 오웬과 조상학을 마을로 초대하여 박복원, 허준교 등 마을 주민들에게도 기독교 복음이 전해질 수 있도록 하였으며, 한태원도 예수를 접하고 오웬으로부터 기독교 교리를 접하였을 것이다. 한태원은 자기 처소를 개장하여 예배공동체로 모이게 하니 신황리교회의 시작이 되었으며, 광양 일대의 최초 기독교 공동체가 된 셈이다.

교회는 사람이 자라고 사람이 큰다

신황리 주변으로 곳곳은 말 그대로 두메 산골이다. 해발 300고지 이상의 높은 산 고개에 있으니 평지의 사람 접근이 어려운 곳이다. 산골짝 곳곳에 움막짓고 화전 일궈가며 사는 대다수 사람들은 사실 사연이 많은 이들이다. 평지 내버려 두고 이곳 골짜기까지 들어온 바에는 필시 말못할 사정이 있는 것이다. 구한말 대내외적으로 시대가 더 어려웠다. 동학군이었거나 의병이었는데 숨어 지내고 피해서 여기까지 몰려든 이들이 상당수였으리라.

세상에 대한 절망과 상처 안고 살아가던 이들이 전혀 생소하면서도 기이한 서양의 예수 기독교를 접했을 때 그들에게 새로운 생명과 소망으로 여겨졌다. 하늘의 기름부음 더하여 믿는 이들이 골짜기까지 찾아 들었고, 그렇게 교인들이 물경 수백을 헤아렸다. 주일이면 600명에서 700명이 모였다고도 하고 고라복 선교사는 400에서 500명이 모였다고 했으니, 평지의 밀도 높은 지역도 아니고 사람 뜸한 이곳 고지대 골짜기를 감안하면 상당히 놀라운 모임체였으리라.

외지인이었지만, 동네 청년들보다는 비교적 선각자였던 한태원은 자기 집을 내어주며 신황리교회를 이끌었고, 봉사하였다. 교육 혜택의 기회로부터 전혀 차단되어 있던 산골의 아이들을 위해 교회 부설 소학교를 세우고 가르침을 베풀었으며, 신황리교회로부터 광양의 곳곳마을에 전도하여 교회를 세우는 일에 충성하였다. 1908년 대방리교회 설립에 기여했으며, 1917년에는 곡석 석곡교회 목회자로 일하게 된다. 프레스톤 선교사의 조사 신분으로 교회 담임하였으며, 1920년 석곡교회의 장로가 되었다. 1923년에는 곽우영 목사가 담임하는 여수읍(서정)교회에서 조사로 봉사하였다.

신황리 마을의 토박이 박희원은 1868년 9월 12일 출생하였으며, 조선말 과거시험인 무과(武科)에 합격한 자였다. 그도 예수를 믿고 자기 마을 교회에 열심 봉사하였다. 박희원의 아들 박정식 목사는 1941년생으로 조상학 목사에게 유아세례를 받았으며, 1958년 김형모 목사에게서 입교 서약하였다. 장로회신학교를 졸업하고 목사가 되었으며, 순천제일교회를 오래도록 목회하였다.

신황리교회는 1910년부터 사숙을 운영하게 되었다. 학원의 원장은 박희원 장로가 맡았는데, 그는 덕망이 높고 마을 유지격이라 많은 사람들이 존경하였으며, 신황(50호), 신전(20호), 웅동(20호), 죽림(25호) 등지와 탄치, 비촌 등지에서도 다녔다. 사숙에 들어올 수 있는 자격은 특별한 규정이 없어서 배우고 싶은 사람은 신,불신을 막론하고 모두 받았으며, 사숙은 4학년까지만 마치고 5학년부터는 순천매산학교에 편입하여 계속 공부를 하기도 하였다. 사숙은 1940년 일제의 선교사 추방과 학원 폐쇄령이 내려질 때까지 계속 되었고, 학원장은 박희원 장로, 교사는 신전부락 황석권 장로, 구재희 장로 (순천순광교회), 조택력, 조보라(조상학 목사 아들) 등이 맡았다. 이 사숙을 통해 배출된 인재는 김형모 교장, 김응선 장로, 장형일 부령 등이 있다.(이양재, "순천지역 초기선교역사 연구")

신황리교회 박희원은 동료 청년 교사들과 함께 교회 부설 소학교를 설치하여 아이들을 모아 교육을 하였는데, 김형모, 김응선, 장형일 등이 당시 학생들이었다. 김형모 교장은 1906년 진상면 지원리 출생으로 신황리 사숙과 매산학교를 거쳐 평양신학교를 졸업하였으며, 미국 텍사스 어스틴대학에 유학하여 박사학위를 취득하였다. 순천노회장과 매산학교장을 역임하였고, 총회장과 광주호남신학대학장도 지냈다.

김응선 장로의 자녀 9남매는 믿음의 가정을 이루고 있다. 너무도 가난하여 예배 기도 인도할 때도 양복 한 벌 제대로 없었던 그는 매일 새벽기도를 통해 하나님께 자녀들은 가난에서 벗어나길 간절히 기도했다. 믿음과 기도의 본을 따라 자라난 자녀들은 한결같이 장로, 권사로 한국교회 곳곳에서 봉사하며 충성하고 있다.

장형일은 신황리교회 개척자중 한 명인 장기용의 아들로 구세군 교단의 목회자로 충성하였다. 그의 자녀들 역시 교회 목회자로 충성하고 있다.

산 속의 공동체가 평지에 내려가 여럿으로 분화

비록 산골 깊숙한 곳에 자리히였지만, 초기 신자들의 열심 전도와 소문을 듣고 산간지역은 물론 평지에 있는 사람들까지 높다란 산골 짝을 찾아와 예수 기독교를 만나러 오고 예배하러 오며 전술한 것처럼 상상 밖의 성도들이 넘쳐났던 신황리교회. 그들이 또한 은혜 받고 감격에 넘쳐 자기 마을로 흩어지며 가족과 친구들을 모아 곳곳에 여러 교회를 분립하였다.

1908년 광양군 웅동교회가 성립하다. 먼저 조상학의 전도로 이 마을 사람 서병준이 믿고 열심전도한 결과, 19집 한 마을이 함께 예수 믿어 신황리에 다니며 예배하더니, 이 마을에도 예배당을 짓고 교회를 분립하니라.

1908년 광양군 대방리교회가 성립하다. 먼저 서한봉이 한태원, 박희원의 전도를 인하여 믿고 형제의 집 식구들과 정기영의 식구들로 신황리에 내왕하며 자기 마을에도 전도하여 신자가 증가함으로 가옥을 매수하여 예배당으로 사용하고 교회를 분립하니라.

1909년 광양군 백암리교회가 성립하다. 먼저 김평장, 장석사 등이 믿고 신황교회에 다니다가 예배당을 짓고 교회를 분립하니라. 선교사 고라복, 집사 장석사, 김인주가 시무하니라.

1909년 광양군 섬거리교회가 성립하다. 먼저 이 마을 장주환이 믿고, 신황교회에 다니더니 이 마을에 신자가 점증되므로 예배당 6간과 사택을 짓고 선교사 고라복은 가옥을 매수하여 교역자의 사택으로 헌납하니라.

1909년 광양군 지랑리교회가 성립하다. 먼저 이 마을 강대오가 신황리교회에 다니며 전도하여 예배당을 건축하고, 그후 강대오는 만주에 이거함에 김순권이 교회를 위하여 많은 노력을 하니라.

(조선예수교장로회 사기)

웅동교회는 신황리교회 초기 교인이었던 서병준, 장기용 등이 나중에 자기 마을 곰골에 따로 예배처를 세워 시작된 것이다.

대방리교회는 이마을 청년 서한옥 씨가 예수교 진리를 받고 혼자서 신황리교회를 출석하다가 그의 형 서한봉을 전도하였다. 서한봉은 친구 정기영을 전도하여 세 사람이 함께 산골짝을 찾아 부지런히 예수교를 따랐으며, 자기 동네에도 부지런히 전도하였다. 믿는 이가 늘어가자 용곡리 349번지에 교회를 설립하였다. 1920년에는 옆에 새로 예배당을 건축하였고, 1925년에는 세 번째로 신축할 정도로 성장하였다. 1992년 지었던 다섯 번째 교회 건물이 2002년 태풍 루사로 인해 침수 파손되었고, 마을 복구공사로 인한 하천 정비사업 때문에 건물이 철거되자 2004년 인근에 여섯 번째 교회를 잘 지어 현재에 이르고 있다.

섬거리교회와 지랑리교회는 본래 하나의 교회였다. 처음에 지랑리 마을에서 시작한 지랑리교회에서 조금 떨어진 섬거리 마을에 교회를 분립하고 섬거리교회라 하였으니, 지금의 광동중앙교회로 발전한 것이다. 그리고 지랑리교회는 진상면의 동쪽에 있다,하여서 진상동부교회(지원리)로 이름을 고쳐 현재에 이르고 있다.

지랑리 마을은 인근 평정리, 원당리, 창촌리, 방동리, 지랑리가 합해져 1914년부터 지원리가 되었다. 마을 청년 김순권, 강대오 등이 신황리교회 출석하며 기독교 신앙을 갖게 되었고, 자기 고을에 사람을 모아 지랑리교회를 따로 세웠다. 김순권은 이 교회 최초 장로가 되었으며, 그의 아들이 순천의 큰 목회자였던 김형모 목사이다.

신황리교회는 이처럼 광양의 여러 지역, 진상, 옥곡, 골약, 옥룡 진월 등지에 복음을 증거하고 마을마다 교회를 분립하여 세웠으니 가히 어머니교회라 할 만하다. 신황리교회를 비롯하여 웅동교회, 섬거리교회, 지랑리교회, 골약교회 등은 담임교역자와 교인들이 모여 종종 연합하령회를 개최하였으니, 이것은 여름 하기휴가를 이용하여 1주간씩 실시한 수련회였다.

산골짜기에서 수 백명이 회집할 정도로 상당한 교인들이 모였던 신황리교회, 산 속에 은신하며 지냈던 동학군이나 의병들이 전혀 새로운 기독교를 접하며 대단한 생명과 소망의 응집력으로 결성되었던 교회가 점차 복음과 순수 신앙 전통을 배우고 익히며, 산 아래로 내려와 마을 곳곳에 교회를 세우고 가지치며 각자 성장해 온 것이 섬진강변 따라 산골짜기에 펼쳐진 지금의 광양 교회들이다.

신황리교회는 1919년 박희원과 이우권을 교회 첫 번째 장로로 세우고 당회를 조직하였다. 교회는 고라복 선교사의 지도아래 조의환, 조상학 등이 시무하였다. 110년을 훌쩍 넘긴 오랜 역사 속에 기독교 십자가 불빛 밝히는 산 중의 교회, 예전과 많이 달라진 지금의 상황과 형편일지라도 하늘의 은혜는 여전하고 더하여져 묵직한 메아리 큰 울림으로 이어지고 있다.

심는 대로 거두리라

전남 광양군에 있는 장현중 조사의 말씀을 들은즉, 광양군 진상면 곰골(웅동)이라 하는 동네는 호수는 19호요, 우거하는 인민은 남녀 도합 110여명 가량인데 5,6년 전에 그 동네 주민되는 서병준 씨가 주의 말씀을 먼저 듣고 참으로 회개한 후에 자기만 주를 믿고 구원을 얻을 뿐 아니라 열심히 그 동네 백성에게 전도하므로 불과 수년하여 그 동네 남녀가 다 회개하고 예수를 믿으며 참 믿음으로 주를 봉사하는 중 아름답고 신령한 교회를 이루었도다.

성경 말씀에 무엇이든지 심는 대로 거두리라(갈 6:7), 하신 말씀이 옳도다. 이 곰골 동네에 이상한 일 두,세가지 있는데, 첫째는 수년 전에 그 지방 큰 비 오므로 그 동네 뒷산에서 큰 사태가 나서 밤중에 흘러내려 오다가 동네 인가를 살짝 피하여 한편 가로 내려갔으니 이것은 무소불능하신 하나님의 도움으로 큰 행복을 누리었으며, 둘째는 그 동네 산중이라. 홀연히 난데없는 산저(멧돼지)가 무수히 들어와서 동네로 다니면서 행패하는 고로 동네 사람들이 근심 걱정하다가 그 일로 하나님께 합심간구하는 중 그 많은 산저가 다 어디로 갔는지 일절 없어졌으며, 셋째는 작년 가을에 그 동네 전후좌

우에 곡식이 익었는데 참새 무리가 수없이 날아들어 농부의 일년 적공한 그 곡식을 쪼아 먹는 고로 또 근심하다가 산저 들어왔을 때와 같이 합심기도하므로 그 많은 참새들이 없어졌으니 참 이상하도다. 이 몇가지 일을 보면 그 곰골 동네 백성의 간절한 신앙으로 말미암아 하나님께서 특별이 감찰하시는 증거를 나타냈도다. 그 교인들이 큰 은혜를 받는중 서로 사랑하며 연합하고 유무상통하는 중 서로 빚진(부채) 것을 도와주며 동고동락하며 교회일 뿐 아니라 각각 육신 생업도 근력하므로 타 처에 간핍한 교회까지 도와주는 일이 많이 있으니 참으로 이 교회가 각처에 모범이 되리로다.

(예수교회보, 1913년 6월 10일).

웅동(熊洞), 광양군 진상면 황죽리에 있는 곰골이다. 높은 산자락에 위치하지만, 마을이 생긴 건 고려시대부터로 추정될 정도로 오래되었다. 1789년 호구총수에는 광양현 진상면 웅동촌이라 하였고, 1872년 왕명에 의해 만들어진 광양현의 지도에는 이 지역이 웅동으로 표기되어 있다. 1780년경 전북 남원에 사는 곡부공씨가 화승총을 가지고 이곳 백운산 일대를 다니며 사냥하다가 이곳에 정착하게 되었고, 이후 사람들이 더 몰려들어 마을을 형성한 것으로 보인다.

곰골이란 지명유래는 세가지 정도다. 해발 천미터가 넘는 백운산에는 곰들이 많았고, 동네가 풍수지리학상 곰의 형태를 띠고 있기도 했으며, '곰'이란 말은 '산', 혹은 '크다'는 뜻도 있으니 '큰 산골짜기 마을'이란 뜻에서 붙여진 이름이기도 하다. 이 높고 깊은 산속 마을에 기독교가 들어오고 교회가 들어선 것은 1908년의 일이다.

신황리교회에서 분립한 웅동교회

웅동마을의 청년 서병준과 장기용이 인근의 신황리 마을을 다니며 친구들과 함께 지내던 중 기독교를 접하게 되었다. 그 마을에 먼저 신황리교회가 세워지고 수 백명이 회집하며 함께 기독교 신앙을 일구었고, 두 청년은 자기 마을 웅동에 따로 분립하여 교회를 세웠으니 지금의 웅동교회다. 조선예수교장로회 사기는 1908년으로 그 시기를 기록하고 있다.

1908년 광양군 웅동교회가 성립하다. 먼저 조상학의 전도로 이 마을 사람 서병준이 믿고 열심전도한 결과, 19집 한 마을이 함께 예수 믿어 신황리에 다니며 예배하더니, 이 마을에도 예배당을 짓고 교회를 분립하니라.
1912년 광양군 웅동교회는 교인의 열심 연보로 6간 예배당을 새로 짓고 옛 예배당은 학교로 사용하니라.
1917년 광양군 희동(웅동)교회에서 서병준, 장기용 2인을 장로로 장립하여 당회를 조직하니라.(조선예수교장로회 사기)

웅동교회가 설립될 당시 마을은 20여 가구에 110여명의 사람들이 있었다. 광주를 오가며 조상학과 오웬 선교사로부터 기독교 신앙을 배우기도 했고, 조상학과 오웬 선교사가 직접 이 마을을 찾아와 지도하기도 하였을 것이다. 1910년 프레스톤 선교사가 이곳에서 120명에게 세례주었다고 하니, 웅동교인뿐만 아니라 신황리교회와 진상면 소재 여러 교회들, 지랑리교회, 섬거리교회, 원당리교회 등을 포함한 숫자이리라. 그럼에도 당시 전도열이 뜨겁고 새 신자들이 늘어가며 성도들이 열심히 기독교 도리를 쫓아 신앙생활에 전념하였음을 엿보게 한다.

1912년 웅동교회는 새 예배당을 지었으며, 옛 예배당은 아이들의 소학교로 사용하였다. 그리고 이해에는 코잇 선교사가 와서 세례를 베풀었다. 1917년 교회 최초로 장로 장립하였으니, 교회 설립자 서병준과 장기용을 세웠다. 장로 2명이 있는 조직교회가 된 것이다. 당회장은 선교사가 맡았을 것이나, 교회 목회사역하는 조사로는 조상학과 조의환이 이어서 시무하였다.

서병준은 역학을 공부하고 사람들의 사주관상을 봐주던 일을 하는 이였다. 기독교를 알고 성경을 깨닫게 되면서 가지고 있던 모든 서적과 도구들을 불에 태워버리며 서병준은 전혀 새로운 인생으로 바뀌었다. 그의 아들인 서재화, 서재신 등이 목사로 수고하였으며, 손자 서현식(여수중앙교회) 등 수십명이 목회자와 선교사를 지내며 믿음의 가정을 이뤘다.

장기용 장로의 가정도 믿음의 후손들로 이어지고 있다. 그의 막내인 장형일은 일본유학중 구세군 신앙을 접하게 되어 국내로 돌아와 구세군사관학교를 수학하고 구세군 목회자로 일하다 구세군 부령으로 은퇴하였다. 장기용의 손자이며 장형일 부령의 장남인 장일선은 서울에서 출생하여 미국에서 구약학을 전공하고 북미연합장로교회에서 목사안수를 받았으며, 한신대학교 교수로 오랫동안 후학들을 가르쳤다. 장기용의 또다른 손자인 장중식은 순천고등성경학교 1회 졸업하고 장로회신학교를 졸업하였다. 여수와 순천 등지에서 목회하였으며 순천고등성경학교 원장과 호남신학대학교 이사로도 충성하였다.

백운산 골짜기의 작은 웅동교회에서 이처럼 믿음의 가정들이 나오고 한국교회 곳곳에서 충성하는 일군들이 만들어진 것은 곰골 공동체가 복음에 대한 열정이나 믿음과 함께 하나님의 특별한 기름부으심이 많았다는 증거다. 초대 장로들인 장기용과 서병준의 남다른 지도력과 신심이 컸던 이유다.

이들 두 장로는 1922년 순천노회 설립할 때도 큰 역할을 하였다. 선교사 2인, 목사 4인, 장로 9인으로 시작한 순천노회는 장로 가운데 장기용, 서병준이 발기위원으로 함께 한 것이다.

거의 신자가정으로 기독교 이상촌을 이뤄

웅동교회는 1924년 조상학 목사가 당회장으로 처음 부임하였고, 1934년엔 김순배 목사가 부임하였다. 김순배 목사는 순천노회에서 웅동교회에 대해 보고하였으니, "지난 1년간 원입교인이 증가하고, 면려청년회 활동으로 아동과 장정에게 매주일 전도하는 일이오며, 면려청년회, 사경회, 성경학, 성경통신, 가족기도회로 성경을 열심히 공부한 일이오며, 우월순 박사 부인을 청하여 3일간 부인사경회를 개최하여 많은 은혜를 받았고, 우월순 박사는 의료기구와 약품을 친히 가지고 와서 빈궁한 환자에게 시약 시술을 하였으며, 면려청년회에서 도서를 구입하여 회원으로 윤독해서 지식을 향상케 하였다."고 하였다.

이와같은 열심과 성장이 이어져 이듬해 1935년에는 웅동교회 새 예배당을 35평 석조로 지었다. 1936년 역시 노회에 제출한 김순배 목사의 보고에 의하면 교회가 계속해서 자라가고 있음을 볼 수 있다. "웅동은 전 촌락이 거의 신자가정으로서 기독교 이상촌으로 성장하는 중이오며, 교인이 다른 동네에까지 단체적으로 전도하여 많은 신자를 얻는 일이오며, 서당이 새로 설립되어 신자 자녀를 교육시키는 일이외다." 라고 하였다.

이처럼 일제시기 엄혹한 시대에도 산골 믿음의 공동체는 전도와 성장을 거듭하며 자랐는데, 해방후 여수 순천 민중항쟁 사건은 이곳 골짜기도 피해가질 않았다. 무자비하게 학살하며 진압하는 군인들을 피해 백운산 일대를 은거지 삼아 피난온 자들이 몰려드니, 이곳 마을에도 소개령이 내려지고 급기야 예배당마저 불에 타버리고 말았다. 할 수 없이 마을을 등질 수 밖에 없었던 주민들은 다른 곳으로 일시 떠나있다가 한국전쟁도 겪은 후 1952년쯤 다시 고향 마을로 하나 둘 돌아오기 시작하였고 교회도 재건하였다.

1957년에는 백운산의 적송을 베어다가 30여평에 이르는 기와 한옥 예배당을 건축하였고 1959년 김형모 목사의 설교로 헌당예배가 드려졌다. 60년대 이후는 60여호가 있었는데 산업화 도시화가 진행되면서 이농이 심해지며 청년들이 떠나가는 탓에 마을 주민도 적어지고 교회도 많이 위축되었다. 한동안 목회자도 청빙하지 못할 정도로 운영이 어려워졌다.

그렇지만 2002년 초대 장로 서병준의 후손인 서승기 목사가 담임목사로 부임하게 되었다. 10여명의 신자들이 함께 함께 힘을 모아 21평의 새 예배당을 건축할 수 있었다. 2020년 현재는 웅동마을에

20여가구 30여명의 인구가 있으며, 10여명이 교인들이 웅동교회 공동체로 존속하고 있다.

옛 교회의 부흥과 여기서 길러진 사람들은 평지로 내려가 나름 한국교회 일군으로 각자 도생하며 성장하였지만, 지금의 웅동교회의 현실은 많이 줄어들고 예전만 못하는 게 사실이다. 그런데 사람들에게서 잊혀져만 가던 산골짝의 교회가 다시 주목을 받게 되었으니 이곳에 광양기독교100주년기념관이 들어서면서부터다.

노력과 열정은 의미깊지만, 아쉬움도

지난 2008년, 지하 1층 지상 3층의 석조로 지어진 기념관이 이곳 곰골에 세워졌다. 광양의 기독교 100주년을 기념하는 건물로 1층에는 한국교회 전반의 복음역사에 대한 이야기가 소개되고 있고, 2층에는 광양과 전남 동부지역 일대 교회역사에 대한 내용을, 3층은 광양 지역 순교자에 대한 것을 담고 있다. 전시시설과 함께 부대시설로 강당과 숙소 등을 갖춰 세미나, 수련회 용도로 사용할 수도 있다.

기념관이 세워진 초기에는 제법 많은 이들이 찾아와 오랜 역사를 되새기며 배우고 감동도 얻어갔지만, 시간이 흐르자 이곳도 또다시 잊혀져가는 추세다. 방문자들이 줄어들고 운영과 관리에 어려움을 겪고 있는 형편이다. 광양군과 광양의 기독교연합회가 의욕적으로 추진하고 집행한 일이었지만, 지속성을 만들어낼 아이디어나 동력도 떨어지고 효율성면에서도 상당한 단점이 있다보니 자칫 흉물화되지 않을까 염려도 된다.

무엇보다 접근성이 너무도 낮다. 누가 이 골짜기까지 찾아오랴 싶다. 광양 시내에서도 진상면사무소를 지나 이곳 까지 올라오려면 상당한 집중과 에너지를 쏟아야 한다. 해발 300미터 이상 올라가는 굽이굽이 산길을 조심스레 운전해 가는 것도 만만찮은데, 어렵게 도착하여 기념관을 둘러보는 동안 그다지 큰 감동을 얻지 못하는 것에 실망감이 크기 때문이다.

물경 40여억원이나 투자하여 지어진 기념관인데, 웅장한 석조 건물에 비해 그 안에 담긴 내용과 콘텐츠는 상대적으로 너무도 빈약하다. 기념관을 짓자는 외형적 결기와 의지는 컸는데, 정작 내실을 기하는 정확한 고증과 이를 담는 기획이나 전시 능력이 수준 이하다. 2020년 10월 다시 찾아 올라간 길은 감이 익어가는 풍성함과 감동을 필자에게 안겼지만, 정작 기념관 자체의 볼거리, 배울거리는 많은 아쉬움을 주었다. 당시 기념관 앞에서는 트랙터를 동원하여 뭔가 공사를 하는 중이었는데, 보수 보강이라도 하는 듯하였다. 또다시 성도들의 헌금으로 하든, 국민의 세금으로 하는 일이든 제대로 잘 쓰며 보완하고 발전해가야 하겠지만, 항상 더 중요한 것은 역사에 대한 연구와 사실 확인에 투자하고 이에 따른 바른 역사 자료와 내용을 만들어, 더 멋지고 탁월하게 전시하며 보여주는 일일 것이다.

기념관 오른쪽 뒤편으로 작고 아담하게 박혀있는 한 건물이 눈에 띈다. 웅장한 석조 건물과 상대적으로 울림을 준다. 화려한 꽃무리 속에 어울리지 않는 한송이 들꽃 하나 작게 숨어있는 것마냥 오히려 더 가슴을 뭉클하게 하고 눈을 시원케도 한다. 다시 비탈진 길을 올라 가까이 가보니 커다란 종탑과 함께 10여평 남짓한 예배당이 있다. 웅동교회다. 몇 년 전 처음왔을 때는 허름하고 인적도 없어 보였지만, 인테리어를 다시했는 지 상당히 깔끔하다. 예배실 의자와 성구들도 새롭게 들여놓은 것 같다.

기념관 건물에 대한 아쉬움을 뒤로하게 하는 웅동교회 예배당을 둘러보며 옛 선조들의 아름다운 믿음과 열정을 새겨본다. 산 아래 사람이 많고 도시화된 세상에 비해 너무도 변화없고 조용해 보이는 곰골 마을, 선배들의 신앙따라 기독교 가정의 유업 이어가며 하늘 부르심에 충성하는 성도들의 이야기는 지금도 깊은 산속 골짜기에 조용히 메아리 친다.

남도의 희망이 되고 복이 되어

쫓아오든 햇빛인데

지금 敎會堂 꼭대기

十字架에 걸리였습니다.

尖塔이 저렇게도 높은데

어떻게 올라갈수 있을가요.

鐘소리도 들려오지 않는데

휫파람이나 불며 서성거리다가

괴로왔든 사나이

幸福한 예수그리스도에게처럼

十字架가 許諾된다면

목아지를 드리우고

꽃처럼 피여나는 피를

어두어가는 하늘밑에

조용이 흘리겠습니다. (윤동주, "십자가")

그 유명한 민족 저항시인 윤동주의 시집 "하늘과 바람과 별과 시" 에는 "서시", "십자가", "자화상" 등 주옥같은 글들이 담겨있다. 이 귀한 시집이 우리에게 회자될 수 있었던 것은 전라남도 광양의 한 바닷가에서 비롯되었다. 자칫 우리는 전혀 모를 뻔했다. 윤동주 시 인은 너무도 짧은 27세의 나이에 사망하였다. 자신의 손으로 직접 시집을 내지도 못하고 이국땅에서 저 세상사람이 되어 버렸고, 아 무도 그의 존재와 유작에 대해 생각하지 못하는 것 같았다.

그런데 해방이 되고 윤동주 사망 3년이 지나서 그의 유작이 세상에 빛을 받았다. 정병욱의 손을 타고 윤동주의 시집은 출판되었으며, 지금까지 우리나라 국민들에게 가장 사랑받는 시인이요 시집으로 명성을 이어오고 있다. 어떻게 해서 이뤄진 일일까!

1940년 윤동주와 정병욱은 연희전문학교 기숙사에서 처음 만났다. 전라도 광양에서 서울 연희학교에 입학한 신입생 정병욱을 만주 용 정에서 내려와 연희전문을 먼저 다니던 3학년 선배 윤동주가 찾아 온 것이다. 서로 출신지는 전혀 상반되었지만 문학을 사랑하고 식 민지 조선을 걱정하는 청년학도의 고뇌는 다르지 않았다. 문학동지 요 선후배로서 상당한 우정과 친분을 쌓게 되었다.

1942년 일본으로 유학을 가려던 윤동주는 자신의 육필 원고 19편을 정병욱에게 맡겼다. 시집을 먼저 내고 싶었지만, 엄혹한 일제치하 상황을 고려하여 만류받던 터에 원고 자체에 대한 보안과 보존을 정병욱에게 맡긴 것이다. 정병욱은 선배의 옥고를 자기 고향으로 가져와 숨겼다. 광양 진월면 망덕리. 남해바다로 이어지는 섬진강 포구에는 양조장 사업을 하는 부모의 집이 있었다. 정병욱도 이내

학도병으로 끌려가야 해서 어머니에게 신신당부하였고, 어머니는 원고를 보자기에 싸 항아리에 넣어 밀폐시킨 후 마루바닥을 뜯고 지하에 숨겼다.

윤동주는 1945년 해방을 몇 달 앞두고 그만 후쿠오카 형무소에서 사망하였으며, 해방이후 정병욱은 고향에 돌아올 수 있었다. 어머니 덕에 다른 사람들의 손을 타지 않았던 윤동주의 옥고를 정병욱은 감격스런 해방의 조국에서 마음껏 꺼내들고 읽고 또 읽을 수 있었다. 아쉬운 건 선배의 행방을 알 수 없는 일이었다. 자신도 징병으로 끌려가서 갖은 고생을 다하였지만, 일본에 간 윤동주의 생사를 파악하기까진 꽤 시간이 흘러야 했으리라.

윤동주
유고 시집 보관하였던
광양시 진월면 망덕리
포구의 정병옥 가옥

1948년 1월 정병욱은 마침내 윤동주의 시집을 세상에 내놓았다. 제목을 "하늘과 바람과 별과 시"라고 했다. 반가(頒價)100원, 나눈다는 뜻을 넣어 가격을 정했고, 출판사는 정음사였다. 7년동안이나 숨겨졌던 민족시인 윤동주의 귀한 옥고가 이렇게 세상에 빛을 보았고 우리는 지금 그 좋은 시들을 읽고 암송하며 동주형을 무척이나 사랑하게 되었다. 일제의 눈을 피해 가려졌던 동주의 시들을 잘 보관하였던 진월면의 망덕포구, 그 양조장 집은 근대문화유산으로 지정되어 그 깊은 사연을 기리고 있다. "윤동주 유고 보존 정병욱 가옥", 원고를 잘 담고 있던 마루바닥도 그 위에 얹혀있던 앉은뱅이 빛바랜 책상도 아주 곰살스럽게 남아 정겨움을 드러낸다.

전남동남부 교회의 사도 바울

정병욱의 기억 속에 연희전문 시절의 윤동주는 독실하고 겸손한 기독 청년으로 남아 있기도 하다. 연희전문 남학생과 이화여전 여학생들이 모인 협성교회는 이화여전 음악관의 소강당에서 예배를 드리곤 했다. 미 감리회 케이블 선교사가 이끄는 예배를 드린 후에는 케이블 선교사 부인이 지도하는 영어성경공부가 이어졌다. 심하게 드러내지 않으면서도 조용히 주일을 지키며 묵묵히 기독교 도리를 쫓는 동주에게서 정병욱 역시 남다른 인상과 도전을 받았으리라. 정병욱은 서울대학교에서 문학교수로 지내며 윤동주의 문학과 삶을 연구하여 한국에 널리 알리는 일에 크게 공헌하였다.

윤동주의 신실한 벗이되고 그의 재능과 유고를 잘 보존하여 한국문학과 사회에 전해준 정병욱 선생. 그가 자라고 꿈을 키웠던 전남 광양은 백운산 높은 중턱에서부터 기독교가 들어오고 교회가 생겼으며, 평지의 광양읍내에 교회가 세워진 것은 1908년의 일이다.

1908년 광양군 읍교회가 성립하다. 먼저 선교사 오기원과 조사 지원근, 배경수 등이 이곳에 전도할 새, 순천 조상학이 와서 돕되 좋은 성적을 얻지 못하였더니, 그후 전도인 박응삼이 집안 식구들과 함께 열심 전도함으로 김윤석, 박정진 등이 주를 믿어 교회를 설립하고 전도인 강성봉, 조사 장현중, 조의환, 정자삼 등이 이어서 내왕하여 교회에 많은 힘을 불어 넣으니라.

1919년 광양읍교회에서는 조사 조상학이 왕래하여 교회를 인도할새 교우가 점차 진흥하여 성황을 이루었으며, 그후 교사 오석주가 시무할새 교인이 천여원을 연보하여 반 서양식으로 22평의 예배당을 건축하고, 선교사 고라복은 300원을 연보하여 교역자의 사택 5간을 건축하였다.

1923년 광양군 읍내교회에서 강성봉을 장로로 장립하여 당회를 조직하였고, 조상학을 청빙하여 목사로 시무하니라.

(조선예수교장로회 사기)

익히 알려진 대로 전남 동남부 지역 초기 교회들은 오웬 선교사의 열심 전도로 세워졌다. 1898년 11월 미 남장로교 선교사로 목포에 도착하여 처음엔 의료 사역에 집중하였던 오웬은 1904년 연말 광주 선교부로 옮기면서 전도 활동에 전념하였다. 예전과 비해 의사 선교사도 광주와 목포에 부임하여 있었기 때문에 오웬은 애시당초 가지고 있던 전도와 목회 사역에 충실한 것이다. 유진 벨이 광주와 전남 중북부지방을 담당한 반면, 오웬은 전남 동남부지방을 구역으로 배정받아 봄 가을이면 순회전도에 열정을 기울였다. 광주에서 화순을 거쳐 보성이나 고흥, 혹은 순천과 여수 광양까지 먼 거리를 수일 수십일씩 출장다니며 영혼 구령에 정력을 쏟았다. 전남동남부 일대 초창기 가장 오래된 교회들이 한결같이 오웬을 설립자로,

오웬의 조사를 동역자로 내세우는 까닭이다.

광양읍내에 있는 광양읍교회나 광양제일교회 등 100년을 훌쩍넘는 교회들마다 오웬과 그의 조사들 지원근, 배경수, 혹은 조상학 등이 예외없이 등장한다. 광양읍교회 초창기 모습을 엿보자면 큰 지도력을 발휘했던 조상학에 대한 이야기부터 시작해야 한다.

조상학은 순천 승주군 송광면 대곡리 출생하였다. 지금의 주암댐이 있는 이곳 산골에서 1898년 20세 되도록 한학을 공부하였으며, 목포에 서양의사가 있다는 말을 듣고 자신의 지병을 고치러 멀리까지 찾아갔다. 오웬으로부터 병을 고쳤을 뿐만 아니라 오웬의 기독교 복음 전도를 받고 그는 신자가 되었으며, 조사로 임명을 받게 되었다.

광주선교부가 개설된 이후 조상학도 광주로 가서 책방을 열며 광주교회를 출석하였고, 오웬의 조사로서 전도 출장을 갈때면 같이 동행하며 돕는 일을 잘도 수행하였다. 벌교 무만리에 살던 김일현이 광주 감옥에 있을 때 부지런히 찾아가 그를 전도했고, 그의 친척 정태인까지 전도하여 그들로 무만리교회를 세우도록 했다. 여수 율촌의 조의환을 전도하여 그로 장천교회를 세우게 했고, 광양의 산골짜기에 숨어 지내던 한태원에게 복음을 전하여 신황리교회와 웅동교회를 세웠다. 그 외에도 스승 오웬 선교사에게서 배운 전도에 대한 열정과 충성으로 순천읍교회 등 수십여 전남동남부 지역의 교회 개척을 이뤘으며, 이 일대의 여러 교회를 순회하며 돌보고 목회하였으니, 참으로 전남동남부 초기 교회사의 사도바울과 같은 이라 할 수 있다.

조상학은 1909년 유진벨 선교사에게서 세례를 받았고 계속해서 전남동남부 일대 전도자로 수고하며 교회의 담임 사역을 맡기도 하였다. 1919년 평양신학교에 입학하여 1922년 12월 22일 제16회로 졸업하였다.

신학교에 재학중일때부터 광양읍교회 조사로 목회실습을 해오던 조상학은 신학교 졸업한 이듬해 1923년 2월 12일 광양읍교회에서 열린 순천노회 임시회에서 목사 안수받았고, 이어서 광양읍교회와 대방동교회를 겸임하며 목회하도록 명 받았다.

같은 해 광양읍교회는 강성봉을 장로로 장립하니 처음으로 당회를 구성하게 되었고 조직교회로 발돋음하였다. 조상학 목사는 광양읍교회에서는 불과 1년여 밖에 목회하지 못하고 1924년 신황리교회와 웅동교회 겸임으로 부임하였으며, 1925년에는 곡성읍교회 부임하였다. 일제말기 순천노회 목회자들에 대한 불법적인 구속과 투옥시 조상학도 옥고를 치러야 했으며 1947년에는 광동중앙교회 이어 여수 덕양교회 시무하던 1950년 9월 28일 공산군에 의해 피살되었다.

1908년 광양군 대방리교회가 성립하다. 먼저 서한봉이 한태원, 박희원의 전도를 인하여 믿고 형제의 집 식구들과 정기영의 식구들로 신황리에 내왕하며 자기 마을에도 전도하여 신자가 증가함으로 가옥을 매수하여 예배당으로 사용하고 교회를 분립하니라.

조상학 목사가 겸임하였던 대방동교회도 광양읍교회와 같은 해에 설립된 오래된 공동체였다. 이 마을 서한옥이라는 25세된 청년이 기독교를 먼저 알게 되었다. 홀로 진상면 산골짝에 있는 신황리까지 다니며 예수 신앙을 불태웠는데, 그의 친형인 서한봉을 전도하였다. 광양의 향교 유림으로 서양의 기독교에 대해 상당한 반감을 가지고 동생의 신앙을 방해했던 그는 동생의 끈질긴 전도와 열의에 예수교 진리를 알아보려고 신황리교회 예배 참여하던 중, 성령의 은혜로 예수 제자가 되었다.

신황리교회 한태원, 박희원의 도움을 얻어 동네 친구 정기영을 전도하여 세 가족이 함께 마을에 대방동교회를 설립하였다. 서한봉과 정기영은 이 교회 최초로 1920년 장로 임직하였다.

해방 후 대방교회는 옥룡면 전 지역에서 신도들이 몰려 들자, 운평리에 대지를 사들여 50평 규모의 예배당을 지었다. 교회는 뜨겁게 부흥하여 성장을 이루었다. 1968년 교회 이름을 대방교회로 고쳐 부르며 자라던 공동체는 1993년에도 교회당을 신축하였는데, 2002년 8월 30일 태풍 루사로 피해가 컸었고, 이후 광양시의 도시 하천 공사로 인해 교회를 현 위치인 운평리 22-4번지에 이전, 지하 1층과 지상 3층으로된 470평 규모의 새 예배당을 지었다.

전남 동남부의 초기 지도자들이 목회

광양읍교회는 전남 동남부의 초기 교회 지도자들이 거의 대부분 부임하여 시무하였다. 조상학 목사를 시작으로 오석주 목사, 강병담 목사, 선재련 목사가 뒤이었으며, 양용근과 안덕윤 등은 전도사로 시무하였다.

조상학 목사가 1년만에 신황리와 웅동교회로 전임하자, 뒤이어 오석주 목사가 광양읍교회를 맡았다. 1924년 2월 목사안수 받은 오석주 목사 시무할 때 교회는 예배당을 크게 짓는 역사를 일궜다. 순회지도하던 코잇 선교사도 300원이라는 당시로선 거액의 헌금을 하였고 교역자 사택까지 지었다.

4년여 시무하던 오석주 목사에 이어 강병담 목사가 1928년 부임하여 1936년까지 충성하였다. 강병담 목사는 평남 대동군 출생으로 미국 북장로교 선교사로부터 지도를 받고 신앙을 일궜다. 1911년 숭실대학에 재학중, 이기풍 목사가 사역하던 제주도에 전도인으로 파송되어 이기풍 목사를 도와 교회를 세웠으며, 이후 여수 우학리교회에서도 조사로 봉사하였으며, 그 교회 장로 임직하였다. 평양신학교를 수학하며 목사로서 우학리교회 계속 시무하던 중 1928년 광양읍교회 시무하게 되었다.

선재련 목사는 1936년부터 1949년까지 광양읍교회를 담임하였다. 진상면 섬거리에서 출생한 그는 기독교인이었던 부모로부터 어릴때부터 기독교 신앙을 배웠다. 그는 구례교회 봉사하며 평양신학교를 거쳤고, 1936년 목사가 되어 광양읍교회 청빙에 응하게 된 것이다.

윤동주의 시, "십자가"를 다시 읊는다. "괴로웠던 사나이 행복한 예수그리스도에게처럼 십자가가 허락된다면 모가지를 드리우고 꽃처럼 피어나는 피를 어두워 가는 하늘밑에 조용히 흘리겠습니다." 세상을 구원하고 죽어가는 생명을 살리며 희망이 되었던 예수그리스도, 그가 짊어진 십자가를 오늘의 교회가 겸허함으로 질 수 있기를 빈다. 전남 동남부 지역을 아우르는 광양의 교회들이 선배 일군들의 역사를 배우고 본 받아 십자가 지기에 더한 충성과 열정으로 지역사회에 희망이 되고 복이되길 축복한다.

궁녀 출신 어느 노파의 전도와 충성

광양의 나이든 구씨 어머니

이십 몇 년 전 구씨 부인은 서울 거주민이었고, 다른 많은 사람들과 함께, 지금은 고인이 된 여왕 밑에서 시중드는 일을 하고 있었다. 당시에 그녀는 신실한 불교도였고 그 종교의 교리를 신실하게 따랐다.

그녀는 어떤 고기도 절대 먹지 않았고, 그녀의 마음에 어떠한 평화를 주지 못했음에도 스스로의 신조를 철저히 믿었다. 지금은 고인이 된 그녀의 여왕 폐하가 그녀의 신실한 이 시종에게 한국 남쪽 왕실 소유지 일부를 주었고 그녀의 아들을 다른 이들로부터 세수를 걷는 직무를 맡겼기 때문에 그녀는 그녀의 장남, 그의 두 아내와 함께 전남 순천 부근으로 이사했다.

하루는 그녀가 집에서 멀리 떨어진 곳에서 일을 보러 다니다가 당시 막 완공되었던 한국 예수 교리 교회를 지나치게 되었고, 그녀의 친구 한 명이 그녀에게 와서 한번 둘러보라고 권해서 그곳에 들어갔다. 한국인 설교자의 말씀은 그 권위에 있어서 이상하게 잘못을 깨우치게 했고, 그 예배가 끝나기도 전에 그녀는 믿기로 결심했다.

그녀는 집으로 돌아왔고 바로 아들에게 반드시 가서 듣고 믿어야 한다고 말했다. 그는 술고래였고 가고 싶은 마음이 조금도 없었지만 노모에 대한 효심이 그를 그녀의 지속적인 강권에 순종하게 만들었고 그래서 어느 주일, 그는 5마일을 걸어, 80명 혹은 그 이상이 모이는 모임에 참석했다. 첫 번째 주일에 그는 그렇게 큰 감명을 받지 못했으나 다시 오기로 했고, 후로 2달간 그는 주일에 교회에 출석했으나 전과 같이 음주는 계속했다. 하지만 마지막에 가서 그는 믿기로 결심하고 음주를 그만 두었으며, 그와 그의 가족들이 초신자(탐구자)로 등록했다. 그에게는 지역사회 지도층에 속한 친구 두 명이 있었는데, 한명은 부농이었고 또 한명은 내국인 의사로서 명성이 자자한 한국인 약제사였다.

둘 다 굉장한 술꾼이었다. 그의 반복적인 강권으로 둘 다 교회에 나가기 시작했고 둘 다 믿기로 결심했다. 한 명은 후에 자신의 지역교회 집사가 되었고, 또 한명은 그 모임의 리더가 되었다. 구씨 어머니는 가장 열성적이었고 60이 넘는 나이에도, 10일간의 여자 성경 공부반에 참석하기 위해 광주까지 거의 75마일을 걸어왔다. 해가 갈수록 그녀의 머리는 희어졌고 그녀의 육체적 힘은 조금씩 약해졌다.

하루는 매우 높은 산길을 오르는 중에 언덕 뒤쪽에서 누군가 나를 부르는 소리를 들었고 뒤를 돌아보자 구씨 어머니가 나와 함께 근처 교회에 가기 위해 나만큼이나 빠르게 산을 올라오고 있는 것을 보았다. 오래지 않아 그녀의 맏아들의 두 번째 아내가 죽었고, 그녀의 아들은 세례를 받고 그가 속한 그룹의 리더가 되었다.

구씨 어머니는 그녀에게 복음을 전해주기 위해 내가 먼 곳에서 왔다는 사실에 항상 나에 대한 고마운 마음이 넘쳤고, 자신의 목사님에게는 어떤 것을 드려도 충분하지 않았다. 그녀는 이제 80세이지만 아직까지도 교회 사역에 열심이다.

(코잇 목사, "더 미셔너리", 1919년 10월)

구씨 여인은 조선 말기 궁녀였다. 1899년까지 궁중에서 왕후를 수종드는 일을 하였는데, 나이가 들어 궁궐을 떠나게 되자 왕후는 그녀에게 얼마간의 땅을 내주었다. 섬진강을 끼고 있는 왕실 소유의 한 택지를 하사받아 구씨 부인은 아들과 며느리를 데리고 전라도 광양에 내려왔다.

어느날 그녀는 여행도중 한 교회를 발견했고, 그날은 마침 주일예배중이었는데, 동행한 친구와 함께 참석하게 되었고 예수를 믿게 되었다. 그녀는 자기 아들에게도 전도하였고, 그 아들은 또 자기 친구들에게 전하여 함께 복음의 능력에 새로운 인생길을 걸었으며 교회에 충성하고 봉사하였다. 그녀는 60넘은 노인이었음에도 사경회가 있으면 광주까지 오가는 백여킬로 넘는 거리도 마다하지 않았다. 한 두 번도 아니고 늘상 그랬다. 늙은 나이에 새롭게 깨달은 인생의 진리와 생명의 말씀앞에 그녀는 실로 놀랍도록 성령의 은혜에 사로잡힌 인생이 되었고 말씀을 참으로 사랑하는 주의 제자가 되었다.

구씨 부인은 남은 여생동안 숨 쉬고 걸어다닐 수 있다면 언제고 밖에 나가 전도하며 복음증거자로 살았다. 때론 순회전도차 높은 산길을 오르는 코잇 목사를 뒤따르며 함께 동행하고 교회 방문하며 선교사의 귀한 사역에 마음을 보탰다. 80넘도록 장수하며 전도자의 여생을 보낸 구씨 부인, 불신자에 대한 그녀의 애정과 하늘 충성 사역으로 광양 지역에 많은 이들이 예수를 알고 기독교를 믿으며 새 생명을 얻었다. 그들로 인해 곳곳에 교회가 세워졌음은 물론이다.

광양의 초기 여러 교회들

1919년 광양군 학동교회가 설립되다. 먼저 지절교회 독실한 신자 구경지가 이 마을에 이주한 후 박노주와 더불어 합심 전도하여 예배당 3간을 짓고 수십명의 교우가 예배하였는데, 선교사 노라복, 영수 구경지, 집사 박노주, 이석용이 교회를 인도하였다.

1920년 광양군 오사리교회가 설립되다. 먼저 선교사 노라복이 전도대 박희원, 정자삼, 장현중 등을 파송하여 복음을 전할 때, 최아현이 도를 물어 신앙을 갖게되고 전도하므로 신자가 많이 생겼더니, 그후에 최아현이 점차 타락하고 교회가 부진하므로, 선교사 노라복이 조사 박희원을 파송 거주하며 시무하게 하였다.

1920년 광양군 대인도(태인도)교회를 설립하다. 먼저 이영국은 현지 노인인데, 전도인에게 도를 묻고 신심이 일어서 비단 자기만 믿을 뿐 아니라 타인에게 즉시 전도하였고, 신황리교회 등의 내조와 조사 서병준의 2년간 시무로 교회가 성립되었다. 독실한 신자 과부 임씨는 자기의 3간 가옥을 예배당으로 공헌하였으며, 선교사 노라복과 집사 정충헌, 정시운 등이 교회를 인도하였다.

1920년 광양군 금호도교회가 설립되다. 먼저 심성수, 장학천 등이 대인교회 조사 서병준에게 전도를 듣고 있을 때, 장학천은 3부자의 가족 권속이 대부분 입교하여 자기의 집에서 예배하다가 머지않아

해당 가옥을 전부 예배당으로 공헌하엿으며, 선교사 노라복, 집사 장학천이 교회를 인도하였다.

1921년 광양군 원당리교회가 설립되다. 먼저 선교사 노라복과 정자삼, 정영호, 박희원 등이 현지에 와서 전도한 결과, 이보석과 그 자매 이보홍, 장상순 등이 신종하여 이보석 집에서 반년간 예배하다가 교인들이 합심 연보하여 4간 예배당을 짓고, 그후에 조의환, 조상학이 목사로 시무하였다.

1921년 광양군 광포리교회가 설립되다. 먼저 순천 선교사와 동행 3,4 명이 내도하여 복음을 전하고서 한태현 외 몇 사람이 신종하여 정운만 집에서 1년간 집회하고 있는 중, 이양권이 와서 인도하였고 사숙교사 김성봉이 열심히 교수하여 교회에 막대한 유익이 되었으며, 선교사 노라복과 집사 정운회, 한대현이 교회를 위하여 노력하였다.(조선예수교장로회 사기)

광양의 최초 교회 신황리교회와 웅동교회로부터 가까운 진상면에 속한 몇 교회들과 광양읍내에 있는 광양읍교회에 대한 소개는 앞에서 한 바 있고, 여기서는 조선예수교장로회 사기에 나오는 광양의 다른 교회들을 소개한다.

진월면에 있는 학동교회는 1919년 설립되었다. 사기의 지절교회 신자 구경지가 이주하여 학동마을 박노주와 함께 개척하였다는데, 지절교회는 지랑교회의 다른 이름이다. 신황리교회로부터 출발하여 지절(지랑리)교회, 그리고 조금 더 바닷가쪽으로 내려와 학동마을에 교회가 세워진 것이다.

1920년에는 신황리교회의 박희원장로를 비롯하여 방자삼. 장현중으로 이뤄진 전도대가 진월면 오추골에 파송되어 복음을 전하였고, 박희원을 조사로 시무하게 하니 오사리교회가 설립되었다. 이 마을 청년 최아현과 양용이가 교회 출석하며 신앙을 익혔는데, 양용이의 동생 양용근도 함께 하였다. 어릴 때 이름은 양용환이었는데, 그가 일본으로 유학가면서 이름을 양용근으로 바꾸었고, 니혼대학 법학과를 졸업하고 귀국하여 평양신학교 수학하여 목사가 되었다. 광양읍교회 등을 시무하였으며, 일제말기 순천노회 사건과 함께 투옥되었고, 해방을 맞이하지 못하고 사망하였다.

골약면에는 태인도교회와 금호도교회가 설립되었다. 역시 신황리교회, 웅동교회 성도들의 전도로 태인도에 성도들이 생겼고, 이 교회에 웅동교회 서병준 조사가 부임하여 2년간 시무하였다. 서병준 조사는 이웃 금호도에도 방문하여 전도하였으니 이 마을 주민 김성수, 강학천 등이 믿고 금호도교회를 세웠다. 현재 광영동에 있는 금호교회는 옛 금호도교회와 연관은 있겠지만, 일제시기 역사에 대한 자세한 내용과 연속성을 찾기가 어려운 점이 아쉽다. 예전엔 남도 바다에 둘러싸인 섬들이었겠지만, 이들 모두 다 매립이 되어 지금은 육지가 되었고, 마을의 변화와 함께 교회와 성도들의 이주와 많은 변화속에 이어져 오고 있을 것이다.

1921년에는 원당리교회와 광포리교회가 세워졌다. 진상면에 있는 원당리는 안덕윤 목사의 고향이다. 1897년 이 고을에서 태어난 안덕윤은 동향의 나덕환, 양용근과 함께 평양신학교 34회 졸업(1939년 4월 13일)하였다. 섬거리교회(광동중앙교회) 시무하고 1949년부터 김제 대창교회 목회하였는데, 6.25 전쟁중에 피살되었다. 광포리 마을 건너편 바닷가쪽으로 드넓게 광양제철소가 들어서며 이 마을도 지금은 광양동으로 큰 주거단지로 변하였다. 이 동네에 몇 교회가 제법 성장하여 건물과 함께 존재하는데, 옛 광포리교회의 역사를 이어 분화 발전하였으리라 본다.

광양 교회 설립과 지도는 고라복 선교사

여기 소개한 교회들은 한결같이 노라복 선교사가 지도하고 개척한 것으로 조선예수교장로회 사기는 기록하고 있다. 당시 노라복(낙스) 선교사는 광주선교부 소속으로 광주와 나주, 화순 등지를 책임 맡았는데, 어떻게 여기 멀리 순천선교부 구역에까지 전도하며 사역을 했었는지 의구심이다.

이때 순천선교부에서 광양 지역 담당하는 선교사는 고라복(코잇)이었다. 아마도 오랜 세월에 걸쳐 여러 사람이 만든 조선예수교장로회 사기 편찬과정에서 빚어진 실수였을 것으로 보인다. 광양의 여러 교회 설립과 지도는 '노라복' 선교사에서 '고라복' 선교사로 정정해야 할 것이다.

광양 5

분쟁과 갈등있지만, 화해의 능력 키우며

난리 통에 어느새 머리만 희어졌구나.
몇 번 목숨을 버리려 하였건만 그러질 못하였네.

하지만 오늘만은 진정 어쩔 수가 없으니
바람에 흔들리는 촛불만이 아득한 하늘을 비추는구나.

요사한 기운 뒤덮여 천제성(天帝星)도 자리를 옮기니
구중궁궐 침침해라, 낮 누수(漏水) 소리만 길구나.
상감 조서(詔書) 이제부턴 다시 없을 테지.
아름다운 한 장 글에 눈물만 하염없구나.

새 짐승도 슬피 울고 강산도 찡그리니
무궁화 온 세상이 이젠 망해 버렸어라.
가을 등불 아래 책 덮고 지난날 생각하니,
인간 세상에 글 아는 사람 노릇, 어렵기도 하구나.

일찍이 조정을 버틸만한 하찮은 공도 없었으니
그저 내 마음 차마 말 수 없어 죽을 뿐 충성하려는 건 아니라
기껏 겨우 윤곡(尹縠)을 뒤따름에 그칠 뿐
당시 진동(陳東)의 뒤를 밟지 못함이 부끄러워라. (황현, "절명시")

1910년 8월 29일 경술국치가 있었다. 나라를 일본제국주의에 빼앗긴 치욕의 날, 그로부터 열두날이 지난 9월 10일 광양의 황현 선생은 절명시 4수를 남기고 스스로 목숨을 끊었다. 조선 왕조에 대한 선비의 한 사람으로서의 울분과 우국충정을 드러낸 행동이었다.

"나는 조정에 벼슬하지 않았으므로 사직을 위해 죽어야 할 의리는 없다. 허나 나라가 오백 년간 사대부를 길렀으니, 이제 망국의 날을 맞아 죽는 선비 한 명이 없다면 그 또한 애통한 노릇 아니겠는가? 나는 위로 황천에서 받은 올바른 마음씨를 저버린 적이 없고 아래로는 평생 읽던 좋은 글을 저버리지 아니하려 한다. 길이 잠들려 하니 통쾌하지 아니한가. 너희들은 내가 죽는 것을 지나치게 슬퍼하지 말라."는 유서를 남긴 황현.

부패하고 타락한 이씨 왕정과 조정, 민생을 도탄에 빠트리며 결국에는 외세에 굴복하며 나라를 통째 내준 그들에 대해 한낱 가난한 백성이요, 관직도 안해 본 시골 사람이 의리를 표하고 충성을 죽음으로 결기있게 드러낼 필요까진 없다. 그럼에도 나라가 망했는데, 글을 아는 지식인이요 선비로서 총칼에 대항할 수도 없는 노릇이니 그나마 붓을 들어 의분을 드러내고 자신의 목숨을 내어 놓는 것으로 시대와 역사에 저항하였다.

광양의 선비, 지식인의 결기

황현은 전라남도 광양사람이다. 1855년 12월 11일 광양 봉강면 서석촌에서 태어났다. 조선시대 명문가의 하나인 장수 황씨 가문으로 황희 정승, 임진왜란 때의 명장 황진 등의 후손이다. 그의 집안은 인조반정이후 급속히 쇠락하였고, 황현이 태어난 무렵인 조선 후기에는 거의 관직에 등용된 이가 없어 지방 유생 정도로 지냈을 뿐이다. 유학자 구례의 왕석보 문하에서 수학하였는데 그의 동기 중에는 대종교의 나철, 계몽운동가 이기 등이 있었다.

황현은 과거에 급제하기도 하였으나 국운이 기울고 조정 대신들은 이권 다툼에만 매달리는 썩은 정, 관계 현실을 비관하고 벼슬을 사양하며 하향하였다. 매천 황현은 1886년 32세에 구례로 이거하여 간전면 수평리에 구안실(苟安室)이라는 작은 초가를 지어 독서와 시문, 역사와 경세학 연구에 전념하는 한편 동네 어린 아이들을 모아 교육하였다. 이곳 샘이 흐르는 곳에 매화를 심었고, 이때부터 그의 호를 매천(梅泉)이라 하였다.

1902년 48세에 구례군 광의면 월곡리(수월리)로 다시 거처를 옮겼으며, 민족주의와 근대 문물을 접목한 신흥 교육을 목적으로 구례에 왕석보 문하생 동기들과 함께 1908년 호양학교를 세웠다. 구한말 1900년대를 넘어서면서 신 문화문물을 흡수하며 장래 인재를 키우고자 하는 사립학교들이 전국적으로 몇 몇 세워졌는데, 평북 정주의 오산학교, 전남 창평의 의숙학회, 평양의 대성학교와 함께 전남 구례군 광의면 지천리에 호양학교를 세운 것이다.

황현은 후학 양성하는 한편으로 시를 수천여편 쓰기도 하고, "매천야록"과 "오하기문" 등을 집필하기도 했다. "매천야록(梅泉野錄)"은 1864년부터 1910년까지의 역사를 편년체로 쓴 기록물이고, "오하기문(梧下記聞)"은 19세기 당쟁과 세도정치의 폐해, 동학 농민전쟁, 일제 침략과 항일 의병 활동 등 한 시대를 정밀하게 기록하였다.

1905년 11월 일제가 을사늑약을 강제체결하자 통분을 금하지 못하고, 당시 중국에 있는 김택영과 함께 국권 회복 운동을 하기 위해 망명을 시도했지만 실패하였다. 이때 민영환, 조병세, 홍만식 등이 잇달아 자결하니, 이들을 추모하는 "오애시(五哀詩)"를 지어 애도하였다. 그 5년 뒤에 일제가 강제로 조선을 병합하자 매천은 스스로 목숨을 끊었다. 향년 56세. 구례 옛 그의 거처인 수월리 월곡마을에는 사당 '매천사'가 세워져 있고, 태어나고 자랐던 광양에는 봉강면 석사리 그의 생가가 복원되어 있다.

조선의 가장 살기 좋은 곳

'조선지 전라도요, 전라지 광양이라(朝鮮之 全羅道, 全羅之 光陽). 조선 땅에서 가장 살기 좋은 곳이 전라도 광양이라는 말이다. 조선의 암행어사 박문수가 전국을 두루 다니며 감찰하고 돌아와서 영조대왕에게 고하며 찬사 늘어놓던 곳, 전라남도 광양이다.

천혜의 자연요소 백운산이 솟아 있고, 섬진강이 흐르며 남녘 바다가 어우러진 곳, 광양은 가히 우리나라 최고의 절경 가운데 하나다. 도시 이름은 또 얼마나 괜찮은가? 밝은 '빛'과 따스한 '볕'이 있는 광양(光陽)의 이름은 고려시대부터 시작되었다. 그동안 승주와 순천, 남원의 관할 아래 있었는데, 구한말 전라남도의 독자적 지역이 되었으며, 1949년 광양읍, 1995년 인근의 동광양시와 광양군을 합쳐 광양시로 통합되었다. 포스코의 광양제철소와 관련 공장들로 대단위 산업단지가 조성되어 있어, 도시 주거지와 산업단지, 산간 농어촌이 복합적으로 이뤄진 곳이 지금의 광양이다.

광양의 기독교는 익히 알려진 대로 백운산 깊은 산골에서부터 시작되었다. 해발 300미터 이상 올라가야 나오는 산 사람들에 의해 시작된 광양의 기독교. 평지에 있는 진상면, 다압면의 주민들이 기독교와 서양문화에 대한 호기심에 더해 이 높은 곳까지 몰려왔다. 선교사의 헌신뿐만 아니라 초기 교회 일군들의 충성과 열정으로 교회는 성장하고 자랐고, 이들은 산 아래 자기 마을에도 곳곳에 교회를 분립하며 세웠다.

그리고 지금의 광양 시내 중심에도 교회가 세워졌고, 광양 고을 여러 곳에 퍼져 나갔다. 삼국시대부터 광양의 중심부였던 읍내에 교회가 세워진 것은 1908년이었다. 교회 설립하며 초기 유력한 신자는 박응삼이었다.

박응삼은 오웬 선교사의 지시를 받는 전도인 신분이었으니 설립자이기는 했으나 담임 목회자는 아니었다. 박응삼은 본교회를 설립하기 전인 1906년 지원근 조사로부터 복음을 듣고 신자가 되어 순천군 평촌교회(낙안중앙교회) 설립에 공헌했던 인물이다. 박응삼이 지원근 조사를 만나 복음을 들은 것은 1905년이었던 것으로 이해된다. 지원근 조사와 박응삼이 1906년 기준으로 선시에 만났고, 그 선시에 박응삼이 신자가 되었기 때문이다. 지원근 조사를 만나 복음을 듣고 예수를 믿기 시작한 박응삼은 이후 그에 대한 기록에 의하면 얼마후 전도인으로 헌신한 것으로 보인다. 박응삼은 전도인이 되어 지원근 조사와 함께 광양, 순천, 여수 등을 순회하면서 복음을 전했다. 순천 평촌리가 고향인 박응삼은 여수와 순천 등을 순회하면서 복음을 전하다가 1908년 선시 즉 1907년에 선교사 오기원과 조사 지원근과 배경수가 전도를 했으나 열매가 없었고, 그후 조사 조상학이 와서 전도를 했으나 역시 신자를 얻지 못했던 광양읍성에 복음을 전하러 왔다. 그는 아예 광양읍성에 거주하면서 읍성 주민들과 생활을 같이 했고, 주민들과 함께하면서 복음을 전하자 김윤석, 박정진 등이 믿기 시작하면서 본교회가 시작되었다.(광양제일교회 110년사)

이름처럼 가장 멋진 교회로 충성하라

광양읍교회 시무를 초기 담당한 선교사로는 오웬과 코잇(고라복)이었다. 이들 선교사를 도와 조선인으로 협력했던 이들이 박응삼 전도사였고, 강석봉 전도인, 장현중 조사, 조의환 조사, 정자삼 조사 등이었고, 정식 목사로서 부임하여 사역한 이는 조상학 목사다 이후 오석주 목사 강병담 목사, 선재련 목사 등은 참으로 익숙한 일군들이다. 일제식민시기 전남동남부 지역의 주요 목회자로 이곳 일대 여러 교회를 서로 돌아가면서 목회하였던 이들이기 때문이다.

특별히 강병담 목사는 이북 출신으로 제주도 선교사로 파송되어 충성하다 이곳 광양읍교회 1928년 부임하여 약 8년간 시무하였다. 1879년 평남 대동 출신의 강병담은 평남 용산교회에서 기독교 신앙을 접하였으며, 1911년 평양 숭실대학교 재학중, 이기풍 선교사가 시무하던 제주도에 전도인 신분으로 파송되었다. 1915년에는 여수 우학리교회를 돌보았고, 1919년 장로 장립되었으며, 평양신학교에 입학하여 1923년 17회로 졸업하였다. 이듬해 1924년 2월 순천노회에서 오석주와 함께 목사 안수받았으며, 계속 우학리교회 담임사역하다 광양읍교회로 부임하였다.

광양읍교회는 1971년 교회가 나뉘어 일부 성도들이 목성리 연탄공장 사무실 40여평을 빌려 따로 예배를 드렸다. 23명으로 시작한 광양제일교회의 첫 출발이었는데, 이 교회가 갈라선 것은 50년대의 기장 예장 분열이나 60년대의 통합 합동과는 차이가 있다. 성경 고등비평에 대한 이해의 차이에서 갈라선 기장과 예장, WCC와 에큐메니칼 운동에 대한 찬반 여부에 따라 분열한 통합과 합동의 교회로 갈라선 게 대부분 지역의 오랜 역사를 지닌 교회들마다 공통적으로 발생하였는데, 이 시기마다 광양읍교회는 풍파를 잘 견뎌냈다. 교리적 차이나 교회 지도자들간의 이해관계에서 오는 교단 분열과 그 후폭풍으로 이어진 개교회 분열은 피할 수 있었고 믿음의 공동체를 유지했던 광양읍교회였는데, 1969년 황인창 목사가 담임으로 시무하던 때, 한 청년의 투서 한 장이 시작이 되어 교회가 급기야 나눠서기까지 했다. 그래도 후임 목회자들이 선한 교제속에 화해하였으니 그것만도 감사한 일이다.

황인창 목사가 부임한 지 1년 6개월 정도 지났을 때 어느 청년이 투서 한 장을 당회에 제출했다. 담임목사가 어느 장로를 지칭하면서 그를 폄훼했다는 것이었다. 이것이 단초가 되어 교인들의 의견이 나뉘기 시작하였고, 황인창 목사는 사임하였다. 박창훈 장로는 1971년 1월 23일 교회 출석을 중단한 후 순천노회에서 파송한 김정수 목사와 함께 목성리 동양연탄공장 사장 박병휘 집사가 제공한 점포 1칸 (15평)을 수리해 1971년 4월 25일부터 별도로 모이기 시작했다. 교회 명칭은 (똑같이)광양읍교회였다. 순천노회로부터 파송받은 김정수 목사는 1971년 4월 25일부터 5월 9일까지 예배를 인도했다.

황인창 목사는 순천 대대교회로 부임했고, 정동민 목사가 합동 소속 광양읍교회로 부임했다. 통합 소속 광양읍교회는 1974년 양승억 목사가 취임했다. 그리고 양 교회는 화해의 길로 접어들었다. 두 목회자는 교회 역사는 양측이 공유하되 재산권을 나누는 등의 화해합의서를 작성하고 분쟁을 마무리하고 화해했다.(광양제일교회 110년사)

교회의 지도자 한 사람이었던 박창훈 장로가 경영하는 공장의 사무실에서 임시로 예배하며 따로 모였던 23인은 박병휘 집사의 헌신에 힘입어 시련을 이겨내며 성장하였고, 1974년에는 교회 이름을 광양제일교회라 하였고 예수교장로회 통합 소속으로 들어갔다. 칠성리에 예배당을 이전 신축하여 현재에 이르고 있으며 기존의 광양읍교회는 예수교장로회 합동 소속으로 두 교회는 함께 오랜 역사를 공유하며 광양의 복음화운동에 기여하고 있다.

4장

곡성

곡성 1

곡성 사람, 성경을 번역하다

기독교 경전, 성경의 원문은 히브리어와 그리스어, 그리고 일부 아람어로 되어 있다. 히브리어는 노아의 장남인 셈에게서 나온 셈족 언어에 속한다. 구약 성경은 거의 대부분 히브리어로 기록되어 있다. 고대 이집트어인 아람어로 된 부분은 아주 일부인데, 느브갓네살 궁전 사건 묘사한 다니엘의 대목, 에스라 몇 부분, 예레미야의 한 구절, 그리고 신약에 나오는 예수와 제자들의 몇 단어들이다. 유럽에서 가장 오래된 언어인 그리스어는 BC. 1400년경 크레타 섬에서 사용된 것으로 알렉산더 대제국 시대에 곳곳에 퍼짐으로써 지중해를 중심으로 한 열방의 공용어로 사용되었으며, 신약 성경도 그리스어로 기록되었다.

기독교가 타 민족과 지방에 전파되고 성경이 보급되면서 마땅히 그 사람들의 언어와 방언으로 번역되었다. 성경번역 시초는 70인역으로부터다. 히브리어로 쓰인 구약성경을 그리스어로 옮긴 것으로 BC 300년경의 일이다. 유대인들은 바벨론에 나라가 망한 이후 디아스포라로 세계 곳곳에 흩어져 살다보니, 민족어인 히브리어를 많이 잃어 버렸다. 팔레스타인 지방에서는 아람어가 공용어였고, 디아스포라로 흩어져 지내던 유럽이나 아프리카 일대에서는 그리스어를 사용하고 있었기 때문에 고대 히브리어로 쓰여진 구약성경을 읽기 어려웠다. 당대의 사람들이 읽고 볼 수 있기 위해 알렉산드리아에 모인 유대인 학자들 70여명이 모여 그리스어로 번역한 것이다.

이후 로마 제국이 융성하고 로마의 언어인 라틴어가 대세를 이루자 4세기 말에는 신구약 전체를 라틴어로 옮겼다. 세계 기독교를 주도하던 로마 교황의 명에 의해 제롬이 번역한 것으로, '백성의 언어' 혹은 '대중적인 판' 이란 뜻을 지닌 '벌게이트' 역이다. 이 벌게이트 번역 성경은 로마 교회의 공식 성경 번역본으로 1,500여년 넘게 사용되었다.

로마 가톨릭교회가 전 세계로 퍼졌고, 성경도 보급되었지만, 라틴어 성경뿐이었다. 각 나라와 족속들이 자기들 고유의 언어와 방언이 있었지만, 그들의 언어로 성경이 번역되는 것을 당시 교회가 억제하였다. 대다수 사람들은 성경을 읽기 어려웠고 드라마나 노래, 그림 등을 통해 간접적으로 성경의 내용을 이해할 뿐이었다. 각 나라의 교회 직분자들은 라틴어를 익혀야 했으며, 그것도 일일이 성경을 필사해야 했기에 접하기도 어려웠을 뿐만 아니라, 읽고 이해하기도 어려웠다.

하나님의 말씀은 쉽고 단순하며 명료하다. 그 말씀이 모든 믿는 자, 각인에게 쉽게 읽혀지고 몸 드려 충성할 수 있으려면 자기 모어로 된 성경이 절실할 것이다. 로마 교회의 독선과 아집에 의문을 품으며 자신의 언어로 성경을 번역하고 이해하려는 개혁자들이 하나 둘 나섰다.

14세기 영국의 존 위클리프는 영어 번역본을 만들었다. 교황의 말이 아니라 성경 만이 유일한 권위라며 교회 개혁을 주장했고, 그 일환으로 영국인들이 읽을 수 있는 영어 성경을 번역해 냈다. 그리고 16세기 종교개혁의 불을 지핀 루터는 독일어 성경 번역을 했다. 모든 민족에게 당신의 말씀을 보급하려는 하나님의 일하심은 구텐베르그의 인쇄술 발명으로 폭발하였다. 둘 다 독일인이었던 루터와 구텐베르그를 통해 세계는 대지각변동을 일으켰으며, 인류 문명의 새로운 지평을 열었다. 종교개혁의 불화살이 퍼지면서 교회 갱신과 함께 여러 나라 말로 된 성경 번역이 확장되었으며, 인쇄술에 힘입어 성경 보급이 보다 대중화되었다.

조선어 성경 번역

우리나라에 성경이 처음 들어온 것은 1816년이다. 영국의 탐사선이 충남 서천 마량진에 들어왔고, 영국인들이 마량진 관리에게 책 한 권을 선물했는데, 이것이 한반도에 전해진 최초의 성경이다. 영어로 된 흠정역 성경으로 알려진다. 그리고 16년이 지난 1832년, 마량진에서 조금 위쪽에 위치한 충남 고대도에서는 우리나라 말로 된 최초 성경번역이 이뤄졌다. 우리나라에 온 최초 기독교 선교사이며 독일인 칼 귀츨라프는 이 섬에 20여일 머물면서 중국어로 된 한문 성경을 주기도 하고, 주기도문을 우리 조선어로 번역하기도 했다. 단편적이긴 했으나 최초의 한글 성경번역이었다.

이후 만주에서 존 로스와 맥킨타이어 선교사에 의해 신약 성경이 번역되었다. 조선인 이응찬, 백홍준, 서상륜의 도움을 얻어 1882년 누가복음을 처음 펴냈으며, 1887년에는 신약을 완역한 '로스역 성경'

을 펴냈다. 스코틀랜드 성서공회의 지원아래 이뤄진 일인데, 성경번역을 도왔던 이들이 평안도 사람들인 지라 성경 역시 평안도를 중심한 서북 방언과 토착 방언으로 되어 있다.

만주에서 평안도 조사의 도움을 얻어 외국 선교사가 성경번역하는 거의 같은 시기에 일본에서는 한 조선인이 직접 번역하는 조선어 번역 성경 작업이 시도되고 있었다.

조선 구한말 통리외무아문 관리였던 이수정은 임오군란 당시 민비를 보호해 준 공로로 고종 황제에 의해 일본에 수신사 일행으로 파견되었다. 도쿄에 이수정이 도착한 때는 1882년 9월이었다. 그는 쯔다센이라는 일본의 농업 권위자를 만나 그에게서 농학을 배우는 한편 기독교이었던 그를 통해 기독교 신앙도 얻게 되었다. 그리고 3개월 쯤 지나서는 쓰키지 교회 출석하며 담임 야스카와 목사의 지도로 기독교 신앙이 급속도로 성숙하게 된다. 이듬해 봄인 1883년 4월 29일 이수정은 미국 선교사에게서 세례를 받았으니, 장소가 일본이었지만 수세받은 첫 한국인이 되었다. 그리고 이수정은 다른 조선인 신자들과 함께 신앙 공동체를 갖게 되었으며, 그의 불붙는 신앙과 민족에 대한 열정은 민족어 성경 번역에까지 열정을 쏟게 되었다.

이수정은 일본에서 초기 신자가 되고 성경번역에 착수하려던 즈음, 미국 교회에 선교사를 파견해 달라는 청원서를 보냈다. 조선이라는 나라에 선교사를 보내어 기독교 복음을 전해 달라는 내용이었으니, 2천년 전 사도 바울의 꿈에 나타났던 마케도니아인의 현현이려나.

예수 그리스도의 종인 나 이수정은 미국에 있는 교회의 형제자매들에게 문안드립니다. 우리나라의 1천만 동포는 아직까지 참 하나님에 (살아계신 하나님) 대해서 알지 못하고 이교도의 생활을 하고 있습니다. 저들은 아직까지 구세주의 은총을 입지 못하고 있습니다. 이러한 복음 전파의 시대에 우리나라는 불행히도 기독교의 축복을 누리지 못하고 있는 지구의 어두운 구석에 처박혀 있습니다. 그러므로 나는 복음을 전파하는 수단으로 삼기 위해 성경을 조선어로 번역하고 있습니다. 이 사업의 성공을 위하여 나는 밤낮으로 기도하고 있습니다. 마가복음은 거의 완성되었습니다. 비록 나는 세력없는 사람이라 할지라도 여러분들이 파송하는 선교사들을 돕는데 최선을 다할 것입니다. 나는 여러분들이 여기서 일하면서 스스로 이 사업을 위하여 준비하는 사람들과 상의할 수 있는 사람들을 일본에 파송할 것을 가장 열심히 청원합니다. 나는 여러분에게 나의 이러한 말을 주의깊게 생각하시기를 간원하며 나의 요청이 허락된다면 나의 기쁨은 한없을 것입니다.(1883년 12월 그리스도의 종 이수정)

이수정은 녹스 선교사와 미국 성서공회 총무 루머스의 제의 아래 한문 성경을 우리말로 번역하였다. 맨 처음 번역을 시도한 것은 마가복음이었으며, 1885년 2월 요코하마에서 미국 성서공회를 통해 간행되었다. 조선어로 된 쪽복음 성경은 두 달 후 일본에 와있던 아펜젤러와 언더우드에게 전달되었다. 이수정의 청원서가 미국 교회에 받아 들여져 보내어진 것일 수도 있고, 그와 무관하게 준비된 하나님의 일군이었을 수도 있다. 어쨌건 그들은 4월 나가사키를 출발하여 부산을 거쳐 제물포에 도착하였는데, 이수정이 번역한 성경 쪽복음을 소지한 채 조선 땅에 들어온 것이다.

우리나라에서 기독교회를 본격적으로 포교하였던 최초 목사 선교사인 이들이 현지어로 된 성경을 들고 선교지에 들어왔으니, 아마 2천년 기독교 선교역사에서 유례를 찾기 어려운 경사였으리라. 이수정은 이후 다른 복음서와 사도행전을 번역하여 이들을 묶은 '현토한한신약성서'를 번역, 1887년 발행하였다.

이수정은 곡성 사람이다. 1842년 전라도 옥과현에서 이병규의 아들로 출생하였다. 전주 이씨 집안 출신으로 조선 조정의 관직을 맡아 있던 중 임오군란을 겪고 명성왕후를 충주까지 무사히 피신 시킨 공로로 고종 황제의 신임을 얻었고, 일본에 사절단원으로 가게 되었다. 아쉬운 것은 그가 곡성에서 출생하여 자란 것까지는 파악이 되는데, 그이상의 소상한 내용이나 자료는 좀체 없다. 한국어 성경번역으로 인해 선교사들에 의한 한국 개신교 초기 밑돌 작업에 크게 헌신하였던 선구자 이수정 성도는 구한말 개화파 세력들과 소원하게 되었으며, 1886년 귀국 즉시 처형당하였다.

각 나라와 족속과 방언에서

로스에 의한 만주에서, 이수정에 의한 일본에서 우리 조선어 성경번역이 이뤄졌고, 선교사가 본격적으로 조선에 들어와 사역하며 선교사들로 이뤄진 조선어 성경번역위원회가 구성되었다. 한국교회 초기 선교사들인 언더우드와 아펜젤러, 게일과 레이놀즈 등으로 이뤄진 위원회는 1911년 신구약 완역을 하였고, 이후 다시 개역작업에 들어가 1938년 개역성경을 펴냈다. 레이놀즈 선교사가 주로 활약한 한글 성경번역은 이후 현대어에 맞춘 개역과 개정을 거듭하여 오늘 우리에게 쉽고 읽기 좋은 성경으로 역사적 발전을 이뤘으니 얼마나 감사하고 은혜런가!

외국 선교사들에 의해 받은 은혜, 이제 한국교회는 되돌려 나눠 주는 책임과 역할에 충성하고 있다. 한국 성경번역선교회(GBT)가 1985년 설립되어 전 세계 각 나라와 족속에 선교사를 파송하며 성경 번역 사업에 힘쓰고 있다. 발족 당시 세계성경번역선교회(WBT)가 언어가 없고 성경이 없는 3천여 부족 성경 번역 사업을 벌일 때, 우리 한국에서는 그중의 십분의 일인 3백여 부족을 감당하자고 비전을 제시하였다.

1985년, GBT 성경번역선교회가 시작되던 날, 서대문 ACTS 의 2층 작은 방에 액자 하나가 걸렸습니다. 작은 사무실에 어울리지 않을 것 같은 큰 붓글씨로 "300종족을 감당하게 하옵소서" 라고 쓰인 것이었습니다.

"300종족을 감당하게 하옵소서"

선교회의 개원예배를 드리던 날 GBT 성경번역선교회의 창립자들은 한국교회를 대표하여 당시 성경이 없는 3000종족의 언어 중 십분의 일에 해당하는 300종족을 한국교회가 감당한다는 각오와 책임감으로 주님께 간절한 기도를 올림으로 선교회를 시작한 것입니다.

1999년 위클리프 세계성경번역선교회(Wycliffe Bible Translators)가 "2025년까지 남아있는 모든 언어로 성경번역이 되게 한다" 라는 비전을 선포하고 전세계의 모든 선교단체들의 동참을 촉구하였을 때 GBT는 재차, "한국교회가 300종족을 담당한다" 라는 전략을 선언하고 구체적인 계획을 세운 후 실행에 들어갔습니다. 이렇게 GBT는 지난 32년간 한국교회와 함께 300종족의 성경번역을 위하여 한 길로 달려왔습니다.(성경번역선교회)

한국 성경번역선교회가 설립한 다음해부터 선교사들이 파송되었다. 세계에서 가장 많은 700여개의 부족어가 있는 파푸아뉴기니를 비롯해서 인도네시아 등 여러 나라에 젊은 일군들이 나섰다. 보통 훈련된 선교사 부부 한 가정이 현지에서 일을 벌인 지 20여년이 지나야 작업이 완성되기에 20세기는 힘들고 다음 세기부터나 우리 한국 선교사들의 성과가 나올 것으로 기대했었다.

그러나 열정과 헌신이 남달랐던 충성자들의 노력이 훨씬 시간을 단축하였다. 1999년에 정제순/홍정옥 선교사에 의해 파푸아뉴기니 메께오 성경 번역이 이뤄졌고, 다음해 2000년에는 안지영/김진숙 선교사에 의해 과하티케 부족 성경이 완성되었다. 2020년 현재 20여 부족어 성경이 완역, 봉헌되었고, 지금도 세계 곳곳에 250여 선교사 가정이 현지인들과 함께 씨름하며 성경 번역에 헌신하고 있다.

성경 번역을 위해선 전문적인 훈련이 필요하다. 성경에 대한 이해와 해석력도 필요하고, 여러 언어 습득에 대한 남다른 자질과 능력이 구비되어야 한다. 미국이나 외국 성경번역회에서도 번역 전문 선교사들을 양성하기 위해 교육기관을 별도로 설립하여 운영하듯이 우리나라도 독자적인 훈련 기관을 만들어 활동하고 있다. 포항에 있는 한동대학교에는 국제개발협력대학원 과정이 있지만, 그 실제적 내용과 이름은 성경 번역자 훈련하기 위한 아릴락이다. 메께오 성경 번역으로 우리나라 선교사로서 해외 부족어 최초 성경번역을 이뤘던 정제순 선교사가 원장으로 있는 아시아언어문화연구원(Area Research & Integral Learning Community)은 2년 간의 석사 과정을 두고 있다. 성경번역 선교 지원자는 GBT 허입 과정을 거쳐 이곳 아릴락에서 수학한 후 현지에 파송된다.

사도행전 8장에는 이디오피아 간다게의 관리가 성경을 읽긴 하는데 그 내용과 의미를 가르쳐 주는 이 없어 깨닫지 못한다는 내용이 나온다. 빌립이 그와 동행하며 가르치니 그가 깨닫고 함께 성령이 충만하여 세례 받는 이야기다. 오늘 우리는 복과 은혜를 많이 누려 참으로 많은 번역본의 성경과 이를 해설하고 가르쳐 주는 훌륭한 설교자, 목회자들을 두고 있다. 각종 매체를 통해 어느 누구든 성경을 배울 수 있고 하나님의 도를 누리는 은혜아래 있다.

1883년 5월 동경에서 열린 일본기독교도 친목회.
가운데 한복에 갓을 쓴 이가 이수정

그렇지만 우리의 마음을 열어 먼 나라 이방으로 돌리자면 말은 하는데 아직도 자기들의 글이 없고, 글이 있어도 번역된 성경이 없어 하늘의 은총을 받지 못하는 이들이 얼마나 많으랴. 그 모든 나라와 족속에게, 미전도 종족과 모든 부족에게 그들의 말과 글로 된 성경이 번역되고 보급되어지길 충심으로 기도한다. 그래야 주님이 비로소 이 세상에 다시 오시지 않을까 싶다. 우리나라 기독교 선교에 마케도니아 역할을 하고 성경 번역에 불을 댕겼던 곡성 사람, 이수정을 새삼 기억해 본다.

친구를 위하여 목숨을 버린 사랑

타마자 선교사의 조사이기도 했던 곡성 옥과의 전도부인 조덕화. 그녀는 옥과에서 광주 교회까지 70리를 걸어 다녔다. 토요일에 옥과를 출발, 저녁에 광주에서 자고 주일 낮 예배, 밤 예배 드리고 광주에서 자고 월요일에 다시 옥과로 돌아왔다. 그녀의 남편 유씨는 불만일 수밖에 없었다. 조덕화는 예배하는 것이 참 좋았으나 글을 몰라 성경을 읽을 수 없었다. 열심히 글을 배워 마침내 성경 읽고 묵상하며 신앙을 키웠다. 세례를 받고 싶다고 하였더니 목사 대답이 '집에서 제사드리는 사람에겐 줄 수 없다' 였다.

그녀는 남편이 없는 틈을 타, 집에 있는 조상들의 위패를 집 근처 대나무 숲속에서 다 태워버렸다. 조덕화는 마침내 세례를 받았다. 조덕화는 집안 큰 일은 며느리에게 맡기고 자신은 밖에 나가 전도하는 일에 열심을 내었다. 마을을 다니며 어른과 아이들을 모아 예배드리고 옥과 지역에 교회들을 세웠다. 그녀의 남편 유씨도 세례교인이 되었고, 모임의 인도자가 되었다.

"In Cho Dok-Hwa we find a grandmother,
like Ruth the grandmother of King David,

who through her faith passed on a blessing
th her posterity which made them string."
자손을 강하게 만든 다윗 왕 할머니
 '룻' 의 축복의 믿음을 조덕화에게서 찾았다.(타마자 선교사)

조덕화의 신앙 열심은 조카와 후손들에게 이어져 옥과 지역교회의
일군들로 세워져 있다. 그 중 한 사람이 조용택 전도사이다. 6.25
때 광주에 남아있던 유화례 선교사를 화순 화학산에 숨겨주며 도와
주다 공산군에 피살된 조용택 전도사.

그는 고모 조덕화로부터 예수 신앙을 접하고 기독교인이 되어 광주
교회를 출석하였다. 당시 광주 선교부에서 남장로교 선교회의 총무
일을 감당하던 탈 메이지(타마자) 선교사는 청년 조용택의 신실함과
근면성을 보고 자기 조사로 채용하면서 선교부의 일을 함께 하게
되었다. 타마자의 순회 구역인 순창과 담양의 교회를 순회 전도하
는 한편, 선교부의 재정과 사무에 관한 일을 맡아 수고하였다.

타마자의 중매로 제중병원 간호사로 일하던 권덕희와 결혼하였고,
딸 조은숙을 낳았다. 타마자는 조용택에게 신학교에 가서 목회자가
되길 권했고, 이에 조용택은 평양신학교에 입학하였다. 1937년 그의
나이 35세 때의 일이다. 하지만 이듬해 불과 1년 밖에 지나지 않았
는데, 일제 신사참배 강요로 학교도 많이 흔들리고 있었다. 곧은 신
앙에 심지가 남달랐던 그는 학교를 스스로 자퇴하고 고향으로 돌아
와 버렸다. 전국의 노회와 총회가 신사참배 가결하며 많은 교회와
지도자들이 우상 앞에 굴복하는 즈음, 그는 도저히 받아 들이기 어
려운 사태에 자기 양심을 굽혀가며 굳이 목사가 되고 싶은 마음은
들지 않았다.

절개있는 믿음과 정직한 청년 일군

어차피 신학교 들어가기 전에도 그저 복음이 은혜고 감사여서 평신도 청년으로도 전도하며 다른 이들에게 생명 전하는 일이 기쁘고 행복했던 그였다. 목회자가 아니라도 하나님나라 일군으로서 충성하며 복되게 사는 길은 얼마든지 아니런가. 그의 굳은 결단과 절개있는 행동에 타마자 선교사도 격하게 환영하며 반겼다. 이미 조용택의 남다름을 인정하고 선교회와 전남노회의 재단 일을 맡겼던 타마자로서는 대견함과 존경이 넘쳤을 것이리라.

우리는 7년간의 공을 들인 끝에 하나님의 은총으로 1930년 전남노회 재단법인 설립을 허가 받았다. 이것은 전남노회가 최초였다. 우리의 재단 설립은 한국 내 다른 선교회의 모범이 되었다. 미스터 조(용택)는 200여개의 흐트러져 있는 부동산들을 재단 설립으로 옮기는 많은 양의 업무를 관리하는 동시에 선교회의 법적인 일들도 처리하였다. 미스터 조는 정직하였고 충실히 일하였으며 능률적으로 하였기 때문에 관계자들로부터 존경을 받았다.

미스터 조가 없었다면 노회 재단 설립은 어려웠을 것이다. 그리고 미스터 조는 선교회의 많은 돈을 관리하면서도 물질의 유혹을 받지 않는 사심이 없는 사람이었다. 미스터 조는 언제나 자신의 확고한 의견을 가지고 있었으며, 때로는 신학적인 문제에 관해서도 나의 생각에 동의하지 않을 때도 있었다. 그때마다 우리는 깊이있는 토론을 하였다. 그래서 나는 미스터 조를 좋아했다.(타마자 선교사)

신학교를 떠나 고향에 내려와 전도자로 지낼 때 일제 경찰은 신사참배 거부하는 인사들을 중심으로 검거에 나섰다. 조용택 전도사역시 1939년 광주경찰서에 끌려가 고문을 당하며 신사참배 강요 받았다. 6개월 지나 풀려났지만, 이듬해 1940년 9월 다시 담양 경찰서에 수감되었다. 같은 고향 출신의 신학교 동기였던 박동환, 담양읍교회 김용하, 백영흠, 노하복, 구피득 전도사 등과 함께였다. 일경은 조용택을 이들과 분리시켜 광주에 이감하였고 재판에 회부하지도 않으면서 3년을 감금하였다.

남편이 일경에 의해 모진 고문을 당하며 수감당하는 동안 아내 역시 고통과 어려움이 가중되었다. 권덕희 간호사는 몸이 쇠약해져 병원일도 중단해야 했다. 조용택의 수감이 길어지며 권덕희는 병환이 깊어지고 사망하고 말았다.

1943년 6월 마침내 광주 법원에서 재판이 열렸다. 조용택은 징역 2년을 선고받았다. 동료 박동환 역시 2년을 받았다. 일본 천황에 대한 불경죄목이었다. 춥고 지저분한 옥방에서 고통의 시간을 보내는 동안 그의 어머니와 열한살 딸 은숙이가 면회를 종종 왔다.

1944년 8월 12일 무려 6년이나 되는 긴 세월을 투옥되어 있다가 박동환과 함께 출감하였다. 일반적으로 여타 죄목으로 수감되거나 신사참배 반대로 투옥된 당시 목회자나 교회 일군들보다 훨씬 긴 기간이다. 뚜렷하게 그의 행적이 증언되거나 기록이 없어 아쉽지만, 그만큼 그가 신사참배에 대해 강경하게 반대하고 저항했다는 반증일 것이다.

그가 옥과교회에 돌아와 보니 형편이 말이 아니었다. 일제가 다시 예배를 못하도록 문을 폐쇄하고 거의 방치상태로 오래 두었기 때문이었다. 선교사들도 이미 오래 전에 추방당해 있었다. 조용택은 마을을 다니며 옛 신자들을 심방하고 위로하였다. 조용기를 데리고 함께 의지하며 힘을 내었다. 사촌동생인 조용기는 몇 년 전 어릴 때만 해도 형이 기독교에 미쳐서 전도에 열심내며 돌아다니던 것을 기억해 냈다.

나는 형님(조용택)을 뵐 기회가 적었다. 당시 내가 학교에 다니고 있어서도 그랬겠지만, 형님은 아침밥만 먹으면 자전거를 타고 어디론가 나갔기 때문이다. 전도를 하기 위해서였다. 형님은 옥과읍교회를 중심으로 무창리, 공암, 종방, 삼정리, 운교, 원등, 오산, 가정리 등 근방의 13개 마을을 찾아 다니면서 한 사람이라도 예수를 믿는다고 하면 그 사람을 중심으로 그곳에다 예배처를 만들어줬다. 옥과읍교회까지는 거리가 있어 찾아오기 힘들기 때문이었다. 그렇게 예배당을 만들어주고 주말이면 찾아가 예배를 인도하고 다녔으니 주말이든 주중이든 형님을 뵙기가 힘들었다. 그렇게 형님이 마을 마을을 찾아 다니면서 그 마을에 만들어준 예배처가 뿌리가 되어 오늘날 그곳에 현존하는 13개의 교회가 되었다.(조용택 사촌동생 조용기)

광주 동부교회 시무중이던 백영흠 목사가 재혼을 권하였다. 전도자로서 하나님나라 일을 펼치려면 동역자 아내가 있어야 하고. 어린 은숙일 돌볼 어머니가 필요하다는 그의 권면에 따라 조용택은 김복신과 재혼하였다. 얼마후 일본의 항복 소식과 함께 조국의 광복 만세가 방방곡곡에 울려 퍼졌다. 조용택은 새 부인 김복신과 함께 옛 교인들을 모아 교회를 정비하며 다시 문을 열었다. 광복에 대한 감사예배를 드렸으며, 먼곳까지 다시 심방을 다니고 전도하며 교인들을 초청하였다. 타마자 등 선교사들도 다시 전남에 돌아와 예전처럼 활발한 사역에 힘쓰게 되었고, 옥과교회를 다시 재건하게 되었으며 그동안 조용택 부부는 은덕과 도영 두 아들도 낳았다.

조용택은 1949년 다시 서울에 올라가 신학교에 편입학하였다. 하지만 그것도 잠시 이듬해 1950년 6.25 전쟁으로 인해 또다시 학업을 중단하고 광주로 내려와야 했다. 평양신학교에 처음 입학했을 때도 1년 밖에 못했는데, 이번 서울신학교에서의 수업도 마찬가지였다.

딸 은숙을 찾으러 수피아 여학교에 갔는데, 유화례 선교사가 있었다. 대다수 선교사들이 이미 부산이나 일본으로 피난을 간 상태였는데, 그녀는 수피아와 양림 동산을 지키겠다며 막무가내였다. 너나 할 것없이 다 위험하고 생명부지하기 어려운 전쟁통이지만, 미국 선교사가 공산군에 발각이 되면 더더욱 목숨을 보장할 수 없는 일이었다.

사냥꾼의 올무에서 깃으로 덮으시리니

독신 여성으로 가난한 조선 땅에 들어와 수많은 이들에게 생명과 소망을 일궈주던 선교사다. 강직하고 깐깐한 성격인 듯한데, 하나님에 대한 충성과 사람에대한 긍휼만큼은 그렇게 부드러운 천사일 수가 없다. 전쟁통에 한국교회와 사랑하는 양들을 버리고 피신할 수 없다며, 끝끝내 광주에 남아 고아들을 목포에 피신시키고 피난가는 교인들 뒷바라지에 힘쓰던 그녀였다. 그런 유화례 선교사도 이제

60 환갑을 바라는 연약한 노인이다.

사냥꾼의 올무에 처해질 죽음의 그림자가 짙게 드리우고 있다. 누가 그 위험에 처한 인생을 구원의 깃으로 덮으며 은혜의 날개 아래 피하게 할 수 있으랴(시편 91:3-4). 조용택은 유 선교사를 설득하여 그녀를 피신시켜야 했다. 인민군이 들어오기 전이었음에도 화순 너릿재 길목에는 이미 완장을 찬 지역 공산당원들이 죽창을 들고 검문을 강화하고 있었다. 동광원의 이현필 도움을 얻어 변장을 시키고 청년들과 함께 지게에 태워 화순 화학산 산중으로 유 선교사를 인도하였다. 산중의 허름한 집이나 계곡 숲속, 동굴 속에서 무려 2개월 이상이나 유화례는 숨어 지내야 했다.

하루는 잠자리에 들기 전 하나님께 기도를 했다.

"주님이시여, 저를 위해 수고하는 이 사람들을 더 이상 괴롭혀서는 안되겠습니다. 저를 병들지 않게 보호해 주십시오."

나는 그날 저녁 기도하다가 갑자기 '내일은 금식하고 집에서 떨어진 곳에서 하루 종일 있어야겠다' 고 마음 먹었다. 이 결정은 하나님께서 내게 내리신 것만 같은 생각이 들었다. 그날 밤은 마음 푹 놓고 깊은 잠에 빠질 수 있었다.

다음날 아침, 전날 마음먹은 대로 가끔 가곤 하던 냇가로 가서 숲속에 숨었다. 집에서 꽤 떨어진 곳이었다. 그런데 그날 정오쯤 됐을 때다. 산등을 넘어 괴뢰 경찰 1명과 청년 11명이 집을 급습했다. 그들은 산등을 넘어 서자 곧 우리 일행이 숨어있던 동광원 산집으로 들어와 집 안을 샅샅이 뒤졌다.

그러나 다행히도 산등을 넘어오는 그들을 발견한 사람들이 내가 거처하는 방에 들어가 방 한쪽 구석에 파놓은 구멍에다 내가 입은 옷가지나 짐 꾸러미를 모두 숨겼다. 젊은이들은 내 방을 들여다 보았으나 다른 낌새를 발견하지 못하고 내가 그곳에 없는 것을 알고 돌아갔다. 냇가 숲속에서 밤늦게 돌아온 나는 그 말을 듣고 어젯밤의 기도에서 나를 집에 있게 하지 말고 피신시켜 주신 하나님께 감사했다.(유화례 선교사)

무더운 여름이었다. 두 달이나 넘도록 기약없이 숲속과 동굴 등 한데서 지내며 피해있어야 할 유화례 선교사도, 그녀의 피신을 완벽하게 도와야할 조용택과 동광원 청년들도 참으로 힘겨운 일이었다. 하늘의 도우심이 없이 어찌 가능한 일이런가. 9월 하순 유엔군의 상륙과 반격이 일었다. 서울 수복이 일어나고 전라도에 내려와 있던 공산군들도 신속히 퇴각하였다. 산 속에 있느라 바깥 세상이 어떻게 돌아가는 지 자세히 알 수 없는 상황에서 조용택은 정황을 파악하려 하산하였다. 그런데 그만 남아있던 공산 유격대에 발각되었고, 피살되고 말았다. 동료 김재택 전도사와 동광원 청년들과 함께였다. 죽음의 위협앞에서도 유 선교사의 존재에 대해 함구하였을 것이다.

1950년 9월 28일 그의 나이 48세였다. 유화례 선교사는 그보다 열 살이 더 많은 누나요 지도자였지만, 평소 그를 친구라 부르며 대했다. 한참 후배인 자신을 친구라 대하며 사랑과 은혜를 덧입혀 주었던 유 선교사를 위해 조용택 전도사 역시 우정과 충성을 다하였다. 죄인들을 위하여 십자가에 기꺼이 자신의 생명을 내어 준 예수 그리

스도처럼, 그도 주님을 위하고 사람의 생명을 위해 자신의 몸을 아
끼지 않았다. "사람이 친구를 위하여 자기 목숨을 버리면 이보다 더
큰 사랑이 없나니(요 15:13)."

고 조용택 전도사는 1990년 대한민국 훈장 추서에 이어 대전 국립
현충원에 안장되어 있다. 옥과교회는 그를 기려 2010년 9월, 그의
순교 60주년 추모비 건립하였다.

옥과교회 뜰에 있는 조용택 전도사 추모비

곡성 3

시골 들녘의 코스모스 향기처럼

가을 볕 엷게 나리는 울타리 가에
쓸쓸히 웃는 코스모스꽃이여!
너는 전원田園이 기른
청초한 여시인女詩人
남달리 심벽深碧한 곳, 늦 피는 성격을 가졌으매
세상의 영예榮譽는 저 구름 밖에 멀었나니.
높은 상념想念의 나라는 쉽사리 닿을 길 없고
차디찬 가슴에 남모를 애수哀愁가 찌었도다.
멀지 않아 서릿바람 높고 하늘이 차면
호젓한 네 혼을 어느 강산에 붙이리!
제비의 엷은 나래도 이미 향수에 지쳐
나란히 전선電線 위에 모여 앉아 강남행江南行을 꾀하나니.
마음에 영락零落의 만가輓歌가 떠돌고
한야寒夜의 기러기 엷은 꿈을 깨워 주기 전.
해맑쑥한 너 입술 위에
나는 키스를 남기고 가노라.(오일도, "지하실의 달, 코스모스 꽃)

무더운 여름이 지나가고 선선한 갈 바람이 불면 길가에 흐드러지게 핀 코스모스를 어디서든 보았던 게 엊그제 일이다. 언제부터 어떻게 사라져 버렸는 지 모르지만, 가을날 잊혀진 연인이 돌아온 듯 여기저기 한들거렸는데, 도대체 왜 그 많던 이쁜 가을 꽃은 사라져 버렸을까. 대한민국 국화가 무궁화라지만, 적지 않은 사람들에게 오히려 코스모스가 훨씬 더 반갑고 익숙한 꽃이 아니었던가.

추운 겨울을 보내고 따뜻한 봄이 오면 개나리와 벚꽃이 그리 반가울 수 없고, 또 무더운 여름 잘가라 하고 선선한 가을 다가오면 으레 길가 곳곳에 코스모스가 그리도 반겼었다. 그래서 코스모스를 가을의 벚꽃(秋櫻)이라고도 했던 거다.

어원을 찾자면 '우주'를 뜻하는 'Cosmos'가 아니란다. 동음이긴 하나 그리스어 'Kosmos'로 '장식하다'는 의미다. 수를 헤아리기 어려운 작은 씨앗들이 바람에 날려 사방으로 번지고 퍼지는 대단한 번식력을 보면, 코스모스는 이름처럼 '온 대지를 아름답게 장식하는 식물'이다. 우리말 이름은 '살살이 풀', 혹은 '살랑이 꽃'이다. 가을 바람을 타고 살랑 살랑 흔들리는 모습에서 사람의 마음을 빼앗고 유혹하는 정취와 아름다움을 살려 지은 이름이다. 그렇게 가슴을 심쿵하게 만들고, 남자의 열정을 간들 간들 울리는 듯한 가을 여인을 빗대 시인은 노래를 하기도 하였다. 일제 강점기 오일도 시인의 노랫말을 읊으면 떠나간 친구도 다시 돌아올 것만 같은데, 이젠 도시화 바람에 밀려 코스모스를 보기 힘들어 졌다. 산업화 도시화 바람에 정겹던 작은 흙 길마져 콘크리트로 넓게 도배되고 말쑥하게 밀려진 탓에 덩달아 제거되 버린 그 이쁜 꽃, 가을 여인을 보기 힘드니 너무도 쓸쓸한 한반도의 가을이다.

개발과 성장으로 자연의 아름다움과 멋을 잃어 버린 탓에, 지금은 그 발달된 과학문명과 기술로 자연을 되살리고 회복하려 한다. 작위적이고 너무 도식적이라서 대부분 더 낯설고 이상하기 짝이 없지만, 그래도 반가운 구석도 없지 않다. 인위적으로 대량 재배하고 축제도 하고 난리가 아니듯이, 가을 코스모스 축제도 여기 저기 있는 듯하다. 곡성군 석곡면에서는 9월마다 코스모스 축제를 열고 상추객(賞秋客)들을 유혹한다. 지역 음악회와 함께 곁들인 석곡 코스모스 축제는 지난 2001년부터 해온 셈이니 이제 스무 해 청년의 나이가 된 셈인데, 2020년은 코로나 19로 인해 잠시 주춤거리는 모양새다.

청룡교회와 합병하여 자라온 석곡 교회

일제 강점기 한창이던 1927년 동아일보 신문에는 당시 곡성군의 여러 현황에 대한 통계 자료 기사가 나와 있다. 곡성에 수리조합을 창립하기 위한 전단계로 조사가 이뤄진 것 같다. 금융과 부동산 관련 조사 내용이 위주인데, 청년 사회단체와 함께 종교 단체 소개도 곁들여 있는 게 흥미롭다.

종교계

본 군(곡성)의 종교는 극히 부진의 상태에 있다. 이제 각 종교별을 열거하면 다음과 같다. 야소교 교회당이 5개소요, 신도가 341인에 포교사가 5인이오.(동아일보 1927년 10월 9일)

1927년에 곡성군 내에 교회가 5개라 한다. 곡성에서 가장 먼저 시작한 교회인 옥과리교회를 비롯해서, 곡성읍교회, 그리고 청룡교회와 석곡교회 등이 있었다. 청룡교회는 김성규 씨에 의해 1910년 전후 세워졌다. 김성규는 경북 경주 출신으로 결혼 후 자녀를 많이 낳았으나 불행히도 자녀들이 죽자, 처가가 있는 이곳 전남 곡성의 청룡리로 이주하였다. 기독교 신자였던 장모의 전도로 그는 예수를 믿게 되었고, 마을 사람들을 전도하여 교회를 세웠다. 청룡교회는 공북교회라고도 불리웠으며, 설립자요 초기 일군인 김성규 성도는 프레스톤 선교사로부터 수세하였고 후에 교회의 장로가 되었다. 순천선교부의 프레스톤 선교사는 1917년경 석곡교회를 설립하였다. 석곡교회와 청룡교회는 1922년 합병하였다.

프레스톤 선교사는 순천과 전남 동부지역 선교부의 개척자로서 곡성도 그의 담당구역이었다. 프레스톤(John Fairman Preston, 변요한, 1875~1975)은 미국 조지아 주 출생으로 프린스턴에서 신학과 영문학을 전공하였으며, 1903년 4월 목사 안수 받고, 부인 애니와 함께 11월 조선에 왔다. 목포 선교부와 광주 선교부를 거쳐 1909년 오웬이 사망하자 순천과 전남 동부지역을 맡았으며, 1913년 순천 선교부가 공식 설립되자 책임자로서 오랫동안 수고하며 전남 동남부 지역의 교회와 기독교를 일구었다.

변요한 목사는 열정적인 사람이었다. 여러 교회를 순회 관리하고 개척했으며 부락마다 다니면서 전도하며 성경(쪽복음)을 배포하는 등 다양한 전도를 했으며, 교회 건축비를 지원하고 대출해 주기도 하는 등, 그를 통하여 많은 교회가 설립되었으며 큰 부흥이 일어나게 되었다.

변요한 목사는 성경보통학교를 통한 인재 양성과 안력산 병원을 통한 선교에 힘을 기울였을 뿐만 아니라 각 교회를 순회하면서 치리하며 성도들을 양육하였고, 또한 교회를 개척하였다. 변요한 목사는 1907년에 설립된 여수 우학리교회, 해남군 원진교회, 화순군 대포리교회와 1908년에 세워진 순천 신평리교회와 1909년에 세워진 순천 월산리교회, 해남군 남창리교회 등을 개척 또는 시무하였으며, 1917년에는 석곡교회를 설립하였다.

(이양재, "순천지역 초기 선교 역사 연구")

곡성군 석곡면의 초기 교회들도 훈련된 선교사요 목사였던 변요한이 설립하고 지도하였을 것이며, 그를 따라 함께 순종하며 교회를 섬긴 조선인 일꾼은 청룡교회를 이끈 김성규와 석고교회를 이끈 한태원 등이 있었다. 처음 석곡 마을 주민으로 신자였던 이는 송완용, 김순관, 이윤명, 이경철 등이 있었고, 이들을 지도하는 변요한의 조사로 광양에서 온 한태원이 있었다.

한태원은 일찍이 명성황후를 살해했던 일본 야쿠자를 인천까지 쫓아가 살해하였으며, 이 일로 전라도 광양 백운산 중턱의 산골 마을까지 숨어 들었다가 복음을 접하게 되었다. 마을 청년들로 예수 신자가 늘자 자기 집에서 예배 드리기 시작한 것이 신황리교회다. 한태원은 남달리 학식도 있고 하였던 지라, 이후 선교사 일을 돕고 조사가 되었다. 변요한과 고라복 선교사를 도우면서 신황리교회를 비롯하여 광양 일대 전도자로 활동하던 중, 변요한 선교사가 석곡교회를 세우면서 한태원 조사로 하여금 이주하여 시무토록 하였던 것으로 보인다. 한 조사는 이후 석곡교회 최초 장로로 1920년 장립받는다. 그보다 3년 앞서 1917년 김성규 성도가 청룡교회 장로가 되었는데, 1922년 이 두 교회는 합병을 하여 석곡교회로 지금까지 이어오고 있다.

시골교회 새싹들을 믿음으로 키워야

산업화 도시화로 농어촌 마을은 급속도로 사라지는 추세다. 새삼스럽게 다시 농어촌 마을로 귀래하는 일도 요즘은 발생하지만, 아주 미약할 뿐 여전히 이농현상은 심각하다. 초등학교가 없어지듯이 교회도 존재감이 위태롭다. 믿음이 여전한 노인들이 예나 지금이나 무릎꿇고 기도하는 자리를 지킬 뿐, 청년도 그렇고 재잘거리는 주일학교도 사라진 곳이 너무도 많다. 대안 중의 하나가 서로 연합하여 주일학교를 운영하고 자라는 아이들에게 신앙교육을 늦추지 않으려 몸부림이다.

예전에 우리 교회는 교회학교가 없어 어른들과 함께 예배를 드렸더니 아이들이 어떻게든지 예배에 참석하지 않으려고 일요일만 되면 몸이 아프다는 등 갖은 핑계를 댔었다. 석곡교회에서 여러 친구들과 함께 예배를 드리면서부터 요즘은 아이들이 주일을 기다린다. 교회가 다른 학생들이 같이 예배를 드리는 것은 도시나 다른 지역에서는 어색할지 몰라도 석곡교회에선 아주 자연스럽다. 다니는 학교가 같아 얼굴이 낯설지 않기 때문이다. 석곡교회는 교회학교가 없는 인근 교회와 손잡고 주일학교 연합예배 운동을 펴고 있다.

(국민일보, 2009년 7월 7일)

농어촌 교회마다 아동들은 한 두명 있을까 말까다. 그러니 자체적으로 제대로 된 신앙 교육을 폭 넓게 하긴 어려움이 있을 거다. 예전과 다른 신문물의 발달과 다양해진 문화 매체 속에 살아가는 아이들에겐 그만한 양적 질적 도구가 필요하고 여러 동료들끼리 어울리기도 하면서 더 건강하고 멋진 하늘나라 백성으로 자라지 않겠는가.

석곡교회는 인근 교회와 협력하여 아동 신앙교육을 함께 진행하고 있다. 외형적으론 여느 도시의 중, 대형 교회만큼은 비하지 못해도, 나름 하나님의 백성된 도리를 전수하고 미래의 교회 일군으로 세워가는 일에 내실을 놓치지 않으려 애쓴다. 동원할 수 있는 여러 도구들과 콘텐츠를 만들어 성경의 내용을 전하고 가르치며 주일학교 교육에 힘쓰는 모습이 참으로 귀하다.

2020년 이른 봄 발생한 코로나19 펜데믹의 공포가 줄어들 기미를 보이지 않고 오히려 날로 더해가고 있다. 백신과 치료제 개발 소식은 감감한데, 확진자는 계속 늘고 있고 사망자도 벌써 상당하다. 거리두기 강화로 사람들의 접촉과 여행은 이미 몸과 마음 속에서 멀리 도망가 있다. 그러니 답답증도 심하여 더 이상 인내하기도 한계에 이르고 있고 그에 따른 고통과 후유증도 만만찮다. 가게 운영하며 장사해야 할 소상공인들의 피해와 어려움이 심한 가운데, 매년 봄 가을로 연이어 축제를 벌이며 여행객들을 초대하던 지자체의 관광 상품도 개점휴업 상태다.

곡성군 석곡에 가을마다 음악과 함께 펼쳐지던 코스모스 축제라고 예외일 수 없다. 살랑 살랑 자태를 뽐내며 흐드러져 있는 코스모스가 참으로 보고 싶다. 고단하고 지친 인생들에게 마음을 펴게 하고 충만한 기쁨을 안겨주는 코스모스의 향연을 가까이서 대하고 누리고 싶다. 우주 만물의 주권자에게 자비와 긍휼의 손길을 올린다. 세상을 구원하고 살리시는 이가 탐욕으로 허적대던 인류를 다시 고치시고 소생시키리라. 시골 농어촌에 있는 작은 주의 공동체를 통하여서도 당신의 생명을 잇고 소망을 심으리라. 여기저기 곳곳에 흩어져 세상을 아름답게 하는 식물, 코스모스처럼 세상을 밝고 예쁘게 돋우는 시골 교회의 사명과 역할에 하늘의 기름부음 넘치리라.

곡성 4

산골 오지에서 일어나는 하나님 선교

반만년 농어촌 사회였던 대한민국이 20세기 후반들어 산업화의 이입과 함께 도시화가 진행되면서 이농에 따른 농어촌 사회의 붕괴는 가속화하였다. 세계무역기구와 자유무역 체제라는 글로벌 경제 구조는 제 3세계 가난한 나라와 상대적 약자일 수 밖에 없는 계층으로 하여 더 가난하고 어려운 환경에 처하게 만들었다. 밀집과 발전되어가는 도시에 비해 상대적으로 농어촌 사회도 피폐와 몰락을 거듭하고 있다. 오늘날 농어촌 지역은 인구 감소와 고령화는 물론, 소득 감소와 부채 증가, 빈곤한 문화시설 등 사회적 소외도 심화되고 있다.

다른 한편으로 귀농과 다문화 가정이 늘어나며 건강한 먹거리와 식량 안보에 따른 관심사가 제기되고 있기도 하다. 중앙정부는 물론 각 지자체에서도 인구 대책과 소득 증대를 위해 아이디어를 짜고 예산을 투입하며 나름 애를 쓰고 있긴 하다. '마을 기업'을 육성하기도 하고 '사회적 기업'에 대한 투자도 한다.

나름 세상은 변화된 농어촌 사회 환경을 직시하며 고민과 대안을 짜내고 새로운 투자와 열정을 쏟아내는 반면, 우리 교회의 현실은 대부분 여전히 녹록해 보인다.

전통적 선교전략과 목회 패러다임의 변화가 절실하다. 목회자 개개인의 맨파워나 자질 향상은 물론이거니와 교단이나 연합체 차원에서의 정책적 물질적 지원과 대응이 참으로 필요하다. 오늘날 소위 도시의 대형 교회나 물질적 풍요는 사실 농어촌 교회가 그 기반이 되고 인적 토대가 되었던 거 아니던가. 이제는 도시의 교회들도 적극적으로 농어촌을 살리고 선교하는 일에 지혜와 예산을 투입하고 인적 물적 투자를 같이 하여야만 한다. 교단 차원의 농어촌 선교 전략과 에너지가 모아져야 하고, 신학교나 선교 단체 등에서도 이 문제를 중요하게 놓고 연구하며 발전 방안을 고민해야 한다.

광주에 있는 호남신학대학교의 '농어촌선교연구소' 나 감리교단의 '농촌선교연구원' 등의 활동은 상당히 고무적이다. 각기 정기간행물을 펴내는 등 농촌 목회나 농촌 선교에 대한 다양한 신학적 목회적 논의들을 엮어 내고 실제 농어촌 교회의 좋은 사례들을 소개하며 한국 교회 내에 관심을 끌어 내는 것은 귀한 일이다. 교단마다 예하에 농어촌선교부가 있고 활동하는데, 목회자 가정의 교제나 격려, 그리고 개교회 차원의 전도와 성장 정도에 그쳐서는 아니될 것이다. 삶과 목회의 현장인 지금의 농어촌 현실에 대한 인문학적 사회학적 접근과 모색이 이뤄져야 하고 실제적인 선교 전략의 지혜아래 변화되고 획기적인 실천 행동들로 나아가는 선교 역사가 이어져야 할 것이다. 특별히 이를 효과있게 분석하고 대안을 제시하는 여러 글이나 논문 연구등에서 보다 실제적인 차원으로의 연구와 전략 제시가 요구된다.

지금까지 수행된 농촌 교회의 목회나 선교에 대한 연구들을 살펴보면 교회 성장을 주제로 한 전통적 전도나 목회 프로그램을 제시한 것이 대부분이다. 농촌 교회가 중심이 되어 지역과 교회의 상생을 추구하는 지역공동체 운동을 주제로 수행된 연구는 거의 없다. 농촌 공동체에 대한 연구라 하더라도 그 대부분은 특정 형태의 농촌 공동체에 대한 개별적인 연구일 뿐, 농촌 사회의 다양성을 반영하는 체계적인 연구는 거의 보이지 않는다. 농촌 교회와 목회와 선교 방안으로 지역공동체 형성을 하나의 대안으로 제시해야 한다. 농촌 교회가 위치해 있는 지역사회를 살기좋은 공동체로 거듭나게 할 때에만 지역사회가 살아나고, 그럴 때에만 비로소 지역교회도 성장할 수 있다고 판단하기 때문이다.

(조용훈, "지역공동체운동을 통한 농촌교회 활성화 방안")

원등교회와 양희두 목사

곡성군 삼기면 원등교회. 예수교장로회 통합 교단 소속이다. 농촌 사회에 있어 보이는 대다수 교회와는 좀 내용이 많이 다르다. 사회 복지 활동을 왕성하게 벌이는 교회로 알려져 있다. 현재 담임 사역을 하는 양희두 목사는 신학을 공부하던 청년기부터 농촌 선교와 사회복지 선교에 마음을 두고 준비를 해 왔었다.

원등교회는 노인들에 대한 복지와 함께 아동 청소년들에 대한 복지를 시행하고 있다. 20년도 훨씬 전인 1993년부터 경로 효도관광을 시작으로 목욕 서비스, 무료 급식, 전인건강을 위한 체육활동은 물론 영어 중국어 등 외국어 교육도 하고 있다. 곡성군청의 지원을 받아 노인 일자리 창출 사업등 지역의 노인들에게 필요로 되는 일이라면 할 수 있는 껏 다하려 애쓴다.

교회 부설로 마련된 복지관에는 컴퓨터 등을 설치하고 주민과 아이들을 위한 인터넷 교육과 함께 청소년들을 위한 공부방과 도서문고도 개설하고 있다. 경제적으로 어려운 아동이나 결손 가정 아이들에게 도시락을 배달하며 아동 결식 예방에도 열심이다. 양희두 담임목사의 남다른 농촌교회 목회 철학에서 시작된 원등교회의 지역선교 활동이기에 좋은 사례로 소문이 자자하다.

교회의 존재 목적은 전인구원에 있다. 첫째는 하나님과의 관계 회복인 인간 영혼의 구원이며, 둘째는 이 세상에 사는 동안 인간의 신체적, 사회적, 심리적인 구원이다 이러한 구원을 위해 자신과의 관계, 인간과의 관계, 자연과의 관계 등을 건강하게 맺어야 한다. 교회는 구원 사역을 위한 방법으로서 사람들에게 하나님 말씀으로 교육하고 실천함으로서 인간의 행복한 삶을 살게 하는데 있다.

복지선교는 이러한 교회의 존재 목적에 부합한 방법이라고 본다. 그러기에 농촌의 교회가 인력, 재력 등 모든 부분에 부족하지만, 농촌교회의 남은 자가 해야 할 일은 일상 생활을 하는데 있어서 불편한 어르신들을 돕기 위한 손발이 되어 드리는 것이다. 또 도시에서 부모가 이혼하고 결손가정이 되어 시골로 들어오는 아동들에게는 부모의 역할을 대신해 줌으로서, 가까이 있는 노약자에게는 하나님의 사랑을 구체적으로 실천함으로써 이 땅에 하나님 나라를 세우는 것이 복지선교의 목적이 있다.

(양희두, "원등교회의 복지선교 이야기").

양희두 목사가 원등교회에 부임한 것은 1991년이니 이제 30여년이 흘렀다. 그동안 펼친 노인과 아동을 중심으로 한 농촌 복지 사역과 헌신에 지역 주민의 인식이 바뀌고 교회 전도가 이뤄지는 등 많은 변화와 발전이 거듭되었다. 사람들의 편견과 재정 예산 등의 어려움이 많았지만, 용기와 소망을 잃지 않으며 기도하고 열심내었더니 시간이 흐르면서 하늘의 간섭과 은혜가 있어 교회와 지역 마을이 변화를 이뤄내고 생명과 숨이 활기를 띄우게 되었다.

원등교회는 노인복지와 아동복지 사역을 더 효과있게 넓히기 위해 '삼기문화복지관'을 설립했다. 40평에 달하는 센터 공간에는 무료 경로식당과 주민정보 이용실을 갖추고 있다. 지역 주민들에겐 더욱 좋은 이미지 개선이 이어졌고 교인들의 일자리 창출에 따른 경제 수입도 늘었다. 양희두 목사 부임 때만 해도 50명 남짓이었던 성도 수도 100여명으로 배나 성장했다. 교인들의 영적 물질적 성장과 발전이 날로 증가되고 변화되어가는 원등교회. 오늘 현대 한국 농촌 교회와 목회자에게 좋은 본보기요 모델이 되어 가고 있다.

주산교회와 최재영 목사

주산교회는 곡성군 옥과면에 있으며 감리교단 소속의 교회다. 면 소재지로부터도 3킬로나 떨어져 있는 전형적인 산골의 농촌 지역이고 유동인구도 별로 없는 곳이니 미자립교회일 수 밖에 없었다. 돌아다니는 청년도 보이지 않고 생활 환경 여건도 불편하고 모자랄 뿐인 곳이라 아쉬움만 드러내고 만다면 무슨 변화가 있고 새로운 기대치가 있으랴.

주산교회에 부임한 최재영 목사는 그럼에도 대한민국 농촌의 대표 교회로 이끌겠다는 소망과 열정을 가졌다. 힘을 내어 추진력을 발휘하고 일을 벌렸다. 처음 이 마을에 왔을 때 교회는 몇 안되는 여성 신자와 아이들 뿐이었다. 가까운 지인이 애완견을 보내준 것을 기폭제로 하여 애완견 사육을 하기 시작했다. 주민들에게 개를 분양하며 함께 사업을 벌였다. 나름 원칙을 세워 수익의 절반은 복지 사역에 기부하기로 하는 등 마을 사람들과 함께 협동조합 형태의 사업을 진행하니 하늘의 은혜가 더해져 잘 되었다. 수익금으로 마을 노인들을 위해 경로관광을 시켜드렸더니 모두들 좋아해 주고 교회 성도들도 할 수 있다는 자신감을 갖게 되었다.

첫 출발이 효과있게 결실을 거두자 용기를 더 내어 아예 복지선교회를 설립하였다. '심청노인복지회'를 만들어 성도들 중심으로 봉사단을 구성하고 소외된 노인들을 돌보는 일을 벌였다. 빨래를 도와주기도 하고 목욕 서비스는 물론 들녘의 일손도 거들어 주었더니, 주민들이 교회에 대한 좋은 인상을 갖게 되고 그들도 교회 문을 들어오게 되었다. 10여명밖에 없었던 교인이 그렇게 해서 100여명으로 늘어나는 기적이 일어났다.

주산교회가 돌보는 인근 마을의 노인들만 해도 약 700여명에 이른다. 광주 기독병원의 도움을 얻어 무료 진료를 하기도 하고 독거노인의 집 고쳐주기, 김장 나눠주기 등으로 지역의 좋은 평판과 함께 지자체의 긍정 평가도 받게 되었다. 4억원에 이르는 복지 센터를 건립하게 되었고, 이 시설에서 주간보호, 물리치료, 세탁 처리 등 각종 복지 서비스는 물론 지역아동센터도 운영하게 되었다.

사실 무엇인가 나누어주고 섬기려고 복지사업을 하면서 노인들을 공경하고 모신다고 하지만 저는 오히려 어르신들로부터 받는 것이 더 많다. 주산교회는 곡성군 유일의 재가복지시설인 심청노인복지센터를 통하여 지역사회에 있는 노인과 아동들에게 복지 서비스를 제공하고 영적으로 보살피면서 행복하고 건강한 삶을 영위할 수 있도록 뒷받침하고 있다.

심청노인복지센터는 2003년 주산교회의 가정봉사원 파견센터를 시작으로 곡성지역 재가(在家) 어르신들에게 다양한 사회복지 서비스를 제공하고 있다. 현재 심청노인복지센터에는 60명의 유급직원들이 봉사하고 있는데, 대부분 주산교회 성도들로 구성되어 있어 교인들 일자리 창출에도 기여하게 되었고, 복지활동도 점차 세분화되어 지역민들에게 적합한 맞춤식 복지사역을 실시하고 있다. 가정봉사원파견센터, 호스피스 케어서비스, 와상노인장애서비스, 장애노인 편의시설 설치, 단기보호센터, 지역사회자원봉사조직, 오지마을 무료의료봉사, 시골장터 이동 효잔치, 지역아동센터운영, 문고운영, 결식아동 급식사업, 독거노인 생활지도사 파견사업, 노인 돌보미 바우처 파견사업 등이 그것이다. 이러한 종합적인 복지사역을 지역선교의 도구로 활용하면서 교회도 크게 부흥하여 지금은 미자립교회에서 자립교회로, 선교하는 교회로 바뀌게 되었다.

(최재영, "주산교회의 복지목회 이야기")

예수는 공생애 초기 갈릴리 지역을 무대로 활동하셨다. 예루살렘과 거리가 먼 전형적인 농촌 산골이요, 가난한 동네였다. 궁핍하고 무지렁이인 시골 사람들에게 복음을 전하실 뿐만 아니라, 그들의 육신과 삶을 돌보는 선교를 행하셨다. 병든 자를 고치시고, 배고픈 자를 먹이시며, 배움을 필요로 하는 자에게 가르치셨다.

예수는 다니시는 농촌 마을 마을마다 사람들에게 말씀을 선포하셨다. 하늘나라의 구원을 선포하고 회개하고 하나님께로 돌아오라고 외쳤다. 그의 복음 전도는 말로만 그친 게 아니었다. 예수는 어김없이 몸의 섬김(Service)을 보여주시고 행하셨다. 농어촌 교회의 선교는 통전적 선교이다.

한국교회는 초창기 농어촌 지역의 소외되고 가난한 사람들에게 관심과 열정을 가졌다. 미국과 캐나다, 호주 등지에서 온 외국 선교사들은 누구를 가리지 않고 하나님나라의 복음을 전했으며, 예수의 모범을 따라 교회를 세워 생명을 구원하고, 병원을 세워 아픈 환자들을 치료했을 뿐만 아니라, 학교를 세워 이땅의 자라는 세대를 가르치는 일에 헌신하였다. 오늘 우리의 농어촌 교회와 목회도 지역에 대한 총체적 섬김과 선교를 보다 지향하며 열심과 헌신을 내면 교회도 살고 농촌도 살아날 것이다.

곡성 5

섬진강변을 따라 험준산령을 따라

우리의 고전이요, 판소리계 소설인 심청전의 '심청' 이와 전라남도 '곡성' 은 무슨 사연이 얽혀 있다는 걸까? 곡성군에 심청이가 살기라도 했다는 말인가? 가까운 '장성' 에는 '홍길동' 이 있는데, 곡성에 소녀 '심청' 을 상징적 인물로 내세운 까닭이 참 의아하기도 하고 궁금하다. 심청이 몸을 던진 인당수가 곡성에 있었단 말인가, 도무지 산악지대일 뿐인데, 하긴 섬진강이 흐르는 곳이니 그럴 싸하기도 하지만, 바다하고는 거리가 있으니 이래저래 웬지 어울리지 않는다.

심청이 곡성과 인연을 맺은 것은 텔레비전 방송을 타고 전국에 퍼진 한 프로그램에서 기인한다. 21세기를 막 열기 시작한 2000년경, 연세대학교에서 심청이에 관한 연구 결과를 가지고 TV에 '심청의 바닷길'이 소개되면서부터다. 그즈음 이미 홍길동을 두고 장성군과 강릉시 간에 다툼이 있었고, 심청도 곡성군과 옹진군 간에 연고설이 제기되면서 지자체 분쟁으로 비춰지기도 했었다.

곡성군 오산면에는 관음사라는 사찰이 있다. 삼국시대 불교가 막 도래하기 시작할 무렵 생긴 절이니 상당히 오래되었다. 만해 한용운 시인은 1930년 '불교 76호' 에 '천출대효 심청 소저는 원봉사의 딸 홍장이다' 라고 하여 심청전이 관음사 연기설화로부터 왔음을 밝힌 바 있다.

이곳에 관음사라는 절이 창건된 이야기가 전해온다. 곡성 고을에 장님인 원량과 그의 딸 홍장이 살았는데, 홍장은 어려서부터 장님인 아버지를 극진히 모셔 그 효성이 중국에까지 소문날 정도였다. 하루는 성공 스님이 원량을 찾아와 큰 불사를 이룰 수 있도록 시주를 부탁하는데 가난하기 짝이 없는 원봉사는 부처님의 뜻이라는 말에 홍장을 데려가도록 했다. 아버지의 뜻에 따라 홍장은 스님을 따라 길을 나섰는데, 중국 사신들을 만나게 되고 이들은 홍장에게 자기 나라의 황후가 되어 줄 것을 간청했다. 홍장은 사신들이 준 금은보화를 스님께 드리고 자신은 중국 진나라에 가서 황후가 되었으나, 고향의 아버지가 그리워 염원을 담아 불상을 만들어 보냈다. 어느날 옥과에 있는 한 아가씨가 바닷가에 나갔다가 홍장이 보낸 불상을 발견하고, 그 불상을 모시고 관음사를 창건했다. 원량은 홍장과 헤어진 후 너무 슬퍼 울고 울며 눈물을 많이 흘렸더니, 치료가 되어 눈을 뜨게 되었고 95세까지 복을 누리고 살았다. 성공 스님은 홍장이 준 보물로 큰 사찰을 지었다는 게 전해 내려오는 이야기다.

이 관음사 사적에 소개된 홍장 설화가 심청전의 등장인물이나 구성, 전개 등이 너무도 유사하다. 홍장 이야기가 효행과 함께 곡성 관음사의 신앙과 결부되어 전승되어 오다가 대중 속으로 널리 퍼지게 되었다. 그리고 어떤 선비가 이를 소재로 글을 쓰고 창작하게 되었으며, 사람들이 이를 필사하고 구전으로 더 퍼뜨리면서 재미의 요소와 내용면에서 보다 완벽하게 구성되어 지금의 효녀 심청이야기가 되었다고 한다.

심청전이라는 글자가 최초로 문헌에 등장한 것은 조수삼(趙秀三, 1762~1849)의 『추재집』(秋齋集)「기이」(紀異) 편으로 알려져 있으며, 이 글이 쓰여진 시기가 1800년대로 추정한다. 이를 바탕으로 1729년에 판각된 '옥과현성덕산관음사사적'이 심청전의 창작에 영향을 미쳤을 것으로 판단하는 근거로 삼고 있는 것이다.

곡성군에서는 이 사례를 중요하게 고려하여 심청을 군의 상징이요 대표적 관광상품으로 육성하고 있다. 곡성군에서는 해마다 10월이면 '심청축제'를 열어 관광객들을 끌어 들이고 있으며, 심청이의 효행을 따라 가족사랑, 이웃사랑, 나라사랑으로 거듭나기를 기대하고 있다.

곡성에 온 첫 선교사, 피터슨

전라남도 곡성군은 곡성읍을 포함해 10개의 면으로 되어 있다. 전라남도 동북쪽에 위치하며 섬진강을 사이로 북쪽으로는 전라북도의 남원, 순창과 경계하고 남으로는 순천과 화순, 동으로는 구례, 서쪽으로는 담양과 경계하고 있다. 군의 전체 면적 가운데 약 3분의 2는 산지이다. 해발 500미터 이상의 봉우리와 깊은 계곡 곳곳에 전통 소나무 숲이 우거져 있으며, 섬진강과 대황강 유역을 따라 평야지대가 발달해 있다.

곡성군에 최근 인기를 끌고 있는 관광 상품은 폐선을 활용한 오곡면의 '기차마을'이다. 미국 CNN 방송에서도 한국의 가볼만한 곳으로 선정할 정도로 유명해진 대표적 녹색 관광 상품이다. 예전 전라선

이 지나던 철로 일부가 복선화되면서 이설되었고, 예전 길은 더 이상 정규 기차가 지나가지 않는다. 대신 거기에 레일바이크를 설치하여 사람들로 하여금 미니 열차를 직접 타고 다닐 수 있도록 했다.

산이 높고 계곡도 많은 이곳 두메산골 곡성에 기독교 선교사가 처음 찾아 온 때는 1897년 어느 봄이었다. 피터스 선교사는 기독교 성경을 들고 이곳 두메 산골지역까지 찾아 들었다. 그는 3월 6일 서울에서 출발하여 제물포에서 배를 타고 목포를 거쳐 나주에 도착하였고, 이후 나주를 비롯하여 동남쪽의 영암, 장흥, 보성, 순천, 광양을 들렀고, 북쪽의 남원과 구례, 곡성까지 두루 방문, 두어달 정도의 기간동안 권서 사업을 벌였다.

두 달 정도 전남 지역 순회하며 책자 판매와 전도활동을 마치고 부산을 거쳐 서울에 5월 17일 도착하였다. 그가 남긴 기록에는 나주에서 3일간 있으면서 책 60권을 팔았으며, 영암에서 69권을 팔았고, 광양에서는 25권을 팔았다고 되어 있다. 그는 계속해서 구례와 곡성의 산악지방을 여행했으며, 곡성에서는 3일동안이나 비가 내려 갇혀 지냈고, 남원에서는 홍수를 만났으며, 거기서도 상당한 책을 판매하고 다시 곡성에 돌아와 곡성 시장에 들렀다고 하였다.

곡성과 구례 지역을 다니면서도 특별히 지리산 자락을 끼고 있는 높은 산악지대를 다녔던 것 같다. 여행을 계속하기에 어려움을 느껴 결국 거기서 전남 순회 사역을 마치고 부산을 거쳐 서울로 돌아갔다.

피터스(Rev. Alexander, Albert Pieters. 피득) 선교사는 1871년 러시아 우크라이나에서 태어났으며 정통파 유대인 부모 밑에서 어렸을 때부터 히브리어 기도문과 시편 등을 암송하며 지내온 유태교인이었다. 24살 때 일본 나가사키에 갔는데 거기서 기독교 미국 선교사 피터스(Albertus Pieters)를 만나 기독교로 개종하고 자기 이름도 선교사의 이름을 따 피터스라 개명했다.

(원래 자기 이름은 '이삭 프룸킨')

그리고 미국 성서공회의 일군이 되어 한국에 권서인으로 파송 1895년 내한했다. 피터스 선교사는 전국을 다니며 한국어 공부와 함께 권서, 전도 사역을 펼쳤다. 1897년엔 전남 나주지역에까지 권서활동을 펼쳤다. 3월 중순에 유진벨이 나주 지역 선교를 펼치려 처음 정탐활동을 하던 중 이곳에 먼저와 권서활동을 펼치던 피터스를 만났으니, 전라남도 선교는 유진벨보다 피터스가 먼저인 셈이기도 하다.

피터스는 어릴 때부터 히브리어로 달달 암송하던 시편을 우리말로 번역하였으니, 시편 150편 가운데 축복의 내용을 담은 62편을 발췌 번역하여 1898년 '시편촬요'를 출간. 우리나라 최초의 구약성경 번역이 이뤄졌다. 우리나라 한글 성경은 만주의 존 로스 역, 일본의 이수정 역에 이어 선교사들의 성경번역위원회 성과로 1938년 개역 성경이 만들어 졌다. 이후 개역한글판, 개역개정으로 발전해오고 있는데, 특별히 레이놀즈 선교사의 주도적 열심과 헌신이 컸다. 그리고 그때까지 계속해서 활동했던 피터스 선교사도 구약 성경 번역에 상당한 역할을 하였다.

피터스는 재능을 살려 노랫말도 만들어 현재 우리가 부르는 찬송가에 3편의 가사가 실려 있다. 75장(주여 우리 무리를, 시편 67편),

383장(눈을 들어 산을 보니, 시편 121편), 그리고 363장(내가 깊은 곳에서, 시편 130편)이다. 찬송 363장은 우리 찬송가에 루터가 작사자로 기록되어 있으나 피터스로 수정되어야 한다.

피터스는 1900년 미국 맥코믹신학교 이수, 목사안수를 받았으며 1904년 미북장로교 선교사로 다시 한국에 왔다. 구약성경번역위원회에 합류하여 구약을 완료하였으며 이후 개역 작업도 꾸준히 같이하여 1938년 개역성경전서를 발행하게 되었다. 시편이나 잠언 등 운율문학 부분은 특별히 피터스의 노력과 자질이 더해져 오늘 우리에게 전해져 온 것이다. 그는 서울 남부 지역의 세곡동 내곡동 등지에서 전도하며 교회를 개척하기도 했으며, 1941년 70세 은퇴하여 미국으로 돌아가 LA에서 지내다 1958년 87세로 소천했다. 그의 묘는 패서디나 마운틴 뷰 공동묘지에 있다.

1895년 한국에 온 피터스는 3년간 한국어를 배웠다. 그의 언어 감각은 뛰어났다. 곧바로 〈시편촬요〉를 번역했다. 또한 찬송가를 작사했다. 그리고 구약성경 번역위원으로 활동했다. 능통한 히브리어를 활용해 구약성경 번역에 핵심적인 역할을 했다. 그 결과 1911년 구약견서 최초의 한글번역 구약성경전서를 내 놓았다. 또한 구약성경 개혁위원회 평생위원으로 개역 구약성경 출간에도 중추적인 역할을 감당했다.

46년 동안 한국교회와 한국선교, 그리고 구약성경 연구의 변화와 발전에 공헌한 피터스 목사가 70세에 은퇴 이후, 그의 행적을 한국교회가 잃어 버렸다는 것은 한국교회가 기독교 선교역사를 소홀히 했다는 것을 단적으로 보여주는 대목이다. 피터스 목사는 은퇴 후,

미국 LA지역 패서디나시 소재 은퇴선교사 주거시설에서 여생을 지내다가 1958년 하나님의 부르심을 받았다. 그때 그의 나이는 87세였다.(기독교한국신문, 2017년 11월 29일)

곡성의 교회들

곡성 오지 산골에 교회가 처음 생긴 건 옥과면에 소재하고 있다. 1903년 서울과 평양을 오가던 상인 김자윤이 복음서를 구해 자신의 집에 보냈고, 이를 부인이 읽으며 기독교 신자가 되었다. 유진 벨 선교사가 이곳 공동체 모임을 도왔으며, 광주 선교부가 활성화 되면서 옥과 교회도 신자가 늘고 성장하였을 것이다.

옥과교회는 1903년 김자윤이 인편을 통해 4복음서를 옥과의 본가에 보내면서 시작되었다. 김자윤은 서울과 평양을 왕래했던 상인으로 추정되며, 자신이 먼저 복음을 받아들인 후 복음서를 자신의 집으로 보낸 것으로 추정된다. 그가 보낸 복음서는 그의 부인 송씨가 읽었고, 방안에 모셨던 신주단을 불살라 버리며 첫 개종자가 되었다. 동리 사람들은 "이 가정에는 하늘에서 내려온 책이 있다." 며 탄압을 가하기 시작했다. 이때 배유지 선교사가 김종수 진사를 전도하여 김자윤 사가에서 첫 예배를 드리게 되었다. 1904년 광주선교부가 신설되면서 옥과교회는 활기를 띠게 되었다.
(김수진, "광주 전남지방의 기독교 역사")

1904년 곡성군 옥과리교회가 성립하다. 초에 선교사 배유지의 전도로 김종수가 믿고 열심 전도함으로 20여 신자를 얻어 자기 집에서 예배하니라.

1906년 곡성군 옥과리교회에서 열심 연보하여 가옥을 매수하고 예배당으로 사용하였고, 선교사 도대선, 타마자와 조사 이계수, 강사 흥, 김정선 등이 이어서 시무하니라(조선예수교장로회 사기).

김자윤(김삼두) 성도는 부인 송씨와의 사이에 3남 3녀가 있었는데, 막내 아들이 김세열이다. 부모의 신앙을 물려받은 김세열은 타마자와 조하파 선교사의 도움으로 평양신학교에서 수학하였다. 신학 수업중 목포양동교회 장로가 되었으며, 전도사로서 목포와 강진, 해남 등지의 교회들을 돌보았다. 신학교 졸업 후에는 목사 안수를 받고 전주서문밖교회 부임하였다. 김세열 목사는 서문교회 담임 사역을 목회하며 전북 일원을 대표하는 목회자로서 전북노회와 조선예수교 장로회총회를 섬겼다. 김자윤의 장녀 김정휴는 한종구와 결혼하였다. 한종구는 전라남도 초기 교회사에 나오는 대표적 조사요 일군 중 한사람이었다. 한종구는 1890년 11월 19일 옥과 출생으로 타마자 선교사에게 수세하였고, 옥과교회 등을 비롯하여 담양과 곡성 등지의 여러 교회를 시무하였다. 1923년 평양신학교 입학하여 목회자 수업을 받으려 했으나 신경쇠약으로 2학년 중퇴하였다. 1940년 양림교회 장로 장립하였고, 1951년 농성동교회(현 서문교회)를 개척하는 등 이후에도 여러 교회를 순회하며 사역하다 1974년 85세를 일기로 별세하였다. 그에게는 두 아들이 있었는데, 장남 한덕순은 양림교회 장로 지내다 도미하였고, 차남 한덕선은 광주제일교회 장로와 목포 정명학교 교장을 지냈다. 특히 한덕선 장로는 목포교직생활 중 목포의 옛 기독교 역사를 정리하여 기록으로 남기는 등 좋은 업적을 남겨주었다.

김자윤 성도 가정의 열심과 성도들의 합력으로 옥과교회가 부흥하면서 곡성 지역 내에 전도하고 곳곳에 교회를 세워 나갔다. 일제 시기에는 청년면려회를 중심으로 야학운동과 문맹퇴치운동에 힘썼고, 신사참배 강요에 저항과 반일로 맞섰으며, 6.25 전쟁기에는 이 교회 출신의 지도자 조용택, 김재택 전도사 등이 순교를 당하기도 했다.

섬진강 기차마을로 유명해진 오곡면에는 곡성교회가 있다. 교회가 시작한 것은 1994년 6월 30일. 당시만 해도 50여명의 성도가 있었으나 여러 사정이 생겨 성도들도 많이 줄어들고, 교단 소속도 없이 지내왔는데, 지난 2016년에 고신 교단에 소속하게 되었다. 부산의 한 교회의 후원아래 교단에 가입도 하고 힘을 내어 떠난 성도들도 돌아오고 주일학교 아이들도 불어나기 시작하는 곳이다.

전라도에는 장로교가 유독 많다. 처음 선교하였던 곳이 미 남장로교이다 보니 자연스런 현상이다. 한국교회가 성장하고 장로교가 커지면서 어찌하다 교단이 갈래 갈래 나뉘었는데, 전라도의 장로교회는 대부분 기독교장로회, 예수교장로회의 통합이나 합동, 그리고 합동에서 갈라졌던 개혁이나 그 부류가 주다. 같은 장로교여도 상대적으로 고신 교단은 몇 안된다. 부산이나 경남지역이 많을 뿐, 전라지역에 고신 교회는 찾기 쉽지 않은데, 이상하리만치 곡성 이 산골에 고신 교단 교회가 2020년 현재 곡성교회를 비롯 4개나 있다.

역시 의외로 감리교단 소속 교회도 이 곡성에는 상대적으로 많다. 주산감리교회를 비롯해서 6개 교회가 있다. 순복음교회는 곡성읍교회를 비롯해서 8개 교회가 있다. 기장 교단으로는 두 곳이 있으며, 유일하게 재건파 교회로 입면에 약천교회가 있다. 그 외 대다수는 통합이나 합동측 교단 교회들이다. 지역별로 살펴보면 곡성읍내에 13개 교회가 있으며, 그 외 10여 면에 걸쳐 60여 교회 등 곡성군에는 약 70여 넘는 교회 공동체가 있다.

5장

구례

산수유 물든 계곡에 화해와 사랑을

산수유가 피었다.

산수유는 다만 어른거리는 꽃의 그림자로서 피어난다.

그러나 이 그림자 속에는 빛이 가득하다.

빛은 이 그림자 속에 오글오글 모여서 들끓는다.

산수유는 존재로서의 중량감이 전혀 없다.

꽃송이는 보이지 않고, 꽃의 어렴풋한 기운만 파스텔처럼 산야에

번져 있다.

산수유가 언제 지는 것인지는 눈치 채기 어렵다.

그 그림자 같은 꽃은 다른 모든 꽃들이 피어나기 전에

노을이 스러지듯이 문득 종적을 감춘다.

그 꽃이 스러지는 모습은 나무가 지우개로 저 자신을 지우는 것과

같다.

그래서 산수유는 꽃이 아니라 나무가 꾸는 꿈처럼 보인다.

(김훈, "자전거 여행")

산수유 나무는 아찔한 꽃 멀미를 가져다 준다. 꽃 한 송이는 매화
나 동백처럼 마음을 흔들지 못하나, 무리지어 선 산수유 나무는 다

르다. 겨울을 털고 봄이 부르는 유혹따라 길을 나서고 산을 찾은 상춘객에게 산수유 꽃 천지는 그야말로 넋을 잃게 한다.

산수유는 '사랑'이다. 산수유의 꽃말이 영원한 사랑이기 때문이다. 산수유 열매에서 씨를 뺄 때 입에 넣고 앞니를 사용했는데, 그 덕분에 옛날 이 지역 처녀들은 어릴 때부터 입에 산수유 열매를 달고 살았다. 그 처녀와 입을 맞추면 보약을 먹는 것과 같다,해서 일등 신붓감으로 손꼽혔다고들 하고, 총각들은 사랑하는 여인에게 프로포즈할 때 산수유꽃과 열매를 주며 영원한 사랑을 약속했다고도 한다.

산수유 고장 구례에서도 특히 산동면이 산수유 마을이다. 산동면에는 무려 11만 7,000그루가 넘는 산수유 나무가 있다. 우리나라 최대 산수유 생산지다, 산수유 꽃망울이 터지기 시작하는 3월 중순부터 4월 초순까지 마을마다 계곡마다 노란 물결로 뒤덮인다.

산동(山洞)면은 '산동네'라는 의미다. 지리산 노고단 아래 자리 잡고 있는 이 마을은 산비탈에서 잘 자라는 산수유가 살기 좋은 환경을 갖추었다. 대평마을, 반곡마을, 하위마을 그리고 상위마을까지 약 2km 남짓, 산수유 꽃이 화려하게 무리지어 있다. 마을과 마을 사이 계곡을 따라 산수유 꽃으로 뒤덮은 터널이 이어진다. 행객들 머리 위로 산수유 꽃이 흐드러지고, 아래로는 지리산 맑은 물이 도란도란 흐르고 흘러 섬진강으로 내닫는다.

열 아홉 꽃봉오리 피워보지 못하고

금수강산, 대한민국 방방곡곡 아름답지 않은 고을이 어디 있으며,

저마다 슬픈 사연 없는 계곡과 산천이 어디 있으랴. 일제 말기 신사참배 강요로 인해 수난을 당한 역사에 이어, 해방이 되자 이번엔 민족이 좌, 우로 나뉘어 서로 총과 칼을 들이대며 형제 친구 죽이기를 서슴지 않았으니, 참으로 슬프고도 고통스러웠던 우리의 현대사다.

지리산 자락 곳곳에도 원통하고 서러운 죽음이 너무도 많다. 1948년 여,순 민중항쟁과 1950년 6.25 동란은 많은 살상과 피해로 얼룩졌다. 군경은 물론 애꿎은 양민들도 많이 죽이고 죽임당하였다. 산수유 흐드러진 이곳 산동을 중심으로 한 구례 지역도 인명피해가 크고 그 유족들의 상처가 아직도 아물지 못하고 있다.

1948년 10월 말부터 1949년 7월 사이 구례 일대에서 국군 제 3연대와 12연대, 그리고 구례 경찰은 좌익 반군에 협조했다는 이유로 양민들을 불법적으로 학살하였다. 진실화해위원회 조사로는 희생자수가 165명이며, 비공식으로는 800여명에 이를 것으로 추정한다. 공식 확인된 165명 중에는 20대와 30대 청년들이 71%이고, 남자가 95%를 차지하여, 주로 청년 남자들이 민간인 희생 대상자였음을 알수 있다.

좌익과 관련있다고 하여 우익계를 비롯한 무고한 양민들까지 국군과 경찰이 학살하였지만, 반대로 좌익에 의한 우익계 시민들의 학살도 컸다. 구례 역시 1920년대 들어 신간회 조직과 활동 등 민족운동과 함께 사회운동이 발달하였다. 해방이후에는 구례건국준비위원회와 인민위원회 출범이나 활동이 이어져 국가건설을 두고 좌,우간 대립과 갈등이 어느 지역 못지않게 증폭되어 있었다. 여수, 순천의 항쟁이 도화선이 되어 지리산 자락 아래 전남동부 지역은 피비린

나는 학살이 자행되었고, 이곳 구례 산동 지역도 상당한 양민의 희생으로 마을마다 계곡마다 비극이 넘쳐 났다.

잘 있거라, 산동아 너를 두고 나는 간다.
열아홉 꽃봉오리 피워보지 못하고
까마귀 우는 골을 멍든 다리 절어절어
달비 머리 풀어 얹고 원한의 넋이 되어
노고단 골짝에서 이름 없이 스러졌네.
살기 좋은 산동마을 인심도 좋아.
열아홉 꽃봉오리 피워보지도 못하고
까마귀 우는 골에 나는 간다.
노고단 화엄사 종소리야
너 만은 너 만은 영원토록 울어다오.
잘 있거라 산동아 산을 안고 나는 간다.
산수유 꽃잎마다 설운 정을 맺어놓고
회오리 찬바람에 부모효성 다 못하고
발길마다 눈물지며 꽃처럼 떨어져서
나 혼자 총소리에 이름 없이 스러졌네.(산동애가)

산동애가(山洞哀歌)는 구례군 산동면의 비극적 스토리를 담고 있다. 오빠 대신 처형당한 열아홉 처녀의 애끓는 이야기. 백순례(노리개처럼 예쁘다며 부모는 백부전이라 함)의 노래는 구슬프기 짝이 없다. 5남매 중 막내였는데, 큰 오빠 백남수는 일제 때 징용으로 끌려가고, 둘째 오빠 백남승은 여순항쟁으로 처형당했으며, 셋째 오빠 백남극은 빨치산에게 부역한 혐의로 잡혀가게 되자, 백부전은 막내 오빠를 대신해 자원하여 토벌대로 끌려갔다. 오빠대신 죽음의 길을 자청했던 어린 처녀, 그녀가 잡혀가며 끌려가면서도 설운 정을 잊지 못해 불렀다는 슬픈 노래가 산동 계곡마다에 여전히 파스텔 같은 산수유꽃으로 흩뿌리고 있다. 이 이야기와 노래는 2001년 여수 MBC에서 방영하여 세상에 더 널리 알려지게 되었다.

지리산 자락의 쉰들러 리스트

민족의 슬픔과 아픈 역사는 채 얼마가지 않아 또 되풀이 되었다. 이번엔 전면전이었다. 1950년 6월 25일 발생한 한국 동란, 남북간, 좌우간 벌어진 전쟁으로 또 엄청난 희생과 고통이 뒤이었다. 전쟁 중에도 민간인 학살은 서로를 가리지 않고 재발되고 반복되었다. 경남 거창학살이 가장 잘 알려져 있었는데, 최근엔 전국 곳곳에서 새로운 증언과 사실이 드러나고 있다. 빨치산이 오래도록 남아 있었기에 지리산 자락을 중심으로 한 전라도 일대도 피해와 오욕의 역사는 깊고도 많다.

이념의 굴레가 되고 이데올로기에 매몰되어 사람 죽이기를 아무렇지도 않게 행했던 비운의 역사 속에서 오롯이 피어낸 미담도 있다. 갈등의 첨예한 지점인 구례 일대에서 일어난 일이기에 더 가치있고 의미 깊다. 구례 경찰서장의 용기있는 행동으로 수많은 인명이 회생되고 화를 면했으니 얼마나 아름답고 멋진 일인가.

1950년 7월 24일, 구례 경찰서 안종삼 서장은 유치장에 수감되어 있던 보도연맹원 480여명을 즉결 처분하지 않고 무죄 방면, 풀어

주었다. 당시로선 상상하기 어려운 일이며, 천만다행이었다. 보도연맹은 이승만 정권이 남한 내 좌익 세력을 전향시킨다는 명목으로 분류한 단체인데, 곧이 곧대로 듣고 이에 따르다 수많은 사람들이 배신을 당하고 죽임을 당했다. 6.25가 발발하자 이들이 북한과 동조할까 두려워 이승만 정권과 경찰은 지시를 내려 이들 보도연맹 관련자들을 처단하라고 지시를 내렸고 전국에 걸쳐 무자비하게 자행되었는데, 구례 경찰서의 안종삼은 이를 거부하고 따르지 않았다. 후에 공산군이 이곳 구례를 점령하고 좌익들의 세상이 있었지만, 경찰 가족을 비롯한 희생자들이 상대적으로 적었던 것은 안종삼 때문에 생명을 건졌던 좌익들이 역시 보복을 하지 않았기 때문이다. 안종삼 서장이 1951년 1월 남원으로 발령이 나자 구례 주민들은 그의 용기와 공덕을 기려 '은심동정호(恩深洞庭湖), 덕고방장산(德高方丈山)'(은혜는 동정호 같이 깊고, 덕은 방장산처럼 높네)이라는 시구가 담긴 10폭짜리 병풍을 선물했다고 한다.

니가 가라, 구례!

전쟁의 와중에 생명을 구하는 용기있는 일도 있지만, 다른 한편으로 생명을 잃는 종교지도자의 희생이 이곳에서도 벌어졌다. 구례읍교회 담임 이선용 목사는 전쟁중 총살당하였다. 1950년 12월 9일, 그의 나이 43세 때의 일이다. 교회 건축일로 순천노회에 상의하러 가던 동행인들(이판열 집사, 이집사의 딸, 마산리교회 정관백 전도사)과 함께 소련재(송치)고개를 넘어가는 순간 빨치산 잔당들에게 살해 당했다.

이선용 목사는 북한이 고향이었다. 1906년 10월 21일 평안남도 개천군에서 태어났다. 그의 아버지는 이성국 목사로 북한 청진에서 목회하다 남하하여 서울 성암교회 등에서 목회하였다. 이선용은 숭실전문대학을 졸업하고 일본신학대학을 거쳐 조선신학교에 편입하여 졸업하였다. 목사 안수후 함북지역에서 목회하다 해방후 1947년 월남하여 전남 구례에까지 내려와 이곳 읍교회를 맡아 목회하였는데, 전쟁으로 그만 생명을 일찍 잃고 말았다.

"너 밖에 갈 사람이 없다, 네가 구례로 가야겠다." 조동진 목사는 당황스러웠지만, 그의 가슴을 뜨겁게 하는 하늘의 울림에 감동될 수 밖에 없었다. 뒷자리에 앉아있던 조동진 목사는 손을 들고 앞으로 나갔고, 새로운 부르심 앞에 순종하였다.

조동진 목사는 1950년 목사 안수를 받고 여수에서 목회활동 중이었다. 구례읍교회 이선용 목사가 죽임당하고 새로운 목사가 부임해야 하는데 선뜻 아무도 나서는 이가 없었다. 구례읍교회는 불과 몇 년 전에도 양용근(양용환) 목사가 일제에 의해 투옥과 고문 속에 생명을 잃었던 적이 있으니, 웬지 부담이 되고 두렵기도 했으리라. 당시 순천노회 목사들은 연로한 자가 많았고, 조동진은 26살의 젊은 목사였다. 성령께서 그의 마음을 흔들었다. 그는 일어나 자신이 가겠노라고 자원하였다.

구례 군에는 모두 여덟 개의 면이 있었는데, 읍내의 교회를 비롯해 각 면마다 교회가 하나씩 있었다. 구례로 가면 그 8개 고을의 8교회를 순회하며 겸임목회해야 했다. 낮엔 민주공화국, 밤엔 인민공화국인 지리산 자락 구례군에서 조동진 목사는 1953년까지 국군과 빨치산의 틈바구니에서 살며 교인들의 생명과 안전을 지켜야 했다.

"저는 원수의 생명이라도 긍휼히 여겨야 하는 목사입니다. 그래서 장례식은 저 산 사람과 토벌대를 함께 치르도록 합시다." 구례 경찰서장은 당황스러웠다. 어떻게 아군을 죽인 원수같은 적들도 장례를 치러준단 말인가. 원한이 사무치고 아무리 원수를 갚는다해도 성치않을 상황인데, 적들의 시체도 거둬주고 장례를 치러줘야 한다니, 심기가 몹시 불편할뿐더러 주변 사람들의 눈치도 우려되었다. 서장은 경찰을 먼저 합동장례하고 오후에 나머지 빨치산들은 목사가 알아서 하라고 타협안을 내밀었다.

조동진 목사는 아쉬운 대로 그렇게 할 수 밖에 없었다. 소문이 삽시간에 전해졌다. 구례에 온 젊은 새내기 목사가 경찰의 도움아래 빨치산 시체도 고이 묻어줬다는 이야기가 산동네에 퍼졌다. 기독교는 생명의 종교다. 예수는 죄인들을 위해 이 땅에 오셨다. 적을 적으로 대하지 않고 원수를 원수로 대하지 않는 게 기독교의 본질이요 가르침이다. 세상 인류의 역사는 서로 죽고 죽이며 원수지는 일에 숱한 댓가를 치루나, 기독교와 이를 따르는 신자들은 다르게 살아야 한다. 막힌 담을 허시고 둘을 하나되게 하신 예수그리스도처럼 평화의 사도로 화해의 십자가를 져야 하리라. 한 많고 서러움 많은 지리산 자락에 선한 본보기 되었던 믿음의 화해자들을 기억해 본다. 지리산 자락 계곡 천지에 흐드러진 노오란 꽃무리, 역사의 증언으로 오늘 우리 교회에 새로운 책임을 묻는다.

지리산 고장의 젊은 목회자들

민족이 일제에서 해방이 되었지만 곧이어 벌어진 세계적 좌, 우 이념 대결에 민족이 또다시 갈라지고 급기야 남북으로 나뉘었으며 전쟁까지 치러야 했으니, 1940년대에서 1950년대로 이어진 기간은 한국 현대사에서 가장 급박하고도 상처가 많았던 시간이었다. 70여년이 넘는 세월이 흘렀지만, 이때의 대립과 상처, 못다한 역사적 과오는 여전히 생채기로 남아있고 그 아픔과 갈등은 현재형이다. 그 격동의 시간을 지날 때 구례 지역의 교회를 맡아 수고하며 애쓴 목회자 가운데 두 사람은 공교롭게도 이북에서 내려온 일군들이었다.

이선용 목사와 조동진 목사. 평남 개천 출신의 이선용 목사가 해방 직후 이남하여 구례까지 와서 1947년 초부터 담임사역을 하였는데, 4년차인 1950년 전쟁통에 그만 총상을 당하여 순직하고 말았다. 그의 뒤를 이어 평북 용천 출신의 조동진 목사가 구례읍교회를 맡아 성도들을 돌보게 되었다. 1951년 7월 만삭인 아내 나신복 사모와 함께 교회에 부임하여 목자를 잃고 슬퍼하며 힘겨워하던 성도들을 돌보며 구례 군내에 있던 8교회를 겸임 목회하였다. 전쟁 가운데 아픔과 후유증이 크고 목자도 잃던 터였기에 침체 상태에 있던 교회를 다시 일으키려 부임하자마자 당회를 소집했다.

구례읍교회 당회록

주후 1951년 7월 28일 하오 7시에 구례읍교회 당회가 구례예배당에서 당회장 조동진 목사 사회아래 회집하여 찬송가 155장을 합창한 후 이보호 장로로 기도케 하고 회무를 집행하다.

1. 당회 서기를 임만열 장로로 개선하다.

2. 금년도 연초에 서리집사를 개선치 아니하고 지내왔으므로 당회에서 아래와 같이 선정하다.

김재열, 이형근, 고광규, 정흥모, 박동래, 양병호, 김헌일, 황경애, 김옥엽, 정효순, 김정임, 정은경, 유영렬, 구신애, 정성애

3. 8월 4일 오후 5시에 제직회를 소집하고 각 속회 대표까지 참석케 하여 경과보고와 회계보고를 받기로 하다.

4. 회계집사 1인을 보선하니 정흥모 집사가 피선되다.(중략)

1951년 7월 28일

당회장 조동진

서기 임만열

하나님의 일군으로서 자신은 교회가 없는 시골로 가겠다고 약속하며 의기를 다졌던 조동진 목사는 전라도 순천까지 내려와 목회하였고, 일제에 의해, 그리고 공산군에 의해 연이어 목회자들이 희생당하였던 구례읍교회 부임하여 하늘 사명 부여잡고 충성의 달음질하였다. 구례읍교회는 선배 이선용 목사가 같은 이북 출신이기도 했지만, 또한 이 교회 출신의 장로이며 신학교 선배인 정규오 목사와의 인연이 깊기도 하였다.

호남의 큰 목자, 정규오

정규오 목사는 호남의 큰 목자 가운데 한 사람으로 칭송된다. 호남 교회의 성장과 발달 과정에서 숱한 하나님의 일군들이 나왔다. 인간으로서의 한계와 욕심을 자제하고 세속의 영화를 멀리하며 하늘 부름에 충성하고 헌신하였던 수많은 남녀 지도자와 성도들을 무슨 수로 세어보며 평가할 수 있으랴. 각자 나름의 존경과 사랑을 받았던 목사들도 부지기수지만, 정규오 목사는 현대 호남교회의 큰 일군으로 치켜 세워도 가당하리라.

정규오 목사는 1914년 10월 14일 나주군 다도면 방산리에서 태어났다. 아버지 정효순, 어머니 강누동 씨의 다섯 번째 아들이었다. 어릴 때부터 동네 교회 다니며 기독교 신앙을 익혔다. 방산교회에 있었던 강습소를 통해 성경말씀을 익히며 초급학문을 배웠고, 인근의 공립 보통학교에 편입하여 졸업하였다.

당시에 교회 전도사 가정에는 일본에서 펴낸 책들이 상당수 있었는데, 그 책들을 선물로 물려받게 되었다. 정규오는 이때 얻게된 책들을 통해 청년기 상당한 독서능력을 구비하였다. 일본의 중등학교나 대학교 강의록을 읽으면서 지식의 기초를 쌓게 되었고, 일본의 사상 전집이나 철학, 윤리학 서적은 물론 칼 막스의 자본론도 읽으면서 남다른 사상과 정신세계를 구축하게 되었다.

정규오는 스물한살 때에 금융조합 사무원 시험에 합격하여 처음 사회생활 한 곳이 광양 진상금융조합이었다. 1934년 11월부터 1940년 초까지 6년간 이곳에서 일하며 광양 광동중앙교회(당시 담임 김순배 목사)를 출석하며 교회 봉사활동도 열심히 하였다. 그는 이 기간 동안 목사로부터 얻은 신학서적들을 또한 읽었는데, 박형룡 박사의 "신학난제선평"은 그이후 그의 인생과 목회에서 큰 기준이 되고 좌표가 되는 책이 되었다. 평생 남도의 목회자로서 정통보수 신학에 반하는 모든 성경관이나 신학에 대항하여 항상 맨 앞에 서서 정통보수 신앙을 주창하고 실행하였던 것은 이때 접한 박형룡의 책이 큰 밑바탕이었다.

정규오는 해방이 된 1945년 8월 금융조합에 사표를 내고 본격적으로 목회자의 길에 서기 위해 서울 조선신학교에 입학하였다. 3.8선이 그어지고 옛 평양신학교는 더 이상 복교가 불가능해 진 상황이었다. 일제에 의해 해산되었던 조선예수교총회는 남쪽 만의 반쪽짜리지만 '남부총회'의 이름으로 복구되었고, 조선신학교는 총회직영 신학교로 재출발되었다.

그러나 조선신학교 교수 중에는 일부 차원이 다른 성경관과 신앙을 가르치는 이가 있었다. 김재준 교수 등이 가르치는 내용은 예전 선교사들이 가르치고 전해준 성경의 이해나 신앙의 내용과는 많은 차이가 있었다. 고등신학, 혹은 자유주의 신학을 추구하는 일부 선생들의 가르침에 대해, 상당수 학생들의 저항과 반발이 생겨났다. 소위 '51인신앙동지회' 사건이다. 정규오는 박요한, 차남진, 김일남 등으로 51명의 연서를 받아 1947년 4월 대구제일교회당에서 개최된 제 33회 총회에 진정서를 제출하였다.

改革敎會는 聖經에 絕對權威를 두고 그 위에 세운 교회입니다.
성경은 天啓와 靈感으로 기록된 것이라는 超自然的 聖經觀을 우리는 가지고 있습니다. '新舊約 聖經은 하나님의 말씀이니 信仰과 本分에 대하야 正確無誤한 唯一의 法則이니라.' 이 信條는 朝鮮敎會의 모든 선배와 우리 자신들이 代代繼承하야 믿을 純粹한 우리 信仰입니다. 그러나 우리들이 召命感에 長老敎 總會 直營神學校인 이 朝鮮神學校에 와서 聖經과 神學을 배울 때 우리는 우리의 幼時로부터 믿어오던 信仰과 聖經觀이 根本的으로 뒤집어지는 것을 느꼈습니다. 지금 우리가 이 神學校에서 배우는 이런 것이 소위 新神學이란 것인지 혹은 高等批評인지 또는 自由主義나 合理主義란 것인지 그 是非正體를 가를 수 없습니다. 다만 이런 가르침때문에 우리 信仰이 破壞 當하는 이 어려운 問題를 이 神學校를 直營하시는 總會員 諸位 앞에 呼訴하고 陳情하오니 總會員 諸位께서는 맑은 眞理의 눈으로 解決하고 判斷하여 주심을 仰望하나이다.

(조선신학교 학생 51인 호소문)

조선신학교가 정통주의 신학교육을 할 수 있도록 변해야 한다면서, 만약 그렇지 못하면 달리 신학교를 세워 달라는 학생들의 요구에 대해 총회는 즉각 반응을 보였다. 이자익 목사를 위원장으로 하는 8인의 진상조사위원회가 구성되었고, 김재준 교수의 진술서와 박형룡 교수의 비판적 견해를 놓고 조사와 총회 차원의 조정안 등이 나왔으나 김재준 교수는 '성경무오설' 을 부정하는 자신의 신념을 굽히지 않았고, 박형룡 교수 역시 이에 대한 비판과 정통 신학을 강조하는 양 극단은 결국 시간이 흐르면서 더 같이하기에 어려운 지경에까지 나아갔다. 이 와중에 박형룡, 박윤선 등이 주도하고 51인 신앙동지회 학생들이 뒤따르며 고려신학교와 장로회신학교가 각기 설립되었으며, 이에 역시 반발하는 김재준과 조선신학교 측이 결국 교단 분리로까지 나아가게 되었으니, 1953년 예장과 기장의 분열이 었다.

정규오는 젊은 날 접했던 박형룡의 신학사상을 따라 그를 따르며 끝까지 정통 보수 신앙의 길에 앞장섰다. 1960년 전후하여 에큐메니칼운동과 WCC 문제가 교계안에 불거졌을때는 역시 이를 불식하며 반대 전선에 서게 되었고, 통합과 합동으로 갈라질 때 합동의 편에 섰다. 1979년 합동 교단이 주류와 비주류로 나뉘어 교권 다툼이 일 때는 비주류에 서서 이후 개혁교단을 따로 만들어 이뤄왔는데, 신학 노선의 차이가 크기도 했지만, 경우에 따라서는 교계 지도자 일부의 독선과 명예욕이 빚은 한국현대 교회사의 갈림길마다 늘 정규오는 앞에 서서 주창하며 행동하였다.

처갓집 동네 구례에서

정규오가 진상에서 직장생활을 할 때 고개 너머 이웃 동네 구례에 사는 문연순 씨와 결혼을 하게 되었다. 정규오는 아예 처가 동네인 구례 금융조합으로 전근을 신청하여 1940년 7월 구례로 이사하였고 이곳 구례읍교회를 출석하게 되었다. 구례읍교회는 1908년 설립하여 오랜 역사 속에 구례 산골짜기에 복음을 전해 온 복음의 기지였다. 전남 동남부 일대의 초기 교회 지도자들이 곳곳을 돌아가며 순회 사역하였듯이, 구례읍교회도 코잇 선교사의 초기 리더 이후 정태인 목사, 조상학 목사에 이어 이영희 목사가 1933년부터 담임사역하고 있었다. 1937년 최초로 이병묵 장로 장립이 이뤄졌고, 1940년 임만열

이 두 번째로 구례읍교회 장로된 즈음, 정규오는 구례읍교회 신자로 출석하며 이곳에서 또 새로운 봉사와 헌신을 하게 된 것이다.

그가 교회 집사로 충성하는 동안 1942년 김덕현 장로가 장립되었고, 1943년 정규오는 이 교회의 네 번째 장로가 되었다. 이 교회에 출석한 지 3년만의 일이었다. 그리고 얼마 있지 않아 담임목사가 새로 부임하였는데 문연순의 부친이요, 정규오 장로의 장인인 문재구 목사였다.

문재구는 1902년 4월 2일 구례에서 출생한 토박이였다. 구한말 혼란의 시기, 민중들은 하루 하루 살기에 너무 고단했고, 이렇다할 소망도 내일도 없는 나날이었다. 소년 문재구를 일으키고 삶에 활력을 넣어준 건 기독교 복음이었다. 선교사가 찾아와 성경이야기를 들려주고 구원의 소식을 전해줄 때면 세상이 달라보이고 자신의 앞날도 다르게 느껴졌다. 일찍이 예수를 알고 기독교의 도리를 접하며 저세상 다른 세계에 헌신하며 충성하였다.

1921년에 기독교에 입신하였고, 이듬해 1922년 선교사로부터 세례를 받았으며, 1923년 순천매산학교를 졸업하였다. 1941년 서울 승동교회내 조선신학교에 입학해 1943년 졸업하였다. 그해 가을에 목사로 장립받고 1943년 고향인 구례읍교회에 부임하여, 1946년까지 3년간을 목회하였고, 이후 순천 등지에서 성경학교 교장과 목회하였다.

장인이 목사이고 사위가 장로로 있던 1943년의 구례읍교회, 전임 양용근 목사가 일제에 의해 고문당하고 죽임당하였던 터라 어느 때보다 하늘의 위로와 소망, 분명한 신앙과 가르침이 필요한 때였다. 장인 문재구 목사가 3년이라는 짧은 기간 사역하고 타지로 전근가자,

정규오 장로가 교회 전도사로 봉직하였다. 당시 조선신학교 재학하며 목회자 수업을 받는 중 목회 실습을 처가교회요 자신이 장로로 있던 구례읍교회에 1년동안 하였는데, 신학교에서는 자유주의 신학에 대항하여 51인신앙동지회를 일으킨 때이기도 하였다.

한국교회 선교운동의 대부, 조동진

1947년 역시 이북에서 온 이선용 목사가 일곱 번째 담임목사로 구례읍교회에 부임하였는데, 3년후 전쟁이 일어나며 그만 공산 세력에 의해 살해당하였고, 여덟 번째 담임으로 온 이가 역시 이북 출신의 조동진 목사였다. 정규오의 신학교 1년후배이기도 했다. 이즈음 정규오는 서울의 장로회신학교로는 첫 번째 졸업(1948년 6월)을 하고 목사가 되어 그의 첫 직장지였던 광양의 광동중앙교회 시무를 거쳐 1952년엔 고흥읍교회를 맡게 되었다. 정규오 보다 후배였던 조동진은 낯선 이남에 내려와 지내며 신학을 하면서 정규오 등과 교분을 쌓았으며 51인신앙동지회에도 함께 하였으며 1949년 6월 서울장로회신학교 두 번째 졸업하였다. 평소 교회가 없는 면 단위의 시골로 목회지를 염원하던 차에 정규오의 소개로 여수의 쌍봉면에서 첫 시무를 하게 되었다. 이북 출신으로서는 전혀 낯선 남도 땅 끝 여수에까지 와서 목회하며 그는 순천노회와 젊은 날의 인연을 갖게 된 것이다. 구례읍교회를 비롯하여 구례 지역의 교회 사역자들이 전원 공산군에 의해 피살되고 목회자가 없자 조동진은 구례읍교회에 자청하여 부임하였고, 2년간의 젊은 목회 인생을 구례에서 헌신하였다.

구례읍교회를 제외한 나머지 7개 교회는 전도사들이 돌보고 있었는데 전쟁 이전에 빨치산에 모두 학살당했다. 그래서 구례읍교회 담임목사가 이들 7개 교회까지 돌보고 있었다. 이선용 목사가 죽자 아무도 이 지역 교회를 맡으려 하지 않았다. 노회 회원은 모두 나이 든 목사님이었고 20대 젊은 목사는 나와 몇 명 있기는 했으나 모두 가난한 마을과 섬의 목회자였다. 한 교회 안에서 두 목사가 일하던 곳은 여수교회밖에 없었고 내가 지목을 받은 것이다.

나는 결단했다. 반야봉과 노고단, 섬진강의 아름다운 산천이 시체 더미가 됐다고 해서 8만 구례군민과 영혼들마저 버려둘 수는 없었다. 교회 부임은 1951년 7월이었다. 첫날밤은 충격적이었다. 목사관 앞에서 토벌대와 빨치산의 전투가 벌어졌다. 박격포와 총알이 집 앞 감나무 밭 위로 불꽃처럼 쏟아졌다.(조동진)

미국을 중심으로 한 외국의 선교사와 교회에 의해 복음을 받아들이고 성장하며 은혜 받았던 한국교회. 70-80년대를 지나며 한국교회가 역으로 해외선교운동을 일으키는 일에 조동진은 가히 개척자로서 큰 족적을 남겼다. 남북 통일운동과 함께 한국교회가 벌인 해외 선교운동 역사의 거인 조동진 목사, 그리고 남도의 목회자로서 호남의 기독교계를 이끌며 갈등과

1955년 구례읍교회 전도강연회

어려움 따를때마다 묵묵히 정통 보수신학을 이끌며 양떼를 돌보았던 큰 목자 정규오 목사. 지리산 골짝아래 구례에서 청춘을 불사르며 펼친 믿음과 섬김의 역사가 오늘 구례 지역의 여러 교회들로 성장하며 믿음의 열매를 이루고 있다.

구례 3

천혜의 불교 성지에 기독교 씨를 뿌려

삼대삼미의 고장. 전라남도 '구례'에 대한 조선후기 실학자 이중환의 평가다. 우리나라 가장 오래된 인문지리학의 교과서라 할 수 있는 그의 저서 '택리지'에는 지리산, 섬진강, 구례들판의 '3대(大)', 아름다운 경관, 넘치는 소출, 넉넉한 인심의 '3미(美)'를 지닌 곳이라며 삼대삼미(三大三美)를 갖춘 구례라 하였다.

구례는 전라남도 북동부에 위치하고 북으로는 전북의 남원, 남으로는 순천과 광양, 동으로는 섬진강을 경계로 경남 하동, 서로는 곡성과 접하여 있다. 이중환의 지적처럼 구례는 지리산의 높은 봉우리와 청량한 계곡 아래, 동으로는 섬진강이 흐르는 천혜의 자연 환경을 지니고 있다.

지리산은 민족의 영산이다. 우리나라 5대산 가운데 하나로 남쪽 전라남북도와 경상남도 3도, 5개 시군에 걸쳐있다. 그 둘레만도 자그만치 320킬로미터에 달한다. 가장 높은 봉우리인 해발 1,915미터의 천왕봉을 비롯하여 반야봉과 노고단 등 수많은 봉우리들이 병풍처럼 둘러쳐 있고, 20여 능선 사이로 명성높은 계곡들이 즐비하다. 이 가운데 해발 1,507미터의 노고단과 1,732미터의 반야봉을 중심으로 사방으로 둘러쌓인 산지 사이 너른 분지에 구례읍 시가지가 형성되어 있고 곳곳에 마을이 형성되어 있다. 섬진강 근원의 하나인 서시천은 서북쪽의 산동지역에서부터 시작하여 구례 분지의 중앙천을 지나 섬진강에 합류한다.

구례는 백제 시대에 '구차례현' 이라 하였고, 통일신라시대에 '구례현'으로 개칭되었으며, 조선시대에는 남원부에 속해 있었다.

1896년 지역 관제개편이 이뤄질 때 전라남도에 편입되었고, 인근의 면을 흡수 통합하여 독자적인 행정 지명을 갖게 되었다.

1906년 의병장 고광순이 이곳 구례와 지리산을 중심으로 활동하다 연곡사에서 순절하였으며, 1908년 황현은 광의면 방광리에 호양학교를 세워 교육에 힘쓰다가 1910년 경술국치 소식을 듣고 자결하기도 한 역사의 고장이다. 구한말 구례의 유학자 황현이 쓴 "매천야록"은 귀중한 역사서로 평가받는다.

섬진강 서안을 따라 달리는 전라선 기차를 타고 가면 가히 천하의 절경에 넋을 잃을 수도 있다. 차창밖 계곡 아래 흐르는 섬진강 상류의 은빛 굽이를 끼고 돌아 나오는 곡성, 압록, 구례구역 사이 20여km 구간의 풍경은 그야말로 장관이다. 섬진강 본류와 보성강이 합수(合水)하는 압록은 이 가운데 최고 절경이라 불렸다. 하지만 지금 그 곱던 백사장은 흔적이 없고, 예전 그 흔하고 유명했던 은어 잡이도 신통찮다.

높은 산 깊은 골따라 즐비한 불교 사찰

구례 구역이라고? 그러면 신역도 있으려나? 그러나 기차는 곧장 남쪽 순천방향으로 내려가고, 구례 시내로 들어가는 도로 길은 오히려 길을 돌려 북쪽이다. 기차길을 따라 함께 내려오던 상류의 내(川)는 구례구역에서 갑자기 좌회전하여 폭이 넓어진다. 이제부턴 강(江)으로 진화하여 흐르는 것이다. 걸어서 건너기엔 폭과 깊이가 커졌다. 넓어진 강을 이번에는 오른쪽에 두고 승용차로 난 외길을 들어가야 구례 읍내로 들어간다. 아하, 달리 신역이 있는 게 아니고 구례로 들어가는 입구란 뜻의 구역(口驛)이었구나! 구례 구역이 있는 곳은 순천시 땅이다.

구례 읍내로 들어서면 가슴이 툭 트인다. 멀리 고산준령 병풍처럼 둘러쳐 있는 아래로 널직히 자리한 분지의 읍내, 숨을 멀리까지 내쉴 수 있으니 얼마나 좋은가. 도중에 가려지는 것 없이 멀찍이도 시선을 보낼 수 있고 저 멀리 자리한 높은 산들이 평화롭게 펼쳐져 있으니 참으로 이보다 더한 힐링 풍경도 드물리라. 높은 산이 있고 생명의 젖줄 강이 흐르는 곳이니 화엄사를 비롯하여 불교계 사찰도 곳곳에 존재하고 발달하여 온 구례다.

화엄사, 중학교때 수학여행 간 곳이다. 물경 45년도 훨씬 전의 일이고 멋모르고 그저 앞사람보고 따라 댕긴 여행이었을 뿐이니 기억이란 어렴풋하다 못해 아예 생각해 낸 게 더 틀릴 지경이다. 1,500년 역사를 지닌 우리나라 대표 사찰 가운데 하나다. 동양 최대 목조 건물이라는 각황전을 비롯하여 석등과 석탑 등 우리나라 국보, 보물, 문화재로 지정된 것만도 여럿이다.

보물 제299호인 구례 화엄사 대웅전은 정면 5칸, 측면 3칸의 건물로서 조선 중기에 조성된 삼신(三身)의 삼존불(三尊佛)이 봉안되어 있으며, 1757년에 제작된 보물 제1,363호 화엄사 대웅전 삼신불탱

(華嚴寺 大雄殿 三身佛幀)이 있다. 또한, 국보 제67호인 구례 화엄사 각황전은 정면 7칸, 측면 5칸의 2층 팔작지붕으로 그 건축수법이 뛰어나다. 각황전 내부에는 3여래불상과 4보살상이 봉안되어 있다. 보제루(普濟樓)는 전라남도 유형문화재 제49호로 지정되어 있다. 이 절에는 각황전 앞 석등(石燈)과 사사자 삼층석탑(四獅子 三層石塔)·노주(露柱)·동서오층석탑(東西五層石塔)·석경 등의 중요한 유물이 전해 오고 있다. 국보 제12호인 각황전 앞의 통일신라시대 작품으로 보이는 높이 6.36m나 되는 거대한 석등은 8각의 하대석(下臺石)이 병(甁) 모양의 간석(竿石)을 받치고 있고, 중간에 띠를 둘러 꽃무늬를 연이어 새긴 것으로 현존하는 국내 석등 중에서 가장 큰 것이며 통일신라시대의 웅건한 조각미를 간직한 대표적 작품이다.

(한국민족문화대백과사전)

노고단으로 올라가는 지리산 입구 길목에는 천은사가 있다. 얼마전까지만 해도 등산 외길을 막고 입장료를 받았었다. 30여년을 산행객들에게 불편을 오래도록 끼치며 부당한 수입을 챙겼었는데, 2019년 다행히 폐지되었다. 구례에는 지리산 3대 사찰이라는 화엄사, 천은사 외에도 사찰이 여럿 있고, 산봉우리 높은 곳에 벼랑처럼 서있는 사성암도 눈썰미 좋은 사람에게 그 기이한 풍체를 오묘하게 드러낸다.

구례에 뿌리 내린 기독교 신자

구례에 기독교 신자가 들어와 지낸 것은 1894년이라 한다. 구례에 처음 세워진 교회 연혁에는 고형표라는 사람이 미국에서 귀국하여 봉동리 280번지에 예배처소를 마련하고 예배를 드렸다고 한다. 구전으로 내려오긴 하였으나, 그런 사람이 있었던 것은 분명한 것 같다. 120여년도 훨씬 지난 일이지만, 당시의 주소가 현재에도 그대로 이어졌다면, 지금의 구례 버스터미널 인근이다. 1895년에는 의병난이 있었는데, 일본군이 예배당을 점거하고 교인들을 강제 해산하였고, 상당한 시간이 지나 1904년에 유진벨 목사가 이곳 예배당을 찾아와 다시 예배드렸다고도 하는데, 전혀 부정하긴 어려우나 인정하는 것도 쉽지 않다.

고형표라는 사람의 신심의 정도에 대해 아는 바 없고, 그에 대한 다른 개인 기록이나 후손등의 증언이 전무하다. 일본군이 일시적으로 구례에 들어와 훼방을 놓을 수는 있어도 장기적으로 주둔한 것도 아니니 당시의 성도들이 흩어지고 교회 모임이 완전 와해될 수는 없는 것이다. 지속적인 이야기나 내용이 추가로 전해지지 않는 상황에서 1904년 유진벨이 이곳에 왔다는 것도 의문이다. 당시 목포에 있었고 광주 선교부 개척을 위해 몇 차례 광주를 들르긴 했으나 이곳 구례에까지 방문하며 전도했다고는 보기 어렵기 때문이다. 구례읍교회 설립에 대한 조선예수교장로회 사기 기록에는 1908년으로 나와 있다.

1908년 구례군 읍교회가 성립하다. 먼저 이곳에 거주하는 고현표가 오랫동안 외국에 있다가 다시 돌아온 이후, 구세군이라 자칭하고 이 마을에 전도하여 신자가 100여명에 달하매, 60원을 연보하여 봉남리에 가옥을 매수하고 예배당으로 사용하더니, 의병난을 인하여 교인은 흩어지고 예배당은 일본 군인에게 점령당한지라. 선교사 배유지가 교섭하여 환수하니, 전도인 장현중과 집사 박량진이 예배당을 백련동으로 옮기니라. 후에 박량진이 예배당을 몰래 팔아 치우므로 강시혁 집에서 집회하다가, 이병묵, 김병식, 이순길, 정평호, 김재수 등은 종 한 개를 사서 기부하고 교인 일동은 600여원을 연보하여 예배당을 짓고 선교사 고라복, 조사 선재련이 인도하니라.

(조선예수교장로회사기)

사기 내용에도 나오지만, 고현표(고형표) 씨의 귀국과 기독교 포교 활동의 내용 등은 구전 이야기와 함께 사실인 듯하나 그 시기의 정확성은 숙제로 남아있다. 한 개인이 타지에서 기독교를 접하고 고향에 들어와 이웃 친구들에게 기독교를 이야기하고 몇 사람이 모여 예배를 할 수는 있지만, 목회자급 인사의 주도아래 모일 때에야 비로소 교회라 할 수 있고 설립되었다고 할 수 있으니, 1908년 선교사가 이 지역을 방문하여 몇 사람으로 모인 때부터 구례교회가 공식적으로 시작되었다고 봐야 할 것이다.

구례읍교회 이름으로 시작한 기독교 공동체는 초기에는 순천선교부 관할 아래 선교사들이 순회하며 돌보았을 것이며, 그 주요 책임자는 고라복(코잇)이었다. 1920년대 들어서면서 어느정도 교회의 체계가 잡혀나갔던 것 같고, 이 시기에 고라복을 도와 조사로서 교회를 섬겼던 이는 선재련이었다. 선재련은 광양 출신으로 신황리교회 출석하며 소학교에서 공부하였고, 이후 순천은성학교와 광주숭일학교를 졸업하였으며 일본에 다녀온 이후 고라복의 조사가 되어 구례읍교회 일을 도왔다. 선재련 조사가 구례읍교회를 돌보던 1926년 교회 신축이 이뤄졌다.

구례읍은 2천여원으로 양제 20여간을 신축한 일이오며, 지난해 구례읍 화재는 전부 소화중이나 예배당과 목사 사택은 소화되지 않음으로 하나님께 영광돌린 일이오며(조선예수교장로회 15회 총회 순천노회보고서).

1926년 가을에 열린 조선예수교장로회 총회에 보고한 순천노회 보고서에 의하면 구례읍교회가 한 해 전 화재로 인해 피해를 입었음을 알 수 있다. 교회는 이를 계기로 새로 예배당을 지은 것으로 보이며, 당시 구례 성도들의 헌신과 고라복 선교사의 도움이 컸을 터이다. 선재련은 이듬해 1927년 평양신학교에 입학하여 본격적인 목회자 수업에 들어갔고, 구례읍교회는 정태인, 조상학 등이 연이어 지도하였으며, 1933년에는 김상두 목사가 부임하였다. 그리고 1934년에는 구례읍교회 최초 장로로 이병묵 씨를 장립하였다. 1938년 구례읍교회에서 순천노회가 열렸다. 22회 정기노회 개최하는 장소로 영광스런 일이었는데, 그만 이때 그 부끄러운 신사참배 결의가 또한 이뤄졌던 장소이기도 하다.

동부전남 80여교회에 사천여명의 신도를 옹하고 있는 야소교순천노회 22회 정기총회를 25일 오후 8시부터 구례교회에서 노회장 김상두 씨 사회 아래 개최하였는데, 광주, 여수, 순천, 곡성, 구례, 광양, 보성, 고흥 등지로부터 참집한 목사 14명과 장로 20명에 다수의 방청자가 집합하여 의논이 분분하였는데, 목사 김상두 씨가 교회의 신사참배에 관한 제안이 있음에 대하여 만장일치로 원안을 채택하게 되었으니, 이로써 전남야소교신도 신사참배의 호시를 삼는다. 이에따라 동회에서는 오는 전조선총회에 결의할 것 결의문을 소속교회에 통지할 것, 명일 구례 신사에 참배한 것, 지원병제도와 교육령 개령에 관하여 요로 당국에 축전할 것 등의 부칙결의까지 있었다 한다.(동아일보, 1938년 4월 29일)

아무리 일제의 협박과 강요에 의해 저질러진 일이라 하였어도 이는 두고 두고 교회에 부끄러움이 되는 일이었다. 전국적으로 노회 가운데서는 두 번째로 진행된 일이었는데, 당시 노회장이 김상두 목사였다.

구례읍교회의 수난과 성장

구례읍교회에 양용근 목사가 부임하여 시무하던 중 소위 순천노회 박해사건이 벌어졌다. 일제는 식민통치를 강화하고 이에 조금이라도 반하는 세력을 소탕할 목적으로 순천 노회 소속 목회자들을 모조리 체포 연행하였다. 저들만의 법령인 '치안유지법'에 따라 재판하고, 선고하였다. 양용근 목사도 1년 6개월 형을 받고 복역하던 중 옥중에서 사망하였는데, 그의 죽음에 대한 역사적 평가, 즉 이를 순교로 볼 것인가 하는 문제가 우리 후손들에게 남아 있다.

당시의 순천노회 목회자 전원에 대한 구금과 투옥을 신사참배 반대와 연관지으며 특히 쇠약해진 몸으로 만기 출소하기 전 옥중에서 사망한 양용근 목사에 대해선 순교로 평가하며 부각시킨 일들이 최근 몇 년 사이에 벌어지고 있다. 직계 후배들인 순천노회 안에서나 양용근 목사의 후손이라는 학자의 논리에 의해서 평가되는 일인데,

이에 대한 의문과 반론도 제기된다. 당시 순천노회 사건에 대한 일본의 재판문에도 내세론과 종말사상을 전파하는 이유로 국체변혁을 꾀한다는 게 주요 죄목일 뿐, 신사참배 거부나 저항이라는 죄목은 없다.

넓게는 모든 게 기독교 신자로서 목사로서 신앙 양심에 따른 행위일지 모르나 그것이 신앙과 직접적인 관계인 지 아니면, 국가의 체제문제에 대한 시비인지는 제대로 가려야 할 일이다. 신사참배 가결했던 순천노회의 1938년 일에 대해 그 어떤 반성이나 회개의 족적을 남기지도 않았으며, 이후 설교나 행적에서 뚜렷한 반대의 저항의 흔적도 증거도 없다. 사실 관계가 미흡한 채, 미화나 과장, 왜곡은 고인의 죽음을 더 욕보일 뿐이다. 바른 역사적 평가로 선배들의 고난과 죽음을 의미있게 대하며, 우리 후배들도 올바른 신앙과 역사에 대한 책임을 다할 수 있지 않겠는가.

양용근(양용환)은 광양 출신으로 조사 신분으로 광양읍교회, 신풍리교회(애양원), 길두교회를 시무하였으며, 1939년 평양신학교를 졸업하고 순천노회에서 목사 안수를 받았다. 이듬해 1940년 3월 구례읍교회에 부임하여 시무하던 중 일제에 의해 재판을 받고 광주형무소에 수감되었고, 1943년 12월 5일 사망하였다.

구례읍교회는 목회자들의 수난이 계속 이어졌다. 양용근 목사에 이어 1950년 전쟁기에는 이선용 목사가 공산군에 의해 피살되었다. 믿음의 지도자들이 수난을 당하고 고충이 많았던 구례읍교회는 1952년 예배당을 새로 지었고, 1954년 구례중앙교회로 이름을 바꿨다. 이때 지어진 건물 예배당은 지금도 현존하는데 그 외장 양식이 전라도 일대에서는 찾기 어려운 독특한 디자인으로 되어 있다. 70년 되어

가는 문화적 가치가 높은 건축물인데, 노후로 인해 오래 지탱하기 어려울 듯하다.

1960년대 예수교장로회 교단이 갈라진 와중에 구례중앙교회에서 일부 식구들이 따로 나가 구례제일교회를 세웠다. 합동 교단 소속인 중앙교회와 통합 교단 소속인 제일교회가 120년 넘는 오랜 역사를 공유하며, 구례의 복음 전진기지로서 열심 충성하고 있다. 구례중앙교회는 새 예배당을 1991년 신축하였으며, 구례제일교회도 2020년 조금 떨어진 곳에 예배당을 크게 지었다. 주위로 높은 산 아래 깊은 골짜기마다 불교가 융성하고 사찰도 많지만, 기독교 복음의 씨앗도 뿌려진 지 120여 년이 흘러가며 옛 교회 역사를 지닌 두 공동체를 비롯하여 여러 구례 지역의 교회들이 하늘나라 생명의 길을 열어가고 있다.

지리산 골짜기의 착하고 충성된 종

"이순배 전도사, 당신 전도 열심히 잘한다는 소문 들었소, 구례 산동 골짜기에 교회 개척을 해야겠는데, 당신이 좀 맡아서 수고해 주시오, 그리고 내가 추천할테니 서울에 있는 신학교에서 계속 목회자 수업을 하기 바라오." 겸허하고 진지한 부탁이지만, 하늘의 명령으로 엄숙하게 다가오는 보이열 선교사의 권면에 이순배 전도사는 다른 생각을 더 할 것도 없이 즉각 순종하였다.

보성 율포에서 교회를 일구며 전도에 힘쓰던 이순배에게 보이열 선교사는 새로운 도전을 부탁하였다. 이순배 전도사는 구례의 산동면 지역인 중동리에 들어가 새로운 전도 사명에 불을 태웠다. 지리산 산골짜기 마을에 이렇게 중동교회가 세워졌고, 오늘까지 복음의 역사가 이어지게 되었다.

산동면 소재지에 있는 산동교회로 신앙생활을 하던 5명의 여자 성도들이 중동교회 교인으로 모이게 되어, 불신자의 작은 방을 빌려서 하나는 교회로 하나는 사택으로 쓰게 되었다. 6.25 전쟁후 지리산으로 도망친 공산당들이 낮엔 조용히 있다가 밤이면 내려와서 약탈을 하고 양민을 학살하고 시국을 혼란하게 하여 중동교회의 지역

16개 부락이 거의 남자들을 찾아보기 힘들었는데, 그 이유는 경찰이나 국군은 그들이 공비에게 협조했다고 죽이고 공비는 자기들에게 반동분자라고 죽이고 하여 이곳에선 다른 어느 곳보다 아빠나 남편이 계시는 지 묻기가 조심스런 말이었다. 6.25 전쟁과 공비토벌 작전이 끝난 후 가장 산골 부락이니 중동에 전도사로 파송을 받게 된 것이다.(이순배 목사)

이순배는 청소년기 심각한 불면증에 시달렸었다. 순천 안력산 병원을 다니며 치료를 받으면서 기독교인 의사로부터 복음을 듣고 기독교 신앙을 갖게 되었다. 순천고등성경학교에 입학하여 목회자 수업을 받게 되었고, 보성 율포교회를 맡아 시무하며 목회실습하였다. 그의 전도에 대한 열정과 목회자로서의 자질은 탁월한 열매를 거둬 교회가 부흥하기 시작하였다.

이를 지켜본 보이열 선교사는 그에게 구례 산동면에 교회 개척을 권했고, 낯선 구례에까지 가서 전도자로 새 사명에 충성하였다. 1958년 5월 11일 중동교회는 당회장 보이열 선교사의 지도로 이순배 전도사에 의해 설립되었다. 이순배는 구례에서 전도와 개척에 힘쓰면서 보이열 선교사 추천으로 서울 장로회신학대학교에 진학하여 신학 공부에도 전념했다. 보이열의 지속적인 후원과 지도아래 이순배는 학업과 함께 산동면 중동교회의 부흥을 이뤘다.

보이열 선교사의 도움을 얻으며 이순배는 1961년 신학대학을 졸업하고 목사가 되어 순천노회 소속의 목회자로 전남 동부지역의 여러 교회를 시무하였다. 중동교회에 이어 곡성석곡교회, 순천중앙교회,

고흥중앙교회, 여천성암교회, 그리고 경기도 김포에 있는 양곡제일 교회를 시무하였다.

이순배 목사는 통합교단에 속하여 오래 사역하던 중 박윤선 목사의 사상과 말씀 운동에 영향을 받아 합동신학교에 아들과 사위를 입학 시키면서 예수교장로회(합신) 교단으로 옮겼다. 1986년 서울 대방동 에 대봉교회를 설립, 16년 사역후, 2002년 은퇴했다. 이순배 목사는 합신 남서울노회장을 역임하고 15년간 개혁주의신행협회 이사장으 로 문서운동에 많은 기여를 했으며, 지난 2010년 소천하였다.

예수의 3대 사역을 다했던 보이열

보이열 선교사는 예수의 3대 사역을 전부 다 실천한 선교사였다. 전도하고 가르치고 치료하는 예수 그리스도의 공생애를 따라 미 남 장로교 호남선교부는 전라도 5개 선교부를 중심으로 이를 그대로 실행하였다. 군산과 전주, 목포와 광주에 이은 순천선교부 모두 목 사와 교사, 의사를 함께 무리지어 파송하여 호남의 민중과 세상에 대해 효과있는 통전적 사역을 펼쳤다. 교회를 세워 전도하여 죄인 을 구원하고, 학교를 세워 자라는 세대들에 교육을 하였으며, 몸이 병들고 아픈 이들을 치료하였다. 각각의 사역을 전담하기 위해 선 교부마다 목사, 교사, 의사와 간호사, 그리고 여성 사역자들로 다양 한 재능을 갖춘 선교사들이 함께 일을 했다.

대다수 선교사들이 각자 자신이 맡은 영역에서만 집중하여 사역을 펼쳤는데, 보이열은 이 모두를 다 실행한 면에서 참 남다르다. 1921년에 선교사로 조선에 와 1940년 미국에 추방되기까지 전기

20여년간 활동은 전도 활동에 치중하였다. 전주를 중심으로 하여 전라북도 지역의 농촌 지역을 순회하며 복음 전하는 일에 그는 진력하였다. 남원, 임실, 진안과 장수 지역 오지 마을의 기존 교회를 순회하는 책임과 함께 교회가 없는 마을에 교회를 개척하였다. 하루에도 수십키로의 거리를, 때로는 높은 계곡을 오르 내리기도 하고, 내를 건너느라 신발과 양말을 벗었다 신었다,하였다. 수십여 교회를 맡았기에 봄 가을로 부지런히 다니며 전도하고 양육하며 세례 학습문답을 시행하였다. 얼마나 많이 걸어 다녔는 지 발톱이 다 망가질 정도였고, 아물 틈도 없이 또 걸어 다니며 복음 전도자로서의 사명에 충성했다.

그 교회까지 가려면 수십 킬로미터를 걸어야 했지만, 그럴 만한 가치가 있었다. 한 번은 30킬로 떨어진 그곳까지 3시간 35분을 걸어서 가는데 다리가 없었기 때문에 작은 내를 건너려면 신발과 양말을 여러 번 벗어야 했었던 일도 생각난다. 한국에서 선교사로 지내면서 매년 25~55개의 교회를 책임지고 있었다. 그해에는 55개의 교회를 맡고 있어서 그해 말까지 도합 4,000여 킬로미터를 걸어다니느라 성한 발톱은 하나 밖에 남지 않았다.
(보이열, "한국 오지에 내 삶을 불태우며")

일제에 의해 추방되었다가 해방이 되자 1947년 보이열은 다시 호남을 찾았고, 1950년 6월 전쟁통에 잠시 피난을 가기도 하였지만, 이내 순천으로 복귀하여 여전한 선교사명에 충성했다. 전기 때의 전주 중심으로 한 전북 사역에서 이번 후기 사역은 순천을 중심으로

하여 전남 지역의 전도는 물론 교육과 의료 선교에도 힘을 기울였다. 늘 해오던 교회 개척과 순회 사역은 담당 구역만 바뀌었을 뿐 여전했고, 순천 매산학교 사역과 함께 여수 나환자 마을의 아이들을 위한 교육활동과 애양원 병원의 의료 사역에도 많은 시간과 정력을 쏟았다.

나환자를 위한 사역과 관련된 새로운 특징은 나환자촌에 사는 부모의 건강한 아이들을 위한 명성고아원 사업이었다. 이 아이들은 4살부터 14살까지 보호했다. 고아원은 기숙사와 운동장과 학교도 있었다. 고아원에 가장 아이들이 많을 때는 남녀 어린이가 60명이었다. 6학년까지 초등학교에서 공부하고 그 후에는 24킬로미터 떨어진 기독교 중학교와 고등학교를 다녔다. 대부분의 남자 아이들은 고등학교 졸업 후 대전장로교대학을 갔다. 나병을 가진 부모의 자녀들이 기독교 정신의 실천과 사랑 덕분에 교육을 받을 수 있게 되었다는 것을 한번 생각해 보라! 이 아이들의 부모는 병들고 사회에서 버림받은 더러운 거지이고 희망도 없고 죽기만을 기다리며 나환자 촌에 있다. 이제는 많은 사람들이 치유되고 정상적인 생활을 위해 사회로 돌아갈 수 있고 스스로 생활비를 벌 수 있다.
(보이열, "한국 오지에 내 삶을 불태우며")

1921년에서 1940년까지의 전반부 전북 사역, 1947년에서 1965년 은퇴할 때까지 순천과 전남 동남부에서의 사역으로 직접 일한 햇수는 40여년이지만, 그 사이 일제에 의해 못다했던 기간을 합하자면 47년에 이른다. 28세의 젊은 나이에 미지의 땅 조선에 선교사로 와서 물경 72세 되도록 온 청춘과 인생을 조선의 호남에 쏟아냈다. 그의 땀과 헌신으로 얼마나 많은 이들이 구원을 얻고 생명을 얻었으랴. 그에게 도움과 영향을 받아 교육의 기회를 얻어 새로운 인생을 구가하고, 병으로부터 치료되어 희망과 기쁨의 생을 이어간 이들이 얼마나 많으랴. 오직 하나님의 부름과 사명에 충성했던 일군, 죽도록 충성한 사람, 착하고 충성된 종이란 그를 두고 하는 말이리라.

걸어라, 또 걸어라 한국교회여

보이열(Elmer Timothy Boyer, 보이어, 1893~1976) 선교사는 일리노이주 출신으로 루이빌신학교에서 신학을 하였다. 1921년 내한 선교 사역을 했으며, 1926년 글래디스(Sarah Gladys Perkins)와 결혼하였다. 그들은 모두 5자녀를 두었는데, 그중 케네스(Kenneth Elmer Boyer, 보계선, 1930~) 역시 부모의 뒤를 이어 한국 선교에 헌신하였다. 보계선 선교사는 전주에서 출생하였으며, 데이비슨대학과 콜롬비아 신학교에서 학위를 마친 후 1956년 내한, 전주, 순천, 목포와 대전 등지에서 전도 활동과 성경학교 사역에 힘썼다. 1961년 실비아(Sylvia Elizabeth Haley, 할리, 1933~)와 결혼하였는데, 아내는 간호사로서 목포와 광주 등지의 병원에서 공중위생 사역과 지역전도 사역, 그리고 선교사 자녀들의 교육 사역을 했다. 보계선 부부는 1980년 은퇴하였다.

농촌지방 25 개척 교회의
당회장 맡아 춘추로 교회를 방문하며
오후 시간은 학습 세례 문답을

두 시간 이상 긴 시간 문답하고
밤 예배시간 학습 세례를 베풀었네
가정을 20일 이상 떠나 순회하면서
손수 식사를 요리하고
불편한 농촌 교회, 방, 화장실 등
고생과 수고를 뜨거운 가슴으로 가리지 않고
농촌 교회를 지극히 사랑한 보이열 선교사
교회 순회를 마치고 집에 돌아오면
아이들이 아버지의 얼굴을 잊어 버리고
놀라며 어머니 품으로 도망쳐 가면
엄마 도둑놈이 왔어요 고함을 치고
오직 교회 밖에 모르는 보이열 선교사
(안기창, "꽃다운 젊음을 불사르며").

교회가 무슨 성장의 곡선이 따로 있고 부흥의 꼭대기가 따로 있어 하향기, 쇠퇴기를 말할 수 있으랴만, 양으로나 질로나 예전만 못하고 정체되고 무뎌져 있는 건 사실이다. 위기라고도 한다. 영적 도덕적 능력도 쇠하여지고 교회에 옛 젊은이들과 아이들의 소리는 줄어들고 문제라고들 한다. 그렇다고 해서 망연자실해 있고, 변화에 대한 몸부림을 멈춰 버리면 그것이야말로 진짜 엉터리 아니겠는가. 악하고 게으른 종이란 움직이지 않는 데 있다.

한국교회는 보이열 선교사로부터 배워야 한다. 그리고 다시 일어서서 걸어야 한다. 걷고 걷고 또 걷는 일부터 새로운 시작이다. 열 가락 발톱이 다 뭉개지고 빠지도록 걸어가는 것부터 한국교회는 다시 시작해야 한다. 경제적 부요와 권력 명예로부터, 도덕적 유혹과 성결의 무뎌짐으로부터 다 벗어나고 떠나 본래의 없음으로부터 투박하고 먼지 펄펄 날리는 농촌의 들녘과 오지의 산길을 걸어야 한다. 생명과 소망의 발길, 복음의 능력은 신자 한 사람 한 사람이 새로운 부르심에 다시 가치를 세우고 일어서는 데서부터 일어난다. 보이열 선교사의 발길을 따라 우리 한국교회가 초기의 복음, 생명의 역사 소생하며 걷고 걸어갈 수 있기를 소원해 본다.

일상의 과로에서 벗어나

외국인 선교사들이 낯설고 먼 타향 조선에 와서 하늘나라 사역을 감당하며 충성하는 것은 참으로 귀하다. 그들의 수고와 땀으로 우리 조선이 개화되고 민중들은 생명의 복과 소망을 얻었다. 병을 치료받고 교육 기회를 얻었으며, 전국 산하 곳곳에 교회 공동체가 뿌리내리고 성장하였으며, 근,현대화와 함께 사회적 변화와 발전을 거듭하였다. 무지와 궁벽한 땅 조선을 깨우고 도전하며 생명과 소망을 전하느라 선교사와 가족들은 상대적으로 숱한 헌신과 함께 댓가를 지불해야 했다. 충분한 먹거리와 에너지 보충, 안락한 잠자리와 쉼을 포함하여 선교사들에게 절실했던 한가지는 건강과 위생문제였다. 말라리아, 학질, 이질, 수인성 풍토병 등 여러 질병들이 만연했던 100여년 전의 조선 자연 환경은 외국인들에게 너무도 어렵고 큰 고통을 많이 안겼다. 건장한 남성 선교사는 물론 여성과 어린아이들 상당수가 이러한 이유로 아깝게 목숨을 잃었다. 순천 선교부 개척자였던 코잇(고라복)의 가족에게도 어느날 갑자기 슬픈 사건이 발생하였다.

1913년 4월 순천 매산동에 선교사 콤파운드를 건설하며 선교부가 막 출발하려는 즈음, 코잇의 어린 두 자녀가 사망하였다. 악성 이질이 이유였다. 소 젖을 짠 우유를 끓이지 않고 그냥 마셨던 가족들 중에,

네 살짜리 아들과 두 살짜리 딸이 그만 죽고 말았다. 코잇의 부인은 다행히 생명은 건졌지만, 오래도록 질병에 시달리며 누워 있어야 했다.

코잇 가족이 당하는 슬픔은 여타 선교사와 가족에게도 예외가 아니었다. 수많은 선교사들이 장 흡수부전증이나 이질, 혹은 폐렴 등으로 사망하였다. 낯선 곳에서의 무리한 충성으로 몸이 견디지 못했고, 스트레스 등으로 얻은 몸의 면역력 약화 등으로 이른 나이에 이 세상을 등져야 했다. 풍토병으로부터 안전한 공간이 필요했고, 지친 일과에 따른 쉼과 재충전은 선교사들에게 너무도 중요했고, 파송기관인 각 교단의 선교회에선 적절한 대책이 긴요했다.

호남 일대에서 사역했던 미 남장로교 선교회는 특별히 여름의 더위와 습도로부터 몸을 지켜내고 원기를 회복할 방도를 구해야 했다. 선교회는 1920년 위원회를 구성하여 적합한 휴양처를 찾도록 노력했고, 마침내 지리산 노고단에 좋은 위치를 발견하고 여기에 휴양처를 만들었다.

선교사의 건강 문제는 극도로 어려워졌다. 많은 사람이 과도한 긴장과 섭생의 결핍 그리고 여러 종류의 병 때문에 무너졌다. 이 기간에 선교 인력은 효율적인 인력의 3분의 2가 되기 힘들었다. 일하는 사람의 부족은 악순환을 초래했다. 현장에 남아 있는 건강한 사람들은 과로로 건강이 차례로 나빠졌다. 1919년 미국에 있는 선교 인력의 40%가 위급 상태거나 건강에 문제가 있거나 안식년 중이었다. 1930년 실행위원의 연례보고서에는 "여러해 동안 우리 교단의 다른 어느 9개 선교 현장보다 한국에서 더 많은 사람 아픈 사람이 나왔다"라고 적혀 있다. 선교부의 의료위원회는 1921년의 특별보고에서 취미생활의 필요성, 신선한 밀가루와 설탕의 사용, 해충 방지, 그리고 여름 휴가 등을 포함한 '건강 제안서'를 내놓았다.
(조지 톰슨 브라운, "한국선교 이야기")

지리산의 여러 고봉들 가운데 하나인 해발 1,507미터의 노고단. 구례군 산동면과 토지면의 경계에 있으며 인근의 천왕봉, 반야봉과 함께 지리산의 3대 봉우리 중 하나다. 구례 읍내에서 천은사 경유하는 길을 따라 차를 몰고 성삼재까지 올라갈 수 있다. 해발 1,102미터에 있는 주차장에 차를 세워 놓고 2.2킬로미터를 걸어 올라가면 노고단 대피소가 있으며, 선교사들이 사용했던 수양관 유적지를 볼 수 있다.

질병을 예방하고 무더위를 피해

미 남장로교 선교부는 조선총독부와 협의하여 프레스톤 선교사의 감독하에 수양관을 짓고 휴양처를 조성하였다. 고지인 이곳은 풍토병의 병원균이 서식할 수 없기에 질병에 감염되지 않는다고 판단하여 1922년 짓기 시작하였다. 천막동 7동과 원목주택 6동으로 시작하여 1940년까지 석조건물 58개 동을 노고단 중턱에 지었다. 숙박 시설과 함께 테니스장, 수영장, 농구장, 배구장, 골프장 등이 있었고, 자가 발전시설도 마련하였다. 높은 고지대에 주거와 휴양 시설을 짓는 데는 평지의 조선인 노동자들이 동원되었다. 토지면민들이 나섰을 테고, 이곳에 있는 토지교회 성도들 상당수가 땀을 흘렸으리라.

노고단 수양관은 풍토병 예방을 목적으로 6~8월 무더운 여름동안 서늘한 고원지대에서 가족들이 쉼과 교육 및 수양등을 할 목적이었기에 조선인 등 외부인의 출입은 철저히 차단되었다. 노고단 수양관이 미 남장로교 선교회 관할로 설립되었지만, 전국 각지에서 수고하는 타교단 선교사에게도, 미국인 뿐만 아니라 영국, 호주, 노르웨이 등 어떤 외국인이라도 모든 선교사들이 이용할 수 있었다. 일제시기 선교사들의 휴양 시설은 지리산 노고단 외에도 미 북장로교 운영하는 황해도 소래 휴양처와 감리교가 운영하는 원산 휴양처가 있었다.

노고단 휴양소를 통해 선교사와 가족은 일상의 과로로부터 벗어나 쉼과 재충전의 기회를 가졌다. 질병의 폐해로부터 몸을 지키고 예방하는 것도 큰 몫이었다. 산중이었지만, 나름 레저와 취미활동을 통해 활력을 되찾고 고국에서의 향수를 대신 달래기도 하였다. 그렇다고 늘 놀고 쉬는 것만은 아니었다. 사역을 재평가하고 새로운 아이디어를 구상하며 나름 좋은 여건 속에서 하던 일을 지속하기도 했다. 성경번역이 쉬지않고 계속되는 일도 이곳에서 있었던 일 가운데 하나다.

조선어 성서번역위원회 주요 일군이었던 레이놀즈는 이곳에 머물며 성경번역 작업에 오히려 더 몰두할 수 있었다. 성경공부 교재의 번역도 이뤄졌고, 다른 선교사들도 자기 상황에 맞게 사역을 중간 재평가하며 새로운 사역과 기획에 집중하기도 했을 것이다.

어느 해 아주 무더운 여름 동안 우리들은 순천에서 멀지 않은 높은 지리산에 가곤 했다. 거기서 우리는 휴식도 취하고 성경 공부도 하고 편지도 쓰고 우리 선교부나 다른 선교부 가족들과 교제도 나누기도 했다. 4주에서 6주 가량 더위와 모기를 피할 수 있었던 것도 좋았다. 숙소는 해발 1,200m 높이에 있었고 20에서 30개의 작은 별장이 있었다. 세 번의 여름동안 나는 머물 별장이 없는 방문객들을 위한 숙소를 운영할 책임을 맡았다. 우리는 보통 매일 90명에서 100명 분량의 식사를 준비해야 했는데, 그 또한 아주 재미 있었다. 한 번은 우리 온 가족이 온 꼭대기 층 큰 방에서 자고 있었고 자기 별장을 잠그고 하룻밤을 우리 숙소에서 보내야 할 별장 주인들을 수용해야 했기 때문에 우리가 산에 남은 마지막 사람이었다. 전날 우리는 산을 내려가려고 했지만 태풍이 불어서 숙소의 지붕이 날아가 버렸다. 다음날 양철지붕 조각이 산 아래에서 발견됐다.

(보이어, "한국 오지에 내 삶을 불태우며")

그런데 이 좋던 선교사 휴양처는 일제말기와 6.25를 거치면서 폐쇄되고 파괴되었다. 미 선교사들이 눈 밖에 보였던 일제는 1940년 선교사들을 강제 추방하였으며, 자연스레 노고단 휴양처는 주인 잃은 빈 터가 되었고, 6.25 전쟁중에는 빨치산이 지리산 곳곳에 주둔하였던 탓에 이래저래 부서지고 망가지고 말았다. 그 많던 건축물은 다 없어지고 파괴된 석조 예배당 하나만 겨우 흉물스럽게 남아 있다.

새롭게 지어진 왕시루봉 휴양촌

다시 돌아온 선교사들은 파괴되어 버린 노고단 대신 인근의 왕시루봉에 새롭게 휴양촌을 건설하였다. 전쟁 직후 미군들이 남긴 물자를 동원해 역시 높은 이 봉우리까지 가져와 예배당과 여러 숙소, 부대시설을 갖추었다. 1962년 인휴와 조하파 선교사 주도로 새로운 휴양시설이 마련되었다. 당시 서울대학교 농과대학의 연습림으로 되어 있었기에 선교부는 서울대와 교섭하여 임대 계약을 체결하고 공동 소유, 공동 관리하는 합법적 형식도 갖추어 진행하였다.

예배당 강대상 뒤 석벽에는 백석 십자가를 박았고, 여러 가옥들은 각기 다양한 외국의 양식을 따라 만들어졌다. 인사례(샬롯) 가옥은 북미식 오두막 건축양식이며, 배도선(패티슨, 한국 누가회를 만든 영국의료선교사) 가옥은 영국 농촌 주택 형식을 따랐고, 인휴(휴 린튼) 가옥은 일본의 주택 양식을 일부 곁들였다. 도성래(토플) 가옥은 비탈진 경사지를 이용하는 노르웨이 산악형 주택 양식 등 현재도 남아있는 이들 12채의 집은 상당한 건축사적 의미가 높다.

왕시루봉 수양관은 1970~80년대를 넘어서자 예전의 수요만큼 활성화되진 못했다. 그리 높이 올라가지 않아도 한국 사회는 많은 변화와 발전을 거듭하였고, 다른 좋은 휴양시설도 많이 생겼으며, 무엇보다 선교사들이 훨씬 줄어든데다, 한국 정부에서 공원안에 있는 시설에 대해 간섭도 심해졌다.

왕시루봉 선교휴양촌.
· (위)도성래 선교사집(노르웨이 건축양식)
· (아래)인휴 선교사집(억새로 덮은 지붕인데 내려앉을 우려가 있어 녹색 천막으로 덮어두었다)

급기야 1984년 시설의 관리 책임자였던 인휴 선교사가 교통사고로 사망하자, 공식적인 후계 책임자가 없는 상황에서 수양관 자체가 사람들의 관심 속에 멀어지게 되었다.

2003년 서울대 농과대에서는 더 이상 왕시루봉 수양관이 예전의 설립 목적, 즉 난치병 치료와 요양과는 무관하게 존재한다는 감사원 지적에 따라 이듬해 철거할 계획을 밝혔다. 이에 인휴 선교사의 아들인 인요한을 비롯하여 구례 지역교회를 비롯한 기독교계가 이의 철회를 주장하며, 수양관을 문화재로 지정, 보존해 줄 것을 요구하고 있다.

지리산의 선교사 유적들은, 해방 전에는 노고단을 중심으로 휴양과 성경번역 및 에큐메니컬 활동에 활용되었지만, 해방 후에는 왕시루봉을 중심으로 휴양과 성경번역 및 에큐메니컬 활동을 위해 활용되었다. 특히 풍토병 극복과 휴양을 위해 지리산 왕시루봉 휴양지는 그 독특한 사명을 감당해 왔다. 현재 남아 있는 왕시루봉의 유적은 60여년 남짓한 역사에도 불구하고 그 문화적, 건축학적, 종교적 가치가 높다. 문화한국을 위해서는 문화재 복원도 중요하지만 소멸되어 가고 있는 문화재를 '등록' 하여 보존하는 것도 중요하다.

왕시루봉 선교 유적지는 해방 후 한국을 찾은 선교사들이 선교와 교육, 일반의료와 의료교육, 농업과 목축의 근대화, 고아와 과부·전쟁에서 희생된 여성의 재활사업, 서양의 근대 양서 보급 그리고 한센병 치료 등 여러 가지 방면에 종사하면서, 일제 식민지의 고통과 한국전쟁의 후유증을 극복·재건하는 일에 앞장서다 피로해진 심신을 재충전하는 곳이었다. 그곳에 휴식의 공간을 마련한 선교사들은 세계 여러 곳에서 모여들어 왕시루봉이라는 불과 300여 미터 거리의 공간에 12채의 건물을 조성, 당시 전쟁으로 피폐해진 산간에서 작은 평화의 지구촌을 형성했다는 점에서도 중요한 의미를 지니고 있다. 왕시루봉 휴양지는 '화해'라는 중요한 의미를 부여할 수 있다. 한국 전란 전후의 피비린내 나는 전투는 휴전선을 중심으로 한 지역에서만 이뤄진 것이 아니다. 지리산을 중심으로 해서도 이념적 갈등과 투쟁은 10여년 이상 계속되었다. 갈등과 투쟁의 상징처럼 되어 있던 그 현장에 화해와 용서를 실천하려고 온 선교사의 집단 휴양지가 세워졌다는 것은 그것만으로도 중요한 가치를 발견할 수 있다. 더구나 70년 이상 분단과 투쟁의 역사를 극복하지 못하고 있는 현장에 세계 여러 지역에서 사랑과 평화를 전하기 위해 옮아온 선교사들의 집단 휴양지가 조성되었다면, 그것만으로도 문화재로 등록하여 보존할 가치와 책무가 있지 않을까. 문화재 당국이 심사숙고할 문제라고 생각한다.

(이만열, "왕시루봉 선교사 유적과 문화 유산 보전")

기독교계의 문화재 지정과 보존 대책 마련 요구와 함께, 이를 폐쇄하고 다른 방식으로 기념하자는 불교계 등의 요구도 만만찮다.

자칫 종교간 대립으로 치달을 수도 있는 사안으로 현 왕시루봉 인근 지역은 반달곰 보존과 여러 생태계 환경문제가 중요한 것도 사실이다. 서울대학교 측에서 사용 기간이 끝났다고 주장하는 것과 함께 환경부에서 우려하는 생태 보존 문제, 그리고 타종교와의 이해관계 충돌 등 보존과 기념하는 여러 일들은 인내와 배려, 협력이 필요한 사안이다. 기득권도 내려 놓고, 종교적 이해 문제도 내려 놓고, 조선

의 생명과 변화를 위해 수고하며 애쓴 선교사들의 노고와 아픔을
잘 기억하여 오늘의 교회가 그에 걸맞는 지혜와 대응이 이어지기를
바래본다.

6장

보성

처남하고 매제하고

나환자 김장로와 정목사

십 오륙년 전에 김장로는 순천지역 무만동에 거주하던 부유한 한국인 신사였다. 그의 가족은 그 지역 유지 가문 중 하나였고 상당히 부유했다. 당시 그는 그가 얻은 재산에 관하여 처리해야 할 소송건이 있었고 그 때문에 재판에 참석하기 위해 광주에 가야했다.

여기에 있는 동안 그는 크리스천인 친구 집에 머물렀고 소송 중개인 또한 크리스천이었다. 그는 다름아닌 바로 그의 오랜 친구 조상학이었고, 그로부터 그는 토지 재판 때문에 그곳에 머물러야했던 날 동안 복음을 듣게 되었다. 조상학은 그에게 밤낮으로 설교했고 믿기를 강권했다. 그가 들은 진리에 설득된 김씨는 믿기로 작정했지만, 집에 있는 친구에게 이 사실을 말하기는 두려워했다. 그러나 그는 집에 돌아와서 그의 매제에게 자신이 믿기로 작정했다고 말했다. 그의 매제는 외국인들이 들여온 이 새로운 가르침에 매우 적대적이었고, 그를 심하게 비난했다. 그러자 김씨는 광주에 서신을 보내어 조씨에게 내려와 될 수 있는 대로 오래 머물며 그의 매제 정씨를 전도해달라고 부탁했다. 그의 매제가 믿기로 결심하기 전까지 그가 교회에 나가는 것을 불가능했기 때문이다. 조씨는 부탁을 받고 내려와 김씨 집에 세 달간 머물며 정씨에게 밤낮으로 이 가르침의 진실됨에 대하여 역설했다. 오랜 기간 정씨는 신경도 쓰지 않았지만, 하루는 그들이 산을 넘어가는 도중 산 한쪽에 홀로 떨어진 조씨가 "여기서 기도하고 갑시다." 라고 했다. 그들은 무릎을 꿇었고, 조상학은 정씨가 믿게 해 달라고 기도했다. 오르는 도중에 조씨는 찬송을 부르자고 제안했고, 그것은 정씨가 한 번도 해본 적이 없는 것이었다. 그렇게 그들은 찬송을 불렀고, 부르는 중에 정씨는 이 새로운 믿음에 가슴이 뜨거워지는 것을 느꼈으며, 그 자리에서 믿기로 결심했다.

김씨와 정씨는 자신들의 동네에 꼭 교회가 하나 있어야겠다고 말했고, 겨우 5마일 정도 떨어진 곳에 사는 조사 지씨에게 편지를 써서, 자신들의 마을에 와서 모임의 인도자가 되어달라고 간청했다. 김씨는 교회 건물을 지었고 지씨는 마을로 이사와 그곳에 모인 사람들을 가르쳤다. 모임는 빠르게 성장했고, 곧 그 사역지 지역 중 가장 견실한 모임이 되었다. 광주에서 온 선교사 오웬과 그 후 프레스톤, 그리고 그 후에는 코잇, 프랫, 그리고 크레인 씨가 이어서 그 그룹을 맡았고, 반년마다 방문해서, 새 신자에게 세례를 주거나 훈련을 실시했다. 소년, 소녀 소학교가 시작되었고, 곧 이 교회 신도들을 통해 복음을 들은 수백 명이 모였다.

머지않아 정씨가 조사로 선택되고 신학교에 들어갔으며, 그사이 김씨는 장로로 피택되었다. 그가 장로로 피택되기 이전에 그는 한센 병에 걸렸고 점점 더 상태가 악화되는 듯했다. 그러나 교회는 그의 회복을 위한 한주간의 기도모임을 가졌고, 하나님께서 그 병의 진행을 멈추셨다. 그의 매제 정태인 씨는 신학교를 졸업했고 이제는 200명 정도의 신도가 모이는 순천 지역교회의 목사이다. 그는 견실한 목사이자 설교자로 성장하고 있으며, 김일현 장로는 한센인임에도 신실한 크리스천으로 그 한계 내에서 최선을 다하여 교회를 성실하게 섬기고 있다.

(코잇, "더 미셔너리", 1919년 6월)

무만동교회 첫 신자는 한센인 김일현이었다. 그는 조상학으로부터 기독교 복음을 처음 전해 들었다. 1905년 무렵이다. 부동산 법정 소송 때문에 광주에 있던 차 처남이었던 조상학 집에 머물렀는데, 선교사 조사로서 한창 복음 전도에 열심이었던 조상학으로부터 예수 십자가 사건과 구원의 도리를 배우게 되었다. 김일현은 신자가 되었고, 고향 마을에 돌아와서 매제인 정태인에게도 전도하였다.

그렇게 예수교에 인생을 기울이고 마을 사람들에게도 전도하여 교회를 세웠으며, 인근에서 순회전도하던 지원근 조사를 세워 김재조의 집에서 예배를 드리기 시작했으니, 무만동교회의 시작이었다. 교회의 초기 설립자 3인방, 그리고 이들을 전도했던 조상학은 친,인척 관계로 모두 김재조 집안의 일원이었다. 교회 이름은 지역명을 따 무만동교회라 하였는데, 무만 마을은 1680년경 광산김씨(光山金氏)의 손(孫)이 거주하면서 형성되었고, 풍수지리설에 의하면 무사(武士)가 만 명이 난다하여 무만동(武萬洞)이라 했었다. 이후 무만마을은 행정지명의 변경 통폐합으로 장좌리에 포함되어 현재에 이르고 있다.

무만동교회 처음 회집장소를 공개하였던 김재조 성도가 가장 어른이다. 그는 마을에서 제법 부유한 사람으로 보인다. 상당한 자산을 내어 헌금하였으니 교회 건축에 이바지하였고, 또한 학교도 세워 아동교육에도 힘을 기울였다.

김재조의 큰아들인 김일현은 조상학의 여동생 남편이기도 했다. 그는 1918년 무만교회 최초 장로 임직하였으며, 이후 평양신학교 졸업하고 목사가 되어 평촌교회(낙안중앙교회)에서 목회하였다.

김재조, 김일현과 더불어 무만동교회 설립과 발전에 헌신한 정태인 목사는 김재조의 큰 딸 김순천의 남편이었으니 김재조의 사위인 셈이다. 그리고 코잇 편지에 나오는 조사 지씨는 지원근 조사인데, 승주 낙안 출신으로 목포 교회 초기 신자이며 교회 일군으로서 그의 처가가 이곳 무만동이었다.

무만리교회의 설립과정

1. 목포에서 복음을 받아들인 조상학과 지원근
2. 광주지역 순회조사(전도자)로 파송받은 지원근과 광주선교부 직영 "영복서점" 운영자 조상학3. 조상학의 사촌 처남 무만리 출신의 김일현의 광주 감옥 수감과 조상학의 옥바라지
4. 조상학의 전도로 예수님을 믿게 된 김일현
5. 김일현을 통한 복음 전도를 거부한 매제 정태인
6. 조상학의 3개월 체류와 전도로 개종하고 신앙을 고백한 정태인
7. 김재조(김일현의 부친, 정태인의 장인)의 집에서 시작한 무만리교회
8. 지원근이 낙안 평촌에서 옮겨와 상주 목회자로 기거하게 되고

9. 김재조의 자부담으로 11칸 예배당 신축(그전까지는 김재조의 집에서 예배함)

10. 김재조의 전담으로 교사를 짓고 남녀 아동을 위한 학교 시작

11. 정태인의 선교사의 조사로 발탁되어 신학교에 입학하고, 목사 임직을 받고, 1917년 무만리교회 제 1대 목사가 되었다.

(차종순, "순천지방 최초 목사 임직자")

벌교의 목사 정태인

무만동교회 1905년 처음부터 지원근 조사가 수고하였고, 1913년 지원근 조사가 순천선교부 소속으로 사역지를 바꾸자 배경수 조사가 무만동교회를 뒤이어 목회하였고 후에 모교회 출신인 정태인이 목사 신분으로서는 최초로 동사목사 자격으로 부임하였다. 정태인은 1873년 승주에서 출생하였다. 조상학의 전도로 기독교 신자가 되었던 정태인은 오웬 선교사의 조사가 되어 여수 장천교회, 순천 평촌(낙안중앙)교회, 순천 이미교회, 고흥 단교리교회, 보성 대치리교회 등의 설립에 기여하였다. 장인 김재조에 의해 세워진 무만리교회의 사숙에서 동역자들과 함께 아이들 교육에 힘쓰는 한편으로 전남 동부 일대를 부지런히 다니며 전도하고 교회 세우는 일에 헌신한 것이다.

오웬의 사망이후엔 프레스톤과 크레인의 조사로서 계속해서 교회 설립과 전도에 충성하다가 평양신학교에 입학하여 본격적인 목회자 수업을 하였고, 1917년 6월 제 10회로 졸업하였다. 그해 9월 전남노회에서 목사 안수하였고, 첫 부임지는 무만동교회를 비롯한 보성읍

교회, 고흥의 옥하리교회, 유둔교회, 관리교회 등 5개 교회를 크레인 선교사의 동사목사로 명받았다.

정태인 목사는 1년여 남짓 시무한 이후 순천읍교회 부임하였고, 이후 다시 무만리교회, 고흥읍교회, 구례읍교회, 제주지역교회, 여수 돌산교회에 이어 세 번째로 1937년 무만동교회에 부임하여 사역하였다.

여러 교회 청빙을 받으며 수고하며 애쓴 정태인 목사는 구례읍교회 재직시에는 독립군 군자금 모집과 전달하는 일에도 마음을 썼다. 1924년 구례읍교회에 부임하여 이듬해부터 애국운동에도 열심내었던 그는 상해 임시정부와 내통하면서 독립투쟁 자금을 모금하고 이를 지리산의 뱀사골 계곡에서 은밀하게 전달하곤 하였다.

하지만 이런 일은 비밀리에 몇 차례 했었던 일 같고, 평상시처럼 목회자로서 교회 돌보고 순회하는 일에 전념하였다. 그럼에도 1928년 무렵 그에게는 불명예스런 사건이 발생했던 것 같고, 노회의 치리를 받았다. 1928년 10월 회집한 순천노회 11회 임시회에서 정태인은 노회의 결의에 따라 자신이 행한 사안에 대해 설명을 했고, 노회는 정태인 목사에게 면직과 수찬정지라는 책벌을 내렸다. 그리고 그에 대한 해벌은 시찰회에 맡겼는데, 1930년 크레인 선교사의 보고에 의하면 이때쯤 해벌된 듯하다.

1930년도 금년에는 몇 분의 영향력있는 '검은 양' 이 진정한 회개의 눈물과 그에 따른 증거와 더불어 돌아왔다. 그는 무만리교회 목회 중 치리된 자로서 안식일 준수 해이, 불신 결혼 등으로 교회의 중심을 되찾아 주었다. 노회앞에 제출한 그의 반성문에는 성례전 집

행권을 회복시켰으며 그는 곧바로 다른 목회지 급여의 일부분을 자기가 섬기는 교회에서 감당하였다.(크레인)

정태인은 다시 목사로 복직되어 1932년 제주 삼양교회와 모슬포교회의 청빙을 받고 그곳에서 사역하였으며, 이후 1937년 여수돌산교회, 그리고 그해 가을에는 다시 보성시찰의 무만동교회를 비롯한, 낙성, 평촌, 축령 4교회를 시무하였다. 재차 고향에 돌아와 목회충성하였지만, 이후 순천노회에는 참여하지 않은 것으로 보인다. 이듬해 신사참배 결정이 예정되어 있었고, 다른 이유도 있으리라. 그는 해방이 된 지 2년후인 1947년 9월 8일 고향인 벌교 장좌리에서 별세하였다.

벌교 돌교회

조정래 소설가의 민족대하소설 "태백산맥"은 벌교를 배경 공간으로 쓰여진 작품이다. 해방이후 좌,우간 이념 갈등과 민족의 상흔을 그려내 많은 독자들의 사랑을 받고 있으며, 전라도 특유의 사투리와 함께 벌교라는 당대의 지리적 공간과 사회적 면모를 잘 드러낸 것으로도 특히 유명세를 얻어, 주인공 김범우와 염상진이 걷고 숨쉬던 벌교를 직접 견학하며 느껴보려는 관광객들을 자주 볼 수 있다. 마침 태백산맥 문학관도 있거니와 이곳에서 가까운 곳 언덕에 오래된 교회 건물이 하나 남아 있는데, 소설에서 마을 사람들이 돌교회로 부르던 곳이다.

지금은 어린이집으로 운용되고 있지만, 예전 벌교읍교회다. 일제시기 남녀유별의 유교문화 영향으로 예배당도 기역자 형태로 지어 남녀가 따로 구별하여 앉도록 한 것이 익히 알려진 사실이고, 아예 출입문을 남녀 구분하여 두 개로 지은 것도 있으니 다행히 잘 보존되고 있는 이 교회당 건물도 역시 두 출입문 형태를 볼 수 있어 참 반갑다.

1920년 보성군 벌교리교회가 무만리교회에서 분립되다. 먼저 무만리교회가 이 마을에 교회를 설립하였고 전도에 힘썼으나 결과를 얻지 못하였더니, 선교사 구례인과 목사 이기풍, 정태인 등이 무만리교회 남녀 신자중 전도에 능력있는 자를 찾아 전도대를 조직하여 벌교 청루로 사용하던 빈야옥을 빌려서 1주일간 대전도의 결과로 남녀 5,60명의 신자를 얻어 해지방 청년회관에서 임시예배하다가, 교우 일동과 무만리교회의 주선으로 합력 연보하여 8간 초가를 매수하여 모여 예배하므로 무만리교회에서 분립하였다. 조필형, 황자윤, 김용국 등이 교회 분리에 커다란 노력을 하였던 것이다. (조선예수교장로회 사기)

정태인 목사가 충성 헌신하며 무만동교회가 성장 발전하게 되었고, 1920년 이웃한 회정리에 분립한 공동체가 벌교리교회다. 이후 크레인 선교사와 함께 다른 사역자들이 와서 충성하였고, 1931년에는 이기풍 목사가 부임하였다. 이듬해 1932년 어린 자녀들을 위한 유치원을 설립하여 교육사업에도 매진하였다.

유아원 단독 설립, 보모는 자부와 여식

야소교 목사로 현재 전남 벌교포에 거주하는 이기풍 씨는 교육사업에 많은 성의를 가졌으므로 천여 호나 되는 지방에 어린애들을 양성할만한 기관이 없음을 유감으로 생각하고 자기가 관리하는 벌교예배당에다 유치원을 설립하는 동시에 시내 어린애 있는 집을 일일방문하고 유치원에 보내도록 설명하였다. 이에따라 지난 음력 3월 1일부터 설치된 기관에 아동이 30여명이 되고 보모로 자기 자부인 김경신 여사와 조보모는 자기 딸 이사랑 양으로 교수케 하였으며, 경비는 매명하 매월 30전씩 받아서 지필묵대와 기타에 쓸 뿐이요, 보수는 무보수이었음으로 씨에 대한 칭찬은 원근에 자자하다고 한다.(조선일보, 1932년 5월 3일)

벌교리교회는 1935년 회정리 672번지에 부지를 구입하고 새 예배당을 석조로 지었으며 1939년 준공하였다. 이때부터 사람들이 돌교회라고도 불렀으며, 교회 이름을 1937년 벌교읍교회로 변경하였다.

벌교읍교회는 1968년 회정리 663-8번지로 이전하였고, 다음해에는 교회 이름을 다시 벌교대광교회로 하여 현재에 이르고 있고, 옛 돌교회당은 어린이집으로 운영되고 있다.

조정래 소설 "태백산맥"에 돌교회로 지칭된 회정리(벌교읍)교회

보성 2

보성에 교회를 세우다

벌교의 꼬막과 함께 녹차로 유명한 전라남도 보성. 천혜의 농어촌 자원이 풍성하지만, 인구 감소는 매우 심각하다. 2020년 10월 현재 가구수 22,613세대, 인구수 40,611(남19,766 여20,845)명이다. 10월 한 달 동안 출생은 남녀 4명씩 8명이며, 사망은 52명이나 된다. 전입은 225명, 전출은 258명으로 출생보다 사망자가 많고 전입보다 전출인구가 더 많으니 인구감소가 날로 심하다. 4만명 인구가 3만명 대로 내려가는 게 이젠 시간문제인 듯하다.

행정구역으로는 보성읍과 벌교읍, 2개읍과 10개면이 있다. 해발 779미터의 제암산을 비롯하여 제법 높은 산들이 북쪽으로 둘러쳐 있고 남쪽 해안과의 사이에 계곡과 구릉이 연이어 있다. 전라도 남쪽 평야지대에서 보기드물게 보성군의 북쪽 반절은 고도가 상당히 높은 편이며, 남쪽 반절은 남해안을 따라 얕은 구릉과 평지가 이어지며 반도와 해안으로 이뤄져 있다.

1917년 보성읍교회가 설립된다. 먼저 선교사 안채륜과 장천교회 이두관과 무만교회 정종규 등이 협력 전도하여 교회를 설립하고 합심 출연하여 예배당 6간을 새로 지었더니 얼마되지 않아 집회가 폐지되고 예배당은 정종규의 채무로 잃어버렸으며 조사 이형숙, 정기신의 내왕 전도로 인하여 예배당을 건축하게 되고 그후에 목치숙이 조사로 시무하니라.(조선예수교장로회 사기)

보성 관내에 교회가 처음 세워진 것은 벌교의 무만동교회이며, 보성읍내에도 기독교 공동체가 생겼다. 순천선교부 안채륜 선교사가 먼저 있었던 여수 장천의 이두관, 벌교의 무만교회 정종규 조사와 함께 전도하여 보성읍교회를 설립하였다.

통 크게 기부하시라요!

프랫(Pratt, Charles Henry Pratt, 안채륜, 1881~1950) 선교사는 1881년 미국 버지니아주 출생으로 1905년 유니온신학교 졸업하였다. 그때쯤 미 남장로교는 1907년부터 평신도 선교 운동이 벌이는 선교적 책임에 부응하며 열정을 불어넣고 있었고, 이에따라 프랫 역시 선교에 대한 헌신을 결심하고 준비하던 차에 1911년 안식년차 귀국한 프레스톤을 만나게 된 게 좋은 계기가 되었다. 프랫은 프레스톤을 만나 함께 의기투합하게 되었고, 함께 미국 교회 순회하며 조선 선교 협력을 구하는 일부터 열정을 쏟기 시작했다.

선교사 모집과 선교 재정 지원을 물색했는데 호응이 참 좋았다. 선교사는 33명이나 모집되었고, 후원금 확보 역시 성과가 있었다. 호남선교에 일찍부터 후원을 해왔던 그래햄은 물론 조지 와츠라는 사람의 새로운 후원자를 만나게 되었다. 조지 와츠 장로가 출석하는 사우스캐롤라이나 더럼 제일장로교회의 담임목사는 레이번이었고, 레이번 목사는 호남선교 개척자 중 한 명인 전킨 선교사의 처남이었다. 레이번 목사로부터 전킨을 비롯한 조선 호남 선교에 대해 익히 알고 지내며 평소 선한 부담을 지니고 있던 조지 와츠를 찾아온 프랫 목사는 자신도 호남 선교에 헌신할 것이라면서 큰 재정 기부를 당부하였다. 일반적 선교 후원 정도가 아니라 프레스톤으로부터 들은 새 선교지 순천선교에 대한 전체를 후원하도록 요청하였고, 조지 와츠는 기도 끝에 마침내 결단을 하였다. 아주 통 큰 헌신이었다. 새로운 선교부를 보강할 13명의 선교사 전원에 대한 생활비 명목으로 해마다 13,000달러씩 후원하겠다고 서약하였던 것이다.

1911년 해외선교를 위해 미국 모교회는 열정적인 성장 무드에 사로잡혀 있었다. 얼마동안 전진 운동은 분명한 선교 계획에 참여하려는 개인과 교회를 짝 맞추어 등록하는 그런 길잡이 표적을 새기는 일에 불과했다. 그러나 1907년 평신도 선교 운동이 후원하는 새로운 선교 강령이 엘라배마주의 버밍햄에서 열린 남장로교 총회에서 채택되었다. 이 결정에 따르면 모든 교회는 일곱 개 선교 현장에 속한 총 25,000,000명의 복음화를 위해 분명한 선교의 책임을 수락하였다. 그리고 각 교인들은 자기 교회의 각 교인에게 권장한 바에 따라 자기의 의무를 수행하도록 요청받았다. 선교부의 목표는 1년에 1인당 4달러였다. 이는 선교사들의 지원을 강조하는 좋은 기회였다.

프래트 목사와 함께 프레스톤은 평신도 선교 운동의 후원을 받아 선교사의 재정 후원자를 찾기 위해 교회를 순회하였다. 고국 교회의 반응은 굉장했고,, 그 해가 끝나기 전에 33명의 선교사가 선발되고 그들의 한국 지원이 약속되었을 뿐만 아니라, 두 사람은 아프리카 선교를 위해 유사한 운동을 시작했다.(조지 브라운, "한국 선교 이야기")

프레스톤과 프랫의 동원사역과 이에 응한 조지 와츠 등 미국 교회의 후원에 힘입어 순천선교부는 1913년 개설되었고, 약속에 따라 프레스톤과 프랫은 코잇 선교사 등과 함께 사역에 전념하였으며 전남 동남부 지역 교회가 펼쳐지게 된 것이다.

프랫 선교사는 안채륜 이라는 한국 이름을 얻었고, 순천의 남부지역인 보성과 고흥 지역을 순회 전도 구역으로 배정받아 사역하였다. 프랫 목사가 1912년 순천에 와서 1916년 귀국하기까지 3-4년동안에 이룬 순천의 기독교 성도는 배 이상으로 증가하였다. 1913년 세례교인은 581명이었는데, 1916년엔 1,549명으로 3배 정도 증가했고, 총 교인은 1913년 1,172명에서 1916년 2,507명으로 2배 이상 늘었다. 프랫 선교사는 보성 동막교회와 보성읍교회 설립하였고, 고흥에는 유둔리교회, 관리교회, 천등리교회 등을 세웠으며, 낙안의 평촌교회와 보성 대치리교회 등을 지도하였다.

보성읍교회 설립은 비록 그가 안식년차 미국에 돌아간 이후인 1917년에 설립된 것으로 조선예수교장로회 사기를 말하지만, 이미 그 전인 1915년 무렵부터 이웃교회의 먼저 믿은 신자들과 조사들의 도움을 얻어가며 전도한 끝에 결신한 자들로 보성의 신앙공동체가 시작되었을 것이다.

보성의 기독교 가정

보성읍교회도 초창기 선교사의 지도아래 여러 조선인 조사들이 와서 헌신하며 목회하였는데, 이형숙, 정기신, 목치숙 조사에 이어 1927년 3월 황보익 조사가 부임하였다. 황보익은 1895년 2월 11일 여수 남면 우학리 출생하였으며, 전라남도 초창기 섬 지역만을 전문으로 다니며 전도하였던 맥컬리 선교사가 우학리 마을에 와서 전도하게 된 것을 계기로 1909년 8월 기독교 신앙을 갖게 되었고, 1911년 세례를 받았다. 그는 목포 영흥학교를 졸업하고 고향에 돌아와 사업을 하였는데, 이웃한 거금도로 이주하여 거기서 무역을 채취하고 이를 벌교에 있는 일본 상인에게 판매하여 일본에 수출하는 식이었다. 1917부터는 보성읍교회 조사를 시작으로 본격적인 교회 목회자로 사역하게 되었으며, 1930년 3월 21일 평양신학교 25회 졸업하였다. 순천노회에서 임직을 받아 그가 이제는 목사로서 보성읍교회를 시무하게 되었다. 그는 읍교회 뿐만 아니라 보성 인근의 여타 교회들까지 겸임하여 사역하였는데, 교회들이 성장하며 부흥하였다. 초창기 한국교회가 그랬던 것처럼 말씀사경회를 통해 성도들의 신앙 성숙과 교회 부흥을 이끌었는데, 황보익 목사 역시 선교사들과 함께 보성지역 연합사경회를 열며 기독교 전파와 복음 확산에 열심내었다.

1930년년대의 한국교회의 부흥 요인 가운데 하나는 성경공부였다. 그리하여 구례인 목사와 노라복 목사가 연합으로 개최한 성경공부반이 큰 성황을 이루어 보성읍교회 건물에 차고넘칠 정도가 됨으로써 새로운 예배당을 지어야할 정도였다. 일년이 지난 1931년 11월에 이르러 보성읍교회는 어떠하였는가? 새치 지역에 속한 교회들이 모여서 연합사경회를 실시하였는데, 15개 교회에서 120명이 모여들어 침실로 마련한 14개 방을 가득 채우고도 부족하였다. 그리하여 내년을 대비하여 예배당 공간을 늘리고 침실로 사용할 방도 더 만들어야 할 필요에 직면하였지만, 이 시기의 재정적 긴축상태에서 과연 가능할까?라고 구례인 목사는 의구심을 표현하였다.

감사하게도 보성읍교회는 1932년 여름에 교회의 예배당을 두 배로 확장하여 가을에 있을 연합사경회를 대비하였으나 1932년 11월에 쓴 구례인 목사의 보고서는 "보성에서는 150명이 모임으로써 밤 예배 시간에는 두 배로 확장시킨 예배당도 부족할 정도다. 그렇다면 또 다시 확장할 것인가?" 라고 하였다.(순서노회 30년사)

보성의 교회들을 지도하며 이끌었던 황보익 목사는 해방이후 대한민국 제헌 국회에 출마하였으나 그만 낙선하였다. 그렇지만, 동생 황두연은 순천에서, 처남 오석주 목사는 고흥에서 당선되었으며, 아들 황성수는 2대 국회에 출마하여 당선되었다. 황보익 목사의 아내 오명심 사모는 오석주 목사의 여동생이었는데, 이 부부의 아들이 해방후 보성의 정관계 지도자로 활약했던 황성수였다.

황성수는 1917년 보성 출생으로 아버지 황보익이 평양신학교에 재학중일 때 평양의 숭실학교를 다녔으며, 일본 동경제대 법학대학원과 미국 웨스트민스터 신학교를 수학하였다. 그는 해방후 보성과 서울 용산을 지역기반으로 정치 행정가로도 활약했는데, 이승만 정권시절 국회의원 4선과 국회 부의장을 지냈고, 전남도지사와 명지대학교 법정대학장을 역임했다. 기독교계 활동으로는 한국기독실업인회와 기독학생동지회를 창립하여 학생복음화 운동도 전개하였으니 CCC나 IVF가 태동하는 못자리 역할도 한 것이다. 황성수는 1976년 환갑이라는 늦은 나이에 목사 안수를 받았고, 미국으로 이민을 떠나 LA 충현장로교회에서 목회활동을 하였다.

황보익 목사의 형제는 5남 1녀였다. 황보익은 차남이었고 그의 형 황재연은 고흥 오천리 교회 설립에 참여하였으며 목치숙 등과 함께 고흥의 3.1만세운동을 벌였었다. 동생인 황병수와 황두연 역시 목회자로서 서울 동성교회를 함께 목회하였다. 황두연은 순천에서 제헌 의원을 지냈고, 서울장로회신학대학원을 졸업하고 광진구에 동성교회를 설립하여 목회하였다. 막내동생 황도연은 일제강점기에 보성 군수와 목포부윤을 지냈다. 황보익 목사 자신을 비롯하여 동생 두 명과 함께 세 형제가 목회자였으며 아들 황성수 목사를 통해서는 그 손자 세 명이 다 목회자가 되는 등 황보익의 형제 가정에서 자녀와 손대에 이르러 27명의 목회자가 나왔다고 하니 보성에서는 가히 기독교 믿음의 가정이라 할 만하다.

보성읍교회 오래도록 담임사역하며 충성하였던 황보익 목사는 전쟁기였던 1951년 예배당 신축을 결정하였고, 자신의 논 3,000여평을 헌금하며 추진하였는데, 1953년 건강이 악화되어 준공을 보지 못하고 소천하였다. 그의 뒤를 이어 처남인 오석주 목사가 부임하여 1956년 완공을 하였다. 황 목사보다 7년 연상이었던 오석주 목사는 65세의 고령에 황보익 목사의 뒤를 이어 보성읍교회를 맡아 시무 충성하였으며, 76세에 하늘의 부름을 받았다. 처남과 매제 지간인 두 목회자가 사역하며 성장해 온 보성읍과 지역교회들, 그 섬김과 귀한 충성의 열매가 오늘 기독교의 사랑과 생명으로 아름답게 이어져 가고 있다.

믿음의 사람들로 걸어 온 100년

임진왜란 때 이순신 장군이 명량해전의 대승을 거둘 수 있었던 배경에는 전라남도 보성이 있었다. 칠천량 해전에서 원균이 이끄는 수군이 일본에 대패하자 조선조정에서는 이순신을 재차 삼도수군통제사로 복직하여 일본의 후발 보급부대 차단을 지시하였다. 모함에 의해 역적으로 몰리다가 오해가 풀려 권율 장군 휘하에서 백의종군으로 있던 이순신은 다시 임명받아 조선 남해를 지키는 책임자로 부임하자 궤멸되다시피 한 수군을 다시 일으키는 일부터 해야 했다. 이순신은 초계(경남 합천)에서 지난 패전의 경과를 보고 받은 후 조선 수군 재정비를 위한 대장정을 시작하였다. 전라도로 넘어와 구례와 곡성, 순천과 구례를 거쳐 보성에 당도하였다. 보성은 이순신에게 남다른 의미가 있는 고장이었다.

이순신은 21살 때인 1565년 상주 방씨와 결혼하였는데, 그의 장인 어른 방진은 일찌기 보성군수를 지낸 적이 있었다. 조선에서 활을 잘 쏘기로 유명했던 장인이 한때는 이곳 보성에서 관리를 하였던 곳임을 기억하는 이순신에게 보성이라는 지역이 각별하게 다가왔을 터이다.

득량만으로 들어가는 입구인 벌교에 도착한 이순신은 무기고와 식량 창고를 수색하고 보성 지역 관원들의 재소집을 알리는 전령을 보냈고, 해안을 따라 조양현(고내마을)에 도달하였다. 당시 외성과 내성이 있었고, 군량 창고가 있는 상당한 규모의 군사 행정 요충지였다. 군량 창고인 조양창은 마을 뒷산에 있었다. 비록 창고를 지키는 병사도 없고 인적이 끊어진 지 제법 되어 보였지만, 이순신과 병사들이 조양창고를 열자 고맙게도 상당한 군량미와 물자들이 잘 보관되어 있었다. 상당한 보급품을 의외로 수확한 이순신과 병사들은 환호했다. 패잔병들을 수습하여 경남 합천에서부터 이곳 전남 보성 조양까지 한 달여 먼 대장정을 해왔던 지난 고생이 한꺼번에 보상받는 느낌이었다.

이순신과 조선 수군은 이곳에서 5일간 머무르며 휴식과 재정비를 하였다. 군 전력을 보강해야 했는데 한 부하 장수가 오봉산 동굴 속에 사람들이 제법 많이 숨어있다고 하였다. 100여명의 인력을 이곳에서 충원하며 군 전력을 다듬었던 곳이 이곳 득량만 일대였다.

명량대첩의 베이스캠프 보성 조양창

군함이라 말하기에 너무 초라한 판옥선 12(13)척, 제대로 훈련이 되지 못한 병력과 물자 속에서도 그는 병사들을 다독이며 그야말로 하루 하루 죽기를 각오하고 임전에 대비하였다. 당시 쓰여진 이순신의 일기에 쓰여진 출사표는 두고 두고 사람들에게 결단과 각오를 상징하는 메시지처럼 회자되었다.

필생즉사 필사즉생(必生則死 必死則生), 살고자 하면 죽을 것이요, 죽고자 하면 살 것이다.(이순신, "정유일기", 9월 15일)

임진년부터 5년, 6년 간 적이 감히 호서와 호남으로 직공하지 못한 것은 수군이 그 길을 누르고 있어서입니다. 지금 신에게 아직 전선 열두 척이 있사오니(尙有十二　상유십이) 죽을 힘을 내어 맞아 싸우면 이길 수 있습니다(出死力拒戰則猶可爲也).　지금 만약 수군을 모두 폐한다면 이는 적들이 다행으로 여기는 바로서, 말미암아 호서를 거쳐 한강에 다다를 것이니 소신이 두려워하는 바입니다. 전선이 비록 적으나, 미천한 신이 아직 죽지 않았으니(微臣不死　미신불사) 적들이 감히 우리를 업신여기지 못할 것입니다.

(이순신, "이충무공전서")

모두가 죽기를 각오하고 나선 전쟁, 일본의 후속 보급대를 기어이 차단해야 조선의 내륙에서 벌어지는 일본군의 기세를 꺾을 수 있었다. 조정의 명이었고, 하늘이 내린 명령이었다. 이순신과 조선 수군은 전력을 가다듬어 장흥을 거쳐 해남으로 진군하였고, 두 달여 걸린 대장정 끝에 마침내 우수영 명랑대첩의 대승을 거두었다. 1597년 10월 26일의 일이었다. 전함만 하더라도 일본은 133척이었는데, 조선 수군은 12(13)척의 전함이라 하기엔 너무 초라한 배일 뿐이었고, 조선 수군 병력은 겨우 800~900여명 뿐이었는데, 대단한 기지와 전술로 이겨 내었다.

오봉산 자락 아래 첫 교회

이순신 장군이 전력 재정비를 하고 병력을 보충하였던 조양창과 득량의 오봉산. 해발 344m 오봉산의 넓은 산자락 아래 분포된 여러 마을을 합쳐 득량만이라는 바닷가 이름을 딴 득량면 마을이 있다. 득량만에 상당한 농토가 조성되어 있는 이곳 '예당평야'에서 생산되는 '예당쌀'이 또한 유명세를 타고 있는 곳이다.

등산객들에게도 잘 알려진 오봉산은 등산로 곳곳에 돌탑이 많다. 깎아지른 암릉이 탁 트인 바다, 하늘과 조화를 이루고 있어 대단히 이국적이다. 게다가 오봉산 봉우리에 올라서면 아래로 드넓은 득량 간척지와 방조제를 조망할 수 있다. 오봉산은 득량만 바닷가에 접해 있는 바위산이다. 다섯 개의 봉우리를 지녔다는 것은 그만큼 산의 굴곡이 크다는 것이다. 규모만 작을 뿐 암릉과, 계곡, 폭포 등 명산의 조건을 모두 갖추고 있는 이 산 아래 둘러쳐진 여러 마을에도 기독교 복음이 전해지고 고을마다 교회가 세워졌다.

득량면의 첫 교회인 동막교회, 보성 일대의 교회를 개척하고 지도하였던 안채윤(프랫) 선교사가 역시 세운 교회다. 안채윤보다 앞서 오웬 선교사가 이곳에도 다니며 그의 조사들과 함께 전도했을 터이고, 오웬이 사망후 안채윤 선교사는 오웬의 조사였던 지원근, 배경수, 그리고 조상학의 도움을 얻어 함께 계속 전도하며 선교사업을 벌였다. 그리고 이들 조선인 조사들로부터 소개받은 고흥 출신의 목치숙을 자신의 조사로 하여 득량만이 있는 해변가 마을에도 다니며 전도하였고 교회를 세웠으리라.

이곳 득량의 첫 신자는 임종대였고, 목치숙에 이어 이 교회를 비롯하여 보성 일대의 교회 공동체에서 수고한 이는 정기신 조사이다. 정기신은 함평 해보면 문장리 출신이었다. 그의 고향 마을은 전남에 와서 사역하였던 미 남장로교 선교사들이 초창기에 복음을 전했던 곳 중의 대표적인 곳이다. 1898년 봄, 유진 벨에 의해 시작한 목포 교회가 이후 합류한 오웬 선교사와 조사들의 열심 전도로 영산강 상류 지역의 마을에 전도하며 교회를 세웠는데, 나주삼도리교회, 영광하나리교회와 더불어 함평문장리교회 등이 선교 초기에 이룬 열매였다.

복음이 일찍 들어온 마을 교회 다니며 기독교 신앙을 익히게 되었고, 그는 또한 오웬 선교사의 조력자요 전도인으로 합류하였다. 1904년 연말 광주선교부가 생기면서 오웬 선교사가 전남동남부 지역을 구역으로 순회 전도할 때 정기신 역시 조사로 발탁되어 활약을 하였고, 특히 보성과 고흥 지역을 주로 담당하였다.

오웬 선교사 사망이후 정기신 조사는 뒤이어 합류한 안채윤 선교사의 조사가 되어 계속해서 보성, 고흥 지역 전도하며 교회를 돌보았다. 그 열심 중의 하나가 득량면 고을에 세운 동막교회였다. 정기신 조사는 동막이나 보성 지역에 상주하면서 이들 교회를 계속 시무하던 중 순천노회의 추천으로 1924년 평양신학교에 입학하였는데, 아쉽게도 졸업까지는 하지 못하였다. 그와 같은 노회 출신으로 신학 동기였던 오석주 목사는 졸업을 하고 1927년에 목사 임직을 하였지만, 정기신 조사는 건강이 악화되어 제대로 학교 수업을 하지 못했던 것 같다. 1928년 3월 44살의 젊은 나이로 순천 알렉산더병원에서 사망하였다.

오성리 마을에 옮겨 득량교회로

동막교회는 황보익 조사가 새로 부임하여 목회하였다. 1927년 보성읍교회 전임교역자로 사역한 황보익 조사가 동막교회도 겸임하여 지도한 것이다. 1931년 평양신학교를 졸업하고 순천노회에서 목사 임직을 받아 이젠 조사가 아니라 목사로서 보성읍교회와 율포의 4교회를 겸임하였다. 그가 당회장 신분으로 여러 교회를 시무하며 교회마다 성장과 부흥의 열매들이 많았으며, 동막교회에는 그의 치리 아래 박창규 조사를 파송하여 실제적으로 그가 목회하게 하였다.

득량교회(동막교회)는 황보익 목사의 당회권 치리 아래 있으면서도 보성읍교회와 더불어 나란히 부흥하기 시작하였다. 왜 그랬을까? 이 어려운 시기임에도 불구하고 그 이유는 황보익 목사가 목사 임직을 받은 첫 부임지가 보성읍교회와 보성군내 4개 교회였으므로 신참목사로서 열정과 헌신의 열의가 아직 뜨거웠던 시기였다. 1895년에 출생하였으므로 당시 황보익 목사는 36세였다. 그에게는 젊음이 있었고, 열정이 있었고 순수함이 있었다. 그리하여 황보익 목사는 자신이 다 감당할 수 없는 4개 순회구역 교회에 대해서는 믿음으로 다져진 전도자를 파송하여 돌보게 하였다. 이 사역의 결과로 크게 부흥하게 된 교회가 득량교회였다.("득량교회 100년사")

황보익 목사가 다하지 못해서 득량교회에 따로 파송한 전도자는 박창규 조사였다. 그의 믿음과 성실함이 더해져 전도가 이뤄지고 성도들이 늘었으며, 하나님의 은혜가 부어져 교회가 성장하였다. 몰려든 새신자들로 넓은 공간의 필요를 느끼던 차에, 1934년 득량면 오봉리 마을로 이전하여 예배당을 새로 짓고 교회 이름도 득량교회로 바꾸게 되었다. 교회당을 바닷가의 동막 마을에서 좀 더 내륙으로 들어간 오봉마을에 짓게 된 배경에는 지역의 변화와 함께 교인들 다수가 오봉마을에 있었기 때문이었다.

1918년으로부터 1934년까지 오봉리 지역 교인들은 정흥리 동막동에 있는 교회까지 아무런 불편없이 잘 다녔다. 아니, 익숙해져 있었다. 그런데 1927년부터 상황이 달라졌다.

1) 1927년부터 시작한 방조제 공사에 많은 외지인들이 득량으로 유입되었고 또한

2) 광주에서 여수로 이어지는 남선철도는 득량 오봉리에 "득량역"을 건설하고, 1930년 12월에 개통되었다. 이로 인하여 득량역을 중심으로 한 오봉리 지역에 많은 외지인들이 유입되고 그 유입인구 가운데에서 기존의 기독교 신앙인들과 새 신앙인들이 득량교회에 출석하기 시작하였다.

따라서 득량교회의 교인들의 다수가 동막동 지역과 인근에 거주하는 사람들이 아니라, 오봉리에 거주하는 사람이었다. 그리고 이들 가운데 새 신자가 많음으로써, 동막동까지의 왕래에 불편함을 호소하였던 것이다.("득량교회 100년사")

교회 이름을 '득량교회'로 하였는데, 오봉리 마을에 있었으므로 당시의 기록에는 '오봉교회'라고도 나온다. 동막마을에 있었던 예배당은 신작로가 뚫리고, 철도가 개통되면서 사람들의 왕래가 뜸해지는 탓에 교회당도 자연 소멸되었을 것이다. 그럼에도 이번엔 역으로 동막이나 마천마을 등지의 신자들이 오봉리까지는 거리가 멀어 따로 1965년에 마천교회를 분립하였다.

1939년까지 득량교회 당회장은 보성읍교회 목회하던 황보익에게 있었지만, 전술한 바대로 득량교회 실제 목회는 박창규 조사가 하였다. 박창규는 득량교회 장로 장립되었고, 1934년 이 득량교회로부터 분립하여 조성면 덕산교회를 세웠다. 순천성경학교를 졸업하고 장로요 교회 전도사로 덕산교회 봉사하던 박창규는 1940년 일제의 예비검속에 따른 순천노회 박해 사건에 함께 연루되어 피검되고 고초를 겪었다. 그도 내세론과 천년왕국에 대한 설교로 민중을 선동한다며 이른바 보안법 위반 혐의로 징역 1년 6개월을 선고받고 형량 이상으로 복역하였다.

1934년 박창규 조사가 이웃한 덕산교회로 가 버리고, 황보익 당회장도 1939년 일본에 유학차 떠나게 되자 득량교회는 지도력 공백 상태가 되었는데, 마침 장기용 장로 가족이 전입하였다. 광양의 첫 교회인 신황리교회와 웅동교회를 통해 일찍이 기독교인 되어 교회 지도자로 충성하였던 그의 가족이 이곳에 오게 되었으니, 득량교회로서는 큰 일군을 얻은 셈이 되었다. 당시 득량만 일대 간척 방조제 사업이 활성화 되어 있었는데 그 아들 장형국이 자재 운반 사업에 참여하며 아예 이 고을에 가족이 함께 이주하였고, 득량교회 출석까지 하게 된 것이다. 아버지 장기용 장로는 순천노회의 은퇴 원로 장로로 예우받았고, 그의 아들 장형국은 1952년 득량교회 장로 임직하였다.

득량교회는 2020년 교회 설립 100주년을 맞고 있다. 조선예수교장로회 사기에는 1912년 동막교회 설립이라고 되어 있지만, 초기 회집이 쇠퇴하며 연속성을 살필 수 없는 이유인지, 전남노회로부터 공

식으로 허가된 1920년을 교회 설립으로 정하고 있다. 교회 설립 일
자를 한 해, 하루라도 더 일찍 내세워 남들보다 먼저 출발했다고
주장하고 위세 부리는 일부 교회사를 볼 때마다 유감이 많이 앞서
곤 하는 터에, '득량교회 100년사'가 밝히는 자신의 교회 설립에 대
한 소상한 이유와 신실한 결정은 참으로 귀해 보인다.

2001년 부임하여 두 강산이 변하도록 목회하며 교회를 돌보는 윤청
열 목사의 남다른 이해와 분별력에 새삼 고마움이 든다. 믿음의 사
람들로 걸어온 100년, 득량교회의 미래 100년 역사도 말씀의 권위
아래 시대와 사회의 소임에 충성하며 섬기는 복된 공동체가 되길
축복해 본다.

보성 4

가라골에 새 세상 연 전도부인

유추동은 전라남도 보성 지방의 청수동에 사는 젊은 과부였다. 그녀가 형부의 집에서 기거하고 있었던 것으로 보아, 친정의 환경이 그리 좋았던 것 같지는 않다. 그녀가 사는 마을은 도회지로부터 꽤 멀리 떨어져 있어 문화의 혜택을 별로 받지 못하고 있었다.

1921년 이 마을에 천막 전도대가 와서 집회를 열었다. 기독교 전도 집회로는 처음 있는 일이었으므로, 마을 사람들은 호기심에서 앞을 다투어 몰려 들었다. 전도 단원들은 예수님의 일대기를 담은 환등을 비춰 주었다. 추동은 전도 집회에 대해 전해 듣고 참석해 보고 싶은 마음이 간절했지만, 그렇게 하질 못했다. 당시 관습상 젊은 여자가 남자들이 모여 있는 곳에 가서 어울리는 것은 당치 않은 일이었기 때문이다. 동 집회에는 많은 무리들이 큰 관심을 갖고 찾아 나오긴 했으나 전도의 성과는 그리 좋지 못했다. 오직 할머니 한 사람만이 결신했기 때문이다.

집회가 끝나고 전도 단원들이 철수한 지 얼마 안되어 최 부인이 방문했다. 전도 집회의 결실을 다지기 위해서였다. 추동은 그녀가 전도부인인 줄 모르고 가까이 사귀었다. 최 부인은 자신이 전도부인이란 사실을 숨기고, 바깥 세상의 이야기들을 전해주어 추동의 흥미를 끌었고, 그녀로부터 신뢰를 얻었다. 동네의 분위기가 너무나 구닥다리여서 광주나 평양 등지에서 일어나는 새 소식을 듣는 다는 것은 젊은이들에게 있어서 즐거움 그 자체였다.

어느날 최 부인은 추동에게 예수님에 대해 말해 주었다. 예수를 믿기만 하면 천국에 갈 수 있다는 최 부인의 얘기는 추동에게 신기하게만 들렸다. 최 부인은 추동이 긍정적인 반응을 보이자 집중적으로 복음을 증거했다. 마침내 추동은 예수님을 개인의 구주로 영접하게 되었다. 최 부인이 떠난 후 추동은 마을의 첫 신자인 할머니와 더불어 거기서 약 6km 떨어진 곳에 있는 교회에 가서 예배를 드리기 시작했다.

당시 한국의 여인들은 이름이 없는 경우가 많았다. 추동이도 마찬가지였다. 그녀는 '가라골 여인' 으로 불리우고 있었다. 가라골에서 온 여인이란 뜻이었다. 그녀가 자신의 어릴 적 이름을 알게 된 것은 경찰이 조사차 내방했을 때였다. 경찰은 "당신 이름이 유추동이요?" 하고 물었다. 추동은 "아니요, 내이름은 가라골 여인이요." 하며 대답했다.

가라골에서 온 여인, 유추동. 가라골은 어디일까? 벌교읍 추동리는 가라골, 혹은 가래골이라고도 불리었다. 조선 시대엔 낙안군 고읍면 추동리였는데, 1908년 보성군 고상면에 편입되었고, 1914년 행정구역 재개편때 이웃 마을과 합하여 벌교읍에 편입된 채 추동리라는 행정명으로 현재에 이르고 있다. 벌교읍에서 위쪽 조계산 송광사와 주암호 가는 길로 십여리 올라가면 가라골, 추동리가 나온다.

벌교는 남으로는 바다에 닿아 있고, 북으로는 해발 704미터의 존제산 봉우리 아래 그만한 높이의 봉우리와 산줄기로 병풍처럼 둘러치고 있는 곳이다. 고산준령이 수십여킬로 이어진 까닭에 해방이후 6.25 동란 와중에 빨치산들에겐 안성맞춤 은거지였다. 남북이데올로기의 대표적 비극의 현장, 벌교와 태백산맥의 모태가 되었던 존제산. 조정래는 그의 소설에서 "그만 그만한 높이의 산들이 줄기를 뻗고 그 줄기들이 겹쳐지고 이어지면서 원을 이루어 가고 있다. 그건 산들이 손에 손을 맞잡은 강강술래 춤이거나 어떤 성스러운 것들을 받들어 올리고자 하는 산들의 어깨 동무였다."고 존제산의 산세를 역사적 사실과 연관지어 묘사하였다.

존제산 아래 사람들이 몰려들어 마을을 이뤘는데, 마치 형세가 산줄기 아래 가락같이 생긴 등이 있다하여 가라골이라고 불리었다. 그리고 또한 이곳에 가래 나무가 많이 있다보니 가래골이라는 명칭으로도 불리운 곳이다. 가락등을 사이로 안과 밖에 마을이 형성되어 각각 내추마을, 외추마을이라 하였고, 합하여 추동마을, 추동리라 부른다.

자신이 이 가라골 출신의 여인이라고 말하는데, 이름이 유추동이다. 예전 여성들이 무슨 이름이 있나. 열 살 조금만 넘으면 다른 마을에 시집을 가는데, 이름이 본래 없다보니 자기 동네에 시집온 새악시를 부르는 말은 으레 그 여인의 고향 마을을 붙이는 식이었지 않나! 그러니 가라골, 즉 추동마을에서 온 유씨라는 얘기다. 유씨 집안의 추동마을에서 온 여인이 오늘 소개하는 글의 주인공이다.

자신의 이름이 유추동이 아니라 가라골 여인이라 하였지만, 사실상 같은 사람을 이르는 다른 방식의 호칭이었던 것이다. 배우지 못하였으니 무식한 동네사람들이 같이 불러주는 게 가라골에서 온 여인, '가라댁'이었을 텐데, 일본 순사가 보는 호적계에는 버젓이 한자어로 풀이하여 추동마을의 유씨란 의미에서 '유추동'으로 기록되어 있었을 게다. 같은 말에 대한 표기상의 차이일 뿐인데, 여인도 일본 순사도 그건 모르고 왜 틀리느냐고 시비다.

그날 경찰은 사실 조사를 간단히 끝내고 돌아갔다. 며칠 후 경찰이 다시 왔다. 그는 몹시 화가 나 있었다. 옆구리에서 검을 빼어 들더니 추동이를 겨냥하면서 "왜 거짓말을 했소. 당신은 유추동이요. 그것은 호적에 기재된 당신의 이름이요." 하고 호통을 쳤다.

추동은 깜짝 놀라 용서해 달라고 빌었다. "저는 그저 무식한 여인에 불과하답니다. 호적에 기재된 이름이 무엇인지 정말 모르고 있었어요. 제 이름이 유추동이란 말은 지금 처음 듣습니다." 하며 사정했다.

경찰과 추동의 주위에는 마을 사람들로 붐볐다. 특히 동네의 남자들은 무슨 구경거리나 생긴 양 몰려와 사태의 추이를 지켜보고 있었다. 경찰이 검으로 추동을 위협하는 광경을 목격한 남자들은 "저 여자는 죽어야 마땅해. 우리 마을에서 예수쟁이는 결코 용납할 수 없어. 저 여자를 죽여도 상관없소." 하며 소리쳤다. 한편 사람들은 추동으로 하여금 신앙을 버리라고 압력을 가했다. 추동은 "오늘 나는 세상 사람들이란 더 이상 믿을 수 없는 존재라는 사실을 잘 알게 되었소. 나는 이제 예수님을 더 굳게 믿을 거요." 하며 응수했다. 경찰은 추동을 십리나 떨어져 있는 파출소로 데리고 가서는 수 시간이나 추위에 덜덜 떨게 해 놓은 후 "예수를 믿느냐?"고 심문했다. 그는 마을 사람들과 한 통속이었다. 호적에 기재된 이름과 예수 믿는다는 것이 도대체 무슨 상관이 있단 말인가? 추동은 세 차례나 파출소에 불려가 곤욕을 겪었지만 꿋꿋이 신앙을 지켜냈다.

추동이 이유없이 경찰서에 끌려 다니고 마을사람들로부터 심한 핍박을 당할 때 그녀의 형부는 마을사람들 편이었다. 그는 추동을 자기 집에서 내쫓아 버렸다. 갈 곳이 없는 추동은 예수 믿는 할머니를 찾아갔다. 할머니는 그녀를 따뜻하게 영접하고 방 한 칸을 내주며 같이 살자고 위로했다. 추동이 할머니의 집에 거주한다는 것을 알게된 동네의 남자들은 어느날 저녁 급습해 왔다. 그들은 추동의 방을 향해 어지러히 돌맹이를 던져 댔다. 그 결과 추동의 방문은 갈기 갈기 찢겨 부서져 버리고 말았다. 그 후 거의 1년간 추동은 이 집에서 저 집으로 은신처를 옮겨가며 잠을 자야 했다.

유씨 부인을 한 기독교 전도부인이 찾아와 전도하였다. 이른 나이에 청상과부가 되어 고단한 삶 속에 희망이라곤 전혀 없어 보이던 차에 예수를 알게 되고 생명의 구원과 소망의 도리를 듣게 되었다. 성령의 은혜에 힘입어 구주를 영접하고 새 삶과 기쁨에 힘을 내어 먼 곳까지 예배당을 찾아 다녔다. 새로운 감격과 소망으로 열심히도 다니며 기독교에 몰두하는 그녀를 마을 사람들이 좋게 여기지 않았다. 그러지 않아도 과부라는 이유로 온갖 편견과 질시를 받는 터에 예수쟁이에 미쳐 지내는 꼴을 상관해야겠다며 일본경찰에 고자질했나 보다.

유씨 부인이 경찰서에 불려 다니며 곤욕을 치뤘고, 마을 사람들의 핍박과 함께 얹혀살던 집의 형부에 의해 결국 집에서 쫓겨나고 말았다. 유씨 부인이 곤경에 처해 있을 때 선교사의 도움으로 광주엘 가게 되었고, 거기서 이일성경학교를 다니게 되었다. 서서평 선교사가 운영하는 학교에서 신학문을 배우며 함께 기숙하는데, 동료 여학생들 다수가 자신과 처지가 비슷하였다.

전도부인 사관학교

이일성경학교는 여성들을 하나님나라의 전도 특공대로 양성하는 특수사관학교였다. 미국 플로리다 주에 거주하는 로이스 니일(Lois Neel)의 후원으로 세워진 성경학교는 조선의 교회를 세우고 여성들을 일깨워 하나님의 일군으로 기르고자 하는 서서평의 비전과 열심에서 시작되었다.

여성들의 문맹 퇴치와 계몽, 교회 여성 지도자를 기를 목적으로 시작한 3년제 사립학교였지만, 사실상 초등학교 과정부터 해야 했다. 대다수 입학하는 여성들이 아예 까막눈인 경우가 많았고, 재정적 형편 뿐만 아니라 가정이나 사회적으로 소외와 차별 속에 어렵기 짝이 없는 이들이 다수였다. 한글, 상식, 일반교육에 치중한 보통과와 성경과 두 과로 구성되어 있었다.

보통과는 비기독인들도 입학할 수 있었지만, 과정을 마치기 전에 예외없이 기독교에 입문하였다. 2년 과정의 보통과를 졸업하면 교회 지도자 양성의 성경과 3년 과정을 이어서 하였다. 질환을 예방한다는 차원에서 건강 및 가정위생, 아이와 어머니 영양 및 교육론,

상처치유법, 세균 전염병 예방 등 의학 및 간호에 관한 과목도 배웠다.

이일학교 내 학생회는 목요일마다 예배를 드렸으며, 성경주일 준수와 헌금생활, 성경 배포업을 솔선하였다. 호남지역을 대표하는 여성교육기관으로 한국교회와 지역교회의 여성 지도자들을 배출하는 산실이 되었다. 이일 출신의 여성 전도부인, 여전도사들은 호남을 비롯한 한국교회 부흥의 큰 초석이 되었다.

추동을 곤경에서 구해 낸 사람은 타마자(J. V. N. Talmage) 선교사가 보낸 박 조사였다. 할머니와 추동을 격려하기 위해 방문한 그는 추동의 형편을 전해 듣고 이를 서서평(E. J. Shepping) 선교사에게 낱낱이 알린 후 도움을 청했다. 서서평은 추동을 광주로 불렀다. 그리고는 그녀를 니일성경학교에 입학시켰다.

추동은 글이라고는 배워본 적이 없는 까막눈이었다. 그녀는 '예비반'에 들어가 한글을 익히는 등 기초 공부에 전념했다. 추동의 처지를 잘 이해하고 있는 서서평은 인내심을 가지고 그녀를 차근차근 지도해 나갔다. 2년이 지났을 때 추동은 초등학교 수준을 어느정도 따라 잡을 수 있었다. 그 후 추동은 성경학교에 들어가 3년간 공부했다.

1927년 니일성경학교를 졸업한 추동은 보성 지방과 그 인근 지역에서 전도부인으로 일했다. 그녀는 주로 미전도 마을을 찾아 다니며 복음을 전했다. 복음이 아직 전해지지 않은 마을은 수백 개나 되었다. 추동은 자신의 옛 시절을 생각하며 한 생명이라도 더 구원하기 위해 발길을 바삐 움직였다.

5년이 지난 후 그녀는 십 여 개의 마을에 기도처소를 만드는데 성공했다. 추동이 선교사를 모시고 기도처소를 방문할 때마다 선교사는 큰 어려움을 겪었다. 한 기도 처소에서 다음 기도 처소까지는 보통 20리는 되었고, 힘든 산길을 통과해야 했던 것이다. 선교사는 추동의 열성적인 사역을 생각하며 경탄을 금치 못했다. 내가 방문하기 조차 어려운 이 길들을 추동은 도대체 얼마나 자주 걸어 다녔을까?"

전도부인으로 나선 후 추동은 청수동의 할머니와 살던 옛 집으로 되돌아갔다. 세상을 떠나기 전, 그녀에게 이 집을 선물로 주었기 때문이다. 추동은 이곳을 거주지로 삼고 전도활동을 전개했다. 마을의 촌장은 과거 추동을 박해한 장본인이었다. 그는 이전처럼 드러내 놓고 행동하지는 않았으나, 암암리에 기독교인들을 핍박했다. 하지만 추동은 이 마을에서도 열심히 전도하여 기도처소를 만드는데 성공했다. 기도회는 그녀의 허름한 집에서 열렸는데, 부인들과 아이들 뿐만 아니라 두 세 사람의 성인 남자들도 참석하는 소망스런 모임이었다. 그녀는 주일과 수요일 밤 정기적으로 예배를 인도했다.

추동은 전도부인으로 일하면서 선교부로부터 매달 6달러 25센트를 사례비로 받았다. 그녀가 청수동 모임을 인도하기 시작한 것은 1929년 경부터였다. 그녀는 사례비에서 매달 얼마를 따로 떼어 저축했다. 3년을 계속하여 15달러가 모여졌다. 1932년 추동은 그 돈으로 아담한 집 한 채를 구입하여 교회당으로 개조했다.

이일학교를 졸업하고 고향 마을에 다시 돌아온 유씨 부인은 예전과 너무도 달라 있었다. 이젠 하나님나라의 전도특공 전사로 사람들을 찾아 다니며 복음을 전하고 교회를 세우는 일에 주력하였다. 오래 전 소망도 없이 곤경에 처해 있을 때 찾아와 복음을 전해 주며 새 길을 열어주던 최 부인처럼, 이젠 자신이 역으로 빚을 갚는 일에 충성하였다. 예전의 자신처럼 가난과 소외 속에 사망의 음침한 골짜기를 헤매는 이들을 찾아 다니며 새생명과 구원의 도리를 전하고 나누었다.

유씨 부인이 열심히던 보성과 벌교에는 이미 여성들의 자치 조직이 구성되어 활동하고 있었다. 우리나라에서도 가장 먼저 출발하였던 광주 전남의 여전도회, 그리고 전라남도에서도 벌교 여전도회는 가장 이른 시기에 조직을 구성하고 교회의 여성운동을 가속화하였다.

벌교 부인전도회

전남 보성군 벌교포 기독교측 부인 일동은 여자계의 문화사업을 진흥키 위하여 부인전도회를 조직하고 일작당지 지방청년회관 내에서 창립총회를 열었는데, 임시회장 김성의 여사의 사회하에 김의남 양의 발기회 경과보고, 회칙낭독 통과가 있었고, 당일 선거된 임원은 다음과 같다더라.

회장 김성의 여사, 총무 김병덕 여사, 회계 침하옥 여사, 서기 김의남 양, 간사 이은 여사, 박계심 양, 금원동 여사. 금애은 여사.

(동아일보, 1922년 7월 19일)

전라남도에서 가장 먼저 교회가 시작된 목포나 대도시의 광주보다 조금 먼저 벌교에서 여전도회가 구성되었다는 것은 이 지역에 유씨 부인 이전에 다른 여성일군들이 그만큼 많았다는 반증이리라. 뻘밭을 밀어내며 꼬막을 캐내야 하는 억센 노동으로 길들여진 근성과 기질을 하늘 구원 사역에 마킹하여 충성하였던 벌교의 여전도인들. 그 한 멋진 기독교 여성의 생생한 증거가 가라골 여인 유추동 부인의 일생이다. 유추동 전도부인은 이일학교에서 배운 대로 교회 사역과 부설 아동 교육에 힘을 기울였다. 그녀의 열심을 따라 하나님의 은혜 날로 더해지니 어둠에서 잠자던 지역 주민과 아이들도 복음의 밝은 빛으로 나왔고, 생명의 열매와 결실 풍성히 이어졌다.

교회당은 주일과 수요일 밤을 제외하고는 야학으로 사용되었다. 추동은 어린이들을 모아 한글과 요리문답을 가르쳤다. 여러 곳에서 전도활동을 수행해야 하는 그녀는 야학에 전적으로 매달릴 수 없었다. 그녀는 자기 대신 아이들을 가르칠 남자 청년 한 사람을 선생으로 양육했다. 남자 선생이 교육을 담당하자, 보다 많은 남자 아이들이 참석하여 야학은 크게 번성했다. 장기간 사망의 어두운 골짜기에서 해매이던 청수동의 주민들과 아이들은 이로써 복음의 밝은 빛을 접하게 되었다.

보성 5

시간, 나무가 되다

대한민국은 가히 이제 커피 공화국으로 올라선 지 제법 오래다. 현대인들은 거의 대부분 매일 커피를 한 두 잔, 매니아라 자처하는 이들은 몇 잔씩도 마셔 댄다. 아메리카노 1회용 잔에 들고 거리를 쏘다니는 사람들을 어디서나 쉽게 볼 수 있다.

몇 십년 전까지만 해도 한 끼 식사 제대로 해결하지 못했던 우리나라인데, 이젠 밥값 이상이나 되는 커피를 아무렇지도 않게 사 마신다. 단순히 먹고 사는 정도가 아니라 내 몸에 새로운 가치를 부여하고 뭔가 신선한 자극과 삶의 가치를 부여하고 누리고 싶은 현대인의 소비 욕구가 우리 사회 차 문화로 크게 확산되어 있다.

커피는 정말 우리 인간이 누릴 수 있는 최고의 음료일까? 녹차가 옆에서 들으면 서운할 게다. 신이 인류에게 하사한 음료는 '녹차'라고 우기는 이들도 제법 많다. 보성에 가면 더욱 그러할 것이다. 전라남도 보성에 가면 '녹차'를 먼저 떠올린다. 전라도 사람이라면 벌교의 '꼬막'도 크게 앞서겠지만, 대한민국에서 40%를 생산하는 녹차가 보성의 대표 산물이라 해도 과언은 아니다.

맑은 듯 짙은 듯 떫은 맛이 약간 나면서도 감치는 맛이 혀를 맴도는 녹차 한 잔을 음미할 때 '쉼'을 느낀다. 바쁜 일상 속에서 진정한 삶의 가치와 행복이 어디있는 지 잊어버렸다가도 이것 한 잔으로부터 여유와 깊은 행복이 밀려 올라온다.

보성은 녹차 재배에 안성맞춤인 기후 환경 토양을 갖추고 있다. 해양성 기후와 대륙성 기후가 맞물리는 사질 양토(진흙이 조금 섞인 부드러운 흙)에 평균 기온이 13℃ 이상, 연강수량이 1,400㎜ 이상인 곳에서 재배해야 좋은 찻잎을 얻을 수 있다. 물이 잘 빠지는 흙으로 덮여 있어야 하고 햇빛과 그늘이 적당히 만들어져야 하는 등 조건이 까다롭다. 전남 보성의 활성산 자락은 이 조건을 참 잘 갖췄다. 해발 450미터 최고봉 아래 계단식으로 둘레 친 수천여 다원의 풍경은 가히 장관이다. 녹색의 향연, 올라온 바닷 바람 받아 코 끝을 은근히 자극하는 냄새와 함께, 피곤한 눈동자도 모처럼 시원한 샤워를 받는다. 보성읍에서 차를 몰고 봇재 고개를 올라 가면 잠시 쉬어야 한다. 휴게소가 있기도 하지만, 그만큼 가파른 고개길인지라 예부터 사람들이 봇짐을 내려놓고 잠시 쉬어 가야한다,해서 붙여진 지명이다. 이제 본격적으로 회천면의 차밭이 펼쳐지는데 펼쳐지는 장관에 눈이 팔려 운전 부주의 일으키면 안된다. 내려가는 길이 상당히 험하고 구불구불하니 구경은 동승자들에게나 맡기고 조심스레 운전해야 한다.

우리나라에서 녹차가 재배된 시기는 아주 가까이는 고려시대부터 있었던 것으로 기록에서 찾아볼 수 있다. 세종실록지리지에는 보성군이 차 산지로 나와 있고 고려시대 조정의 여러 행사때마다 다례가 행해졌음을 알 수 있다. 특히 스님들이 즐겨 마시던 차였는데, 조선 시대 들어와 숭유억불 정책으로, 그리고 임진왜란 등의 영향으로 차 재배와 보급이 쇠퇴하였지만, 일제 강점기에 다시 부활하게 되었다. 일본의 차 전문가들이 보성의 최적 재배지를 발견하고 1939년 이곳 산비탈에 차밭을 만들었고, 해방후 1957년부터 대한다업에서 본격적으로 재배, 확산하며 오늘날의 녹차 고장을 만들었다.

일본 차 생산지인 시즈오카현의 초등학교에서는 수도꼭지에서 녹차가 나온다고 한다. 이 학교 아이들은 충치 발생률이 현저히 낮다고 하는데, 녹차의 카테킨 성분이 충치 예방에 효과 만점이다. 그 외에도 녹차는 카페인, 테아닌, 비타민, 사포닌, 미네랄 등 우리 몸에 너무도 좋은 성분들이 많아 항암 항산화 항당뇨는 물론 치매예방에도 특효다.

녹차 한 두 잔으로 우리 몸에 새로운 생기를 불어 넣고 숨을 크게 들이 쉬었다면, 인근의 녹차 해수탕에 가야 한다. 지하 120미터에서 끌어올린 암반 해수에 녹찻 잎 우린 야외노천탕에 들어가 툭 트인 바다를 조망하는 기분은 그야말로 진맛이다.

보성의 독립군과 의병장

보성은 의향의 고장이기도 하다. 조선시대 임진왜란과 정유재란, 정묘,병자호란, 그리고 구한말 일제 강점기를 거치며 외국의 침략과 강탈에 맞서며 독립투쟁 벌였던 의병이 무려 777명이나 발굴되었다. 벌교(보성)가서 주먹자랑 하지 말라고 하였는데, 특히 식민시기 일제에 대항하여 치열하게 싸우고 저항하던 보성 사람들의 용기와 패기에서 나온 말이다.

일제 강점기 동안 항일운동을 벌인 대표적인 두 사람은 서재필과

일제 강점기 동안 항일운동을 벌인 대표적인 두 사람은 서재필과 안규홍이다. 한국 최초의 서양의사요 미국 시민권자였던 서재필 박사는 보성군 문덕면 용암리에서 1864년 태어났다. 동복 현감을 지내던 서광효의 셋째 아들인 서재필은 김옥균, 박영효와 함께 1894년 갑신혁명을 일으켰으나 실패로 돌아가고 말았다. 가족들이 처참하게 몰살되었고, 서재필은 일본을 거쳐 미국에 망명하였다. 워싱턴에 있는 콜롬비아(조지 워싱턴) 대학교에서 의학을 공부하여 한국인으로서는 최초로 1893년 서양 의사 면허를 취득하였고, 미국 시민권도 얻었다. 1895년 동학혁명이 한참이던 때에 귀국한 서재필 박사는 독립협회를 창설하고 독립신문을 창간하였다. 외세를 지워 버리기 위해 중국 사신을 영접하는 영은문을 헐어 버리고 그 자리에 독립문을 세웠으며, 중국을 사대주의화 한 모화관을 인수 개축하여 독립회관으로 사용하였다.

그의 근대 개혁 사상운동은 수구파와 외세의 책동으로 인해 다시 미국으로 추방되고 말았고, 그는 도산 안창호 선생과 함께 미국에서 한국의 항일 독립운동과 후원을 위해 평생 노력하였다.

서재필 박사가 해외에서 나라의 독립과 항일 운동을 전개했다면, 보성과 국내에서 저항과 배일운동을 펼쳤던 이는 안규홍 의병장이었다. 안규홍은 1879년 양반 집 자제로 태어났으나 그의 가정 역시 몰락하여 어릴 때부터 머슴살이를 해야 했다. 1907년 대한제국 군대가 강제 해산당하자 전국적으로 의병이 일어났다. 정미의병이었다. 보성에서는 안규홍이 일심계를 조직하고 의병을 모았다. 가난한 농부와 머슴 출신들로 이뤄진 보성 의병대의 공격 대상은 친일세력, 일본 제국과 그에 기생하는 탐관오리 등이었다.

가렴주구 일삼는 부패한 관리들을 공격하고 악덕 토호 지주들의 재물을 빼앗았으며, 친일단체인 일진회를 공격하였다. 1908년 4월부터 1909년 10월까지 1년 6개월 사이에만도 26차례나 일본군과 싸웠고 승리하였다. 지형 지세에 익숙하여 훈련되지 못한 병사들만으로도 일본군에 대항하여 곧잘 이겼지만, 결국 1909년 일본이 대대적으로 벌인 대토벌작전에 안규홍은 의병을 해산하였고, 각자 도주하였지만, 결국 체포되고 말았으며 교수형을 언도받고 투옥중 사망하였다. 보성군 문덕면에는 안규홍의 사저가 등록문화재로 지정되어 있고, 서재필 박사의 기념관, 기념공원이 각각 조성되어 있다.

대한민국 신학대학교 총장

미 남장로교 선교부의 충성과 열심 때문에 전라도 농어촌 곳곳에 교회가 생기고 많은 무지렁이 전라도민이 생명과 구원의 은총을 입었다. 선교사를 따라 배우며 숱한 조사와 일군들이 있었고, 훌륭한 목사와 장로, 전도부인이 부지기수다. 뿐만이랴. 신학자들도 제법 많이 배출 되었으니, 한국신학계의 큰 인물들이 배출된 전라도다. 진도의 정경옥 교수, 신안의 서남동, 신복윤 교수가 있고, 이곳 보성 출신의 큰 신학자도 있으니, 박형용 박사이다.

그를 늘 총장이라고 한다. 우리나라 신학대학교 세 곳에서 총장을 역임했는데, 이는 거의 유례를 찾기 힘들 정도의 유일한 경력을 갖고 있다. 그래서 그의 전공은 신약학이 아니라 총장학 전공인가? 하고 모두들 존경한다. 합동신학대학원대학교, 서울성경신학대학원대학교, 웨스트민스터신학대학원대학교 총장을 차례로 맡아 충성하였다. 신학자로서의 연구와 강의 못지 않게 학교 행정가로서의 남다른 능력과 성실함에 대한 주변의 인정과 평가이리라.

필자의 선생님이시기도 하다. 1997년 필자가 36의 나이에 합동신학교에 입학했을 때 개학도 하기전 헬라어를 가르쳐 주셨다. 항상 유머를 구사하고 넉넉하고 여유로운 스타일에 신앙과 학문에 대한 열정은 단호하고 분명했다. 오랜 기다림과 소망가운데 들어온 신학교이기도 하였지만, 박형용 선생님의 남다른 강의와 인품에서 나오는 말 한마디 한마디는 참으로 기대 이상이었고, 고마웠다. 아, 나는 왜 어릴 때는 이런 선생을 만나보지 못했을까? 초등학교때부터 남들보다 더한 대학원까지 숱하게 학교 다녔고, 수많은 스승들 밑에서 수학하였지만, 어느 순간 갑자기 그런 생각이 들었다. 1970년대나 80년대 유신 정권과 신군부 권위주의 시대 선생들은 대부분 자유롭지 못하긴 하였다. 지식을 전해주긴 하였어도 인격과 세상 삶에 대한 지혜에 대해선 그다지 배우질 못했고, 관용과 너그러움보다는 독선과 강압이 앞섰던 것 같다.

비교적 범생이(?)로 지내온 학동으로서 존경할 만한 선생보다는 아쉬움이 늘 많은 경우였는데, 박형용 선생에게서 나는 지난 모든 아픔과 서운함을 다 보상받는 것 같았다. 내 인생을 던질 수 있고 투자할 수 있는 스승을 만나고 동료를 만날 수 있다는 것은 참으로 행복한 일이다.

입학식도 하기 전인 추운 1월, 하루 6시간씩 헬라어 익히기에 몰두하였던 그때 쉽고도 재미있게 가르쳐 주시기도 했지만, 종종 던지시는 신앙과 삶에 대한 메시지가, 목회자가 되려는 제자들에 대한 간섭과 배려가 그렇게 인격적이고 고마울 수가 없었다. 첫 인상의 귀함과 감사함이 이후 3년 내내 이어져 여러 다른 선생님과 함께 주셨던 가르침과 배려에 고마움을 표한다면 너무 사적인 오지랖이 될려나.

신학적 배움에 있어서는 필자는 무엇보다 성경해석에 대한 바른 이해와 관점에 대해 많은 가르침과 도전을 받았다. 어릴 때부터 나도 보수적인 교회에서 자라왔지만, 문학을 좋아하고 세상의 학문 기류에 익숙하였던지라, 성경을 이해하는 시각은 지극히 인본주의적이었고, 편협되어 있었다. 박형용 선생님의 "성경 정경론"이나 "성경 해석의 원리" 강의는 내게 상당한 자극과 시각교정을 불러 일으켰다. 매주 내는 짧은 레포트도 꼼꼼히 읽으시고 일일이 지적하며 개혁주의적 관점에 서도록 지도해 주셨던 덕분에 그나마 지금 좀 나은(?) 편에 서지 않았나 싶다. 박형용 신약학자의 성경해석 원리는 개혁신학과 구속사적 원리에 철저히 기반을 두고 있다.

그는 개혁신학자들이 사용하는 성경해석을 보여준다. 그는 "우리는 기록된 66권의 성경을 하나님의 말씀으로 받아 드리고 개혁주의적인 성경해석원리에 따라 성경을 해석해야 한다"라고 주장한다. 박형용 박사의 성경 해석 이론 중 구속사적 해석 원리는 독특하다. 이는 성경을 해석할 때에 항상 그 배면에서 하나님의 구속 역사를 중요하게 여기는 것이다. 그는 성경이 하나님의 특별한 계획으로 기록된 것으로 그리스도의 죽음과 부활, 구원과 부활 생명을 다루는 구속사라는 것을 부각한다.(안명준, "성산 박형용 박사의 신학과 성경해석")

박형용 총장은 1942년 1월 20일 보성에서 출생하였다. 차밭으로 유명한 회천면 율포리(장목동)에 8남매중 둘째 아들로 태어났다. 한창 일제가 극성을 더하던 강점기이며, 3년 이후 광복이 되었지만, 그것을 느끼기엔 어린 3살이었으나, 1950년 6.25는 기억이 생생한 초등학교 시절이었다. 회천초등학교 재학중에 전쟁과 공산당에 대한 체험을 하였고, 그 무렵 동네 교회에 다니며 예수 기독교 신앙을 갖게 되었다.

나는 초등학교에 다니면서 믿음을 갖게 되었고, 교회를 알게 되었다. 내가 신앙생활을 시작한 율포교회는 한때 국회부의장을 지내신 황성수 박사님의 부친이신 보성읍교회 황보익 목사와 미국 남장로교의 파송을 받은 인휴 선교사의 부친이신 인돈 선교사, 그리고 보이열 선교사의 도움으로 그 당시 윤천수 집사(後에 장로)가 그의 밭을 기증하여 1927년 4월 1일 설립되었다. 그리고 인휴 선교사와 서고덕(Jack Scott) 선교사가 율포교회의 당회장으로 봉사하기도 하였다. 서고덕 선교사는 후일에 잭슨 미시시피에 세워진 개혁신학대학원의 교수로 봉직하시기도 하였다. 내가 미국에서 공부를 마치고 귀국한 후 서고덕 박사의 Revelation Unfolded를 "계시록의 메시지"란 제목으로 번역 출판하기도 했다.

나는 미국 남장로교회와 관계가 있는 율포교회에서 신앙생활을 시작하였다. 그런데 나는 후에 미국장로교회(PCA)의 해외선교부의 파송을 받아 한국에서 교육선교사로 봉사하게 되는데, 이는 하나님의 섭리를 느끼게 하는 대목이다. 왜냐하면 미국장로교회는 신학적인 문제로 교회들과 목회자들이 남장로교회(PCUS)에서 분립하여

1973년 12월 4-7일 앨라배마주 버밍햄시에 소재한 브라이어우드장로교회에서 창립한 교단이기 때문이다. 현재 미국장로교회는 복음주의 교단으로는 가장 큰 교단으로 미국에서 가장 활발하게 활동하는 교단이다.

내가 신앙생활을 시작할 당시 율포교회는 서울의 총회신학교 학생이셨던 이순배 전도사, 이기재 전도사, 유춘식 전도사 등이 순천에 본부를 둔 미국의 남장로교회의 선교사들의 후원을 받아 담임목회자로 섬겼다. 나는 중학교 3학년을 시작할 때인 1956년 1월 14일 세례를 받았다. 나는 어린 나이에 예수를 믿었지만, 교회에서 시간을 보내는 것이 즐거움 중의 하나였다. 내가 신앙생활을 시작한 율포교회는 1965년 회천중앙교회로 이름을 바꿨다.

(박형용, "시간, 나무가 되다")

박형용의 어린 시절 보성에서의 삶은 회천초등학교와 보성중학교 시절까지 이어졌다. 고등학교때부터는 서울로 유학하게 되었으며 이후 목회자가 되기 위해 총신대학을 거쳐 미국 웨스트민스터와 에모리 대학교에서 신학박사를 취득하였다. 신약학을 전공한 성경학자로서 그는 국내에 돌아와 총신대학을 거쳐 합동신학대학원 등에서 후학을 지도하며 한국교회 목회자들을 양성하는 데 힘을 기울이고 있다.

전남기독교 역사 이야기를 계속 써가면서 보성을 조사하는 와중에 뜻밖에 선생님의 어린 시절을 접하였다. 외람되는 일인 줄 알면서도 선생님을 기억하며 보성의 이야기 한 토막 같이 하는 것을 늘 그렇듯이 웃어 주시면서 그냥 너그러이 받아 주시려나. 옆에 우려

낸 녹차 한 모금 마셔가며 오늘날 한국교회 숱한 제자 목사들에게 하늘 생명을 내밀고 에너지 채워 주시던 보성 출신의 선생님을 기억하며, 은사의 고향 보성 율포와 지역교회들에도 하나님 은혜가 녹푸른 열매들로 풍성하길 소원해 본다.

7장

고흥

남도의 신앙과 저항 정신

찌르릉 찌르릉 비켜나셔요
자전거가 나갑니다, 찌르르르릉
저기 가는 저 영감 꼬부랑 영감
어물어물 하다가는 큰일납니다

찌르릉 찌르릉 비켜나셔요
자전거가 나갑니다, 찌르르릉
오불랑 꼬불랑 고개를 넘어
비탈길을 스르륵 지나갑니다

찌르릉 찌르릉 이 자전거는
울아버지 사오신 자전거라오
머나먼 시골길을 돌아오실 제
간들간들 타고 오는 자전거라오.(목일신, "자전거")

길을 걷다보면 빵 빵 거리며 비키라고 위세 부리는 차량 운전자 자주 대한다. 상당히 무례하다. 보행자를 없신여기는 아주 나쁜 태도다.

차를 갖고 타고 다니는 게 무슨 벼슬이랍시고 그리도 위세 부리는 걸까? 천박스럽기 짝이 없는 행태인데, 어릴 때부터 알게 모르게 쌓아왔던 잘못된 인식과 습관 때문이다. 그 주범(?) 중의 하나가 자전거 동요다. 재미있게 자주 부르다 보니 사람들의 뇌에 깊이 박혀 결국 오늘날 차량 운전자들이 보행자를 대하는 건방진 사고와 행동을 낳게 했다.

이 동시를 쓴 이가 고흥 출신의 목일신이며 전적으로 아버지로 인해 얻게 된 글이다. 아버지는 미 남장로교 순천선교부의 조사로서 선교사가 준 자전거를 타고 시골길을 다니며 전도하는 일에 충성하였다. 아버지 때문에 자전거를 일찍 타보기도 하며 남다른 체험과 기쁨을 누렸기에 그 감상과 흥겨움으로 쓴 시가 "자전거"다.

1926년 고흥 초등학교 5학년 때 이 글을 썼다는데, '어물어물', '스르륵'. '간들간들' …. 이런 표현들을 초딩이 지어 냈다니 좀 믿기지 않는다. 작곡가 김대현 역시 중학 시절 곡을 썼다니 대단하다. 목일신은 초딩때부터 탁월한 감각으로 시를 곧잘 써 냈고, 동아일보에 실리며 대중들에게 그의 이름과 작품을 널리 알리게 되었다.

목일신의 자전거 창작을 비롯한 동요 작품활동은 아버지의 영향이 컸다. 일제강점기 나라를 빼앗긴 채 살아가는 피식민지 백성들의 삶은 참으로 피폐하고 어렵기만 했다. 그때마다 아버지는 하나님을 찾았고 그 기독교 신앙을 고스란히 아들에게 전수하였다. 하나님을 노래하고 하나님께 간구하는 삶을 배웠고, 나라 사랑 정신을 귀가 닳도록 들었다. 일본어를 쓰게하는 학교의 가르침과 달리, 아버지는 늘 조선어 한글 쓰기와 민족 정신을 강조하였다. 목일신의 동요마다 아름다운 한글 말이 풍족하게 배여있는 까닭이다.

고흥의 목회자, 독립운동가

목일신의 나라사랑과 기독교 신앙, 그의 시적 재능은 아버지 목치숙에게서 배운 것이었다. 목치숙은 전라남도 기독교 초기 보성과 고흥 지역을 대표하는 목회자이며 항일 독립운동가였다.

목치숙(목홍석)은 1885년 2월 23일 고흥군 점암면 화계리에서 태어났다. 고흥의 최초 기독교인으로 알려진 신우구로부터 전도를 받아 기독교 신앙에 입문했다. 오웬 선교사가 이곳 고흥반도에까지 찾아와 전도할 때 그를 수행하며 함께 협력하였고, 1912년 새로 부임한 안채윤 선교사의 조사로서 보성과 고흥 지방의 여러 교회 개척사역에 헌신하였다.

고흥읍교회 개척자 가운데 한 명이었던 목치숙은 동료 박용섭과 함께 1918년 장로 임직하였으며, 1919년 봄, 목회자가 되기 위해 평양신학교 입학차 상경하던 중 서울에서 벌어진 3.1운동을 접했다. 그는 길가에 뿌려진 기미독립선언문 한 장을 가지고 고향 고흥으로 곧장 돌아왔다. 남양면 신흥리에 사는 같은 예수교인이었던 이형숙, 손재곤, 최세진, 조병호, 이석완 등에게 서울의 상황을 알리고 고흥에서의 만세시위를 호소했고, 이들은 4월 14일 장날에 거행하기로 약속하였다.

목치숙은 오석주에게 태극기와 독립선언서를 제작하게 하였고, 고흥읍과 강동면 지역의 기독교인들에게 연락해 함께하기를 부탁하였으며, 한익수에게는 조선독립고흥단의 이름으로 자체 선언서 작성을 부탁하였다.

그렇지만 거사 당일 비가 많이 내리는 바람에 결국 대중적 시위를 일으키지는 못했다. 목치숙은 독립선언서를 고흥군수를 비롯한 관내 관공서 책임자에게 발송하며 독립의지를 보였고 결국 일본 경찰에 체포되었다. 그는 보안법위반 혐의로 징역 6개월 형을 받았고 옥고를 치뤘다.

목치숙은 출옥후 1920년 8월 고흥의 기독 청년들을 모아 고흥기독교청년회를 결성하였고, 가난한 아이들을 위한 야학을 시행하였다. 그리고 1923년에는 물산장려운동을 벌여 조선에서 나는 의복만을 입게 하고 토산품 사용과 금연운동을 전개하였다.

물산장려 선전, 고흥에 대행렬

고흥청년회와 고흥기독청년면려회에서는 음력 정월 14일의 장날을 이용하여 토산(土産)장려 선전하고자 조선물산 장려 선전이라 쓴 깃발과 조선고락을 선두에 세우고 다수 회원이 행렬을 정제(整齊)하여 시내 각처를 주회(週廻)하며 등사한 "우리는 우리 것을 먹고 입고 쓰자"는 선전문과 경성조선물산장려회의 취지서를 다수 살포하여 크게 선전의 기세를 발휘하였는데, 일반 관중은 광적으로 이를 환영하였으며, 당일은 5년 전 3월 1일 독립선언기념일 임으로 경찰당국은 만일을 염려하여 경계가 파(頗)히 엄밀하였더라.

(동아일보, 1923년 3월 13일)

목치숙은 미뤄두었던 평양신학교 입학을 1924년에 시작하였다. 순천노회의 허락을 받아 가을에 입학하였으며, 이듬해 1925년 봄에 보성읍교회 전임교역자로 부임하였고, 이웃한 득량면 동막교회 등을 겸하여 시무하였다. 그렇지만 옥중에서 겪은 고문의 후유증이 심해 건강이 악화되었고, 결국 1927년 2월 목회를 중단할 수 밖에 없었다. 목치숙 조사는 순천의 안력산 병원에서 치료하던 중 1928년 3월 1일 소천하였다.

44살의 이른 나이에 하늘 부름을 받은 목치숙 조사, 아들 목일신은 매산중학교 1학년에 재학중인 16살의 어린 청소년기였으니, 그 상심과 아픔은 너무도 컸으리라. 아버지 그리워하는 어린 아들의 심사를 그려낸 작품이 이듬해 1929년 10월 20일 자로 동아일보에 실렸다.

나를 사랑하시던 아버지는요
작년 삼월 초하로 꽃피는 봄날
우리 형제 오남매 남겨 두고서
무정히 하늘나라 가셨답니다
나는 나는 누나와 목놓아 울며
어머니는 동생들 껴안고 울제
동리 동리 사람들 모두 찾아와
애처러운 눈물을 흘렸답니다
사랑하신 어머님 슬퍼하실 땐
나는 나는 언제나 위로를 하죠
이 밤도 달 밝은 밤 별에 우는 밤
그리운 아버지를 생각합니다.

(목일신, "우리 아버지")

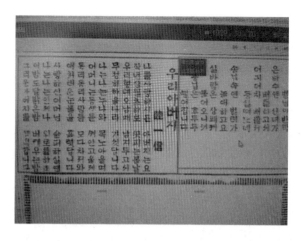

동아일보 1929년 10월 20일자에 실린 목일신 동시
'우리 아버지'

목일신은 그해 가을 광주 학생운동이 벌어졌을 때 역시 함께 하였다. 직접 전단지에 항일 내용을 담은 격문을 쓰고 뿌렸다. 만세운동 혐의로 그는 전주형무소에 갇혀 한 달여 수감되었다. 그는 좁은 감방에 갇힌 신세였음에도 몰래 지녔던 몽당연필로 날마다 한 장씩 지급된 휴지 조각에 그의 감상을 부단히 적었고 노래하였다. 이때 쓰여진 "구름", "하늘", "꿈나라" 등 역시 나중에 출소한 후 동아일보에 발표하였다.

아버지로부터 전수받은 신앙과 민족애는 그가 전주에서 신흥학교 다니던 때도 여전하였다. 결국 퇴학까지 당하고 말았고 고향에 돌아와야 했다. 울분을 삭히며 그는 민족의 수난과 일제의 강압을 글을 써내며 토로했는데, "어린별"에 드러난 시어는 당대의 고난과 아픈 현실을 상징한다.

'깊은 밤', '캄캄한 밤'은 어두운 시대를 상징하고, 모여앉아 수군거리는 것은 큰 소리로 말할 수 없는 아픈 시대상을 표현한 것이다. 비록 순수한 동시 형태이지만, 작자는 자신 만의 시어로 어둡고 아픈 시대를 표현했다. 일제의 강압이 날로 더해 가던 시절, 작가는 시로써 대변했다.

전쟁에 광분하던 일제는 작가들까지 동원하여 전시동원 체제로 나아갔고, 많은 작가들이 친일파로 돌아섰다. 그러나 목일신은 절필로써 일제에 항거했다. 아버지의 뜻도 그러했고, 본인의 생각도 친일이라는 반민족적 행위는 생각할 수도 없는 일이었다. 때문에 1930년대 이후부터 광복 전까지 그의 작품이 보이지 않는다. 그시절 중고등학교에서 교편생활로, 탁구선수로, 탁구지도자로 활동했다. 그가 학생들을 가르칠 때 가장 중요시했던 것은 올바른 사람이 되게 하는 것이었다.(김덕균, "한국기독교를 빛낸 사람들")

목일신은 일본 오사카 간사이 대학을 졸업하고 국내에 돌아와 학교 교사로 후세대 양육에 힘썼다. 순천 매산고, 목포여자중고, 서울 이화여고를 거쳐 오래도록 배화여중고에서 국어 교사로 지내는 한편, 탁구에도 재능을 보여 선수생활과 지도자 활동을 하였다. 경기도 부천에 오래 거주하며 말년을 보냈던 그를 기념해서 부천시에는 자전거 노래비와 그를 기념하는 공원이 조성되어 있고, 보성에서도 목일신이 졸업한 홍양보통학교(고흥동초등학교) 교정에 그의 노래비를 세우고 그를 기념하는 행사를 매년 진행하고 있다.

3대째 이어지는 기독교 신앙과 저항 정신

기독교 신자로서 민족에 대한 남다른 애정과 삶으로 신앙과 민족애가 다르지 않았던 목치숙 조사와 시와 문학으로 세상 창조 질서의 아름다움을 노래하고 교육자로서 바른 사람을 기르는 일에 열심이었던 목일신. 존경하며 배우려 애써도 다하지 못할텐데, 오히려 이를 비난하고 혐오하는 엉터리들이 참 많다.

혹여 세상에 대한 이해와 가치는 다를 수 있고, 보수도 있고 진보도 있으며, 좌도 있으면 우도 있으니 상대를 인정하고 배려하며 함께 선한 경쟁을 통해 좋은 합을 만들면 좋으련만, 극단적 배격과 혐오로 서로 죽이자고 달려드는 우리 현대사회는 참으로 비극이다. 지역에 대한 편견, 약자에 대한 증오, 생각이 다른 진영에 대한 저주는 너무도 파괴적이고 악하다. 너 살고 나 살자해야 하는데, 너 죽고 나 죽자는 식으로 달리는 오늘 한국의 현실이 가슴 아프다.

2013년 가을 쯤 프랑스 파리에서 재불 한인들의 시위가 있었다. 한해 전에 실시한 대통령 선거때 국가정보기관이 선거 개입한 사실이 밝혀지면서 문제가 크게 일었는데, 멀리 해외에서까지 이를 규탄하는 일이 벌어진 것이다. 그런데 사건의 진상과는 다르게 이를 주동하는 한 여성에 대해 한 국회의원과 '일베' 집단이 벌떼같이 일어나 인신공격을 해대며 비난하는 사건이 이어졌다.

선거 과정의 부정에 대해 진상규명과 사실확인이 중요한 우선순위인데, 그것과는 별개로 이를 문제제기하는 사람의 신상털기식 비난과 저주가 앞서는 행태는 참으로 우리 사회의 추악한 민낯이 아니런가. 거짓말과 과장으로 상대의 인격을 모독하며 폭력적 언사와 행동을 앞세우는 일들이 일개 국회의원이란 자로부터 그 집단에 의해 버젓이 행해진다.

프랑스 시위에 참여한 한 여성 인사는 목수정이었다. 파리에서 문화정책을 공부하며 공연기획자의 길을 걷는 그는 얼마전 민주당 대선 후보 이재명 씨의 후원회장을 맡기도 했었다. 어린 딸 아이의 학교 생활을 담은 에세이 "칼리의 프랑스 학교 이야기" 와 파리의 생활 이야기를 쓴 "파리의 생활 좌파들" 등을 저술하기도 했다.

할아버지 목치숙의 신앙과 독립 저항정신을 배웠을까? 아버지 목일신의 문학과 사람에 대한 남다른 이해와 가치를 배웠으려나? 목수정 작가의 나라에 대한 생각과 불의에 대한 남다른 의기를 인정하며 우리 자신들의 모습을 살펴볼 수 있어야 하는데, 엉뚱한 문제를 끄집어 내 비난하고 악랄한 삿대질을 해대서야 되겠는가. 그가 여성이고 그가 할아버지 대로부터 전라도 고흥에서 나고 자란 게 무슨 흠이라고 '주홍글씨' 나쁜 낙인질인가! 생각이 달라서 격론도 벌이고 티격태격 논쟁과 대립이 있는 거야 건강한 사회의 요소이긴 해도 상식과 정도 이상의 비방과 적대는 자제해야 할 우리 사회다.

더하여 차를 운전할 때면 제발 경적 울리는 것도 삼가야 할 일이다. 정말 긴급한 위기 상황에서나 할 일이지, 상습적으로 앞 차더러 빨리 가라고, 지나는 행인더러 비켜 달라고 클락션 눌러대며 위협 가하는 잘못된 습관을 고쳐야 할 일이다. 목일신 선생이야 어릴 때이니 그저 순수한 마음에 위험하니까 피해 달라고 따르릉, 따르릉 주의를 당부했겠지만, 사실 그것도 우리 인간에 내재해 있는 오만함이요 시건방 떠는 짓의 하나다.

상대의 위험을 걱정해서, 큰 일 날 수 있으니 조심하자고 염려하며 신호 보내는 게 아니라, 내가 가는 길 막지 말고 빨리 비키라는 식으로 겁박하며 위세 부리는 현대인들이여, 가치와 지향이 다르다고, 어느 특정 지역 출신이라고, 여성이라고, 장애를 지녔다고, 이방인이라고 혐오와 저주 들이대는 이들이여, 목일신의 '자전거' 동요를 부를 때마다 찌르릉, 찌르릉 경고음 남 향해 던지지 말고 우리 스스로에게 되묻기를.

한약방 사랑채에서 자란 기독교

4월 27일(금요일) 갑판 위에서 분주히 움직이는 소리가 나서 새벽 3시 쯤 깨어나 비옷을 입고 출발하기를 기다리고 있었다. 아름답고 청명한 달빛이 보였고, 상쾌한 바람이 북서쪽에서 불어왔다. 조심스레 비운 상자와 얼마 없는 짐을 Saw가 타고 갈 배에 실었다. 방을 비우라고 재촉하는 주인 때문에 7시에 아침 밥을 먹고 8시 전에 (바닥이 흔들리는)배에 올랐다. 배를 저어 다음 섬 쪽으로 20리를 갔다. 섬의 나무와 벌판, 바다의 풍경이 부산은 상대가 안될 만큼 굉장히 아름다웠다. 꿩도 보였다. 저리도(거금도)를 지나 본토의 반대 방향으로 10리를 갔다. 30리를 더 가니 녹도가 나왔다(읍내에서 40리 떨어져 있다). 배를 기다리는 동안 몇몇 남자들과 즐거운 이야기를 나눴다. Saw는 아는 사람도 만났다. 나라의 남쪽 끝인 이곳에서 한 남자를 만났는데, 그는 서울에서 '언문'에 관한 책을 사서 읽어 보았지만, 이해를 못하겠노라고 했다. 나는 그에게 명확하고 간단하게 설명을 해 줬더니, 그는 알겠다고 했다. 배로 1시에 출발하여 3시에는 녹도에 도착했다. 물은 깨끗했고, 너무도 맑은 날씨였다. 4시에 녹도에서 점심을 먹었다. 4시 30분에는 읍내로 출발했다. 홍양까지 40리 걸렸는데, 길의 처음 절반은 구부구불한 개펄이었고,

나머지 반은 산으로 난 좋은 길을 따라갔다. 추도는 큰 마을이었지만, 개펄 끝에 있었다. 저녁 9시가 돼서야 대내에 도착했고, 집 주인에게 잔소리를 들어야 했다. 잠은 편안히 잘 수 있었다.

4월 28일(토요일) 7시 35분, 읍내를 향해 10리를 갔고, 9시가 좀 지나서야 도착했다. 이곳은 산의 본거지였지만, 지대가 낮았다. 0.5마일을 가니 (고흥읍)등암이라는 큰 마을이 나왔다. 이곳에서 전에 흥양까지 함께 갔던 마부들을 만나 3일 반나절 동안 우수영까지 가기로 계약했다. 주막 여주인과는 아무런 문제도 없이 돈거래를 마쳤고, 마부 한 사람 당 1,500냥 씩 지불하기로 했다. (11,500-(9,000+1,000) 이로써 23일 간의 금전 출납 계산이 끝났고, 그에게 상급 60냥을주고 그 이후에 말을 빌리는 것에 대해서는 일체의 돈을 받지 않는 것으로 했다. 전주 마천에서 문제가 생겼을 경우, 그의 이름과 '태인'이라는 지명을 말했자 마방 주인이 도움을 줬다. 아전과 사람들이 여관에 북적댔기에 우리는 여러 가지 좋은 책을 나눠 주었고, 지칠 때까지 그들과 대화를 나눴다. 점심을 먹고 1시 30분쯤에 출발했다. 이 지방은 산이 많았고 경치 좋은 산들, 그리고 개펄이 많았다. 7시 조금 넘어서야 흥양에서 북쪽으로 70리 떨어진 유덤장에 도착했다. 숙소는 저렴했고, 주인이 친절했다. 또한 종이가 잘 발라진 방을 혼자씩 사용할 수 있었다. 조용하고 흥미로운 젊은이가 30~40리 정도를 함께 동행했었는데, 내가 전하는 복음을 주의깊게 들었다. 그는 유덤장에서 0.5마일 떨어진 곳에 사는 김서방이라 했다.

4월 29일(일요일) 늦게까지 자고 푹 쉬었다. 맛있는 아침을 먹었고, 점심 때는 파인애플을 조금 먹었을 뿐 식사는 하지 않았다.

주인과 많은 얘기를 했고, 특히 성경을 큰 틀에서 설명해 줬다. 그는 부산에서 책을 산 적이 있었다. 추가 비용을 지불하지 않은 마부는 집에 가는 길에 들렀다가 갔다. 조용하고 맑은 날씨 속에 쉬면서 묵상을 했다. 반촌(양반촌)까지 걸어가니 한 낮이 되었다. 날씨가 좋았다. 이전에 얘기했던 양반과 잡담을 나눴다. 오래된 돌담과 그늘이 드리워진 곳, 예쁜 언덕이 보였다. 저녁으로 정말 맛있는 조개국을 먹었다.(레이놀즈, "1894년 전라도 정탐일지")

전라남도 고흥 반도에 기독교 복음을 들고 찾아온 첫 서양 선교사는 레이놀즈였다. 1894년 봄, 그의 전라도 정탐여행은 의사 드루 선교사와 함께 서씨(Saw) 성을 지닌 조선인 청년의 도움을 얻어가며 두 달여 진행되었다. 군산에서부터 시작하여 남으로 고창과 영광, 목포를 거쳐 동남쪽 해안을 따라 우수영과 진도를 거쳐 고흥반도에 이르렀다.

이역만리 미국에서 태평양을 건너와 조선 호남 땅에 기독교 생명과 복음을 전하겠다고 열심내는 레이놀즈 일행의 첫 전라도 전도하던 때의 조선 반도 시국은 어떠했던가? 1894년, 조선 조정의 부패와 무능은 극에 달하여 내우외환이 겹겹으로 폭증하고 민생의 도탄이 말이 아니었다.

고부를 중심으로 한 전라 내륙에서는 그해 2월부터 탐관오리 척결과 왜놈과 오랑캐를 배격한다는 동학혁명이 거세게 일었다. 3월에는 갑신혁명을 일으켰으나 실패하여 중국 상해에 망명중이던 김옥균이 살해당하고, 4월 그 시신은 국내에서 재차 부관 참시당하는 끔찍한 일이 발생하였으며, 6월엔 청나라 군대가 동학혁명을 진압

한답시고 국내에 들어왔고, 일본도 질세라 조선에 군대를 파병되었다. 조선을 지배하려는 청과 일본의 패권욕에 마침내 청일 전쟁이 조선의 한복판에서 벌어졌으며, 고래 싸움에 새우 등 터지는 격으로 조선 민중이 겪어야 하는 폐해는 실로 막중하였다. 전쟁에 승리한 일본은 더욱 기고만장하여 경복궁을 점령하고 조선 민중들의 혁명을 꺾어 버렸으며, 이듬해는 명성황후를 시해하는 만행까지 저질렀다.

선교사의 첫 발자국, 고흥 거금도

이런 시국의 와중에 아랑곳하지 않고 선교 열정을 막 쏟아내기 시작한 게 레이놀즈와 미 남장로교 호남 선교의 초기였다. 호남과 제주를 선교지로 배정받은 미 남장로교 선교회 7인의 선발대는 1892년 10월과 11월에 걸쳐 조선 경성에 도착하고, 약 1년 6개월여 정착과 준비과정을 거쳤으며, 1894년 봄부터 레이놀즈가 본격적으로 선발대로서 호남 정탐 여행을 시작하였고, 이곳 고흥 지역도 찾게 되었다.

1894년 4월 27일 금요일 오전에 처음 고흥 관내 찾은 곳은 절리도(거금도)였다. 섬에서 만난 청년 몇 사람에게 전도하였고, 그는 녹도를 거쳐 흥양 읍내를 여행하는 3일간의 고흥 여정을 하였다. 장차 호남 지역의 선교 현장을 답사하고 선교부 설치 가능한 곳을 모색하는 여행이었지만, 시간 나는 대로 만나는 이마다 전도하는 한편 지역의 인사들과 접촉하며 장래의 사역을 도모하였다. 그 가운데 만난 사람 중 하나가 흥양 읍내의 유지 신우구였으리라 추정한다.

왜냐하면 레이놀즈는 의대를 졸업했기에 사실상 의료선교사였고, 드류도 약학을 전공하고 의대를 졸업한 또 한 사람의 의료선교사였으므로 고흥의 이름난 부호이며 한의사인 신우구와의 만남은 쉽게 추정할 수 있는 대목이다. 특히 한말 한의사들은 실사구시의 실학파들로서 서양인과의 접촉을 덜 꺼리는 편이었다. 한의사로서 이들 서양의 의료선교사들에게 당연히 호기심을 가지고 접근했을 것이다. 서양 선교사의 영향을 받았었는 지 한의사 신우구의 친인척 혼척 후손중에는 여러 명이 일제 강점기에 의대에 진학하였다.

(이상완, "네이버블로그, 바로샘")

레이놀즈 뿐만 아니라 뒤에 찾아온 오웰 선교사 역시 의사이기도 했으니, 한의사인 신우구로써는 상당히 호감이 갔던 터에 그들이 소개하는 기독교라는 서양의 종교와 문물에 마음이 동하였을 것이리라. 이런 영향으로 고흥의 기독교 초기 신자들 가정 출신에는 의사들이 많았다. 고령 신씨 가문의 신우구의 후손 중 소록도 원장 역임한 신정식 박사가 있고, 신우구의 절친 경주 이씨 가문의 이종호 역시 그의 후손으로 고흥 보건소장 역임한 이홍덕(상옥) 원장이 있고, 그의 형 이상무 외과의사는 신우구의 사촌 여동생인 신원정의 손자였다. 당시 고흥의 유림 집안에서는 자녀를 의학이나 약학 공부시키는 걸 전혀 고려하지 않았던 풍토에서 이들 기독교 신앙을 받아들인 집안에서는 자녀를 일제강점기때도 평양의대나 세브란스 의대에서 의학 공부하게 하였던 것이다.

신우구(1853~1927)는 그의 의술과 처방 기술이 좋아 한의업으로 크게 성공하였고, 이재에도 밝아 고흥에서는 김정태 부호 다음의 두 번째 부자였다. 그의 아들 중에 신상휴(1899~1948)는 재혼을 하였는데, 그 두 번째 아내가 곽애례였다. 1924년 결혼할 당시 신상휴는 25세였으며, 곽애례는 18살로 서서평의 수양딸 가운데 맏이였다. 서서평 선교사가 곽애례와 함께 순천을 비롯한 전남동부 지역을 순회 전도할 때 이곳 고흥에서도 사역을 펼쳤기에 신상휴가 곽애례를 보게 되었고 청혼하여 부부가 되었다.

한국의 흥양(고흥)은 남쪽 끝 해안가에 있는 마을이다. 이번이 두 번째 방문이고 나는 여기에 온 지 일주일 되었다. 내가 오기 전에, 우리 기독교인들은 내게 배정된 지역의 사람들과 치안 판사를 위해 기도하기로 하였다. 이 마을에는 2백 채의 가옥이 있으며, 고대 성벽의 대부분은 아직도 서 있다. 내가 여기 머무는 동안, 간단히 말해서, 그다지 별일은 없었지만, 마을에서 가장 영향력 있는 사람들 중 일부는 우리의 전도 예배와 성경수업에 참석했고, 꽤 많은 책들이 팔렸다. 우리는 이곳 남문 처소에서 예배를 드렸다. 6명의 신자들이 찬양을 하였고, 좀 있자 상당수의 사람들이 몰려왔으며 우리는 함께 예배를 드렸다. 공부하기를 원하는 이들에게 방을 내주었으며, 첫 오후 공부시간에는 마을 사람 7명이 참석하였다. 그중 5명은 회색 수염을 지니고 있었다. 저녁식사를 마치고 우리는 등을 밝힌 채 남문의 모임 처소에 가서 찬송을 두 세곡 부른 후 사람들이 모여들자 나는 복음 전도를 하였다.(오웬, 더 미셔너리, 1908년 1월)

미 남장로교 선교회보, '더 미셔너리' 1908년 1월 자에 실린 글이니 아마도 오웬이 흥양(고흥)을 두 번째 방문한 이 기사는 1907년 가을의 일이었으리라. 오웬이 언제 처음 고흥을 방문했을 런지는 명확히 하나로 귀결하기 어렵다. 왜냐하면 보통 선교사들의 순회 사역은 1년에 봄, 가을 두차례 행해지기에 두 번째 고흥 방문이 1907년 가을이라면 첫 번째 방문은 그해 봄이어야 한다. 그런데 조선예수교장로회 사기에는 1906년 오웬의 옥하리교회 설립 기사가 나온다. 그렇다면 1906년 처음 방문했다는 이야기다.

일제 신사 밀어내고 지은 교회

의문은 또 있다. 옥하리교회, 지금의 고흥읍교회에서는 교회 설립일을 1901년으로 정하고 있으며 오웬을 설립자로 본다. 그렇다면 훨씬 전에 이미 첫 방문했다는 것이며, 오웬이 목포에 1898년 11월 부임하였고, 이듬해 1899년 봄부터 시간을 내어 남해안을 따라 전도하기도 하였으니 그 시간이 더 앞당겨 질 수도 있다. 1908년 그가 두 번째 방문했다는 흥양은 읍내애 한정하여 말하는 것이라면, 목포에 있을 때 거금도나 녹동항을 혹시 방문 전도하였다 하더라도 구분하여 정리하자면 조금은 나아지지만, 그래도 의문은 남는다. 조선예수교장로회 사기 역시 많은 부분 틀리고 사실이 다르지만, 우선은 이 기록을 중심으로 옥하리교회, 고흥읍교회의 초기 역사를 더듬어 보자.

- 설립 년월일 : 1906년 9월
- 설립자 성명 : 신우구, 박무응, 박용섭, 이정권
- 초기 전도자 : 미국인 오목사, 지원근, 박응삼, 장현중, 오태욱
- 특별 사건 : 박무응 박용섭 이정권 제씨가 열심으로 주의 일을

하고 믿으며 우상을 모두 버리고 성경에 부합하는 새속을 일절 거절하며 따르지 않고, 신우영 씨는 단 마음으로 전도인 들의 식비와 여비를 자기가 부담자담하고, 청하여 전도하게 하며 예배당 신축에 대해 부정기 금액부정금을 담당하였고.

(이기풍, "고흥 옥하리교회 사기")

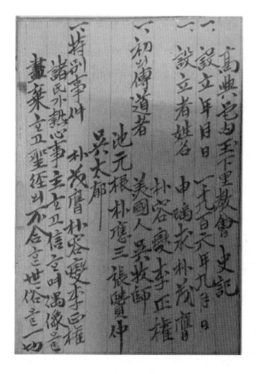

1924년 고흥읍교회 부임한 이기풍 목사가 친필로 정리한 고흥읍교회 사기

옥하리교회, 지금의 고흥읍교회는 1906년 오웬 선교사가 한국인 조사 지원근 등의 협력을 얻어 설립하였다. 조선예수교장로회 사기에도 나오지만, 특별히 옥하리교회 1924년 부임하여 담임하였던 이기풍 목사는 그간의 역사를 친필로 정리하여 남겼는데, 감사하게도 현존

하여 있다. 또 다른 문서, 오웬 선교사가 남장로교선교회보인 "더 미셔너리"에 남긴 흥양(고흥) 전도 사역 보고에는 흥양 마을의 남 문에 예배처소가 있다 하였는데, 당시 고흥의 유지로써 한약 제조 판매하던 신우구의 한약방 '감초당'의 2층이며, 이곳이 옥하리교회 의 첫 예배장소였다.

신우구의 한약방인 고흥의 감초당은 특히 1920년대 초에는 유교, 불교, 천도교, 기독교 등에 대해 담론하는 사랑방 구실을 했다. 그 당시 남계회라는 모임의 배후에는 신우구가 있었다. 그의 두 사위 들인 김상은과 김상천, 외조카들인 이영순과 이영대, 초기 기독교 청년들인 목치숙, 박용섭, 박무응, 설준승, 이춘흥 등도 신우구의 영향을 받아 기독교 신자가 되었으며, 당시 그들도 개화 청년임을 자처했었다. 그때 20~30대 청년들이었던 신우구의 아들 신상휴, 그 의 친구들인 김상형, 이상곤, 신철휴, 박팔봉, 신지우, 신오유, 김윤 희, 김철현, 김국현, 등도 신우구의 실학과 개학 사상에 영향을 받 아 일제강점기인 그 시기에 물산장려운동, 야학운영, 유치원 설립, 체육운동 전개, 고흥 최조의 서점운영(종람소), YMCA 창설과 토론 회 강연회 개최, 신문 주요 사설 및 칼럼 독회 등 활발하게 청년문 화 운동을 전개했었다.(이상완, "네이버블로그, 바로샘")

신우구의 사랑방에서 시작된 고흥의 초기 기독교 일군들의 모임과 청년운동은 날로 자라며 발전하였다. 감초당 사랑방이 비좁아 1909년 예배당을 새로 짓게 되었는데, 박용섭 성도가 목재를 전부 부담하였고, 신우구는 재정을 내어 놓아 동정리 옛 서당이 있던 북재 자리에 지었다. 옥하리교회(고흥읍교회)는 더욱 부흥하며 발전하였고, 길두교회, 천등교회, 관리교회, 한천교회 등을 분립하였다. 1918년에는 초기 설립교인이었던 박용섭과 목치숙을 장로로 장립하여 당회를 조직하였고, 전남동부 지역을 대표하는 당시 목회자 정태인과 이기풍, 김정복, 오석주 등이 이어서 시무하였다.

하나님 은혜에 기름부어진 고흥읍교회는 신도들이 더욱 늘어나며 성장하였고, 1954년 정규오 목사 시무할 때, 일제강점기 신사 터에 120평의 석조건물의 교회를 지어 오늘에 이르렀다. 1960년 대한예수교장로회 분열할 때 고흥읍교회도 둘로 나뉘었는데, 통합교단의 고흥중앙교회와 합동교단의 고흥읍교회가 되어 있으며 후에 또 일부 성도들이 이단에 현혹되어 치리를 당하고 분열되어 나가기도 하였다.

한약방 사랑채에서 시작한 고흥의 기독교. 믿음의 가족들이 더하며 고흥 일원에 교회를 분립하고 함께 자라며 하늘나라 공동체로 우애 다지는 고흥의 교회들. 전쟁과 난리 속에서도 굴하지 않고 이곳 남녘 반도에 찾아와 복음을 전하며 기독교를 심었던 선교사들, 그 은혜와 복을 따라 하늘 신앙 굳게 지키며 충성과 헌신의 열매 맺어가는 믿음의 후손들과 고흥의 교회들에 하늘의 은혜 더하고 더하지 않겠는가!

섬 마을에 하늘 빛이 내려

1970년대 한국의 아이돌 가운데 하나였던 김일 선수, 박치기 하나로 세계를 제패하며 한국인들의 마음을 휘어 잡았던 프로레슬러다. 필자를 비롯한 10대 어린이들 뿐만 아니라, 어른들도 그의 경기가 있는 날이면 동네 만화방 흑백 텔레비전 앞에 몰려 들었다. 2020년 세계 대중음악을 휩쓸고 있는 방탄소년단이나, 영국 토트넘에서 맹활약 중인 손흥민 선수 이상의 인기였다. 각 방면의 인기 스타들은 차고 넘쳤지만, 예전 우리 어린 시절이야 손가락 꼽기도 빠듯했지 않나. 그시절 일본 뿐만 아니라 덩치 큰 미국 선수들도 머리 하나로 매트에 벌렁 넘어 뜨렸으니, 그의 경기 때면 온 나라와 국민은 그야말로 흥분 도가니였다.

김일 선수가 태어나고 자란 고향이 고흥의 금산면 거금도다. 배고픔과 가난을 이기려고 일본에 밀항하여 역도산의 제자가 되었고 레슬링을 익혀 세계적인 선수가 되었다. 1980년대 들어 프로야구가 생기기 전, 천규덕, 장영철 선수 등과 함께 한국 프로레슬링의 신화를 쓰며 한국인들의 희망이 되었던 김일 선수. 그 외 고흥 출신의 또다른 유명 복서로 유제두 선수가 있다. 고흥 두원면 출신의 유제두 선수는 1975년 세계 주니어미들급 챔피언이 되며 또다른 신화를 썼다. 점암면 출신의 축구 선수 박지성도 있다. 박지성은 아버지 고향인 이곳 고흥에서 초등학교까지 다녔다.

유명 프로 선수들이 나고 자랐던 고흥, 특별히 김일 선수의 고향 거금도는 예로부터 말 목장으로 유명했던 섬이다. 조선 시대에는 남녘 바다 섬 곳곳에 조정에서 직접 관리하는 말 목장이 있었다. 전라남도에도 서쪽으로는 진도와 해남 화원반도에, 그리고 동쪽에는 이곳 거금도에 목장성이 있었다.

조선시대 세종때는 절이도(折爾島)란 이름의 섬이었다. 조선왕조실록 세조 12년 편에, "전라도의 점마별감 박식이 아뢰기를 '도내의 흥양 절이도는 주위가 2백70리인데, 물과 풀이 모두 풍족하여 말 8백여필을 방목할 수 있습니다. 청컨대 회령포, 금갑도, 돌산, 남도포, 어란포 등 여러 포구의 선군(船軍)으로서 '목장'을 수축(修築)하게 하소서 '하니, 그대로 따랐다" 는 기록과 성종 1년인 1470년에는 전국에 걸친 말과 소의 현황이 나와 있는데, 흥양의 도양에는 방목할 말이 666두이고, 절이도에는 364두가 있다는 기록이 전해진다. 임진왜란 시기에는 이순신 장군이 1598년 7월 24일 적선 11척을 절이도 앞바다에서 만나 6척을 통째로 포획하고, 적군의 머리 69급(級)을 베어냈다는 얘기가 '충무공유사(忠武公遺事)'에 나온다. 더하여 조선 전기 시대의 대표적 지리서인 "신증동국여지승람" 에는 절이도는 현의 남쪽 30리에 있으니 둘레가 1백리요, 목장이 있다는 기록이 있으며, 1895년 나온 "호남읍지"에도 흥양목장지 사례라 하여 절이도는 동서 30리이고 남북 10리이며 둘레가 100리이다. 관문으로부터 거리는 녹도진까지 10리이고 수로로 30리이다. 민호는

180호이며 방목을 한다는 기록 등이 전해지고 있다.

절이도는 지금의 거금도 옛 이름이다. 현 행정지명은 고흥군 금산면에 속한다. 거금도는 낙타 모양을 띤 섬으로 원래는 우리나라에서 일곱 번 째로 큰 섬이었으나, 다른 섬들이 방조제 공사를 벌여 면적을 늘여가는 바람에 지금은 열 번 째 크기이다. 거금도란 이름은 큰 금맥이 있는 섬이란 뜻인데, 조선중기 문헌에는 '거억금도(巨億金島)'라 하였다. 적대봉 아래에 형성된 마을들은 'ㄱ+금'으로 된 지명이 많아 거억금과 같은 형태를 이루고 있다. 섬 가운데 있는 적대봉 해발 592m 아래 400m 내외의 산지가 많고 서쪽과 북쪽은 경사가 완만한 구릉성 산지로 되어있다. 섬 중앙 적대봉 산록에 진막금, 전막금, 욱금, 청석금, 고락금 등의 마을 지명이 있는 것으로 보아 금광이 예전에 많았을 것으로 보이지만, 정작 이곳에 금이 생산되지 않는다. 고흥 사람들은 이 곳을 금산이라 불러 왔다.

예전에는 녹동에서 배를 타고 들어가야 하는 섬이었지만 지금은 연륙교가 이어져 이젠 언제든지 차를 이용하여 드나들 수 있게 되었다. 소록도를 고흥반도(녹동)와 연결하는 소록 연륙교가 2003년 완공되었고, 소록도에서 거금도 잇는 거금 연도교가 2011년 완공되었다. 거금도에서 소록도 거쳐 도양읍으로 들어가는 거금대교가 개통하면서 거금 섬이 내륙인 고흥반도와 연결되었다.

거금도 첫 교회 신흥리교회

조선 말기와 구한말 시대, 조정의 무능과 부패는 극에 달해 백성들의 삶도 그만큼 피폐하였다. 1900년대 들어선 가뭄과 흉년으로 대한제국

시대 암울하고 고통스런 삶이 더하였다. 이런 상황에도 아랑곳하지 않고 조정의 조공 독촉은 심하였고, 전국 어디나 그러하였듯이 거금도 주민들의 삶도 비참하였다. 이런 실정을 돌산군청에 호소하였으나 소용이 없었고, 급기야 주민 대표들이 직접 경성에 올라갔다.

한익수 집강(면장)과 선영홍 참봉은 거금도 주민 대표하여 경성으로 올라가 신문고를 올리고 어려움을 호소하였다. 이들의 노력이 받아들여졌는 지, 조정의 조공은 삭감되었다. 그들은 소기의 성과를 달성한 것과 함께 서울 올라온 김에 시내 구경하는 중에 미국 선교사를 만났다. 한학에 유능하고 신학문에 관심이 많았던 두 사람은 처음 보는 외국인들이 전하는 새로운 사상과 서양의 종교에 대해 감동을 받고 기독교 신자가 되는 축복을 얻게 되었다.

그들은 한글로 번역된 성경 쪽복음 수백권을 얻어 가지고 거금도 고향에 돌아왔으며, 주민들에게 나눠주고 한글을 깨우쳐 주며 기독교 복음을 전하였다. 그리고 구원자들을 얻어 선영홍이 자기 집을 내어 예배를 드리게 되었으니 이것이 거금도의 첫 교회 신흥리교회의 출발이었다.

1907년 고흥군 신흥리교회가 성립하다. 먼저 한익수, 선영홍이 서울에 여행하였을 때에 복음을 들은 후 믿고, 성경 수백권을 가져와 금산도 주민에게 나눠줌으로 신자가 많이 생겨 선영홍 집에서 예배하더니 선영홍이 배교하는 고로, 신흥리에 예배당을 새로 지으니라.

(조선예수교장로회 사기)

선영홍(1861~1924)은 자는 형수(亨洙)이며, 금산에서 '선참봉' 으로 불리는 대지주였으며, 우묵가사리 수출로 재산을 상당히 모은 무역왕이기도 했다. 그의 넓은 농토에서 일하는 수많은 소작농들이 있어, 이들에게도 전도하여 교회 나오게 하니 신흥리교회가 부흥하였다. 그런데 그의 기독교 신앙은 그리 오래가지 못했다. 유교적 제사 문제가 걸림돌이었던 것 같다. 3형제중 차남이었던 선영홍은 형이 자식없이 일찍 사망하면서 대를 이어 자신이 제사 지내야 하고 집안을 이끌어야 해서 결국 기독교를 끝까지 받아 들이기 어려웠던 것 같다.

신흥리교회 초기 동역자였던 한익수는 마을의 집강이었다. 조선말 집강(면장) 역할은 주로 현(縣)의 행정 명령을 백성들에게 알리고 조세 납부를 지휘하는 등 지방 관청의 심부름하였으나 점차 정령(政令)의 선포 등 행정 실무를 맡으면서 면 집강들이 향약의 일까지도 맡게 되었다. 선영홍과 함께 거금도 섬의 행정적 재정적 실력자였던 한익수는 선교사 조사로서 고흥과 보성 일대의 교회를 세우며 헌신하였던 기독교 지도자다.

오석주 목사와 명천교회, 오천교회

1908년 고흥군 금산 신평리교회가 성립하다. 먼저 오석주, 박수홍 등이 주를 믿고, 대흥리 선영홍 집에서 예배하다가, 그후 신흥리 교인의 협조로 신평리에 교회를 설립하고 예배당을 지으니 교회가 점차 발전하여 오천, 동정 두곳에 교회를 분립하게 되니라. 1920년 고흥군 신평리교회에서 오석주를 장로로 위임하여 당회를 조직하였고, 그후 목사 정태인, 장로 박수홍이 공직하였다.(조선예수교장로회 사기)

신평리에 거주하던 오석주는 거금도에 생긴 첫 교회 이웃마을의 신흥리교회를 출석하다 선영홍이 배교하게 되니 자기 마을에 따로 교회를 개척하여 신평리교회를 설립하였다. 그도 이 고장의 대지주였으며, 역시 그의 소작농들에게 전도하였고 교회의 구성원으로 자랐다.

오석주는 1888년 12월 11일 신평리 92번지에서 장남으로 출생하였다. 기독교에 대한 신심을 키우며 열성으로 헌신하고 충성하며 자기 마을에 교회를 세웠지만, 인도자가 없어 아쉬움이 컸다. 오석주는 광주에 있는 미 남장로교 선교부에 연락을 취했고, 오웬과 코잇 선교사는 직접, 혹은 조사를 파송하여 이곳 거금도 섬교회를 지도하게 하였다.

이 무렵 여수 우학리 출신의 황보익이 거금도에 이주하여 건어물 장사하며 사업을 잘하였는데 교회 다니며 기독교 신앙을 갖게 되었고 1913년 그의 나이 18살에 오석주의 여동생 오명심과 결혼하면서 함께 신평리교회, 오천교회 설립과 부흥에 열심 내었다.

오천교회는 일찍부터 주민들을 위하여 다방면으로 봉사하고 활동하였는데, 그 대표적인 것이 오천교회의 인물들이 금산 지역의 문명퇴치와 교육을 위하여 영천학원을 설립한 일이다. 이들은 영천학원을 통하여 후손들에게 신앙을 전수시켰을 뿐만 아니라 지역사회에 공헌하면서 수많은 인재를 배출했다.

1924년, 한익수, 황두연, 김상원, 황기룡, 황기연, 전성연 등이 서로 뜻을 모으고 힘을 합하여 영천학원을 설립하였다. 이는 거금도에 거주하는 주민 자녀들이 마땅히 교육받을 곳이 없었기 때문이었다. 부유한 자녀들만이 육지로 유학하여 공부하였으나 대부분 가난한 집안의 오천 지역 학생들은 학교에 가야할 나이임에도 학교에 가지 못하였다. 이들 선각자들은 어린이들을 가르칠 학원 설립을 위하여 지혜를 모아 금산 지역의 교육과 문맹퇴치, 그리고 지역발전을 위하여 영천학원을 설립하여 학생들을 모집하여 가르치게 된 것이다.

(오천교회 백년사)

오석주와 한익수의 전도로 오천 마을에도 복음이 전해지고 마을 사람들이 신종하여 오천교회를 1915년 세웠다. 선영홍과 함께 서울에서 기독교를 접하고 거금도에 기독교를 전파했던 면장 출신의 한익수는 거주지였던 신흥리에서 오천리로 이주하여 초기 오천교회를 시무 인도하였다. 오천리 마을의 초기 신도는 신선해, 황재연, 신성도, 황도연 등이 있었다. 오석주, 황보익 조사 등이 이어서 교회를 방문하며 예배 인도하였고, 1924년 교회 부설 학교를 설립하여 지역의 청소년 교육에 힘썼다.

1987년 오천교회
주일학교 야유회

1934년 목사 신분으로 오석주가 재차 부임하여 오천교회와 신평, 관리교회 등을 겸임 사역하였고, 이후 강병담 등의 목회자가 이어서 시무하였다. 오천교회는 자녀교육하던 영천학원을 1938년 명천 보통학교에 편입시켰으며, 1950년대 시무하던 황기룡 전도사를 1958년 최초 장로 장립하였다.

돌산군 금산면 명천리(현 고흥)는 본시 돌출한 반도이오며 한 섬 안에 사는 사람이 다만 바다 어업과 농사만 알고 옛적 스블론 납달리와 이방 사람의 갈잎같이 침침한 곳에 있는 백성이 어찌 하나님의 도를 알리오마는 0000 하나님의 빛이 000 비쳐서 1909년에 비로소 교회가 설립되매 죄를 자복하고 나오는 자가 축일증가하여 지금 남녀 교인이 60여명에 달한 가운데 특히 감사한 일이 몇가지 있음으로 기재하옵나이다.

본 마을에 거하는 오집사 석주 씨(오석주)는 거금 오년 전부터 주의 말씀을 듣고 기뻐 받았으나 근처에는 예배당이 없음으로 30리 상거되는 신흥리로 주일마다 한셔를 불고하고 이십리 태령을 넘어 열심히 다니는 부모 형제와 동네 사람들이 죄악에 빠져서 벗어나지 못하므로 항상 간구하며 열심 권면하더니 주께서 받으시고 교회가 설립되어서 지금 60여배를 얻었으니 옥토의 씨가 아니면 어찌 이같이 되리오.

목사와 교회에 오는 손님의 식사와 접대도 통히 자당하고 심지어 예배당에 제초와 등화라도 모두 담당할 뿐더러 예배당이 협착하므로 다시 짓기를 상의하여 연보할새 특별히 20원을 감사한 마음으로 드렸사오니, 열심을 가히 모범할만한 고로 우리 부형모매에게 고하옵나이다.(예수교회보, 1912년 10월 1일)

오석주는 주의 교회를 최선으로 섬기며 봉사했다. 교회 찾아오는 선교사나 조사의 숙식과 외부에서 오는 전도인이나, 교우들을 공궤하였을 것이다. 교회의 제초 작업과 등화 역시 자신이 솔선하여 담당하였다. 1912년 신평리교회(명천교회) 성도가 60여명으로 늘었고, 예배처소가 부족하여 새로 크게 확장하였으니, 이 일에도 누구보다 앞서 20원이라는 당시로선 상당한 건축헌금을 내었다.

1913년 순천에도 선교부 거점이 형성되었고, 프레스톤과 코잇, 그리고 크레인 선교사 등이 이곳 섬에까지 방문하며 성도들을 위로하고 말씀으로 양육하였으리라.

오석주는 순천에 세워진 성경학교에 재학하면서 기독교 지도자로서 수학하기 시작하였으며, 1914년부터는 신평리교회 전도사로 사역할 수 있었다. 그리고 1917 순천노회 추천으로 평양신학교에 입학하였다. 신학생은 1년에 3개월은 학업을 하고 9개월은 현장에서 목회실습하였다. 오석주 신학생은 전도사로서 목회 실습을 광양읍교회와 고흥읍교회 등에서 하였다.

1919년 3.1운동 당시 고흥읍교회 전도사로 있었을 때 그는 목치숙, 한익수, 황보익 등과 함께 고흥의 독립운동을 준비하였다. 아쉽게도 거사 당일 비가 많이 내리는 탓에 시내 시위는 불발되고 말았다. 일본 헌병대의 감시를 받던 이들 주동자들은 함께 구속되었고, 오석주도 대구 형무소에서 6개월간 복역하였다.

신학생으로 여러 교회를 개척

출옥하여 다시 고향에 돌아와 신평리교회를 돌보며 섬기던 중

1920년 최초 장로 임직하였다. 그이 나이 33세였다. 그리고 독립운동으로 인해 복역하는 바람에 미뤄둔 신학교에 다시 복학하였다. 그는 이때 크레인 선교사의 조사로서 목회 실습을 하는 동안 여러 교회를 함께 개척하였으니, 내발리교회, 동정리교회, 천등리교회 등이다.

1921년 고흥군 내발리교회가 설립되었다. 먼저 선교사 구례인과 조사 오석주, 목치숙 등이 이 마을에 여러날 전도한 결과 여러 사람이 믿고 따르므로, 고흥읍교회에서 매월 1일 예배를 담임 인도하였고, 그후에는 전도인 김석하와 지방교역자들이 출연하여 6간 초가를 매입하여 예배당으로 사용하였고, 이형숙이 조사로 시무하였다.

1921년 고흥군 동정리교회가 신평리교회에서 분립하다. 먼저 현지주민 김치곤, 정익원, 최자신, 최관숙 등이 믿고 신평리교회를 다니더니, 이 해에 선교사 구례인과 조사 오석주가 내조하며 전도하여 6간 예배당을 건축하고 분립하였다.

1922년 고흥군 천등리교회가 설립되다. 먼저 선교사 안채륜과 조사 오석주, 목치숙 등이 이 마을에 와서 마을 서당을 임시 전도소로 정하고 천여명씩 모여 전도한 결과, 많은 사람의 신자를 얻었고 금산 신평교회에서 매주일 내조하였으나 머지않아 집회가 폐지되었더니, 1921년에 이장우, 유종화 등이 주를 믿고 고흥읍교회에 다니며 이 마을에 열심 전도하므로 김사윤, 김용수가 이어서 신종하여 김용수 집에서 예배하였는데, 교우가 합심 연보하여 82원 50전으로 예배당 12평을 건축하였고, 선교사 구례인과 목사 오석주가 동역으로 시무하였다.(조선예수교장로회 사기)

고흥군 도화면 남단에 위치한 내발리(內鉢里)는 이순신 장군이 36세 때 발포만호(鉢浦萬戶)로 부임하여 18개월간 재임한 곳이기도 하다. 이곳 발포진(鉢浦鎭)에는 둘레 1,200척(尺)의 성(城)이 있었던 곳이었다.

금산면 동정 마을에 오석주는 신평리교회로부터 분립 개척하였으니 동정리교회다. 이 마을에 살던 김치곤, 최자신, 최관숙 등이 신평리교회 출석하다 자기 동네에 따로 교회를 만들었던 것이다. 크레인 선교사와 함께 이 동정 마을에도 전도하여 결신자를 얻었으며, 이들 마을 사람들이 따로 예배당을 세울 때 6간짜리 교회당을 지어주었다.

풍양면 천등리(송정리) 마을에도 교회를 개척하였으니, 오석주 전도사가 선교사 안채륜, 조사 목치숙과 함께 전도하여 사람을 모아 세운 교회다.

신학생이면서 동시에 전도사로서 목회 실습하는 와중에 여러 교회를 개척하였던 오석주는 고흥읍교회 면려청년회장으로서 활동하기도 하였으며, 신학생으로서 마지막 학기를 자라 잘 마치고 1923년 12월 제 17회로 평양신학교 졸업하였고 마침내 목사 안수를 받았다.

1924년 순천노회 목사로서 그의 전도 담당 교회는 신평리교회를 비롯하여 고흥읍교회와 그가 개척한 여러 고흥의 교회들이었다. 이들 교회를 순회하며 설교하고 성도들의 문답과 세례를 베풀었으며, 예배당을 증축하고 신축하는 곳마다 자신의 재산을 내어 헌금하였다. 그는 1915년에 설립된 오천교회와 신평리교회 두 교회를 시무하며 주일학교와 여성들의 부인조력회 조직과 사업도 크게 활성화 하였다.

오석주 목사의 일생에서 가장 큰 아쉬움은 1938년 순천노회장으로서 신사참배 가결을 이끈 점이었다. 오석주 목사는 순천노회 역사상 가장 많은 다섯 번의 노회장을 지냈는데, 두 번째 노회장에 피선된 1938년은 일제의 강압 속에 전국적으로 한국교회의 신사참배와 우상숭배에 굴하던 시기였다. 일제는 계속해서 반국가세력을 소탕한다며 예비검속을 강화하였고, 순천노회 소속 목회자들을 대거 검거, 투옥시켰는데, 오석주 목사 역시 함께 투옥되어 옥고를 치렀다. 민족해방이 된 이후 오석주는 제헌국회의원을 지냈으며, 이후 광양읍교회와 보성읍교회를 연이어 시무하였고, 1963년 1월 9일 향년 76세로 소천하였다.

남도 해안의 한 작은 섬에 불과했어도, 조선 시대 나라 자산의 한 근간이었던 말을 기르며 양육했던 목장이 있던 거금도. 육지와 떨어져 지내야 했던 섬마을 한 사람이 기독교 십자가를 알고 생명의 은혜를 입은 후 변하여 새사람되고 일생을 헌신하며 여러 교회를 개척하고 사람을 기르는 일에 충성하였다. 세상 권력자들의 탐심과 무능으로 백성들은 고통과 주림에 시달렸어도, 하늘 은혜 은총은 이 낙도 섬마을에도 빛이 내려 생명과 소망의 축복을 많이 내려왔으며, 주의 사랑으로 빚은 일군의 충성으로 낙도 주민들도 이 복을 누리고 있으니, 그 하늘 영광 도타우신 은총을 영원히 기억하며 찬양할지니라.

한 사람만 있으면 교회부터

그 여자가 목사님을 올려다 보고 내려다 보고 하더니 정제(부엌)로 들어갔습니다. 그리고 뚜닥뚜닥 한참 뭔가를 하더니 해삼 한 그릇과 초장을 가져온 것입니다. 그러면서 하는 말이 "이상하단 말이야, 내가 어제 이맘때 개펄에서 '하나님네, 우리 집에 복 빌어 줄 사람 보내주면 내가 대접할라니까, 해삼이나 많이 잡게 해주소! 하나님네!' 하고 빌었단 말이요. 그랬는데 진짜 해삼이 많이 잘 잡히더란 말이요"라고 했습니다. 그러면서 목사님을 보고 "아무리 봐도 이 사람이 복 빌어 줄 사람 같아 보여서 이것을 가져왔소" 하는 것입니다. 하나님께서는 생전 모르는 사람, 한 번도 안가 본 그곳에서 고기를 준비하고 계셨단 말입니다. 성경에서나 있었던 이야기를 나는 직접 봤어요.(류제형, "박석순 목사 교회개척기, 한사람")

고흥 남녁 바다에 떠있는 작은 섬으로 예전엔 뗏목을 이용하여 내륙을 드나들던 어촌마을, 한 사람만 있으면 교회 세우길 주저하지 않았던 박석순 목사가 이곳에도 1979년 오취리 마을에 교회를 설립하였다. 성경의 엘리야와 사렙다과부 이야기와 흡사하다. 전혀 낯선 섬 마을 어느 집에 전도하러 들어갔는데, 아주머니 한 분이 나와 박 목사를 보더니 냉큼 부엌에 들어가 음식 한 상을 차려서 대접하며 공궤하였다. 고흥군 포두면 오취리교회가 이렇게 시작되었다.

길두교회 여전도회에서 늘 허름한 옷만 입고 박 목사더러 양복 한 벌 해입으라며 돈을 마련해 주었다. 박 목사는 옷을 해 입는 대신 그 돈으로 석공을 찾아 돌을 천 여개 깨서 만들어 달라 하였다. 오취리 산에 있던 돌을 깨서 여전도회원들이 아랫마을로 일일이 날라다 지어진 교회가 오취교회다. 사렙다 과부여인처럼 하나님의 사람을 인정하며 공궤할 줄 아는 한 마을 여인의 헌신과, 예전 이름 산돌교회(길두교회) 출신의 성도들 정성과 땀이 모아져 이 섬마을에도 예쁜 예배당, 오취교회가 개척된 것이다.

박석순 목사가 담임하는 길두교회는 오취교회를 비롯해서 수많은 교회를 분립하거나 개척하였다. 고흥 어느 농어촌 마을이건 한 사람만 있다면 교회 세우는 데 주저하지 않았다. 담임목사 박석순의 기독교 신앙과 영혼 구령, 교회에 대한 열심과 충성은 고스란히 성도들에게도 이어지고 함께하여 수십명 교회가 수백명 성도로 부흥하였고, 받은 은혜 주변에 나누고 섬기며 흩어지는 사역에도 열심내어 곳곳에 믿음의 공동체를 만들었다. 하나님 믿는 기독교 공동체의 중요하고 본질적인 한 사역의 방향을 길두교회는 모범적으로 실천하였고, 상당히 긍정적인 사례가 되어 주었다.

북에서 내려와 남쪽 땅 끝까지

박석순, 1913년 1월 15일 평안남도 선천에서 태어났다. 자라서는 키가 제법 크고 기골이 장대하여 외모로도 듬직한 체형을 지녔다.

그가 소학교 교사를 지낼 때 오길복이라는 친구 소개로 인곡교회를 나갔다. 인근의 선천군 남면 사토교회에서 김익두 목사 부흥집회에 참여하게 된 그는 중생체험을 하였다.

구원의 도리를 알게 되고, 자신의 죄 때문에 십자가에 죽으신 예수가 그의 인생에 박히자, 그는 자신의 잘못을 집집마다 찾아 다니며 회개하였다. 방학 때는 집으로 돌아온 학생들을 찾아 전도하며 교회로 인도하였다. 장날이면 거리에 나가 활활 불타오르는 지옥의 그림을 보여주며 목청껏 예수 믿고 천국가야한다고 노방전도에 열심내었다.

그가 인곡 교회 집사로 봉사하면서 평안북도 의주군 영신 교회에 초빙받아 설교하며 전도사 사역을 하였다. 당시는 어디나 목사가 없으니 전도사도 아닌 장로나 집사가 곧잘 목회하던 시절이기도 했다. 집사로서 뽕골교회, 고령교회 등에서 설교하며 봉사하였고, 이후 신학교를 졸업(1945년)하고 목사가 되었다. 민족해방의 기쁨과 함께 교회 담임목사로 시무하던 1950년 6.25 전쟁이 터졌다.

나라의 우환을 염려하며 교회에서 조용히 기도에 전념하다 그도 남으로 피난을 하게 되었는데, 어느 빈 집에 숨어 지내던 중 갑자기 수류탄이 가까이서 터지는 바람에 큰 부상을 당하였다. 목에 파편이 꽂혔고, 세 손가락이 잘려 나갔다. 미군들이 작전 진행하다 부상당한 박석순을 발견하고 헬기로 긴급 후송하여 대구 동산병원에서 수술하게 되었고 치료를 받았다.

박석순은 이후 부산과 제주 등지에서 목회하였고, 1951년 그의 나이 39세에 길두교회 부임하였다. 고흥군 포두면 길두리에 있는 교회.

전라남도 고흥군은 고흥읍과 도양읍 2개 읍과 14개의 제법 많은 면이 있다. 포두면은 고흥군내 한 가운데 위치하며 가장 넓은 면적을 차지하고 있는 면이다. 12개의 리가 있는데 길두리는 여수와 벌교 다니던 배들이 정박하던 '길머리(吉頭)'란 뜻을 담고 있다. 이 마을에 세워진 길두교회는 고흥에서도 제법 초기인 1915년에 세워졌다.

길두교회 담임 박석순 목사는 구령에 대한 열정이 대단했다. 예전 북한 고향에서도 그러했듯이 교회 성도들 말씀으로 양육하고 심방하는 한편, 시간만 나면 밖으로 나가 직접 전도했다. 장터에 나가고, 인근 다른 마을을 찾아 다니며 영혼 구령에 힘을 기울였다.

부임당시만 해도 50여명 성도였던 길두교회는 1970년대 이르러선 500여명 넘나드는 성장하는 교회였으며, 담임 박석순 목사의 지도력에 따라 여러 교회를 인근 고을에 분립하고 개척하였다. 70세 은퇴하기까지 32년을 시무하였고, 은퇴이후에도 원로로 20여년을 봉사하며 50여년 넘게 길두교회 사역하는 동안 여러 교회 개척하며 설립하였으니, 옥강교회(1958년), 신촌교회(1964년, 포두동부교회), 봉림교회(1969년), 상포교회(1975년), 봉암교회(1976년), 오취교회(1979년), 망주교회(1979년), 백수교회(1982년), 고흥서부교회(1982년), 화순중앙교회(1983년, 우천교회) 등이었다.

박석순 목사와 길두교회의 교회 개척은 인휴 선교사와 안기창 목사의 등대선교회가 큰 협력자이기도 했다. 순천과 전남 동남부의 불모지를 복음의 옥토로 바꾸는 데는 등대선교회의 역할이 참으로 컸다. 인휴(휴 린튼) 선교사를 비롯한 미 남장로교 선교부와 안기창 목사를 비롯한 한국의 목회자 일군들이 함께하여 조직하고 협력하여 농어촌 교회 개척과 미자립교회 지원, 주민과 신자의 생활여건 개선과 신학생 후원 등의 사역에 부단한 노력을 기울였다.

인휴 선교사는 동생 인도아(드와이트 린튼) 선교사와 함께 이 사역을 진행하면서 한국인 협력자로서 안기창 목사와 홍대집 장로를 채용하였다. 두 형제는 15~20평 규모의 교회당 건물을 시멘트와 철근으로 지을 수 있는 조립식 주형을 미국에서 들여와 순천과 광주 지역에서 제작한 다음에, 목포, 광주, 담양, 순천, 여수, 구례, 고흥, 보성 지역과 진주 지역의 총 30여 교회를 세웠다. 물론 이 사업은 전액 무상으로 지원하였다. 동시에 두 형제는 1971년부터는 "등대선교회"를 조직하여 무교회 지역에 1,000여 교회를 세우기로 하였을 뿐만 아니라 농어촌 지역의 가난한 목회자의 자녀들이나 여타 가난한 교인들의 자녀 학업을 위하여 장학사업도 병행하였다. 특히 이들 형제가 농촌교회 자활의 방법으로 시도한 사업이 개간사업이었다. 먼저 전라남도 고흥군 점암면 강산리 200여 정보와 여오리 80 정보에 이르는 뻘땅을 개간하여 농토와 집이 없는 가난한 사람들에게 1정보 씩 분양할 계획을 세웠다. 이 사업은 1960년대 중반에 시작하여 약 10여년간 지속된 대사업이었다. 이 사업을 위하여 미국에서 트럭 및 각종 장비를 들여 왔으며, 휴 린튼 목사의 셋째 아들 제임스는 각종 기계 장비를 제작하고 정비하는 등 온 가족이 기도와 눈물과 땀과 재산을 쏟아 부었다. 물론 이 사업을 진행하는 동안에 물막이 댐이 터짐으로써 민원이 들어와 고소당하기도 하였으며, 재정이 부족할 때에는 가족의 지원금과 미국 영국 등지의 교회로부터 후원금을 받아서 진행하였다.(순서노회 30년사)

등대선교회의 협력과 후원을 통해 교회 개척과 마을 지원사업에도 애를 쓰던 박 목사는 청소년들의 교육 사역에도 헌신하였다. 1965년 특별히 가난한 청소년들을 위해 고성 성경구락부를 설립하고 운영하였다. 학교 운영과 장학금 조달을 위해 해창만 간척지에서 학생들과 함께 농사지으며 경비를 자담하였고, 아이들에게 일반교육과 기독교 신앙을 가르쳤다. 학생들이 한때는 400~500여명이었고, 이 학교 출신의 아이들이 자라서 한국교회 곳곳의 지도자로 활약하고 있다.

인격을 갖춘 전도자요 부흥사

박석순 목사는 부흥사로서도 열심이었다. 연중 무시로 전국을 다니며 부흥집회를 인도했는데, 한 달에 1주는 쉬기도 하며 1년이면 수십 군데 부흥을 이끌었다. 그때마다 늘 금식하는 것을 수칙으로 삼았고, 집회는 늘 하늘의 은혜 넘쳤다. 부흥강사가 찾아오면 여전도회원들이 공궤하느라 시간 뺏기고 분주한데, 박 목사는 이렇다할 대접이나 봉사를 받지 않으니, 여전도회원들도 집회와 말씀에 전념할 수 있었다. 박 목사는 월요일이면 초청받은 교회 찾아 하늘 은혜와 말씀 선포에 충성하였고, 주말 고흥 읍내에 돌아오면 차도 없던 그 시대에 10여킬로 되는 먼 길을 걸어 포두면 길두교회에 복귀하는게 다반사였다.

박석순 목사는 부흥사로 유명했다. 내가 처음 들은 박석순 목사에 관한 얘기도 유명한 부흥사라는 얘기였다. 국내에서도 유명하지만 일본이나 미국에도 집회를 다녔다. 특히 일본에서는 시부야교회의 어느 여선생이 박목사의 설교에 큰 감동을 하고 한국에 와 고성중고등학교에서 수년간 일본어를 가르치기도 했다.

박 목사는 부흥회 기간에는 주로 금식을 하면서 지냈다. 요즘에도 부흥강사가 오면 대접하느라 분주한 여선교회는 정작 부흥회에 전념하지 못하는 모습을 보는데, 그 시절에도 마찬가지였다. 그러나 박석순 목사는 금식을 하기에 별로 일거리가 없어 여선교회가 부흥회에 집중할 수가 있었다. 어려운 교회에서는 사례비를 안 받고, 어떤 교회에 다녀와서는 오히려 선교헌금을 보내기도 하였다. 아무리 억울한 이야기를 들어도 변명 한 번 안했고, 가시처럼 굴던 교인들의 허물을 남에게 이야기하거나 꾸중하는 경우도 없었다. 그저 기도로 감화시키고자 노력하였다. 외식도 안하고 자신을 위해 생활비를 쓰기는 커녕, 빚까지 내가며 교회 설립과 학교 운영에 헌신했다.

(임락경, "복음과 상황 278호)

박석순 목사를 '남도의 성자'라고 부른 이도 있었다. 한경직 목사는 어떤 분이 남한산성을 찾아와 '목사님은 한국교회의 성자'라고 말하자, 한 목사는 '성자는 내가 아니라 전라도 가면 박석순 목사가 성자요'라고 말했다고 한다. 평생을 마룻바닥에 엎드려 기도하시면서 아무리 불쾌한 말을 들어도 한 번도 변명이나 대꾸 한마디 없고 오직 기도만 하셨다. 평생을 가시노릇을 한 분이라 할지라도 허물을 어느 누구에게도 하지 않으셨다고 한다. 생활비로 돈을 써 본 적이 없고, 외식한 번 할 줄 모르는 대신, 빚을 내어서라도 교회설립에 쓰시고 학교 운영하는데 고스란히 바친 이가 박석순 목사다. 92세 세상 뜨기 전까지 그렇게 착하고 충성된 종으로 살았던 사람, 박석순 목사의 헌신과 열정을 오늘 마음에 새긴다.

고흥 5

함께 만들어 갈 우리들의 천국

순 우리말로는 문둥이라고 하는데, 당사자들은 몹시 기분나쁘게 받아 들인다. 한자어로 나병환자라고 하거나, 외래어로 한센인이라 해야 한다니, 이래저래 따지는 건 뒤로 하고 일단 그렇게 불러줘야 한다. 성경 레위기에도 한센인에 대한 사회적 거리두기와 대응 방안을 소개한 걸 보면, 동서고금 어디에나 있나 보다.

한센병 환자에 대한 거리감은 어느 시대 어느 사회나 존재했다. 사람들은 나병인들을 우연찮게 볼 때마다 기겁하며 외면하고 피하기 바쁘다. 조선 시대에도 이들에 대한 격리 조치는 있었다. 세종실록에는 제주도 한적한 바닷가에 이들만의 주거지가 따로 있었다고 한다.

일본이 조선반도를 침략하고 식민지 삼던 시기 한센인들에게 급격한 변화가 일어났다. 포사이드를 비롯한 서양 선교사들이 한센인들을 인격적으로 대하고 환자로 여기며 치료와 돌봄을 베풀기 시작한 것이 반만년 유사이래 한반도에선 대단히 혁명적이었지만, 일제에 의한 집단 수용과 가혹한 학대, 비인격적 대응은 참으로 잔인했다.

일제는 전라남도 고흥반도의 바다에 떠있는 작은 섬, 소록도에 전국에 걸친 나환자들을 강제 이주시켜 수용했다. 전문 병원을 세워 치료해 준다는 명목과 나병인들끼리만의 공동체를 이룰 수 있다는 말에 대부분 따랐다. 새로운 땅에서 더 이상 사람들 눈총 피해 다니지 않아도 된다는 말에, 그곳에선 새롭게 자립하며 제대로 살아갈 수 있지 않을까? 막연한 기대 속에 각처에서 몰려 들었다.

일단 이곳에 들어온 이상 이젠 결코 외부로 나갈 수는 없었다. 고립되고 격리된 채 바다로 둘러쌓인 이 작은 섬에서 일제는 한센인들을 엄격히 통제하며 폭행과 협박, 징벌과 감금은 물론 강제노동과 강제 단종, 임신 중절 등을 강요하고 집행하였다. 인간으로서의 대접이나 대우는 전혀 기대할 수 없었다. 통제하고 가둬두기 위한 목적의 대상이요 통치적 수단일 뿐이었다.

한센인에 대한 사람들의 혐오는 급기야 그들을 마치 무슨 죄라도 지은 사람으로 여기는 데에는 이 시기 일제에 의해서였다. 치료받아야 할 환자로 인식하지 않고 죄수의 이미지를 덧씌우고 그래서 그들은 아무렇게나 다뤄도 되는 것처럼 한센인의 인격을 격하시켰다. 평소 나병에 대한 공포심은 일반인들에게 많았지만, 일제시기 일제에 의한 정책과 학대는 더더욱 대중들의 한센인에 대한 두려움과 혐오, 기피를 폭증시켰다.

일본 총독부는 한센인 강제 이주 격리 정책에 따라 1916년 소록도에 자혜병원을 설치하고 전국의 한센인들을 불러 모아 들였다. 초대 원장으로 부임한 이는 일제 총독부의 식민정책에 철저히 부합하여 조선인 한센인들을 억압하고 통제하며 가혹하게 대했다. 나환자 원생들에게 일본식 옷을 입게 하고 일본식 음식을 먹게 하였으며, 신사참배도 강요하였다.

자혜병원 원장에게는 입원환자에 대한 막강한 징계 검속권이 부여되었는데, 정당한 사법적 절차도 주어지지 않는 그야말로 1인 지하 철권 통치자나 다름 없었다. 소록도에는 오래된 붉은 벽돌의 두 건물이 남아있는데, '감금실' 과 '검사실' 로 쓰던 건물이다.

1935년에 지어진 '검사실'. 환자가 사망할 때 시신을 해부하기도 해서 해부실로도 불리며, 또한 정관 절제를 집행하던 곳이기도 했다. 사망자의 유가족 의지와는 상관없이 사망 원인을 조사한다며 해부하고 화장하였다. 그래서 소록도 사람들은 '3번 죽는다' 라고 하였다. 한센병 발병이 처음이요, 죽은 후 시체 해부가 두 번째이고, 장례 후 화장에 이르니 세 번째 죽음이라 하였다. 검사실 뒤쪽에 있는 감금실은 일종의 감옥같은 용도였다. 인권탄압의 상징적인 건물로 맘에 들지 않거나 저항하는 이들을 가둬놓고 고문과 악행을 저질렀던 곳이다.

일제에 의해, 해방된 조국에 의해

일제에 의해 갖은 악행을 당했던 소록도의 한센인들, 그들도 민족 해방의 기쁨은 컸으나, 그렇다고 완전한 자유가 주어진 것은 전혀 아니었다. 지배자가 바뀌었을뿐, 그들에 대한 구속과 억압, 통제는 나아지지 않았다. 1960년대 군사 쿠데타로 집권한 박정희 정권에 의한 오마도 간척 사기 사건은 또 하나의 착취와 배신을 일으키는 역사였다.

1962년 소록도 한센인들은 바다를 메워 농지를 나눠주고 자활촌을 만들어주겠다는 혁명정부의 말만 믿고 간척사업에 나섰다. 소위 '오마도 간척사업' 이었다. 고흥 앞바다의 5개섬, 고발도, 분매도,

오마도, 오동도, 벼루섬을 이어 모두 땅으로 만들겠다는 야심찬 계획이었는데, 이 모양새가 말을 닮았다 해서 오마도(五馬島)라 불리었다. 작업이 성공하면 소록도의 2배 이르는 큰 크기의 새 땅이 생기는 거였다.

소록도 새로 부임한 원장은 군의관 출신의 조창원이었다. 그는 한센인들을 나름 사회복귀시키겠다는 명목으로 제안하고 벌인 사업에 한센인들도 솔깃하며 새로운 희망과 꿈을 키웠다. 고된 노동을 마다하지 않으며 정책에 순응하며 열심을 내었는데, 이렇다 할 안전장비도 없이 맨 손으로 하다보니 숱한 사람들이 죽기도 하였고, 부상도 더하였다. 당시 소록도 주민은 5천여명이었는데 작업을 할만한 사람은 2천명 정도였다. 1천명씩 2개조로 나뉘어 한 달씩 교대로 일했다.

온갖 역경을 이겨내며 어느정도 일이 진행되어 결실이 눈 앞에 오는가 싶었는데, 주변 일반인들이 한센인들이 소록도에서 나와 이곳에 정착한다 하니 반대가 극심하였다. 국회의원 선거를 앞두고 공화당 유력 후보는 유권자 표를 의식해 결국 한센인들은 쫓겨나고 말았다. 일평생 세상으로부터 외면당한 인생, 또다시 고통과 차별, 모멸감을 느끼며 한센인들은 분루를 삼켜야 했다. 간척사업은 시간이 많이 흘러 1989년 완공하였고, 한센인이 아닌 일반인들에게 분양되었다.

한센인에 대한 정부의 대사기극, '오마도 간척 사건'은 소설가 이청준의 '당신들의 천국'을 통해 구체적으로 드러났다. 소설 속의 주인공 '조백헌 대령'은 조창원 원장을 모델로 한 것이며, 대부분 내용은 사실에 근거하여 써졌다.

나쁜 놈들 투성이에, 천사도 있으니

소록도 한센인들은 상대하는 거의 대부분의 사람들로 폭력과 상처만 받아왔다. 병원 원장이든 의사든, 권력있고 힘있는 자들에게 늘상 굴복하고 자존심 잃어가며 근근히 목숨 이어가며 지낸 참으로 서럽고 불쌍한 인생들이다. 일본인 의사들도 그랬고, 해방된 조국에서도 같은 민족의 지도자들도 그들에게 결코 달가운 사람들이 아니고 오히려 고통과 아픔만을 주었다.

거개가 배신과 상처, 울분과 아픔으로 기억되는 주변 사람들이지만, 그럼에도 몇 사람은 위로자가 되고 희망이 되어주었다. 천사는 어디에나 있는가 보다. 처음 소록도 병원이 시작될 때 초대원장부터 한센인들에겐 생각하기 조차 싫은 나쁜 놈이었을 게다. 그런데 두 번째로 부임한 하나이(花井) 원장은 달랐다. 그는 환자들의 요구를 받아들여 일본식 생활양식을 폐지하고, 본가와의 통신이나 면회를 허용하였으며, 3년제 보통학교를 설립하고 독서, 체육활동도 장려하였다. 소록도 한센인 중에는 이미 선교사를 통해 기독교 복음을 갖게 되고 사랑을 받으며 이곳에 찾아온 경상도 지역의 기독교인들도 있었는데, 그들은 신사참배 거부하며 자기들만의 신 여호와 하나님을 예배하게 해달라고 원장에게 부탁하자 하나이 원장은 이를 들어주었다. 그들에게 신앙의 자유를 주었을 뿐만 아니라 1922년 일본 기독교계의 성결교단 소속 목사를 불러들여 이곳에서 선교하게 하였다.

어느 날 환자 3명이 도주하다 붙들렸다. 원장이 왜 도주하였느냐 물으니 "우리는 기독교인인데 신앙의 자유가 없어서 이 병원에서는 못 살겠다"라고 대답했다. 대구 지방에서 온 장로교인 최재범, 김금영, 부산지방에서 온 박장영이었다. 그 믿음의 사람들 이름을 확실하게 밝혀두었다. 하나이 원장은 신앙의 자유를 허락하고 일본인 목사를 불렀다. 성결교회 목사인 다나카 신자부로가 1922년에 소록도에 들어와 10월 2일 처음으로 예배를 드렸으니 이날이 소록도교회의 시작이었다. 이듬해 광주에서 온 박극순(朴克淳) 씨가 설교 통변을 맡으면서 교인이 증가하고 12월 18일 세례를 받는 이가 44(남 40, 여 4)명 이었다. 교회가 첫 열매를 맺었고 꾸준히 성장하고 우여곡절을 겪으면서 오늘에 이르렀다.

(황영준, "소록도교회 100년이야기")

구북리 1호사에서 예배드린 것이 소록도교회의 시작이 되었다. 다나까 목사는 월 1, 2회 오는 순회목사였기 때문에 통역관을 교회지도자로 세워 주일과 수요예배를 주관케 하였다. 1923년에는 교인수가 120명에 달했고 남자 40명, 여자 4명이 구북리 서해안 백사장에서 다나까 목사에게 최초 세례를 받았다.

소록도 기독공동체는 처음엔 병실에서 예배 드리다 일본 천조대신 신당을 예배처소로 사용하였고, 병원 확장과 함께 예배당도 따로 짓게 되었다. 그렇지만 일제 말기 신사참배와 동방요배 강요 등으로 소록도 교회와 신자들도 정상적인 예배를 드릴 수 없었으며, 좋은 목회자가 부재하였다.

소록도 환우 돌본 목회자와 간호사들

해방 후 1946년 김정복 목사가 이곳 섬에 찾아와 목회하게 되었으니, 소록도 나환자 신자들의 새 생명과 희망의 역사가 다시 싹트게 되었다. 고흥읍교회 담임목사로서 종종 소록도를 순회하며 지도하던 그는 아예 이 섬에 들어와 나환자 곁에서 하늘 생명을 전하며 그들의 친구가 되어 주었다.

김정복은 1882년 충남 서천에서 출생하였으며, 20대 청년기에는 하와이로 노동 이민을 갔다가 3년 만에 귀국하였고, 목사가 되었다. 제주중앙교회와 벌교읍교회, 고흥읍교회를 거쳐 소록도교회에 부임하였다. 소록도에서 한센인들을 위로하며 말씀으로 지도하고 목회하던 중 1950년 6.25 전쟁을 겪게 되었고, 8월 5일 공산군이 이곳 소록도를 점령하였다. 예전처럼 숲속 동굴에서 나라를 염려하며 홀로 기도에 전념하던 중 밀고자에 의해 붙잡히게 되었으며 고흥경찰서에 수감되었다. 인천상륙작전과 서울 수복에 이어 공산군이 퇴각하면서 우익인사나 기독교 지도자에 대한 대규모 학살이 자행되었고, 나환자 돌보며 섬기던 여수 손양원 목사가 9월 28일에 고흥 소록도의 김정복 목사는 이틀뒤 30일에 각각 순교하였다. 1977년 9월 30일 소록도중앙교회 앞마당에는 김정복 목사 순교비가 건립되었고, 고흥읍 등암리에 그의 묘소 '샛별부활동산'이 조성되어 있다.

소록도 한 가운데 있는 중앙공원, 이곳에는 여러 기념비와 탑이 있는데, 나환자 치료 기원하는 구라탑과 함께 '세마공적비'가 있다. 오스트리아 출신의 간호사 마리안느, 마가렛, 마리아 세 사람의 이니셜 영문 'M'을 따서 붙여진 이름이다. 벨기에 다미안 재단이 오래전 우리나라 정부와 의료협정을 맺고 국내의 나환자 치료 사역에 큰 기여를 하였는데, 이곳 소록도에 오스트리아 출신의 처녀 간호사들이 찾아와 봉사활동을 하였다.

오스트리아에서 간호학을 전공한 마리안느와 마가렛은 20대 꽃다운 나이에 와서 60대 할머니가 되도록 40년을 한센인 돌보며 급여 한 푼 받지 않고 순수하게 봉사하며 섬겼다. 카톨릭 신자였던 이들 여성 간호사에게 사람들은 수녀로 불리었고, 진실로 그들은 하늘에서 보내준 사자였다.

마리안느와 마가렛은 비가 오나 눈이 오나 하루도 빠짐없이 매일 아침 일찍 병원에 출근한 후 커다란 주전자에 물을 끓이고 우유를 타서 병동마다 다니면서 환우들에게 나눠 주었다. 우유를 못 먹는 마을 사람들을 위해서도 매주 월요일에 분유를 준비했다. 주민들은 빈 깡통을 하나씩 들고 와 줄을 서서 그녀들에게서 분유를 타갔다. 커다란 우유봉지 15개에서 20개 가량이 한 달도 안되어 소진되었다. 이 시절의 분유는 주로 호주산이었고, 비용은 역시 오스트리아 부인회가 지원하였다.

그녀들이 주는 우유는 약을 많이 먹어 속이 쓰린 환우들의 위장을 달래 주었고, 때로 부족한 영양분을 채워주기도 했다. 무엇보다 그 우유에는 따뜻한 사랑이 담겨 있었다. 환우들은 이구동성으로 마리안느와 마가렛이 손수 타준 우유를 먹어야 하루를 시작할 힘이 난다고 말했다. 마리안느와 마가렛은 손이 부자연스럽거나 앞을 볼 수 없는 환우들에게는 일일이 우유를 떠먹여 주었다. 그렇게 그녀들은 매일 아침마다 우유를 나눠주며 환우들과 대화를 나누었다.

(성기영, "소록도의 마리안느와 마가렛")

평생을 소록도에서 살았기에 죽어서도 이곳에 뼈를 묻히고 싶었으나, 그들이 연로하게 되자 주민들에게 부담을 안겨 줄까 싶어 2005년 돌연 편지 한 장만 남겨두고 고국으로 돌아가 버렸다. 헌신의 인생을 살다간 천사들, 힘들고 어렵기도 했지만, 가난하고 소외된 이들 곁에서 함께 기뻐하고 어려움을 나눴던 생애는 행복 그 자체였고, 그들의 마지막 인사도 감사가 넘쳤다.

보리피리 불며
봄 언덕
고향 그리워
피—ㄹ닐니리.

보리피리 불며
꽃 청산(靑山)
어린 때 그리워
피—ㄹ닐니리.

보리피리 불며
인환(人寰)의 거리
인간사(人間事) 그리워
피—ㄹ닐리리.

보리피리 불며
방랑의 기산하(幾山河)
눈물의 언덕을 지나
피—ㄹ닐리리.(한하운, "보리피리")

소록도 중앙공원에는 한하운의 시비도 있다. 문둥이로 알려진 그는 한센인의 고통과 절망을 여러 작품 속에서도 드러냈다. 그도 나환자였으니 소록도에 들어가야 했으리라. 전혀 낯선 전라도 소록도로 찾아가는 길이 얼마나 고통스럽고 한스러웠을까? 그의 또다른 작품 '전라도 가는 길'은 '소록도' 들어가는 길인데, 한센인의 고통과 절망이 잔뜩 묻어있다.

사슴 모양을 띤 소록도, 이곳은 과연 천사들이 몰려 사는 곳인가? 그들이 만들어가는 천국은 어떠한 곳인가? 권력자들이 제 편의대로 이용하고 적대시하며 함부로 대했던 한센인들. 소록도 한센인의 역사도 어느덧 100년이 넘었다. 얼마나 굴하고 곡진 세월이었던가. 좌절과 절망, 죽음의 지옥같은 곳이었을지라도 때로 하늘 천사들이 있어 웃을 수 있고 기뻐하던 날도 많았다. 현실은 고통스럽고 사람들의 편견과 질시는 여전하나 똑같은 인간으로 살아가는 한평생, 하늘 은혜는 평등하고 정의로울 것이니, 당신들의 천국은 우리들의 천국이요, 함께 더불어 우리 스스로가 만들어가는 것 아니겠는가!

부록

조선예수교장로회사기
전남동남부(1898～1923) 편

부록 1

조선예수교장로회사기
전남동남부(1898~1923) 편

* 주: 조선예수교장로회 총회에서 1928년 발행한 사기(상), 1968년 발행한 사기(하)의 내용 중 전라남도 동남부 지역에 관련한 부분만 현대어로 고쳐 여기에 싣습니다.

1. 순천

1906년 순천군 평촌교회가 성립하다. 먼저 조사 지원근의 전도로 박응삼, 이원백 등이 믿고, 그후 차경순, 김경선, 이도삼 등이 계속 주께 돌아와 예배당을 지었고, 선교사 오기원, 고라복, 안채륜, 구례인과 목사 정태인, 조사 장경화, 한익수 등이 차제 시무하니라.

1907년 순천군 용당교회가 성립하다. 먼저 김대수의 전도로 김혁주, 정운찬 등이 믿고, 교인과 선교사가 합력하여 가옥을 매수하여 예배당으로 사용하더니 몇 년이 안되어 퇴락됨으로 선교사 고라복, 목사 이기풍, 조사 김영진, 조의환, 정자삼 등이 이곳에 와 근면하며 전도한 결과 교회가 부흥하여 옛 예배당 매수 대금 20원과 당석에서 연보한 금액 50원으로 가옥을 매수 수리하여 예배당으로 사용하고 조사 김창수, 영수 김혁주가 인도하니라.

1908년 순천군 신평리교회가 성립하다. 먼저 선교사 이눌서의 전도로 마여현, 허성오 등이 믿고 전도하여 교회를 설립하고, 그후 조기제의 열심 전도로 교회가 발전되고 선교사 변요한, 조사 김태호가 시무하니라.

1908년 순천군 이미교회가 성립하다. 먼저 무만리 정태인이 대곡리 정중희, 정종은에게 전도하여 믿었고, 이곳에 온 충청도 사람 정영선의 전도로 김신오의 모든 가족이 믿은 후, 정종은의 집에서 집회 예배하며 전도하여 신자가 45명에 달하는지라. 정종은이 혼자 부담하여 예배당 3간을 건축하였고, 그후에 대하리에 이전하였더니 교역자와 정종은 사이에 불화가 생겨 이 마을 김신오 집에 이전하니라

1909년 순천군 읍내교회가 성립하다. 먼저 이 마을 사람 최사집은 대곡리 조상학의 전도로 예수 믿고, 최경의는 여수 조의환의 전도로 믿은 후, 서문내 강시혁 집에서 집회하다가, 양생제를 임시 예배당으로 사용하였고, 그후에 서문외에 땅 400여평과 초가 10여평을 매수하여 모여 예배할새, 선교회에서 순천을 선교중심지로 정하고 가옥을 건축하며 남녀학교와 병원을 설립하니, 교회가 점차 발전되니라. 선교사와 합동하여 기와집 40평을 건축하니라.

1909년 순천군 대치리교회가 성립하다. 먼저 지원근의 전도로 신자가 늘어 사창리에 임시 예배처소를 설치하였더니, 당지에 이주한 구례 교인 윤병옥이 가옥 1동을 예배당으로 기부하였고, 그후 교인이 합심 연보하여 3간을 증축하니라.

1909년 순천군 구상리교회가 성립하다. 먼저 이 마을 정동섭이 순천읍교회 설립에 열심 노력하였고, 수년 후에 자기 집에서 예매 처소를 설치하고 전도한 결과 박기석, 박두호, 정복렬, 조언섭 등이 이어서 주를 믿고, 선교사 고라복과 노력하여 예배당 겸 사택을 짓고, 조사 김창수, 장현중, 조의환, 박노화, 목사 조상학 등이 시무하니라.

1910년 순천군 월산리교회가 성립하다. 먼저 김군옥이 믿고 전도하여 신자가 늘어감으로 교회를 설립하였고, 교회가 미약한 중에 정봉현의 아내가 조사의 부족한 부분을 전담하여 진전되고, 선교사 변요한, 조사 김태호, 집사 장정렬, 김봉기 등이 인도하니라.

1910년 미국 남장로교 선교회에서 순천군 매산리에 땅을 매수하여 남녀학교와 기숙사와 병원을 설립하고 선교사 변요한, 고라복, 안채륜, 구례인과 의사 티몬스와 전도부인 백미다가 내도하여 각기 구역을 나누고 선교에 노력함으로 교회가 날로 발전하니라.

1912년 순천군 압곡리교회가 설립되다. 먼저 본 마을 황성연이 신병으로 광주 나병원에 입원하여 1년간 치료중 전도를 듣고 믿은 후에 귀가하여 가족 일동으로 더불어 순천읍교회에 내왕하면서 정여신, 김경도 등으로 협력하여 가곡리교회를 설립한 후 점차 교회의 발전에 따라 본 마을에도 교회를 분립하여 황학연 집 사랑에서 집합하여 예배하였고 선교사 고라복과 조사 김창주, 집사 황학연, 황종직 등이 교회를 인도하니라.

1913년 순천군 이의교회에서 초가 4간예배당을 신축하고 회집하니라.

1914년 순천군 월곡리교회가 설립되다. 먼저 조병식, 조영규, 황보은, 조영조 등이 복음을 듣고 신종한 후, 부근 교회에 내왕하더니 선교사 안채륜과 협의하고 합심 연보하여 6간 가옥을 매수하여 예배당으로 사용하니라. 그후엔 선교사 구례인과 조사 한익수 등이 교회를 인도하니라.

1914년 순천군 가곡리교회가 설립되다. 먼저 선교사 구례인, 변요한과 최경의 등 3인이 전도하여 김경도, 정순여 등이 신종하여 70원을 합심 연보하여 땅 100평을 매수하여 6간 예배당을 짓고 조사 문보현과 집사 김경도, 정순여, 김재곤 등이 협심 인도하니라.

1915년 순천군 이미교회에서는 비바람으로 인하여 예배당이 전복되어 교회 퇴보되었더니 선교사 구례인과 조사 한익수, 집사 심기필의 열심 전도로 교우를 새로이 얻어 4간 예배당을 건축하니라.

1915년 순천군 가곡교회에서는 교우 정보앙이 밭 130평을 교회에 공헌하였으며 순천군 평촌교회에서는 열심 연보하여 예배당을 건축하니라.

1918년 순천군 읍교회에서 정태인을 목사로 청빙하여 시무하였고, 그후에는 목사 이기풍, 곽우영, 장로에 김억칭, 오영식, 최정의 등이 이어서 봉직하니라.

1919년 순천군 대치리교회에서 김현중을 장로로 장립하여 당회를 조직하였고, 선교사 고라복이 시무하였다.

1919년 순천군 평중리교회가 설립되다. 먼저 김성규가 믿고 전도하여 주를 따르는 자가 많으므로 이사하여 예배하다가 옛 면사무소를 빌려서 모였으며, 그후 96원을 연보하여 땅 300여평과 초가 4간을 매수하여 예배당으로 사용하였다. 선교사 변요한과 조사 문보현이 교회를 인도하였다.

1919년 순천군 마륜교회가 월곡리교회에서 분립되었다. 먼저 오곡리에 사는 정현례 부인이 매곡리 선교사의 부인에게서 전도를 듣고 믿은후, 월곡리교회에 다니며 예배하면서 인근에 전도하였고, 전도인 김정하가 이 마을에 다니며 자기 집에서 집회하고 전도하므로 박래향, 박인열, 박상열, 박철수 등이 신종한 후 박인열 집에 예배처소를 정하고 분립하였더니, 머지않아 교인과 지방유지의 찬조로 100원을 모아 가옥을 매수하여 예배당으로 사용하였다.

1920년 순천군 사룡리교회가 설립되다. 먼저 조사 김영진의 전도로 장상수 외 몇 사람이 믿었으나 예배할 장소가 없었는지라. 장상수가 생활이 곤란한 중에 있을지라도 그 땅 100여평과 초가 4간 약 150원의 가치되는 것을 교회에 공헌하므로 집회하게 되었으며, 선교사 변요한, 조사 문보현, 집사 장상수, 심원제 등이 교회를 인도하였다.

1921년 순천군 신평리교회에서는 남녀 사숙을 설립하고, 지난해 폐지되었던 순천 매산학교가 다시 금년에 개교하게 되매, 남녀 학생이 다수 응모하여 영재를 교육하므로 교회 발전에 막대한 효과를 주었다.

1922년 순천군 월곡교회에서는 조동식이 130원을 출연하여 예배당 8간을 건축하였다.

1923년 순천군 낙성리교회가 설립되다. 먼저 선교사 구례인과 조사

한익수, 유치숙 등의 2일간 전도로 인하여 방백언, 김정호 등이 신종하였고, 벌교교회 청년면려회에서 매주일에 내왕하여 복음을 전하여 1년 후 초가 8간의 예배당을 건축하여 교회가 이뤄가니라.

1923년 순천군 장안리교회가 설립되다. 먼저 마을 사람 정영호가 믿고 전도하여 신자가 점차 늘어 사택에서 모이더니, 박문환이 초가 4간을 예배당으로 공헌하여 교회가 시작하였고, 선교사 변요한과 조사 김태호와 집사 박준태 등이 교회를 위해 노력하니라.

1923년 순천군 읍교회에서는 예배당을 새로 지을새, 미션회와 합력하여 매산리에 연와제 54간을 낙성하였다.

2. 여수

1907년 여수군 장천리교회가 성립하다. 먼저 정태인, 지원근, 방응삼의 전도로 조의환, 이기홍, 지재한 등이 믿고 전도함으로 신자가 증가하여 수천원을 합심 연보하여 예배당과 학교를 짓고 그후에 조상학이 조사로 시무하니라.

1907년 여수군 우학리교회가 성립하다. 먼저 이 마을이 의병난을 경험하여 민심이 불안한 중, 민적정리를 모병으로 오해하고 예수 믿는 자는 비등부역을 면한다는 풍설이 유행하여 인민들이 교회 설립하기를 결정하고 무만리교회에 대하여 전도인 파송하기를 청구하였더니, 전도인 채진영이 이 마을에서 전도한 결과 오해와 풍설이 잦아들고 진리를 찾는 자가 많아 예배당 건립을 경영할새, 이 마을 공공건물을 매수하게 되었더니, 면장 김철수의 이의제기로 해약하매, 교인 명창순이 자원하여 예배당을 짓고, 교회에서는 사숙을 설치하여 아동교육을 실시하니 전도에 도움이 되니라. 그후에 선교사 맹현리, 변요한과 조사 조의환, 목사 강병담이 이어서 시무하니라.

1911년 여수군 서정교회가 성립하다. 먼저 여사 박바우의 전도로 마을 사람 곽채근 어머니와 이아형 두 사람이 믿었고 서울에 여행하였던 곽봉승이 예수 믿고 집에 돌아와 전도함으로 신자가 증가함에 예배처소를 설치하니 장로교회 제직이 내왕 인도하니라.

1919년 여수군 장천리교회에서 조의환, 이기홍을 장로로 장립하여 당회를 조직하였고, 그후 목사에 곽우영, 조의환, 장로에 박경주가 봉직 시무하였다.

1921년 여천군 복흥리교회가 설립되다. 먼저 선교사 남대리와 조사 강사흥, 김현수, 김종인, 이도숙, 김판대의 전도로 교회가 설립되고, 영수 오창언, 김내성 등이 교회를 인도하였다.

1921년 여수군 서교회가 설립되다. 먼저 주영수의 전도로 천사언 외 몇 사람이 믿고, 예배당을 건축할 때 신자나 불신자 합하여 연금이 195원이 되다. 선교사 변요한과 조사 주영숙이 교회를 인도하였다.

1921년 여수군 봉전리교회가 설립되다. 먼저 김영진, 주영숙 등이 전도로 교회가 설립될 때 강민수가 각 방면으로 노력하였고, 예배할 처소가 없이 어려운 지경에 있다가 열심 연보하여 초가 3간을 매수하여 예배당으로 사용하였고, 선교사 변요한과 조사 주영숙이 시무하였다.

1921년 여수군 봉전교회에서 사숙을 설립하여 학생을 교육하였다.

1922년 여수군 우학리교회에서는 안규봉이 논 1두락은 교회, 논 2두락은 교육기본금으로 납부하고, 그 부인은 거액의 종 1개를 기부하였으며, 종래 마을 사람들이 설립한 마을계에 신자들이 관계되는 부분을 되돌려 교회에 부속하게 하였으니, 논 1두5승락, 밭 1석락, 산림 1만여 평, 학교 교실 4간과 그 부지등이었다.

1923년 여수군 서정교회에서 홍봉승을 장로 장립하여 당회를 조직하였는데, 자초로 선교사 변요한과 조사 유내춘, 조의환, 한태원, 조상학, 김영진이 이어서 시무하니라.

1923년 여수군 장천교회에서는 종래 경영하던 소학교의 교실이 비좁더니, 이기홍, 조의환의 활동으로 23평의 교실을 서양식으로 새로 지어 생도 50여명을 수용하니라.

1923년 여수군 서정교회에서는 교인이 열심히 연보하여 3,000여원으로 새 부지에 서양식 24간의 예배당을 지었다.

3. 광양

1907년 광양군 신황리교회가 성립하다. 먼저 한태원이 이 마을 신자 조상학의 전도를 듣고 광주 양림에 다니며 선교사 오기원에게서 도리를 배우고 두 사람이 이 마을에 돌아와 옛 황리 서재에서 전도할 새 박복원, 서병준, 허준규 등 9명이 예수를 믿은 후, 합심 전도한 결과 신자가 날로 늘어 6,7백에 달하는 지라. 합심 연보하여 예배당 8간을 지으니라.

1907년 광양군 신황리교회에서 소학교를 설립하여 신자의 자녀를 교육하니라.

1908년 광양군 읍교회가 성립하다. 먼저 선교사 오기원과 조사 지원근, 배경수 등이 이곳에 전도할 새, 순천 조상학이 와서 돕되 좋은 성적을 얻지 못하였더니, 그후 전도인 박응삼이 집안 식구들과 함께 열심 전도함으로 김윤석, 박정진 등이 주를 믿어 교회를 설립하고 전도인 강성봉, 조사 장현중, 조의환, 정자삼 등이 이어서 내왕하여 교회에 많은 힘을 불어 넣으니라.

1908년 광양군 웅동교회가 성립하다. 먼저 조상학의 전도로 이 마을 사람 서병준이 믿고 열심전도한 결과, 19집 한 마을이 함께 예수 믿어 신황리에 다니며 예배하더니, 이 마을에도 예배당을 짓고 교회를 분립하니라.

1908년 광양군 대방리교회가 성립하다. 먼저 서한봉이 한태원, 박희원의 전도를 인하여 믿고 형제의 집 식구들과 정기영의 식구들로 신황리에 내왕하며 자기 마을에도 전도하여 신자가 증가함으로 가옥을 매수하여 예배당으로 사용하고 교회를 분립하니라.

1909년 광양군 백암리교회가 성립하다. 먼저 김평장, 장석사 등이 믿고 신황교회에 다니다가 예배당을 짓고 교회를 분립하니라. 선교사 고라복, 집사 장석사, 김인주가 시무하니라.

1909년 광양군 섬거리교회가 성립하다. 먼저 이 마을 장주환이 믿고,

신황교회에 다니더니 이 마을에 신자가 점증되므로 예배당 6간과 사택을 짓고 선교사 고라복은 가옥을 매수하여 교역자의 사택으로 헌납하니라.

1909년 광양군 지랑리교회가 성립하다. 먼저 이 마을 강대오가 신황리교회에 다니며 전도하여 예배당을 건축하고, 그후 강대오는 만주에 이거함에 김순권이 교회를 위하여 많은 노력을 하니라.

1912년 광양군 웅동교회는 교인의 열심 연보로 6간 예배당을 새로 짓고 옛 예배당은 학교로 사용하니라.

1916년 광양군 대방동교회에서는 예배당을 매수하였고 순천 대치리교회에서는 예배당을 새로 지을새 교우가 200여원을 연보하였고 압곡리교회에서는 황성연이 40여원을 혼자 부담하여 예배당을 매수 수리하니라.

1917년 광양군 희동(웅동)교회에서 서병준, 장기용 2인을 장로로 장립하여 당회를 조직하니라.

1919년 광양군 신황리교회에서 박희원, 이우권을 장로로 장립하여 당회를 조직하였고, 그후 목사 조의환, 조상학 등 시무하였다.

1919년 광양군 학동교회가 설립되다. 먼저 지절교회 독실한 신자 구경지가 이 마을에 이주한 후 박노주와 더불어 합심 전도하여 예배당 3간을 짓고 수십명의 교우가 예배하였는데, 선교사 노라복, 영수 구경지, 집사 박노주, 이석용이 교회를 인도하였다.

1919년 광양읍교회에서는 조사 조상학이 왕래하여 교회를 인도할새 교우가 점차 진흥하여 성황을 이루었으며, 그후 교사 오석주가 시무할새 교인이 천여원을 연보하여 반 서양식으로 22평의 예배당을 건축하고, 선교사 고라복은 300원을 연보하여 교역자의 사택 5간을 건축하였다.

1920년 광양군 오사리교회가 설립되다. 먼저 선교사 노라복이 전도대 박희원, 정자삼, 장현중 등을 파송하여 복음을 전할 때, 최아현이 도를 물어 신앙을 갖게되고 전도하므로 신자가 많이 생겼더니, 그후에 최아현이 점차 타락하고 교회가 부진하므로, 선교사 노라복이 조사 박희원을 파송 거주하며 시무하게 하였다.

1920년 광양군 대인도교회를 설립하다. 먼저 이영국은 현지 노인인데, 전도인에게 도를 묻고 신심이 일어서 비단 자기만 믿을 뿐 아니라 타인에게 즉시 전도하였고, 신황리교회 등의 내조와 조사 서병준의 2년간 시무로 교회가 성립되었다. 독실한 신자 과부 임씨는 자기의 3간 가옥을 예배당으로 공헌하였으며, 선교사 노라복과 집사 정충헌, 정시운 등이 교회를 인도하였다.

1920년 광양군 금호도교회가 설립되다. 먼저 심성수, 장학천 등이 대인교회 조사 서병준에게 전도를 듣고 있을 때, 장학천은 3부자의 가족 권속이 대부분 입교하여 자기의 집에서 예배하다가 머지않아 해당 가옥을 전부 예배당으로 공헌하였으며, 선교사 노라복, 집사 장학천이 교회를 인도하였다.

1921년 광양군 원당리교회가 설립되다. 먼저 선교사 노라복과 정자삼, 정영호, 박희원 등이 현지에 와서 전도한 결과, 이보석과 그 자매 이보홍, 장상순 등이 신종하여 이보석 집에서 반년간 예배하다가 교인들이 합심 연보하여 4간 예배당을 짓고, 그후에 조의환, 조상학이 목사로 시무하였다.

1921년 광양군 광포리교회가 설립되다. 먼저 순천 선교사와 동행 3,4명이 내도하여 복음을 전하고서 한태현 외 몇 사람이 신종하여 정운만 집에서 1년간 집회하고 있는 중, 이양권이 와서 인도하였고 사숙교사 김성봉이 열심히 교수하여 교회에 막대한 유익이 되었으며, 선교사 노라복과 집사 정운회, 한대현이 교회를 위하여 노력하였다.

1923년 광양군 읍내교회에서 강성봉을 장로로 장립하여 당회를 조직하였고, 조상학을 청빙하여 목사로 시무하니라.

1923년 광양 대방리교회에서 금년을 시작으로 목사 조상학이 시무하니라. 하니라.

1908년 광양군 읍교회가 성립하다. 먼저 선교사 오기원과 조사 지원근, 배경수 등이 이곳에 전도할 새, 순천 조상학이 와서 돕되 좋은 성적을 얻지 못하였더니, 그후 전도인 박응삼이 집안 식구들과 함께 열심 전도함으로 김윤석, 박정진 등이 주를 믿어 교회를 설립하고 전도인 강성봉, 조사 장현중, 조의환, 정자삼 등이 이어서 내왕하여 교회에 많은 힘을 불어 넣으니라

1908년 광양군 웅동교회가 성립하다. 먼저 조상학의 전도로 이 마을 사람 서병준이 믿고 열심전도한 결과, 19집 한 마을이 함께 예수 믿어 신황리에 다니며 예배하더니, 이 마을에도 예배당을 짓고 교회를 분립하니라.

1908년 광양군 대방리교회가 성립하다. 먼저 서한봉이 한태원, 박희원의 전도를 인하여 믿고 형제의 집 식구들과 정기영의 식구들로 신황리에 내왕하며 자기 마을에도 전도하여 신자가 증가함으로 가옥을 매수하여 예배당으로 사용하고 교회를 분립하니라.

1909년 광양군 백암리교회가 성립하다. 먼저 김평장, 장석사 등이 믿고 신황교회에 다니다가 예배당을 짓고 교회를 분립하니라. 선교사 고라복, 집사 장석사, 김인주가 시무하니라.

1909년 광양군 섬거리교회가 성립하다. 먼저 이 마을 장주환이 믿고, 신황교회에 다니더니 이 마을에 신자가 점증되므로 예배당 6간과 사택을 짓고 선교사 고라복은 가옥을 매수하여 교역자의 사택으로 헌납하니라.

1909년 광양군 지랑리교회가 성립하다. 먼저 이 마을 강대오가 신황리교회에 다니며 전도하여 예배당을 건축하고, 그후 강대오는 만주에 이거함에 김순권이 교회를 위하여 많은 노력을 하니라.

1912년 광양군 웅동교회는 교인의 열심 연보로 6간 예배당을 새로 짓고 옛 예배당은 학교로 사용하니라.

1916년 광양군 대방동교회에서는 예배당을 매수하였고 순천 대치리교

회에서는 예배당을 새로 지을새 교우가 200여원을 연보하였고 압곡리 교회에서는 황성연이 40여원을 혼자 부담하여 예배당을 매수 수리하니라.

1917년 광양군 희동(웅동)교회에서 서병준, 장기용 2인을 장로로 장립하여 당회를 조직하니라.

1919년 광양군 신황리교회에서 박희원, 이우권을 장로로 장립하여 당회를 조직하였고, 그후 목사 조의환, 조상학 등 시무하였다.

1919년 광양군 학동교회가 설립되다. 먼저 지절교회 독실한 신자 구경지가 이 마을에 이주한 후 박노주와 더불어 합심 전도하여 예배당 3간을 짓고 수십명의 교우가 예배하였는데, 선교사 노라복, 영수 구경지, 집사 박노주, 이석용이 교회를 인도하였다.

1919년 광양읍교회에서는 조사 조상학이 왕래하여 교회를 인도할새 교우가 점차 진흥하여 성황을 이루었으며, 그후 교사 오석주가 시무할새 교인이 천여원을 연보하여 반 서양식으로 22평의 예배당을 건축하고, 선교사 고라복은 300원을 연보하여 교역자의 사택 5간을 건축하였다.

1920년 광양군 오사리교회가 설립되다. 먼저 선교사 노라복이 전도대 박희원, 정자삼, 장현중 등을 파송하여 복음을 전할 때, 최아현이 도를 물어 신앙을 갖게되고 전도하므로 신자가 많이 생겼더니, 그후에 최아현이 점차 타락하고 교회가 부진하므로, 선교사 노라복이 조사 박희원을 파송 거주하며 시무하게 하였다.

1920년 광양군 대인도교회를 설립하다. 먼저 이영국은 현지 노인인데, 전도인에게 도를 묻고 신심이 일어서 비단 자기만 믿을 뿐 아니라 타인에게 즉시 전도하였고, 신황리교회 등의 내조와 조사 서병준의 2년간 시무로 교회가 성립되었다. 독실한 신자 과부 임씨는 자기의 3간 가옥을 예배당으로 공헌하였으며, 선교사 노라복과 집사 정충헌, 정시운 등이 교회를 인도하였다.

1920년 광양군 금호도교회가 설립되다. 먼저 심성수, 장학천 등이 대인교회 조사 서병준에게 전도를 듣고 있을 때, 장학천은 3부자의 가족

권속이 대부분 입교하여 자기의 집에서 예배하다가 머지않아 해당 가옥을 전부 예배당으로 공헌하엿으며, 선교사 노라복, 집사 장학천이 교회를 인도하였다.

1921년 광양군 원당리교회가 설립되다. 먼저 선교사 노라복과 정자삼, 정영호, 박희원 등이 현지에 와서 전도한 결과, 이보석과 그 자매 이보홍, 장상순 등이 신종하여 이보석 집에서 반년간 예배하다가 교인들이 합심 연보하여 4간 예배당을 짓고, 그후에 조의환, 조상학이 목사로 시무하였다.

1921년 광양군 광포리교회가 설립되다. 먼저 순천 선교사와 동행 3,4명이 내도하여 복음을 전하고서 한태현 외 몇 사람이 신종하여 정운만 집에서 1년간 집회하고 있는 중, 이양권이 와서 인도하였고 사숙교사 김성봉이 열심히 교수하여 교회에 막대한 유익이 되었으며, 선교사 노라복과 집사 정운회, 한대현이 교회를 위하여 노력하였다.

1923년 광양군 읍내교회에서 강성봉을 장로로 장립하여 당회를 조직하였고, 조상학을 청빙하여 목사로 시무하니라.

1923년 광양 대방리교회에서 금년을 시작으로 목사 조상학이 시무하니라.

4. 곡성

1904년 곡성군 옥과리교회가 성립하다. 초에 선교사 배유지의 전도로 김종수가 믿고 열심 전도함으로 20여 신자를 얻어 자기 집에서 예배하니라.

1906년 곡성군 옥과리교회에서 열심 연보하여 가옥을 매수하고 예배당으로 사용하였고, 선교사 도대선, 타마자와 조사 이계수, 강사흥, 김정선 등이 이어서 시무하니라.

5. 구례

1908년 구례군 읍교회가 성립하다. 먼저 이곳에 거주하는 고현표가 오랫동안 외국에 있다가 다시 돌아온 이후, 구세군이라 자칭하고 이 마을에 전도하여 신자가 100여명에 달하매, 60원을 연보하여 봉남리에 가옥을 매수하고 예배당으로 사용하더니, 의병난을 인하여 교인은 흩어지고 예배당은 일본 군인에게 점령당한지라. 선교사 배유지가 교섭하여 환수하니, 전도인 장현중과 집사 박량진이 예배당을 백련동으로 옮기니라. 후에 박량진이 예배당을 몰래 팔아 치우므로 강시혁 집에서 집회하다가, 이병묵, 김병식, 이순길, 정평호, 김재수 등은 종 한 개를 사서 기부하고 교인 일동은 600여원을 연보하여 예배당을 짓고 선교사 고라복, 조사 선재련이 인도하니라.

1910년 구례군 대유리교회가 성립하다. 먼저 본 마을 교인 장옥규가 자기의 토지를 담보로 가옥을 매수하여 예배당으로 사용하고 교회를 분립하였더니, 채권 문제로 토지는 빼앗기고 예배당은 사적으로 사용되매, 선교사 고라복이 가옥을 매수하여 예배당으로 사용케 하였으며, 주영수, 김창수가 이 마을에 내주하여 교회를 힘써 돕고, 박노리, 정기백, 정석원, 김천수 등이 교회를 인도하니라.

6. 보성

1907년 보성군 운림리교회가 성립하다. 먼저 선교사 오기원, 조사 배경수의 전도로 신자가 늘어 예배당을 지은 후에 교회가 잠시 미약하더니 선교사 고라복과 조사 박낙현이 열심 전도하여 점차 부흥하니라.

1908년 보성군 양동교회가 성립하다. 먼저 선교사 오기원과 조사 배경수의 전도로 교회를 설립하고 예배당을 지으니라.

1908년 보성군 무만리교회 교인 김재조의 전담으로 학교를 설립하여 남녀 아동을 교육함으로 교회 발전에 많은 효과를 일으켰고, 순천 경내 교육 사업의 인돈가 되니라.

1910년 보성군 문양리교회가 성립하다. 먼저 선교사 노라복, 조사 배경수가 전도하여 신자가 늘어감으로 예배당을 지었으나, 미약한 중에 있느니라.

1910년 보성군 대치리교회가 성립하다. 먼저 무만리 교인 이형숙, 조규혁의 전도로 마을 사람 신성일이 믿고, 3년간 무만리교회에 다니며 전도하여 박문백, 이원백, 이도삼, 이화일, 김영선, 송계웅, 문경조, 김사윤 등이 함께 주를 믿으므로 온동에 예배당을 짓고 교회를 분립하였다가 이 마을에 이전하였고, 그후에 선교사 고라복, 안채륜, 구례인, 목사 정태인, 조사 목치숙, 황보익, 한익수 등이 차제 시무하니라.

1912년 보성군 동막교회가 설립되다. 먼저 선교사 안채륜이 조사 목치숙으로 전도하게 하여 임종대 외 수 3인의 가족이 신종하다가 봉개(奉皆) 퇴보되고 임종대, 정기신의 대소가가 회심 출연하여 6간예배당을 매수하니라.

1915년 보성군 영암교회가 설립되다. 먼저 선교사 노라복과 전도인 김지환의 전도로 신자가 점진하여 35원을 연보하여 예배당을 건축하니라.

1917년 보성군 무만리교회에서 정태인을 목사로 청빙하여 시무하게 하다.

1917년 보성읍교회가 설립되다. 먼저 선교사 안채륜과 장천교회 이두관과 무만교회 정종규 등이 협력 전도하여 교회를 설립하고 합심 출연하여 예배당 6간을 새로 지었더니 얼마되지 않아 집회가 폐지되고 예배당은 정종규의 채무로 잃어버렸으며 조사 이형숙, 정기신의 내왕 전도로 인하여 예배당을 건축하게 되고 그후에 목치숙이 조사로 시무하니라.

1918년 보성군 무만리교회에서 김일현을 장로로 장립하여 당회를 조직하였고, 그후에 강문수가 장로로 계속 재직하니라.

1918년 보성군 봉갑리교회가 설립되다. 먼저 선교사 타마자와 전도인 박낙현 등이 전도하여 신자가 점점 증가하므로 90원을 출연하여 예배당을 건축하니라.

1920년 보성군 벌교리교회가 무만리교회에서 분립되다. 먼저 무만리교회가 이 마을에 교회를 설립하였고 전도에 힘썼으나 결과를 얻지 못하였더니, 선교사 구례인과 목사 이기풍, 정태인 등이 무만리교회 남녀신자중 전도에 능력있는 자를 찾아 전도대를 조직하여 벌교 청루로 사용하던 빈야옥을 빌려서 1주일간 대전도의 결과로 남녀 5,60명의 신자를 얻어 해지방 청년회관에서 임시예배하다가, 교우 일동과 무만리교회의 주선으로 합력 연보하여 8간 초가를 매수하여 모여 예배하므로 무만리교회에서 분립하였다. 조필형, 황자윤, 김용국 등이 교회 분리에 커다란 노력을 하였던 것이다.

1921년 보성군 칠동교회가 설립되다. 먼저 선교사 구례인이 조사 지원근을 현지에 파송하여 복음을 전함에 최기춘, 조학송, 이용근 등이 신종하여 마을 서당을 임시 예배처소로 사용하다가 초가 8간 예배당을 건축하였다.

1922년 보성군 오성교회가 설립되다. 먼저 선교사 구례인, 조사 황보익, 목치숙, 한익수와 전도인 신성일 등이 현지에 내도하여 전도하므로 수십인이 신종하더니, 머지않아 타락하고 박남수만 견신 분투하더니 지방 교역자의 내조와 교우의 열성으로 8간 예배당을 건축하였고, 조사 정기신, 목치숙 등이 차제로 시무하였다.

1923년 보성군 반석리교회가 설립되다. 먼저는 선교사 타마자와 조사 박낙현이 전도하여 신자가 점차 증가하여 80원을 연보하여 예배당을 건축하였다.

7. 고흥

1906년 고흥군 옥하리교회가 성립하다. 먼저 선교사 오기원, 조사 오태욱의 전도로 신우구, 박용섭, 박무응, 이춘흥, 이정권 등이 믿고, 집 혹은 서당에서 모여 예배하니라.

1907년 고흥군 신흥리교회가 성립하다. 먼저 한익수, 선영홍이 서울에 여행하였을 때에 복음을 들은 후 믿고, 성경 수백권을 가져와 금산도 주민에게 나눠줌으로 신자가 많이 생겨 선영홍 집에서 예배하더니 선영홍이 배교하는 고로, 신흥리에 예배당을 새로 지으니라.

1908년 고흥군 금산 신평리교회가 성립하다. 먼저 오석주, 박수홍 등이 주를 믿고, 대흥리 선영홍 집에서 예배하다가, 그후 신흥리 교인의 협조로 신평리에 교회를 설립하고 예배당을 지으니 교회가 점차 발전하여 오천, 동정 두곳에 교회를 분립하게 되니라.

1909년 고흥군 옥하리교회에서 박용섭은 목재 전부를 담당하고 교우들은 합심하여 출연하고 신우구는 부족한 돈을 전담하여 동정리에 예배당을 지으니라.

1910년 고흥군 주교리교회가 성립하다. 먼저 마을 주민 손대희, 박덕만, 최세진, 전창수 등이 예수 믿고 무만리교회에 내왕하며 전도한 결과 신자가 증가하여 최세진 집에서 모이다가, 장암 거주하는 최정범의 노력과 교인의 열성으로 예배당을 짓고 교회를 분립하니, 그후에 선교사 구례인, 조사 정태인, 영수 김계수, 박한기 등이 상속 시무하였고, 최정범을 장로로 장립하여 당회를 조직하니라.

1915년 고흥군 오천교회가 설립되다. 먼저 우도리 신성주, 황재연과 신흥리 한상하의 전도로 신자가 계속 나와 초가 6간을 사서 예배당으로 사용하였고 신평교회에서 황보익, 오현규 2사람이 내왕하므로 교회에 많은 노력을 끼쳤고 그후에 황봉익이 교회를 인도하니라.

1915년 고흥군 길두리교회가 읍교회에서 분립하다. 먼저 고제태, 우창기 등이 예수 믿고 여러해 읍내교회에 다니며 이 마을에 전도하여 예배처소를 설립하였더니 선교사가 유천석을 파송하여 사숙을 설립하며 복음을 전하여 신도가 날로 더하였으므로 예배당을 건축하고 읍교회에서 분립하였으며 그후에 선교사 구례인, 목사 이기풍이 차제 시무하니라.

1915년 고흥군 옥하리교회에서는 설립 이후로 날로 발전되었으므로 천등, 관리, 한천에 교회를 분립하니라.

1918년 고흥군 옥하리교회에서 박용섭, 목치숙을 장로로 장립하여 당회를 조직하였고, 그후에는 목사에 정태인, 이기풍, 장로에 박무웅, 신영창등이 이어서 시무하니라.

1918년 고흥군 유둔리교회가 무만리교회에서 분립되다. 먼저 마을 주민 송춘경은 무만리교회의 영수인데, 60세 노인으로 병석에서 방문한 사람에게 간절히 전도하기를 일삼았고, 임종시 자기 아들 사원에게 주님을 믿으라 유언하였더니, 그후 사원이 그 동지자 3,4명과 더불어 주를 믿은 후 열심 전도하였고, 강은혜는 노년 과부로 그의 신앙생활을 인하여 그후 신지구에게 무한한 핍박을 받더니, 그후에 신지구가 회개하여 주께 돌아와 교회 분립에 협력하여 자택에서 임시로 회집 예배하더니, 교회가 점차 발전하여 초가 8간을 매수하여 예배당으로 사용하더니, 머지않아 20평 예배당을 새로 짓고, 선교사 안채륜, 구례인과 목사 정태인과 조사 목치숙 등이 이어서 시무하니라.

1919년 고흥군 주교교회에서는 신도가 증가하여 200여명이 모이게 되므로 8간의 예배당을 건축하였고, 화덕, 송천, 화전 등 3교회로 분립되었다.

1920년 고흥군 신평리교회에서 오석주를 장로로 위임하여 당회를 조직하였고, 그후 목사 정태인, 장로 박수홍이 공직하였다.

1920년 고흥군 대덕리교회가 주교교회에서 분립되다. 먼저 백상래, 백형월, 남상복, 김동영, 양회수, 남상대, 정창섭 등이 면려청년회원으로 주교교회에 와서 예배하면서, 주교교우들과 협동하여 이 마을에 전도하여 약간의 신자가 있으므로 초가 8간을 매수하여 예배당을 건설하고 주교교회에서 분립하였다.

1921년 고흥군 관리교회가 설립되다. 먼저 선교사 안채륜과 조사 정태인, 목치숙 등이 집집마다 개인전도할새, 마을 사람 박창규가 신종하고 그 외 여러 사람의 신자가 생겨 교회가 성립되고, 선교사 구례인, 조사 이형숙이 교회를 인도하여 점차 발전되었다.

1921년 고흥군 내발리교회가 설립되었다. 먼저 선교사 구례인과 조사 오석주, 목치숙 등이 이 마을에 여러날 전도한 결과 여러 사람이 믿고 따르므로, 고흥읍교회에서 매월 1일 예배를 담임 인도하였고, 그후에는 전도인 김석하와 지방교역자들이 출연하여 6간 초가를 매입하여 예배당으로 사용하였고, 이형숙이 조사로 시무하였다.

1921년 고흥군 동정리교회가 신평리교회에서 분립하다. 먼저 현지주민 김치곤, 정익원, 최자신, 최관숙 등이 믿고 신평리교회를 다니더니, 이해에 선교사 구례인과 조사 오석주가 내조하며 전도하여 6간 예배당을 건축하고 분립하였다.

1921년 고흥군 관리교회에서는 여자 사숙을 설립하여 다수의 학생을 교육하므로, 교회에 막대한 유익이 되었다.

1922년 고흥군 송정리교회가 죽교교회에서 분립하다. 먼저 우둔교회 신자 황순명이 자기의 종형 황의순에게 전도하여 죽교교회에 왕래하면서 예배하더니, 이해에 유둔, 죽교 두 교회에서 합력 전도의 결과 신자가 증가하여 초가 8간의 예배당을 짓고 분립하였으며, 선교사 구례인과 조사 정기신이 교회를 인도하였다.

1922년 고흥군 화전리교회가 화덕교회에서 분립하다. 먼저 죽교교회 신자 박홍준의 전도로 강사문, 김봉조, 김병조, 박재일, 김채수 등이 신종하고 화덕리교회에 다니며 예배하더니, 선교사 구례인이 조사 파송하여 내조하므로 신자가 다수 증가하여 초가 8간 예배당을 건축하고 분립하였으며, 조사 정기신이 시무하였다.

1922년 고흥군 천등리교회가 설립되다. 먼저 선교사 안채룬과 조사 오석주, 목치숙 등이 이 마을에 와서 마을 서당을 임시 전도소로 정하고 천여명씩 모여 전도한 결과, 많은 사람의 신자를 얻었고 금산 신평교회에서 매주일 내조하였으나 머지않아 집회가 폐지되었더니, 1921년에 이장우, 유종화 등이 주를 믿고 고흥읍교회에 다니며 이 마을에 열심 전도하므로 김사윤, 김용수가 이어서 신종하여 김용수 집에서 예배하였는데, 교우가 합심 연보하여 82원 50전으로 예배당 12평을 건축하였고, 선교사 구례인과 목사 오석주가 동역으로 시무하였다.

1923년 고흥군 한천교회가 고흥읍교회에서 분립하다. 먼저 이 마을에 거주하는 이발생이 주를 믿고, 고흥교회에 다니며 예배하더니 전도하여 10년동안 여러 신자가 생겨 8간 예배당을 건축하고 분립하였으며, 선교사 구례인과 조사 이형숙이 교회를 인도하니라.

1923년 고흥군 관리교회에서는 예배당 8간을 증축하니라.

조선예수교장로회 사기 순천노회 편

5. 순천노회(하권 4편 제 23장)

5-1. 총론

1) 노회설립

1922년 10월 2일에 순천노회가 창립하다. 먼저 전남노회에서 분립하기를 총회에 청원하여 허락을 얻은지라. 이에따라 조직회장 곽우영의 인도로 순천읍 남자 성경학당에서 개회하니, 회원은 선교사 2인, 목사 4인, 장로 11인이더라. 회중이 신임원을 선정하니 회장 곽우영, 서기 강병담, 회계 이기호이더라.

2) 노회 의안

시찰구역을 분정하니 순천, 여수, 곡성이 제1구요, 과양, 구례가 제2구요, 보성, 고흥이 제3구러라.

사무집행위원을 선정하니 상비부에 임사, 규칙, 신학준시, 학무, 전도, 목사가족구제, 주일학교 등과 정기부에 헌의, 회계, 검사, 총회록 검열, 사기 편집 등이더라.

1923년 2월 12일에 순천노회가 광양읍예배당에 임시로 모여, 신학준사 조상학을 안수하여 광양읍과 대방도교회 목사로 임명하다.

1923년 3월 20일에 순천노회 제1회가 광양읍예배당에 모이니 회원은 선교사 3인, 목사 5인, 장로 12인이더라.

신임원을 선정하니 회장 변요한, 서기 조상학, 회계 이기홍이더라.

예배당 건축부를 설립하고 규칙을 제정하다.

매산학교를 돕기 위하여 권장위원을 선정하여 각 교회를 순회 권유하게 하다.

교인이 주일을 경건히 지킬 것과 현임 장로급 피택장로에게 흡연을 엄금하는 경고문을 각교회에 발송하다.

곡성지방 전도할 경영을 전도부에 위임하여 보고하게 하다.

1923년 4월 13일에 순천노회가 순천읍예배당에 임시 회집하여, 총회전도비를 위하여 5월 제2차 주일에 특별연보하되 입교인 당 40전 비례로 각교회에 권고하다.

1923년 9월 1일에 순천노회 제2회가 순천읍예배당에 모이니, 회원은 선교사 2인, 목사 5인, 장로 12인이더라.

장로 직을 새로 임명받은 자는 여수교회 곽봉승, 장천교회 박경수이더라.

신학생 취교자는 강병담, 정영호, 오석주, 정기신이더라.

주일 연보 진흥위원을 선정하여 각교회를 순회 권면하게 하다.

1924년 2월 24일에 순천노회 제3회가 여수 장천예배당에 모이니 회원은 선교사 3인, 목사 5인, 장로 15인이더라.

신임원은 회장 정태인, 서기 이기홍, 회계 오석주이더라.

신학준사 강병담, 오석주를 시취하여 강도사로 승인하다.

목사 곽우영, 조의환의 사면원은 허락하다.

별신학생은 정태인, 곽우영으로 선정하다. 전도부 청원에 의하여 곡성지방 전도인 김태호는 내년 노회시까지 계속하게 하고, 제주 전도사업은 전남노회와 협동 경영하기로 본전도부에 위임하다.

목사 이동이 있으니, 이기풍은 고흥읍교회 목사로, 조의환은 장천교회 목사로, 정태인은 무만동교회 목사로, 조상학은 신황리운동교회 목사로, 곽우영은 순천읍교회 목사로 시무하고, 강도사 강병담, 오석주를 안수하여 전도목사로 임명하다.

신학생 취교자는 목치숙군이더라.

1924년 7월 2일에 순천노회 제4회가 순천읍예배당에 모이니 회원은 선교사 3인, 목사 6인, 장로 9인이더라.

목사 시무는 똑같고, 보성읍 동막 새재에 목치숙을, 도천 화덕 화전에 정기선을 조사로 임명하다. 신학생 취교자 목치숙, 황보익, 정영호, 정기진 4인이더라.

전도사업은 곡성지방에 계속 파송하고 전남노회와 연합하여 제주에 전도하게 하다.

고등교육 장학부를 세워 인재를 배양하게 하다.

정태인, 조의환을 별신학생에 택하여 보내다.

5-2. 교회의 조직

1923년 광양군 읍내교회에서 강성봉을 장로로 장립하여 당회를 조직하였고, 조상학을 청빙하여 목사로 시무하니라.

광양 대방리교회에서 금년을 시작으로 목사 조상학이 시무하니라.

여수군 서정교회에서 홍봉승을 장로 장립하여 당회를 조직하였는데, 자초로 선교사 변요한과 조사 유내춘, 조의환, 한태원, 조상학, 김영진이 이어서 시무하니라.

고흥군 한천교회가 고흥읍교회에서 분립하다. 먼저 이 마을에 거주하는 이발생이 주를 믿고, 고흥교회에 다니며 예배하더니 전도하여 10년 동안 여러 신자가 생겨 8간 예배당을 건축하고 분립하였으며, 선교사 구례인과 조사 이형숙이 교회를 인도하니라.

순천군 낙성리교회가 설립되다. 먼저 선교사 구례인과 조사 한익수, 유치숙 등의 2일간 전도로 인하여 방백언, 김정호 등이 신종하였고, 벌교 교회 청년면려회에서 매주일에 내왕하여 복음을 전하여 1년후 초가 8간의 예배당을 건축하여 교회가 이뤄가니라.

순천군 장안리교회가 설립되다. 먼저 마을 사람 정영호가 믿고 전도하여 신자가 점차 늘어 사택에서 모이더니, 박문환이 초가 4간을 예배당으로 공헌하여 교회가 시작하였고, 선교사 변요한과 조사 김태호와 집사 박준태 등이 교회를 위해 노력하니라.

5-3. 진흥

1923년 순천군 읍교회에서는 예배당을 새로 지을새, 미션회와 합력하여 매산리에 연와제 54간을 낙성하였고, 여수군 서정교회에서는 교인이 열심히 연보하여 3,000여원으로 새 부지에 서양식 24간의 예배당을 지었으며, 고흥군 관리교회에서는 예배당 8간을 증축하니라.

5-4. 교육

1923년 여수군 장천교회에서는 종래 경영하던 소학교의 교실이 비좁더니, 이기홍, 조의환의 활동으로 23평의 교실을 서양식으로 새로 지어 생도 50여명을 수용하니라.

참고문헌

단행본

강민수, "호남지역 장로교회사 – 1938~1954년의 전남노회 사역 중심으로", 한국학술정보, 2009.

김수진, "광주 전남지방의 기독교역사", 한국장로교출판사, 2013.

김수진, "호남선교 100년과 그 사역자들", 고려글방, 1992.

김승태, "한말 일제강점기 선교사 연구", 한국기독교역사연구소, 2006.

김승태, "식민권력과 종교", 한국기독교역사연구소, 2012.

김양호, "목포 기독교 이야기", 세움북스, 2016.

김양호, "전남 기독교 이야기 1", 세움북스, 2019.

김양호, "전남 기독교 이야기 2", 세움북스, 2020.

김영재, "한국교회사", 합신대학원 출판부, 2014.

김헌곤, "한국교회 순교자열전", 토비아, 2020.

류제형, "박석순목사 교회개척기, 한사람", 쿰란출판사, 2017.

마르다 헌트리, "새로운 시작을 위하여", 쿰란출판사, 2009.

박형용, "시간, 나무가 되다", 합동신학대학원출판부, 2019.

배병심 외, "애양원, 그 백년의 길을 걷다, 상,하", 애양원, 2009.

보이어, "한국 오지에 내 삶을 불태우며", 개혁주의출판사, 2017.

성기영, "소록도의 마리안느와 마가렛", 위즈덤하우스, 2019,

소재열, "호남선교이야기 1892~2005", 말씀사역, 2004.

소피 몽고메리 크레인, "기억해야할 유산", CTS기독교TV, 2010.

송현강, 미국남장로교 한국선교역사 연구, 해성기획, 2016.

순천대학교 인문학술원, "전남동부 기독교선교와 한국사회", 선인, 2019.

안기창, "순천지역 선교100주년 기념시집 선교이야기", 쿰란출판사, 2006.

애양원100년사 간행위원회, "구름기둥, 불기둥", 북인, 2009.

양국주, "그대 행복한가요?", 서빙더피플, 2016.

양국주, "여전도회, 하나님의 나팔수", 서빙더피플, 2015.

양국주, "전라도 하나님", 서빙더피플, 2019.

양국주, 제임스 리, "선교학개론", 서빙더피플, 2012.

애너벨 매이저 니스벳, "미국남장로교 선교회의 호남 선교 초기 역사", 경건, 2011.

유정서, "대한민국 기독문화유산 답사기", 강같은평화, 2010.

이덕주, "광주선교와 남도영성 이야기", 진흥, 2008.

이덕주, "한국교회 처음 이야기", 홍성사, 2013.

이덕주, "예수 사랑을 실천한 목포 순천 이야기", 진흥, 2008.

인요한, "내 고향은 전라도, 내 영혼은 한국인", 생각의 나무, 2006.

전정희, "예수로 산 한국의 인물들", 홍성사, 2019.

조지 톰슨 브라운, "한국 선교 이야기", 동연, 2010.

존 탈미지, "그리스도를 위해 갇힌 자", 경건. 2003.

차종순, "호남교회사 연구", 글벗, 1995.

한국기독교역사연구소, "조선예수교장로회사기 상권/하권", 한국기독교역사연구소, 2005.

한국교회백주년사료분과위원회, "대한예수교장로회 100년사", 대한예수교장로회총회, 1984.

한국기독교역사연구소, "한국기독교의 역사 1", 기독교문사, 2011.

한국기독교역사연구소, "한국기독교의 역사 2". 기독교문사, 2010.

한국기독교역사학회, "한국기독교의 역사 3", 한국기독교역사연구소, 2013.

한남대학교교목실, "미국남장로교 선교사 열전", 동연, 2016.

한인수 편저, "한국 초대교회 성도들의 영성", 경건, 2006.

한인수, "호남교회 형성인물", 경건, 2008.

한인수, "호남교회 형성인물 2", 경건, 2005.

한인수, "호남교회 형성인물 3", 경건, 2010.

G. H. 존스, "한국교회 형성사, 홍성사, 2013.

교회(노회)사

"광양제일교회 110년사", 2018.
"득량교회 100년사", 2020.
"매산학교 100년사". 2010.
"벌교대광교회 110년사", 2017.
"석곡교회 110년사", 2018.
"소록도교회사", 2019.
"소록도 100년의 기억", 2015.
"순서노회 30년사", 2011.
"순천제일교회 75년사", 2011.
"여수제일교회 110년사", 2018.
"오천교회 100년사", 2013.
"옥과교회 이야기", 2012.
"전남노회 75년사", 1993.
"전라노회 1-7회 회의록", 2013.

논문

강성호, "미국남장로회의 호남선교 연구동향을 중심으로", [한국기독
교와 역사] 49, 2018.
도선봉.한규영, "순천 선교촌의 형성과 건축특성에 대한 조사연구",
[한국농촌건축학회논문집] 2002.
박정환, "순천지역 교육선교와 매산학교", [남도문화연구] 33권, 2017.
12.
양국주, "조선의 의사 길러낸 알렉산더", [월간조선] 2014년 9월호.
우승완, 천득염, "미국남장로교 목포 순천지역 선교기지 조성에 관한
고찰", [호남문화연구] 63.
윤정란, "전남 순천지역 기독교의 수용과 확산", [숭실사학] 26집.

윤정란, "근현대 전라남도 순천노회의 역사와 역사적 정체성의 정립과정", [남도문화연구] 38집, 2019.

이선호, "박용희의 신앙과 사역에 대한 연구", [피어선 신학 논단] 3, 2014.

이아브라함병옥, "선교문화방법론으로 본 이기풍의 선교 평가", 서울기독대학교대학원 박사, 2008.

이양재, "순천지역 초기 선교역사 연구: 광양 신황리교회를 중심으로", 호남신학대학교대학원 석사, 2001.

이재근, "고립에서 협력으로: 미국 남장로교 해외선교 정책 변화(1837-1940)", [교회사학].

이재근, "남장로교선교사 존 크레인의 유산: 전도자, 교육자, 신학자", [한국기독교와 역사] 45호, 2016.

송현강, "순천의 개척자 로버트 코잇의 한국선교 활동", [한국기독교와 역사] 44. 2016.

송현숙, "호남지방 미국 남장로교의 확산, 1892~1942", 고려대학교대학원 박사, 2011.

주명준, "순천노회 박해사건의 역사적 의의", [전주사학] 3집.

차종순, "광주의 초기 의료선교 사역에 관한 연구 – 놀란을 중심으로", [신학이해] 21집.

최덕성, "순천노회 교역자 수난사건 재평가", [한국기독교와 역사] 10호, 1999.

최병택, "한센병 요양소를 통한 의료선교 활동의 전개", [한국기독교역사연구소 소식] 90호. 2010년 1월.

톰슨 부라운, "미국 남장로교의 전남권 초기 선교", [신학이해] 10집, 1992.

한규무, "일제 말기 호남지방 개신교계의 친일활동", [한국기독교역사연구소소식] 80호, 2007년.

한동명, "보이열 선교사의 호남지방선교에 관한 연구", 장로회신학대학교 석사, 2007.

한미영, 손수경, "한말.일제강점기 내한 간호선교사의 사역 연구", [신앙과학문] 19권 3호, 2014. 9.

잡지

"호남교회춘추"

자료집, 사료집

고흥문화원, 고 "흥지역 수호사와 항쟁사", 2018
대한예수교장로회총회, "이기풍 목사".
목포기독교역사연구소, "한국교회 초기 기독교신문에 실린 전라남북도, 제주교회 관련 기사", 2020.
송현숙, "미남장로회 선교사역 편람", 한서노회, 2012.
순천대인문학술원, "전남동부지역 기독교인물과 지역사회", 2018.
장로회신학대학교, "장로회신학대학교 역사화보집", 2008.
한남대학교, "미국남장로회 내한선교사 편람", 2008.
한국선교유적연구회, "전라남도 기독교 선교역사와 유산", 2017.
한국기독교문화유산보존협회, "이기풍목사 기념사업회 창립총회", 2017.

전남

기독교
이야기

③

전남 동남부(순천) 편